W0049028

Die Bonus-Seite

Ihr Vorteil als Käufer dieses Buches

Auf der Bonus-Webseite zu diesem Buch finden Sie zusätzliche Informationen und Services. Dazu gehört auch ein kostenloser **Testzugang** zur Online-Fassung Ihres Buches. Und der besondere Vorteil: Wenn Sie Ihr **Online-Buch** auch weiterhin nutzen wollen, erhalten Sie den vollen Zugang zum **Vorzugspreis**.

So nutzen Sie Ihren Vorteil

Halten Sie den unten abgedruckten Zugangscode bereit und gehen Sie auf **www.galileocomputing.de**. Dort finden Sie den Kasten **Die Bonus-Seite für Buchkäufer**. Klicken Sie auf **Zur Bonus-Seite/Buch registrieren**, und geben Sie Ihren **Zugangscode** ein. Schon stehen Ihnen die Bonus-Angebote zur Verfügung.

Ihr persönlicher
Zugangscode

zndi-ufpa-39jm-e285

Thomas Theis

Einstieg in Visual C# 2010

Galileo Press

Liebe Leserin, lieber Leser,

Sie möchten Visual C# lernen? Eine gute Wahl, denn aufgrund ihrer großen Vielseitigkeit und Leistungsfähigkeit ist C# eine der wichtigsten Programmiersprachen unserer Zeit. Wenn Sie auf schnelle und praktische Weise lernen möchten, eigene Windows-Programme mit C# zu entwickeln, ist dieses Buch genau das Richtige für Sie!

Unser Autor Thomas Theis vermittelt Ihnen anhand zahlreicher, kleiner Beispielprogramme zunächst die Grundlagen der C#-Programmierung. Schritt für Schritt und jederzeit verständlich lernen Sie alles, was Sie für Ihre weitere Arbeit wissen müssen. Vorkenntnisse sind hierfür nicht erforderlich, so dass Sie bereits nach kurzer Zeit Ihr erstes Programm entwickeln werden, auch wenn Sie Programmieranfänger sein sollten. Nach und nach werden Sie dann mit fortgeschritteneren Themen wie der objektorientierten Programmierung oder der Entwicklung von Datenbank- und Internetanwendungen vertraut gemacht. Am Ende beherrschen Sie Visual C# so gut, dass Sie mühelos auch größere Windows-Programme wie z. B. einen Taschenrechner oder das Spiel Tetris entwickeln werden.

Damit Sie Ihr neu gewonnenes Wissen direkt austesten können, beinhaltet dieses Buch zahlreiche Übungsaufgaben. Die zugehörigen Musterlösungen befinden sich zusammen mit den Codedateien der Beispiele auf der beiliegenden DVD. Dort finden Sie neben weiteren praktischen Tools auch die Entwicklungsumgebung Visual C# 2010 Express, mit der Sie sofort mit dem Programmieren beginnen können.

Dieses Buch wurde mit großer Sorgfalt geschrieben, geprüft und produziert. Sollte dennoch einmal etwas nicht so funktionieren, wie Sie es erwarten, freue ich mich, wenn Sie sich mit mir in Verbindung setzen. Ihre Kritik und konstruktiven Anregungen sind uns jederzeit herzlich willkommen!

Viel Spaß beim Lesen und Programmieren wünscht Ihnen nun

Ihre Christine Siedle
Lektorat Galileo Computing

christine.siedle@galileo-press.de
www.galileocomputing.de
Galileo Press · Rheinwerkallee 4 · 53227 Bonn

Auf einen Blick

Der Name Galileo Press geht auf den italienischen Mathematiker und Philosophen Galileo Galilei (1564–1642) zurück. Er gilt als Gründungsfigur der neuzeitlichen Wissenschaft und wurde berühmt als Verfechter des modernen, heliozentrischen Weltbilds. Legendär ist sein Ausspruch *Eppur se muove* (Und sie bewegt sich doch). Das Emblem von Galileo Press ist der Jupiter, umkreist von den vier Galileischen Monden. Galilei entdeckte die nach ihm benannten Monde 1610.

Lektorat Christine Siedle
Korrektorat Annette Lennartz
Cover Barbara Thoben, Köln
Titelbild Beetlebum.de, Johannes Kretzschmar, Jena
Typografie und Layout Vera Brauner
Herstellung Norbert Englert
Satz Typographie & Computer, Krefeld
Druck und Bindung Bercker Graphischer Betrieb, Kevelaer

Dieses Buch wurde gesetzt aus der Linotype Syntax Serif (9,25/13,25 pt) in FrameMaker.

Gerne stehen wir Ihnen mit Rat und Tat zur Seite:

christine.siedle@galileo-press.de bei Fragen und Anmerkungen zum Inhalt des Buches
service@galileo-press.de für versandkostenfreie Bestellungen und Reklamationen
britta.behrens@galileo-press.de für Rezensions- und Schulungsexemplare

Bibliografische Information der Deutschen Nationalbibliothek
Die Deutsche Nationalbibliothek verzeichnet diese Publikation in der Deutschen Nationalbibliografie; detaillierte bibliografische Daten sind im Internet über http://dnb.ddb.de abrufbar.

ISBN   978-3-8362-1611-1

© Galileo Press, Bonn 2010
1. Auflage 2010

Das vorliegende Werk ist in all seinen Teilen urheberrechtlich geschützt. Alle Rechte vorbehalten, insbesondere das Recht der Übersetzung, des Vortrags, der Reproduktion, der Vervielfältigung auf fotomechanischem oder anderen Wegen und der Speicherung in elektronischen Medien. Ungeachtet der Sorgfalt, die auf die Erstellung von Text, Abbildungen und Programmen verwendet wurde, können weder Verlag noch Autor, Herausgeber oder Übersetzer für mögliche Fehler und deren Folgen eine juristische Verantwortung oder irgendeine Haftung übernehmen. Die in diesem Werk wiedergegebenen Gebrauchsnamen, Handelsnamen, Warenbezeichnungen usw. können auch ohne besondere Kennzeichnung Marken sein und als solche den gesetzlichen Bestimmungen unterliegen.

Inhalt

In diesem Kapitel erlernen Sie anhand eines ersten Projekts den Umgang mit der Entwicklungsumgebung und den Steuerelementen. Anschließend werden Sie in der Lage sein, Ihr erstes eigenes Windows-Programm zu erstellen.

1 Einführung

C# ist eine objektorientierte Programmiersprache, die von Microsoft im Zusammenhang mit dem .NET-Framework eingeführt wurde. Mithilfe der Entwicklungsumgebung Visual C# 2010 können Sie in der Sprache C# programmieren. Visual C# 2010 ist der Nachfolger von Visual C# 2008 und ein Bestandteil von Visual Studio 2010. Innerhalb von Visual Studio stehen Ihnen noch weitere Sprachen zur Programmentwicklung zur Verfügung.

C#

1.1 Aufbau dieses Buches

Dieses Buch vermittelt Ihnen zunächst einen einfachen Einstieg in die Programmierung mit Visual C# 2010. Die Bearbeitung der Beispiele und das selbstständige Lösen der vorliegenden Übungsaufgaben helfen dabei. Dadurch werden Sie schnell erste Erfolgserlebnisse haben, die Sie zum Weitermachen motivieren. In späteren Kapiteln werden Ihnen auch die komplexen Themen vermittelt.

Beispiele

Von Anfang an wird mit anschaulichen Windows-Anwendungen gearbeitet. Die Grundlagen der Programmiersprache und die Standardelemente einer Windows-Anwendung, wie Sie sie schon von anderen Windows-Programmen her kennen, werden gemeinsam vermittelt. Die Anschaulichkeit einer Windows-Anwendung hilft dabei, den eher theoretischen Hintergrund der Programmiersprache leichter zu verstehen.

Grundlagen

Express Edition Es wird die Visual C# 2010 Express Edition eingesetzt. Diese freie Version von Visual C# 2010 liegt dem Buch bei, Sie können sie aber auch bei Microsoft herunterladen.

Die Visual C# 2010 Express Edition bietet eine komfortable Entwicklungsumgebung. Sie umfasst einen Editor zur Erstellung des Programmcodes, einen Compiler zur Erstellung der ausführbaren Programme, einen Debugger zur Fehlersuche und vieles mehr.

Noch eine Anmerkung in eigener Sache:

Für die Hilfe bei der Erstellung dieses Buches bedanke ich mich beim Team von Galileo Press, besonders bei Christine Siedle.

Thomas Theis

1.2 Mein erstes Windows-Programm

Anhand eines ersten Projekts werden Sie die Schritte durchlaufen, die zur Erstellung eines einfachen Programms mithilfe von Visual C# 2010 notwendig sind. Das Programm soll nach dem Aufruf zunächst aussehen wie in Abbildung 1.1.

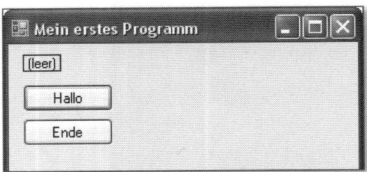

Abbildung 1.1 Erstes Programm nach dem Aufruf

Nach Betätigung des Buttons HALLO soll sich der Text in der obersten Zeile verändern, siehe Abbildung 1.2.

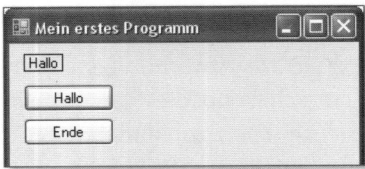

Abbildung 1.2 Nach Betätigung des Buttons »Hallo«

1.3   Visual C# 2010-Entwicklungsumgebung

Während der Projekterstellung lernen Sie Schritt für Schritt die Visual C# 2010-Entwicklungsumgebung kennen.

1.3.1   Ein neues Projekt

Nach dem Aufruf des Programms Visual C# 2010 Express Edition müssen Sie zur Erstellung eines neuen Projekts den Menüpunkt DATEI • NEU • PROJEKT • WINDOWS FORMS-ANWENDUNG auswählen. Als Projektname bietet die Entwicklungsumgebung den Namen *WindowsFormsApplication1* an. Es erscheinen einige Elemente der Entwicklungsumgebung. Folgende Elemente sind besonders wichtig:

▶ Das Benutzerformular (Form) enthält die Oberfläche für den Benutzer des Programms (siehe Abbildung 1.3).   **Form**

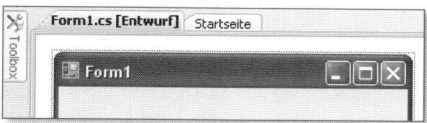

Abbildung 1.3   Benutzerformular

▶ Die Werkzeugsammlung (Toolbox) enthält die Steuerelemente für den Benutzer, mit denen er den Ablauf des Programms steuern kann. Sie werden vom Programm-Entwickler in das Formular eingefügt (siehe Abbildung 1.4).   **Toolbox**

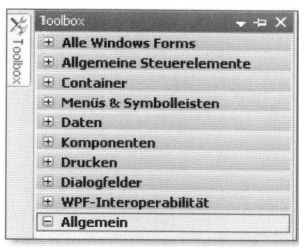

Abbildung 1.4   Toolbox, alle Kategorien von Steuerelementen

▶ Das Eigenschaftenfenster (Properties Window) dient zum Anzeigen und Ändern der Eigenschaften von Steuerelementen innerhalb des Formulars durch den Programmentwickler (siehe Abbildung 1.5).   **Eigenschaftenfenster**

Abbildung 1.5 Eigenschaftenfenster

Projektmappen-
Explorer

▶ Der Projektmappen-Explorer (Solution Explorer) zeigt das geöffnete Projekt und die darin vorhandenen Elemente (siehe Abbildung 1.6).

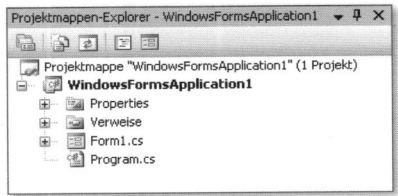

Abbildung 1.6 Projektmappen-Explorer

Sollte eines der letzten drei Elemente einmal nicht sichtbar sein, so können Sie es über das Menü ANSICHT einblenden.

Anfangs schreiben Sie nur einfache Programme mit wenigen Elementen, daher benötigen Sie den Projektmappen-Explorer noch nicht. Es empfiehlt sich, das Eigenschaftenfenster nach oben zu vergrößern.

1.3.2 Einfügen von Steuerelementen

Label, Button

Zunächst sollen drei Steuerelemente in das Formular eingefügt werden: ein Bezeichnungsfeld (Label) und zwei Befehlsschaltflächen (Buttons). Ein Bezeichnungsfeld dient im Allgemeinen dazu, feste oder veränderliche Texte auf der Benutzeroberfläche anzuzeigen. In diesem Programm soll das Label einen Text anzeigen. Ein Button dient zum Starten bestimmter Programmteile oder, allgemeiner ausgedrückt, zum Auslösen von Ereignissen. In diesem Programm sollen die Buttons dazu dienen, den Text anzuzeigen bzw. das Programm zu beenden.

Um ein Steuerelement einzufügen, ziehen Sie es mithilfe der Maus von der Toolbox an die gewünschte Stelle im Formular. Alle Steuerelemente finden sich in der Toolbox unter Alle Windows Forms. Übersichtlicher ist der Zugriff über Allgemeine Steuerelemente (Common Controls), siehe Abbildung 1.7.

Allgemeine Steuerelemente

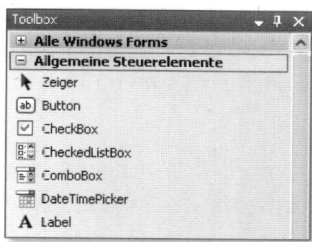

Abbildung 1.7 Toolbox, Allgemeine Steuerelemente

Ein Doppelklick auf ein Steuerelement in der Toolbox fügt es ebenfalls in die Form ein. Anschließend können Ort und Größe noch verändert werden. Dazu wählen Sie das betreffende Steuerelement vorher durch Anklicken aus, siehe Abbildung 1.8. Ein überflüssiges Steuerelement können Sie durch Auswählen und Drücken der Taste Entf entfernen.

Steuerelement auswählen

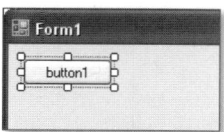

Abbildung 1.8 Ausgewählter Button

Die Größe und andere Eigenschaften des Formulars selbst können Sie auch verändern. Dazu wählen Sie es vorher durch Anklicken auf einer freien Stelle aus.

1.3.3 Arbeiten mit dem Eigenschaftenfenster

Die eingefügten Steuerelemente haben zunächst einheitliche Namen und Aufschriften, diese sollten Sie allerdings zur einfacheren Programmentwicklung ändern. Es haben sich bestimmte Namenskonventionen eingebürgert, die die Lesbarkeit erleichtern. Diese Namen beinhalten den Typ (mit drei Buchstaben abgekürzt) und die Aufgabe des Steuerelements (mit großem Anfangsbuchstaben).

cmd, txt, lbl, ...

Ein Button (eigentlich: Command Button), der die Anzeige der Zeit auslösen soll, wird beispielsweise mit `cmdZeit` bezeichnet. Weitere Vorsilben sind `txt` (Textfeld/Text Box), `lbl` (Bezeichnungsfeld/Label), `opt` (Optionsschaltfläche/Option Button), `frm` (Formular/Form) und `chk` (Kontrollkästchen/Check Box).

Zur Änderung des Namens eines Steuerelements muss es zunächst ausgewählt werden. Das können Sie entweder durch Anklicken des Steuerelements auf dem Formular oder durch Auswahl aus der Liste am oberen Ende des Eigenschaftenfensters tun.

Eigenschaften-
fenster

Im Eigenschaftenfenster werden alle Eigenschaften des ausgewählten Steuerelements angezeigt. Die Liste ist zweispaltig: In der linken Spalte steht der Name der Eigenschaft, in der rechten Spalte ihr aktueller Wert. Die Eigenschaft *(Name)* steht am Anfang der Liste der Eigenschaften. Die betreffende Zeile wählen Sie durch Anklicken aus und geben hier den neuen Namen ein. Nach Bestätigung mit der Taste ⏎ ist die Eigenschaft geändert, siehe Abbildung 1.9.

Abbildung 1.9   Button, nach der Namensänderung

Text

Die Aufschrift von Buttons, Labels und Formularen ist in der Eigenschaft `Text` angegeben. Sobald diese Eigenschaft verändert wird, erscheint die veränderte Aufschrift in dem betreffenden Steuerelement. Auch der Name und die Aufschrift des Formulars sollten geändert werden. Im Folgenden sind die gewünschten Eigenschaften für die Steuerelemente dieses Programms in Tabellenform angegeben, siehe Tabelle 1.1.

Typ	Eigenschaft	Einstellung
Formular	Text	Mein erstes Programm
Button	Name	cmdHallo
	Text	Hallo
Button	Name	cmdEnde
	Text	Ende

Tabelle 1.1   Steuerelemente mit Eigenschaften

Typ	Eigenschaft	Einstellung
Label	Name	lblAnzeige
	Text	(leer)
	BorderStyle	Fixed Single

Tabelle 1.1 Steuerelemente mit Eigenschaften (Forts.)

Zu diesem Zeitpunkt legen Sie den Startzustand fest, also die Eigenschaften, die die Steuerelemente zu Beginn des Programms bzw. eventuell während des gesamten Programms haben sollen. Viele Eigenschaften können Sie auch während der Laufzeit des Programms durch den Programmcode verändern.

Startzustand

Bei einem Label ergibt die Einstellung der Eigenschaft Border Style auf Fixed Single einen Rahmen. Zur Änderung auf Fixed Single klappen Sie die Liste bei der Eigenschaft auf und wählen den betreffenden Eintrag aus, siehe Abbildung 1.10. Zur Änderung einiger Eigenschaften müssen Sie gegebenenfalls ein Dialogfeld aufrufen.

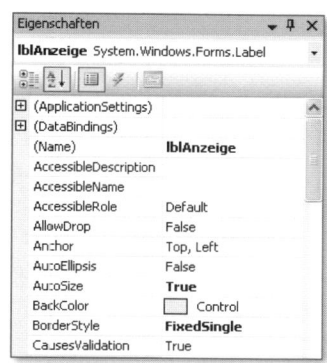

Abbildung 1.10 Label, nach der Änderung von Name und BorderStyle

Im Label soll zunächst der Text *(leer)* erscheinen. Hierzu wählen Sie den vorhandenen Text durch Anklicken aus und ändern ihn.

Sie finden alle in diesem Formular vorhandenen Steuerelemente in der Liste, die sich am oberen Ende des Eigenschaftenfensters öffnen lässt. Dabei zeigt sich ein Vorteil der einheitlichen Namensvergabe: Die Steuerelemente des gleichen Typs stehen direkt untereinander.

Liste der Steuerelemente

1.3.4 Speichern eines Projekts

Alles speichern   Die Daten eines Visual C#-Projekts werden in verschiedenen Dateien gespeichert. Zum Speichern des gesamten Projekts verwenden Sie den Menüpunkt DATEI • ALLE SPEICHERN. Diesen Vorgang sollten Sie in regelmäßigen Abständen durchführen, damit keine Änderungen verloren gehen können.

Die in diesem Skript angegebenen Namen dienen als Empfehlung, um die eindeutige Orientierung und das spätere Auffinden von alten Programmen zu erleichtern.

1.3.5 Das Codefenster

Ereignis   Der Ablauf eines Windows-Programms wird im Wesentlichen durch das Auslösen von Ereignissen durch den Benutzer gesteuert. Er löst z. B. die Anzeige des Texts *Hallo* aus, indem er auf den Button HALLO klickt. Der Entwickler muss dafür sorgen, dass aufgrund dieses Ereignisses der gewünschte Text angezeigt wird. Zu diesem Zweck schreibt er Programmcode und ordnet diesen Code dem Ereignis zu. Der Code wird in einer *Ereignismethode* abgelegt.

Ereignismethode   Zum Schreiben einer Ereignismethode führen Sie am besten einen Doppelklick auf das betreffende Steuerelement aus. Es erscheint das Codefenster. Zwischen der Formularansicht und der Codeansicht können Sie anschließend über die Menüpunkte ANSICHT • CODE bzw. ANSICHT • DESIGNER hin- und herschalten. Dies ist auch über die Registerkarten oberhalb des Formulars bzw. des Codefensters möglich, siehe Abbildung 1.11.

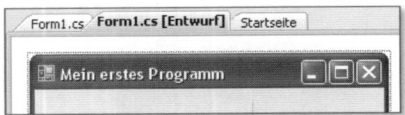

Abbildung 1.11   Registerkarten

Nach erfolgtem Doppelklick auf den Button HALLO erscheinen im Codefenster folgende Einträge:

```
using System;
using System.Drawing;
using System.Windows.Forms;

namespace MeinErstes
```

```
{
    public partial class Form1 : Form
    {
        public Form1()
        {
            InitializeComponent();
        }

        private void cmdHallo_Click(
            object sender, EventArgs e)
        {

        }
    }
}
```

Listing 1.1 Projekt »MeinErstes«, Button »Hallo«, ohne Code

Zur Erläuterung:

▶ Sie sollten sich nicht von der Vielzahl der automatisch erzeugten Zeilen und den noch unbekannten Inhalten verwirren lassen.

▶ Zunächst das Wichtigste: Innerhalb der geschweiften Klammern { } der Ereignismethode cmdHallo_Click() wird später Ihr eigener Programmcode hinzugefügt.

Zu den anderen Bestandteilen (die für das eigene Programmieren erst später wichtig sind):

▶ C# ist eine objektorientierte Sprache. Ein wichtiges Element objektorientierter Sprachen sind Klassen. Klassen eröffnen weitere Programmiermöglichkeiten. Namensräume beinhalten zusammengehörige Klassen. **Namensraum**

▶ In obigem Listing können Sie erkennen, dass einige Programmzeilen, die mit using beginnen, bereits entfernt wurden. Das Schlüsselwort using dient zum Einbinden von Namensräumen in das aktuelle Projekt. Da wir die Klassen in diesen Namensräumen nicht benötigen, wurden die betreffenden Zeilen entfernt. **using**

▶ Dieses erste Projekt verfügt über einen eigenen Namensraum (engl. *namespace*), daher namespace MeinErstes. **namespace**

▶ Alle Elemente des aktuellen Formulars Form1 stehen innerhalb der öffentlich zugänglichen Klasse Form1, daher public class Form1. Ein Teil der Elemente steht in dieser Datei, ein anderer Teil, der ebenfalls **public partial class** automatisch erzeugt wurde, steht in einer anderen, hier nicht sichtbaren Datei; daher der Zusatz `partial` (dt. teilweise).

▶ Die Methode `InitializeComponent()` beinhaltet Programmzeilen, die für das Aussehen und Verhalten der Steuerelemente des Programms sorgen.

private void ▶ Der Zusatz `private` bedeutet, dass die Ereignismethode `cmdHallo_Click()` nur in dieser Klasse bekannt ist. Mit `void` wird gekennzeichnet, dass diese Methode nur etwas ausführt, aber kein Ergebnis zurückliefert.

▶ Auf weitere Einzelheiten dieser automatisch erzeugten Bestandteile wird zu einem späteren Zeitpunkt eingegangen, da es hier noch nicht notwendig ist und eher verwirren würde.

Wie bereits erwähnt: Die Ereignismethode für den Klick auf den Button HALLO heißt `cmdHallo_Click()`. Der Kopf der Methode ist sehr lang, daher wurde er für den Druck in diesem Buch auf mehrere Zeilen verteilt, wodurch auch die Lesbarkeit von Programmen erhöht wird:

```
private void cmdHallo_Click(
    object sender, EventArgs e)
```

Der anfänglich ausgeführte Doppelklick führt immer zu dem Ereignis, das am häufigsten mit dem betreffenden Steuerelement verbunden wird.

Click Dies ist beim Button natürlich das Ereignis `Click`. Zu einem Steuerelement gibt es aber auch noch andere mögliche Ereignisse.

Bei den nachfolgenden Programmen werden nicht mehr alle Teile des Programmcodes im Buch abgebildet, sondern nur noch

▶ die Teile, die vom Entwickler per Code-Eingabe erzeugt werden,

▶ und die Teile des automatisch erzeugten Codes, die wichtig für das Verständnis sind.

Den vollständigen Programmcode können Sie jederzeit betrachten, wenn Sie die Beispiel-Projekte laden bzw. ausprobieren.

1.3.6   Schreiben von Programmcode

In der Methode `cmdHallo_Click()` soll eine Befehlszeile eingefügt werden, so dass sie anschließend wie folgt aussieht:

```
private void cmdHallo_Click(
    object sender, EventArgs e)
```

```
{
    lblAnzeige.Text = "Hallo";
}
```

Listing 1.2   Projekt »MeinErstes«, Button »Hallo«, mit Code

Der Text muss in Anführungszeichen gesetzt werden, da C# sonst annimmt, dass es sich um eine Variable mit dem Namen `Hallo` handelt.

Der Inhalt einer Methode setzt sich aus einzelnen Anweisungen zusammen, die nacheinander ausgeführt werden. Die vorliegende Methode enthält nur eine Anweisung; in ihr wird mithilfe des Gleichheitszeichens eine Zuweisung durchgeführt.

Anweisung

Bei einer Zuweisung wird der Ausdruck rechts vom Gleichheitszeichen ausgewertet und der Variablen, der Objekt-Eigenschaft oder der Steuerelement-Eigenschaft links vom Gleichheitszeichen zugewiesen. Die Zeichenkette *Hallo* wird der Eigenschaft `Text` des Steuerelements `lblAnzeige` mithilfe der Schreibweise `Steuerelement.Eigenschaft = Wert` zugewiesen. Dies führt zur Anzeige des Werts.

Zuweisung

Nach dem Wechsel auf die Formularansicht können Sie das nächste Steuerelement auswählen, für das eine Ereignismethode geschrieben werden soll.

Innerhalb des Codefensters kann Text mit den gängigen Methoden der Textverarbeitung editiert, kopiert, verschoben und gelöscht werden.

Code editieren

In der Ereignismethode `cmdEnde_Click()` soll der folgende Code stehen:

```
private void cmdEnde_Click(
    object sender, EventArgs e)
{
    Close();
}
```

Listing 1.3   Projekt »MeinErstes«, Button »Ende«

Die Methode `Close()` dient zum Schließen eines Formulars. Da es sich um das einzige Formular dieses Projekts handelt, wird dadurch das Programm beendet und die gesamte Windows-Anwendung geschlossen.

Close()

Dies waren Beispiele zur Änderung der Eigenschaften eines Steuerelements zur Laufzeit des Programms durch Programmcode. Sie erinnern sich: Zu Beginn hatten wir die Start-Eigenschaften der Steuerelemente im Eigenschaftenfenster eingestellt.

1.3.7 Kommentare

Bei längeren Programmen mit vielen Anweisungen gehört es zum guten Programmierstil, Kommentarzeilen zu schreiben. In diesen Zeilen werden einzelne Anweisungen oder auch längere Blöcke von Anweisungen erläutert, damit Sie selbst oder auch ein anderer Programmierer sie später leichter verstehen. Alle Zeichen innerhalb eines Kommentars werden nicht übersetzt oder ausgeführt.

/* Kommentar */
Ein Kommentar beginnt mit der Zeichenkombination /*, endet mit der Zeichenkombination */ und kann sich über mehrere Zeilen erstrecken.

// Kommentar
Eine andere Möglichkeit ergibt sich durch die Zeichenkombination //. Ein solcher Kommentar erstreckt sich nur bis zum Ende der Zeile.

Der folgende Programmcode wurde um einen Kommentar ergänzt:

```
private void cmdEnde_Click(
    object sender, EventArgs e)
{
    /* Diese Anweisung beendet
        das Programm */
    Close();
}
```

Listing 1.4 Projekt »MeinErstes«, Button »Ende«, mit Kommentar

Code auskommentieren
Ein kleiner Trick: Sollen bestimmte Programmzeilen für einen Test des Programms kurzfristig nicht ausgeführt werden, können Sie sie *auskommentieren*, indem Sie die Zeichenkombination // vor die betreffenden Zeilen setzen. Dies geht sehr schnell, indem Sie die betreffende Zeile(n) markieren und anschließend das entsprechende Symbol in der Symbolleiste anklicken, siehe Abbildung 1.12. Rechts daneben befindet sich das Symbol, das die Auskommentierung nach dem Test wieder rückgängig macht.

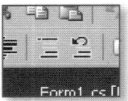

Abbildung 1.12 Kommentar ein/aus

1.3.8 Starten, Ausführen und Beenden des Programms

Programm starten
Nach dem Einfügen der Steuerelemente und dem Erstellen der Ereignismethoden ist das Programm fertig und kann gestartet werden. Dazu betä-

tigen Sie den START-Button in der Symbolleiste (dreieckiger Pfeil nach rechts). Alternativ starten Sie das Programm über die Funktionstaste F5 oder den Menüpunkt DEBUGGEN • DEBUGGING STARTEN. Das Formular erscheint, das Betätigen der Buttons führt zum programmierten Ergebnis.

Zur regulären Beendigung eines Programms ist der Button mit der Auf-   *Programm*
schrift *Ende* vorgesehen. Möchten Sie ein Programm während des Ver-   *beenden*
laufs abbrechen, können Sie auch den END-Button in der Symbolleiste
(Quadrat) betätigen.

Tritt während der Ausführung eines Programms ein Fehler auf, so wer-   *Fehler*
den Sie hierauf hingewiesen, und das Codefenster zeigt die entsprechende Ereignismethode sowie die fehlerhafte Zeile an. In diesem Fall
beenden Sie das Programm, korrigieren Sie den Code, und starten Sie das
Programm wieder.

Es ist empfehlenswert, das Programm bereits während der Entwicklung   *Programm testen*
mehrmals durch Aufruf zu testen und nicht erst, wenn das Programm
vollständig erstellt worden ist. Geeignete Zeitpunkte sind zum Beispiel:

▶ nach dem Einfügen der Steuerelemente und dem Zuweisen der Eigenschaften, die Sie zu Programmbeginn benötigen

▶ nach dem Erstellen jeder Ereignismethode

1.3.9   Ausführbares Programm

Nach erfolgreichem Test des Programms können Sie die ausführbare   *.exe-Datei*
Datei (*.exe*-Datei) auch außerhalb der Entwicklungsumgebung aufrufen.
Haben Sie an den Grundeinstellungen nichts verändert und die vorgeschlagenen Namen verwendet, so findet sich die zugehörige *.exe*-Datei
des aktuellen Projekts im Verzeichnis *Eigene Dateien\Visual Studio
2010\Projects\MeinErstes\MeinErstes\bin\Debug*. Das Programm kann
also im Windows-Explorer direkt über Doppelklick gestartet werden.

Die Weitergabe eines eigenen Windows-Programms auf einen anderen PC
ist etwas aufwendiger. Der Vorgang wird in Abschnitt A.5 beschrieben.

1.3.10   Projekt schließen, Projekt öffnen

Sie können ein Projekt schließen über den Menüpunkt DATEI • PROJEKT   *Projekt schließen*
SCHLIESSEN. Falls Sie Veränderungen vorgenommen haben, werden Sie
gefragt, ob Sie diese Änderungen speichern möchten.

Möchten Sie die Projektdaten sicherheitshalber zwischendurch speichern, so ist dies über den Menüpunkt DATEI • ALLE SPEICHERN möglich. Dies ist bei längeren Entwicklungsphasen sehr zu empfehlen.

Projekt öffnen   Zum Öffnen eines vorhandenen Projekts wählen Sie den Menüpunkt DATEI • ÖFFNEN • PROJEKT. Im darauf folgenden Dialogfeld PROJEKT ÖFFNEN wählen Sie zunächst das gewünschte Projektverzeichnis aus und anschließend die gleichnamige Datei mit der Endung *.sln*.

1.3.11   Übung

Übung ÜName   Erstellen Sie ein Windows-Programm mit einem Formular, das zwei Buttons und ein Label beinhaltet, siehe Abbildung 1.13. Bei Betätigung des ersten Buttons erscheint im Label Ihr Name. Bei Betätigung des zweiten Buttons wird das Programm beendet. Namensvorschläge: Projektname *ÜName*, Buttons *cmdMyName* und *cmdEnde*, Label *lblMyName*.

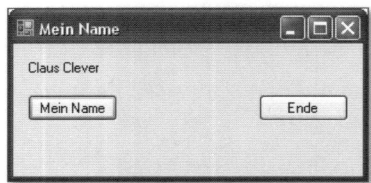

Abbildung 1.13   Übung ÜName

1.3.12   Empfehlungen für Zeilenumbrüche

Zeilenumbruch   Zeilenumbrüche erhöhen die Lesbarkeit des Programmcodes. Sie können nicht an jeder Stelle einer Anweisung durchgeführt werden. Nachfolgend werden einige Stellen empfohlen:

▸ nach einer öffnenden Klammer, wie bereits gezeigt

▸ vor einer schließenden Klammer

▸ nach einem Komma

▸ nach den meisten Operatoren, also auch nach dem Zuweisungsoperator (=) hinter `lblAnzeige.Text`, siehe Abschnitt 2.2

▸ nach einem Punkt hinter einem Objektnamen, also auch nach dem Punkt hinter dem Objektnamen `lblAnzeige`

Auf keinen Fall dürfen Sie einen Zeilenumbruch innerhalb einer Zeichenkette durchführen.

1.4   Arbeiten mit Steuerelementen

1.4.1   Steuerelemente formatieren

Zur besseren Anordnung der Steuerelemente auf dem Formular können Sie sie mithilfe der Maus nach Augenmaß verschieben. Dabei erscheinen automatisch Hilfslinien, falls das aktuelle Element horizontal oder vertikal parallel zu einem anderen Element steht.

Hilfslinien

Weitere Möglichkeiten bieten die Menüpunkte im Menü FORMAT. In vielen Fällen müssen vorher mehrere Steuerelemente auf einmal markiert werden, siehe Abbildung 1.14.

Mehrere Steuerelemente markieren

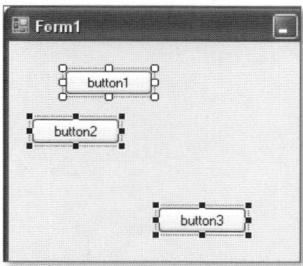

Abbildung 1.14 Mehrere markierte Elemente

Dies geschieht entweder

▶ durch Umrahmung der Elemente mit einem Rechteck, nachdem Sie zuvor das Steuerelement `Zeiger` ausgewählt haben, oder

▶ durch Mehrfachauswahl, indem Sie ab dem zweiten auszuwählenden Steuerelement die ⌑-Taste (wie für Großbuchstaben) oder die Strg-Taste gedrückt halten.

Über das Menü FORMAT haben Sie anschließend folgende Möglichkeiten zur Anpassung der Steuerelemente:

Menü »Format«

▶ Die ausgewählten Steuerelemente können horizontal oder vertikal zueinander ausgerichtet werden (Menü FORMAT • AUSRICHTEN).

▶ Die horizontalen und/oder vertikalen Dimensionen der ausgewählten Steuerelemente können angeglichen werden (Menü FORMAT • GRÖSSE ANGLEICHEN).

▶ Die horizontalen und vertikalen Abstände zwischen den ausgewählten Steuerelementen können angeglichen, vergrößert, verkleinert oder entfernt werden (Menü FORMAT • HORIZONTALER ABSTAND/VERTIKALER ABSTAND).

Einheitliche Abstände

▶ Die Steuerelemente können horizontal oder vertikal innerhalb des Formulars zentriert werden (Menü FORMAT • AUF FORMULAR ZENTRIEREN).

▶ Sollten sich die Steuerelemente teilweise überlappen, können Sie einzelne Steuerelemente in den Vorder- bzw. Hintergrund schieben (Menü FORMAT • REIHENFOLGE).

▶ Sie können alle Steuerelemente gleichzeitig gegen versehentliches Verschieben absichern (Menü FORMAT • STEUERELEMENTE SPERREN). Diese Sperrung gilt nur während der Entwicklung des Programms.

Abbildung 1.15 zeigt ein Formular mit drei Buttons, die alle links ausgerichtet sind und im gleichen vertikalen Abstand voneinander stehen.

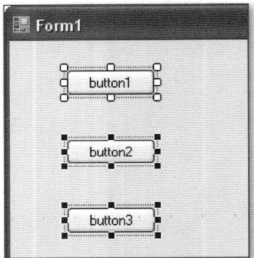

Abbildung 1.15 Nach der Formatierung

Übung

Laden Sie das Projekt *MeinErstes* aus Abschnitt 1.3 markieren Sie darin mehrere Steuerelemente, und testen Sie die einzelnen Möglichkeiten des FORMAT-Menüs.

1.4.2 Steuerelemente kopieren

Steuerelemente kopieren

Zur schnelleren Erzeugung eines Projekts können vorhandene Steuerelemente einschließlich aller ihrer Eigenschaften kopiert werden. Markieren Sie hierzu die gewünschten Steuerelemente, und kopieren Sie sie entweder

▶ über das Menü BEARBEITEN • KOPIEREN und das Menü BEARBEITEN • EINFÜGEN oder

▶ mit den Tasten [Strg] + [C] und [Strg] + [V].

Anschließend sollten Sie die neu erzeugten Steuerelemente direkt umbenennen und an der gewünschten Stelle anordnen.

Übung

Laden Sie das Projekt *MeinErstes* aus Abschnitt 1.3 und kopieren Sie einzelne Steuerelemente. Kontrollieren Sie anschließend die Liste der vorhandenen Steuerelemente im Eigenschaftenfenster auf einheitliche Namensgebung.

1.4.3 Eigenschaften zur Laufzeit ändern

Steuerelemente haben die Eigenschaften Size (mit den Komponenten Width und Height) und Location (mit den Komponenten X und Y) zur Angabe von Größe und Position. X und Y geben die Koordinaten der oberen linken Ecke des Steuerelements an, gemessen von der oberen linken Ecke des umgebenden Elements (meist das Formular). Alle Werte werden in Pixeln gemessen.

Size, Location

Alle diese Eigenschaften können sowohl während der Entwicklungszeit als auch während der Laufzeit eines Projekts verändert werden. Zur Änderung während der Entwicklungszeit können Sie die Eigenschaftswerte wie gewohnt im Eigenschaftenfenster eingeben. Als Beispiel für Änderungen während der Laufzeit soll das folgende Programm (Projekt *Steuerelemente*) dienen, siehe Abbildung 1.16.

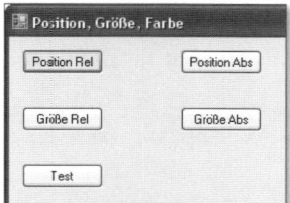

Abbildung 1.16 Position und Größe bestimmen

Es wird nachfolgend generell nur der Teil des Programmcodes angezeigt, der verändert wurde:

```
private void cmdPositionRel_Click(...)
{
    cmdTest.Location = new Point(
        cmdTest.Location.X + 20,
        cmdTest.Location.Y);
}

private void cmdPositionAbs_Click(...)
{
    cmdTest.Location = new Point(100, 200);
```

31

```
}

private void cmdGrößeRel_Click(...)
{
    cmdTest.Size = new Size(
        cmdTest.Size.Width + 20,
        cmdTest.Size.Height);
}

private void cmdGrößeAbs_Click(...)
{
    cmdTest.Size = new Size(50, 100);
}
```

Listing 1.5 Projekt »Steuerelemente«

Zur Erläuterung:

Verkürzte
Darstellung
► Der Kopf der einzelnen Methoden wurde aus Gründen der Übersichtlichkeit jeweils in verkürzter Form abgebildet. Dies wird bei den meisten nachfolgenden Beispielen ebenfalls so sein, außer wenn es genau auf die Inhalte des Methodenkopfs ankommt.

► Das Formular enthält fünf Buttons. Die oberen vier Buttons dienen zur Veränderung von Position und Größe des fünften Buttons.

► Die Position eines Elements kann relativ zur aktuellen Position oder auf absolute Werte eingestellt werden. Das Gleiche gilt für die Größe eines Elements.

► Bei beiden Angaben handelt es sich um Wertepaare (X/Y bzw. Breite/Höhe).

new Point
► Zur Einstellung der Position dient die Struktur Point. Ein Objekt dieser Struktur liefert ein Wertepaar. In diesem Programm wird mit new jeweils ein neues Objekt der Struktur Point erzeugt, um das Wertepaar bereitzustellen.

X, Y
► Bei Betätigung des Buttons POSITION ABS wird die Position des fünften Buttons auf die Werte X=100 und Y=200 gestellt, gemessen von der linken oberen Ecke des Formulars.

► Bei Betätigung des Buttons POSITION REL wird die Position des fünften Buttons auf die Werte X = cmdTest.Location.X + 20 und Y = cmdTest.Location.Y gestellt. Bei X wird also der alte Wert der Komponente X um 20 erhöht, das Element bewegt sich nach rechts. Bei Y wird der alte Wert der Komponente Y nicht verändert, das Element bewegt sich nicht nach oben oder unten.

- Zur Einstellung der Größe dient die Struktur `Size`.

  Size

- Bei Betätigung des Buttons GRÖSSE ABS wird die Größe des fünften Buttons auf die Werte `Width = 50` und `Height = 100` gestellt.

  Width, Height

- Bei Betätigung des Buttons GRÖSSE REL wird die Größe des fünften Buttons auf die Werte `Width = cmdTest.Size.Width + 20` und `Height = cmdTest.Size.Height` gestellt. Bei `Width` wird also der alte Wert der Komponente `Width` um 20 erhöht, das Element wird breiter. Bei `Height` wird der alte Wert der Komponente `Height` nicht verändert, das Element verändert seine Höhe nicht.

Nach einigen Klicks sieht das Formular aus wie in Abbildung 1.17.

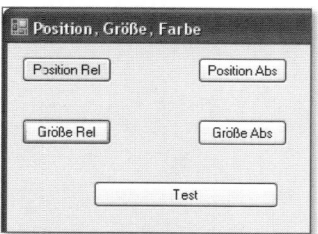

Abbildung 1.17 Veränderung von Eigenschaften zur Laufzeit

1.4.4 Vergabe und Verwendung von Namen

Beachten Sie in allen Programmen, dass jedes Steuerelement seinen eigenen, eindeutigen Namen hat und immer mit diesem Namen angesprochen werden muss. Es passiert erfahrungsgemäß besonders am Anfang häufig, dass ein Programm nicht zum gewünschten Erfolg führt, weil ein nicht vorhandener Name verwendet wurde. In diesem Zusammenhang weise ich noch einmal auf die Namenskonventionen hin:

- Buttons sollten Namen, wie z. B. `cmdEnde`, `cmdAnzeigen`, `cmdBerechnen` usw., haben.

- Labels sollten Namen, wie z. B. `lblAnzeige`, `lblName`, `lblUhrzeit`, `lblBeginnDatum`, haben.

Diese Namen liefern eine eindeutige Information über Typ und Funktion des Steuerelements. Falls Sie beim Schreiben von Programmcode anschließend diese Namen z. B. vollständig in Kleinbuchstaben eingeben, werden sie nach Verlassen der Zeile darauf aufmerksam gemacht. Sie können schnell erkennen, ob Sie tatsächlich ein vorhandenes Steuerelement verwendet haben.

1.4.5 Verknüpfung von Texten, mehrzeilige Texte

+ und \n Es können mehrere Texte in einer Ausgabe mithilfe des Zeichens + miteinander verknüpft werden. Falls Sie eine mehrzeilige Ausgabe wünschen, können Sie einen Zeilenvorschub mithilfe des Textes "\n" (für *new line*) erzeugen.

Nachfolgend wird das Projekt *Steuerelemente* ergänzt um ein Label, in dem die aktuelle Position und Größe des Buttons angezeigt werden. Dies soll nach Betätigung des Buttons Anzeige geschehen:

```
private void cmdAnzeige_Click(...)
{
    lblAnzeige.Text =
        "Position: X: " + cmdTest.Location.X +
        ", Y: " + cmdTest.Location.Y + "\n" +
        "Größe: Breite: " + cmdTest.Size.Width +
        ", Höhe: " + cmdTest.Size.Height;
}
```

Listing 1.6 Projekt »Steuerelemente«, mit Anzeige

Nach einigen Klicks und der Betätigung des Buttons ANZEIGE sieht das Formular aus wie in Abbildung 1.18.

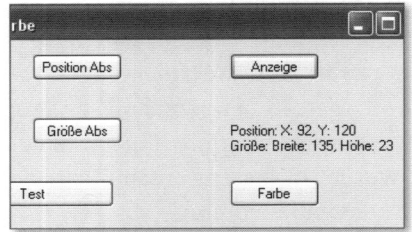

Abbildung 1.18 Anzeige der Eigenschaften

1.4.6 Eigenschaft BackColor, Farben allgemein

BackColor Die Hintergrundfarbe eines Steuerelements wird mit der Eigenschaft BackColor festgelegt. Dabei können Sie die Farbe zur Entwicklungszeit leicht mithilfe einer Farbpalette oder aus Systemfarben auswählen.

Color Hintergrundfarben und andere Farben können Sie auch zur Laufzeit einstellen. Dabei bedienen Sie sich der Farbwerte, die Sie über die Struktur Color auswählen.

Ein Beispiel, ebenfalls im Projekt *Steuerelemente*:

```
private void cmdFarbe_Click(...)
{
    BackColor = Color.Yellow;
    lblAnzeige.BackColor =
        Color.FromArgb(192, 255, 0);
}
```

Listing 1.7 Projekt »Steuerelemente«, mit Farben

Zur Erläuterung:

▶ Diese Struktur bietet vordefinierte Farbnamen als Eigenschaften, z. B. `Yellow`. Der Wert kann der Eigenschaft `BackColor` des Steuerelements zugewiesen werden, hier ist dies das Formular selbst.

▶ Außerdem bietet die Struktur die Methode `FromArgb()`. Diese können Sie auf verschiedene Arten aufrufen. Eine dieser Arten erwartet genau drei Parameter, nämlich die Werte für Rot, Grün und Blau, jeweils zwischen 0 und 255.

FromArgb()

Das Formular sieht nach der Änderung der Eigenschaft Farbe aus wie in Abbildung 1.19.

Abbildung 1.19 Nach Änderung der Eigenschaft »Farbe«

In diesem Kapitel erlernen Sie auf anschauliche Weise die Sprachgrundlagen von C# in Verbindung mit den gängigen Steuerelementen von Windows-Programmen.

2 Grundlagen

In den folgenden Abschnitten lernen Sie wichtige Elemente der Programmierung, wie Variablen, Operatoren, Verzweigungen und Schleifen, gemeinsam mit wohlbekannten, häufig verwendeten Steuerelementen kennen.

2.1 Variablen und Datentypen

Variablen dienen zur vorübergehenden Speicherung von Daten, die sich zur Laufzeit eines Programms ändern können. Eine Variable besitzt einen eindeutigen Namen, unter dem sie angesprochen werden kann.

2.1.1 Namen, Werte

Für die Namen von Variablen gelten in C# die folgenden Regeln:

Namensregeln

▶ Sie beginnen mit einem Buchstaben.

▶ Sie können nur aus Buchstaben, Zahlen und einigen wenigen Sonderzeichen (z. B. dem Unterstrich _) bestehen.

▶ Innerhalb eines Gültigkeitsbereichs darf es keine zwei Variablen mit dem gleichen Namen geben (siehe Abschnitt 2.1.4).

Variablen erhalten ihre Werte durch Zuweisung per Gleichheitszeichen. Falls eine Variable als Erstes auf der rechten Seite des Gleichheitszeichens genutzt wird, muss ihr vorher ein Wert zugewiesen werden. Anderenfalls wird ein Fehler gemeldet.

2.1.2 Deklarationen

Neben dem Namen besitzt jede Variable einen Datentyp, der die Art der Information bestimmt, die gespeichert werden kann. Der Entwickler wählt den Datentyp danach aus, ob er Texte, Zahlen ohne Nachkommastellen, Zahlen mit Nachkommastellen oder z. B. logische Werte speichern möchte.

Auswahl des Datentyps Außerdem muss er sich noch Gedanken über die Größe des Bereichs machen, den die Zahl oder der Text annehmen könnte, und über die gewünschte Genauigkeit bei Zahlen. Im folgenden Abschnitt 2.1.3 finden Sie eine Liste der Datentypen.

Variablen müssen in C# immer mit einem Datentyp deklariert werden. Dies beugt Fehlern vor, die aufgrund einer falschen Verwendung der Variablen entstehen könnten.

2.1.3 Datentypen

Die folgende Liste enthält die wichtigsten von C# unterstützten Datentypen mit ihrem jeweiligen Wertebereich:

- ▶ Datentyp `bool`, Werte `true` oder `false` (*wahr* oder *falsch*)
- ▶ Datentyp `byte`, ganze Zahlen von 0 bis 255
- ▶ Datentyp `char`, einzelne Zeichen
- ▶ Datentyp `decimal`, Gleitkommazahl mit einer Genauigkeit von 28–29 Stellen, Werte von –7,9 mal 10 hoch 28 bis 7,9 mal 10 hoch 28

double
- ▶ Datentyp `double`, Gleitkommazahl mit einer Genauigkeit von 15–16 Stellen, Werte von ±5 mal 10 hoch –324 bis ±1,7 mal 10 hoch 308

- ▶ Datentyp `float`, Gleitkommazahl mit einer Genauigkeit von sieben Stellen; Werte von –3,4 mal 10 hoch 38 bis 3,4 mal 10 hoch 38

int
- ▶ Datentyp `int`, ganze Zahlen von –2.147.483.648 bis 2.147.483.647
- ▶ Datentyp `long`, ganze Zahlen von –9.223.372.036.854.775.808 bis 9.223.372.036.854.775.807
- ▶ Datentyp `object`, beliebige Werte
- ▶ Datentyp `short`, ganze Zahlen von –32768 bis 32767

string
- ▶ Datentyp `string`, Zeichenkette
- ▶ benutzerdefinierte Struktur; jedes Element hat seinen eigenen Datentyp und damit seinen eigenen Wertebereich.

Im folgenden Beispiel werden Variablen der wichtigsten Typen deklariert, mit Werten versehen und in einem Label angezeigt (Projekt *Datentypen*):

```
private void cmdAnzeige_Click(...)
{
    /* ganze Zahlen */
    byte By;
    short Sh;
    int It;
    long Lg;

    /* Zahlen mit Nachkommastellen */
    double Db1, Db2;
    float Fl;
    decimal De;

    /* Boolsche Variable, Zeichen,
       Zeichenkette */
    bool Bo;
    char Ch;
    string St;

    By = 200;
    Sh = 30000;
    It = 2000000000;
    Lg = 3000000000;

    Db1 = 1 / 7;
    Db2 = 1.0 / 7;
    Fl = 1.0f / 7;
    De = 1.0m / 7;

    Bo = true;
    Ch = 'a';
    St = "Zeichenkette";

    lblAnzeige.Text =
        "byte: " + By + "\n" +
        "short: " + Sh + "\n" +
        "int: " + It + "\n" +
        "long: " + Lg + "\n" +
        "double 1: " + Db1 + "\n" +
        "double 2: " + Db2 + "\n" +
        "float: " + Fl + "\n" +
        "decimal: " + De + "\n" +
```

```
        "bool: " + Bo + "\n" +
        "char: " + Ch + "\n" +
        "string: " + St;
}
```

Listing 2.1   Projekt »Datentypen«

Das Programm hat nach Betätigung des Buttons die Ausgabe wie in Abbildung 2.1 dargestellt.

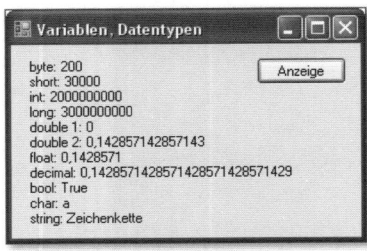

Abbildung 2.1   Wichtige Datentypen

Zur Erläuterung:

▸ Variablen werden mithilfe von `Datentyp Variable` deklariert.

Wertebereich ▸ Bei den Zahlen-Datentypen führt eine Über- oder Unterschreitung des Wertebereichs zu einer Fehlermeldung.

Genauigkeit ▸ Die Datentypen `float`, `double` und `decimal` für Zahlen mit Nachkommastellen unterscheiden sich in ihrer Genauigkeit.

▸ Bei der Division einer ganzen Zahl durch eine andere ganze Zahl werden die Nachkommastellen abgeschnitten. Zur mathematisch korrekten Division muss einer der beiden Werte als `double`-Zahl gekennzeichnet werden, hier mit 1.0 statt 1.

▸ `float`-Werte müssen mit einem f gekennzeichnet werden, `decimal`-Werte mit einem m. Damit bekommt die gesamte Division einen `float`- bzw. `decimal`-Wert.

▸ Werte für den Datentyp `bool` werden mit `true` bzw. `false` zugewiesen, aber mit `True` und `False` ausgegeben.

▸ Werte für einzelne Zeichen müssen mit einfachen Anführungszeichen, Werte für Zeichenketten mit doppelten Anführungszeichen angegeben werden.

Mehrere Variablen des gleichen Typs können, durch Kommata getrennt, in einer Zeile deklariert werden (z. B. `double Db1, Db2`).

Übung

Schreiben Sie ein Programm, in dem Ihr Nachname, Ihr Vorname, Ihre Adresse, Ihr Alter und Ihr Gehalt jeweils in Variablen eines geeigneten Datentyps gespeichert und anschließend wie in Abbildung 2.2 ausgegeben werden.

Übung
ÜDatentypen

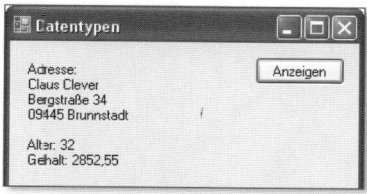

Abbildung 2.2   Übung ÜDatentypen

2.1.4   Gültigkeitsbereich

Variablen, die innerhalb einer Methode vereinbart wurden, haben ihre Gültigkeit nur in der Methode. Außerhalb der Methode sind sowohl Name als auch Wert unbekannt. Solche Variablen bezeichnet man auch als lokale Variablen. Sobald die Methode abgearbeitet wurde, steht der Wert auch nicht mehr zur Verfügung. Beim nächsten Aufruf der gleichen Methode werden diese Variablen neu deklariert und erhalten neue Werte.

Lokal

Variablen, die außerhalb von Methoden vereinbart werden, sind innerhalb der gesamten Klasse gültig, hier also innerhalb der Klasse des Formulars. Ihr Wert kann in jeder Methode gesetzt oder abgerufen werden und bleibt erhalten, solange das Formular im laufenden Programm existiert.

Klassenweit gültig

Sie können Variablen auch mit dem Schlüsselwort `private` deklarieren: `private int Mx`. Weitere Einzelheiten zu klassenweit gültigen Variablen finden Sie in Kapitel 5, »Objektorientierte Programmierung«.

private

Variablen, die mit dem Schlüsselwort `public` vereinbart werden, sind *öffentlich*. Damit sind sie auch außerhalb der jeweiligen Klasse, also z. B. in anderen Formularen, gültig. Mehr dazu in Abschnitt 5.2.

public

Gibt es in einem Programmabschnitt mehrere Variablen mit dem gleichen Namen, gelten folgende Regeln:

▶ Lokale Variablen mit gleichem Namen in der gleichen Methode sind nicht zulässig.

Ausblenden
▶ Eine klassenweit gültige Variable wird innerhalb einer Methode von einer lokalen Variablen mit dem gleichen Namen ausgeblendet.

Im folgenden Beispiel werden Variablen unterschiedlicher Gültigkeitsbereiche deklariert, an verschiedenen Stellen verändert und ausgegeben (Projekt *Gültigkeitsbereich*):

```
public partial class Form1 : Form
{
    ...
    int Mx = 0;

    private void cmdAnzeigen1_Click(...)
    {
        int x = 0;
        Mx = Mx + 1;
        x = x + 1;
        lblAnzeige.Text = "x: " + x + "  Mx: " + Mx;
    }

    private void cmdAnzeigen2_Click(...)
    {
        int Mx = 0;
        Mx = Mx + 1;
        lblAnzeige.Text = "Mx: " + Mx;
    }
}
```

Listing 2.2 Projekt »Gültigkeitsbereich«

Zur Erläuterung:

▶ In der ersten Methode wird der Wert der klassenweit gültigen Variablen Mx bei jedem Aufruf erhöht. Die lokale Variable x wird immer wieder auf 1 gesetzt, siehe Abbildung 2.3.

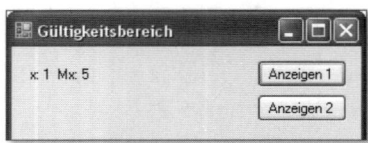

Abbildung 2.3 Lokale und klassenweit gültige Variable

▶ In der zweiten Methode blendet die lokale Variable Mx die gleichnamige klassenweit gültige Variable aus. Die lokale Variable wird immer wieder auf 1 gesetzt, siehe Abbildung 2.4.

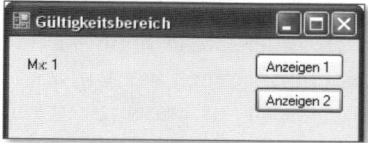

Abbildung 2.4   Lokale Variable

Hinweis: Die Variablen wurden vor ihrer ersten Benutzung initialisiert, d. h., sie wurden mit einem Startwert besetzt.

Startwert setzen

Übung

Erstellen Sie ein Programm, in dem zwei Buttons, ein Label und drei Variablen eines geeigneten Datentyps eingesetzt werden:

Übung ÜGültig-keitsbereich

▶ die klassenweit gültige Variable x

▶ die Variable y, die nur lokal in der Methode zum Click-Ereignis des ersten Buttons gültig ist

▶ die Variable z, die nur lokal in der Methode zum Click-Ereignis des zweiten Buttons gültig ist

In der ersten Methode werden x und y jeweils um 0,1 erhöht und angezeigt, siehe Abbildung 2.5.

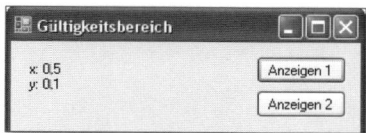

Abbildung 2.5   Ausgabe der ersten Methode nach einigen Klicks

In der zweiten Methode werden x und z jeweils um 0,1 erhöht und angezeigt, siehe Abbildung 2.6.

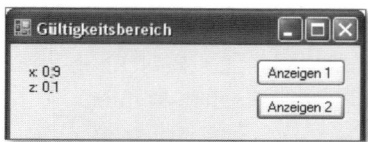

Abbildung 2.6   Ausgabe der zweiten Methode nach weiteren Klicks

2.1.5   Konstanten

Konstanten sind vordefinierte Werte, die während der Laufzeit nicht verändert werden können. Am besten geben Sie Konstanten aussagekräftige

Konstanten repräsentieren Werte.

Namen, damit sie leichter zu behalten sind als die Werte, die sie repräsentieren. Konstanten werden an einer zentralen Stelle definiert und können an verschiedenen Stellen des Programms genutzt werden. Somit muss eine eventuelle Änderung einer Konstanten zur Entwurfszeit nur an einer Stelle erfolgen. Der Gültigkeitsbereich von Konstanten ist analog zum Gültigkeitsbereich von Variablen.

Integrierte Konstanten

Zu den Konstanten zählen auch die integrierten Konstanten. Auch sie repräsentieren Zahlen, die aber nicht so einprägsam sind wie die Namen der Konstanten.

Im folgenden Beispiel werden mehrere Konstanten vereinbart und genutzt (Projekt *Konstanten*):

```
public partial class Form1 : Form
{
    ...
    const int MaxWert = 75;
    const string Eintrag = "Picture";

    private void cmdKonstanten_Click(...)
    {
        const int MaxWert = 55;
        const int MinWert = 5;
        lblAnzeige.Text = (MaxWert - MinWert) / 2 +
            "\n" + Eintrag;
    }
}
```

Listing 2.3 Projekt »Konstanten«, Teil 1

Zur Erläuterung:

▶ Die Konstanten MaxWert und Eintrag werden mit klassenweiter Gültigkeit festgelegt.

▶ Innerhalb der Methode werden die beiden lokalen Konstanten MaxWert und MinWert festgelegt. MaxWert blendet die Klassenkonstante gleichen Namens aus, wie Sie in Abbildung 2.7 sehen können.

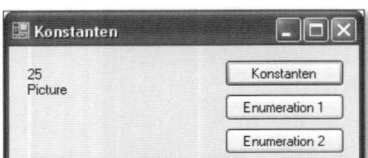

Abbildung 2.7 Konstanten

2.1.6 Enumerationen

Enumerationen sind Aufzählungen von Konstanten, die thematisch zusammengehören. Alle Enumerationen haben den gleichen Datentyp, der ganzzahlig sein muss. Bei der Deklaration werden ihnen Werte zugewiesen, am besten explizit. Innerhalb von Visual C# gibt es zahlreiche vordefinierte Enumerationen. Ähnlich wie bei den integrierten Konstanten sind die Namen der Enumerationen und deren Elemente besser lesbar als die durch sie repräsentierten Zahlen.

Ein Beispiel: Die Enumeration `DialogResult` ermöglicht es dem Programmierer, die zahlreichen möglichen Antworten des Benutzers beim Einsatz von Windows-Standard-Dialogfeldern (JA, NEIN, ABBRECHEN, WIEDERHOLEN, IGNORIEREN, ...) anschaulich einzusetzen.

Im folgenden Programm wird mit einer eigenen und einer vordefinierten Enumeration gearbeitet (ebenfalls im Projekt *Konstanten*):

```
public partial class Form1 : Form
{
    ...
    enum Farbe : int
    {
        Rot = 1,
        Gelb = 2,
        Blau = 3
    }

    ...
    private void cmdEnumeration1_Click(...)
    {
        lblAnzeige.Text = "Farbe: " + Farbe.Gelb +
            " " + (int) Farbe.Gelb;
    }

    private void cmdEnumeration2_Click(...)
    {
        lblAnzeige.Text = "Sonntag: " +
            DayOfWeek.Sunday + " " +
            (int) DayOfWeek.Sunday + "\n" +
            "Samstag: " +
            DayOfWeek.Saturday + " " +
            (int) DayOfWeek.Saturday;
    }
}
```

Listing 2.4 Projekt »Konstanten«, Teil 2

Zur Erläuterung:

Klassenweit gültig ▸ Es wird die Enumeration `Farbe` vom Datentyp `int` vereinbart. Da es sich um einen Typ handelt und nicht um eine Variable oder Konstante, muss sie außerhalb von Methoden vereinbart werden. Damit ist sie automatisch für die gesamte Klasse gültig.

Cast (int) ▸ In der ersten Ereignismethode wird ein Element der eigenen Enumeration `Farbe` verwendet. Zunächst wird der Name des Elements ausgegeben: `Gelb`. Die Zahl, die das Element repräsentiert, kann erst nach einer Umwandlung in den entsprechenden Datentyp ausgegeben werden. Diese Umwandlung wird mithilfe eines Cast vorgenommen: `(int)`, siehe Abbildung 2.8.

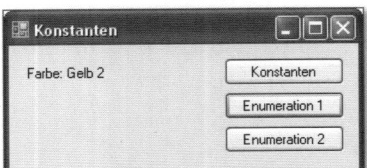

Abbildung 2.8 Erste Enumeration

DayOfWeek ▸ In der zweiten Ereignismethode werden zwei Elemente der vordefinierten Enumeration `DayOfWeek` verwendet, siehe Abbildung 2.9. Sie können sie zur Ermittlung des Wochentags eines gegebenen Datums verwenden.

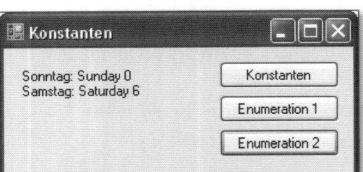

Abbildung 2.9 Zweite Enumeration

2.2 Operatoren

Zum Zusammensetzen von Ausdrücken werden in C#, wie in jeder anderen Programmiersprache auch, Operatoren verwendet. In diesem Buch wurden schon die Operatoren = für Zuweisungen und + für Verkettungen verwendet.

Es gibt verschiedene Kategorien von Operatoren. Vorrangregeln (Priori- Priorität
täten) sind für die Reihenfolge der Abarbeitung zuständig, falls mehrere
Operatoren innerhalb eines Ausdrucks verwendet werden. Diese Vorrangregeln sind weiter unten in diesem Abschnitt angegeben. Falls Sie
sich bei der Verwendung dieser Regeln nicht sicher sind, so empfiehlt es
sich, durch eigene Klammersetzung die Reihenfolge explizit festzulegen.

2.2.1 Rechenoperatoren

Rechenoperatoren dienen zur Durchführung von Berechnungen, siehe Rechenoperatoren
Tabelle 2.1.

Operator	Beschreibung
+	Addition
-	Subtraktion oder Negation
*	Multiplikation
/	Division
%	Modulo
++	Erhöhung um 1
- -	Verminderung um 1

Tabelle 2.1 Rechenoperatoren

Bei der Division von zwei ganzen Zahlen sollten Sie beachten, dass die Ganzzahl-Division
Nachkommastellen abgeschnitten werden. Falls Sie dies nicht möchten,
müssen Sie zumindest eine der beiden Zahlen als Zahl mit Nachkommastellen kennzeichnen, z. B. durch Anhängen von `.0`: statt `5` schreiben Sie
`5.0`.

Der Modulo-Operator `%` berechnet den Rest einer Division. Einige Bei- Modulo
spiele sehen Sie in Tabelle 2.2.

Ausdruck	Ergebnis	Erklärung
19 % 4	3	19 durch 4 ist 4 Rest 3
19.5 % 4.2	2.7	19,5 durch 4,2 ist 4 Rest 2,7

Tabelle 2.2 Modulo-Operator

Die Operatoren `++` und `- -` dienen als Schreibabkürzung und sollen mit- ++, - -
hilfe des Projekts *Rechenoperatoren* erläutert werden:

```
private void cmdAnzeigen1_Click(...)
{
```

```
    int x = 5;
    x++;
    ++x;
    x = x + 1;
    lblA.Text = "Ergebnis: " + x;
}

private void cmdAnzeigen2_Click(...)
{
    int x = 5;
    lblA.Text = "Ergebnis: " + x++;
}

private void cmdAnzeigen3_Click(...)
{
    int x = 5;
    lblA.Text = "Ergebnis: " + ++x;
}
```

Listing 2.5 Projekt »Rechenoperatoren«

Zur Erläuterung:

- In der ersten Methode hat x zunächst den Wert 5. Der Wert kann mit ++x oder mit x++ oder mit x = x + 1 jeweils um 1 erhöht werden. Anschließend hat x den Wert 8.

x++
- In der zweiten Methode wird x zunächst ausgegeben und anschließend um 1 erhöht. Dies liegt daran, dass der Operator ++ hinter x steht. In der Ausgabe sehen Sie den alten Wert 5, x hat nach der Anweisungszeile den Wert 6.

++x
- In der dritten Methode wird x zunächst um 1 erhöht und anschließend ausgegeben. Dies liegt daran, dass der Operator ++ vor x steht. In der Ausgabe sehen Sie den neuen Wert 6, x hat nach der Anweisungszeile ebenfalls den Wert 6.

x=x+1
- Die Schreibweise x = x + 1; als eigene Anweisungszeile schafft hier Klarheit.

- Für den Operator -- gilt sinngemäß das Gleiche.

Von links nach rechts
Multiplikation und Division innerhalb eines Ausdrucks sind gleichrangig und werden von links nach rechts in der Reihenfolge ihres Auftretens ausgewertet. Dasselbe gilt für Additionen und Subtraktionen, die zusammen in einem Ausdruck auftreten. Multiplikation und Division werden vor Addition und Subtraktion ausgeführt.

Mit Klammern kann diese Rangfolge außer Kraft gesetzt werden, damit bestimmte Teilausdrücke vor anderen Teilausdrücken ausgewertet werden. In Klammern gesetzte Operationen haben grundsätzlich Vorrang. Innerhalb der Klammern gilt jedoch wieder die normale Rangfolge der Operatoren.

Klammern

Übung

Berechnen Sie die beiden folgenden Ausdrücke, speichern Sie das Ergebnis in einer Variablen eines geeigneten Datentyps, und zeigen Sie es an:

Übung ÜRechen-
operatoren

▶ 1. Ausdruck: `3 * -2.5 + 4 * 2`
▶ 2. Ausdruck: `3 * (-2.5 + 4) * 2`

2.2.2 Vergleichsoperatoren

Vergleichsoperatoren (siehe Tabelle 2.3) dienen dazu, festzustellen, ob bestimmte Bedingungen zutreffen oder nicht. Das Ergebnis nutzt man u. a. zur Ablaufsteuerung von Programmen. In Abschnitt 2.4 wird hierauf genauer eingegangen.

Vergleich

Operator	Beschreibung
<	kleiner als
<=	kleiner als oder gleich
>	größer als
>=	größer als oder gleich
==	gleich
!=	ungleich

Tabelle 2.3 Vergleichsoperatoren

Einige Beispiele sehen Sie in Tabelle 2.4.

Ausdruck	Ergebnis
`5 > 3`	`true`
`3 == 3.2`	`false`
`5 + 3 * 2 >= 12`	`false`
`"Maier" == "Mayer"`	`false`

Tabelle 2.4 Nutzung von Vergleichsoperatoren

Übung

Ermitteln Sie das Ergebnis der beiden folgenden Ausdrücke, speichern Sie es in einer Variablen eines geeigneten Datentyps, und zeigen Sie es an:

► 1. Ausdruck: `12 – 3 >= 4 * 2.5`

► 2. Ausdruck: `"Maier" != "Mayer"`

2.2.3 Logische Operatoren

Logik

Logische Operatoren dienen dazu, mehrere Bedingungen zusammenzufassen. Das Ergebnis nutzt man ebenfalls u. a. zur Ablaufsteuerung von Programmen (siehe hierzu auch Abschnitt 2.4). Die logischen Operatoren sehen Sie in Tabelle 2.5.

Operator	Beschreibung	Das Ergebnis ist true, wenn ...
!	Nicht	... der Ausdruck `false` ist.
&&	Und	... beide Ausdrücke `true` sind.
||	inklusives Oder	... mindestens ein Ausdruck `true` ist.
^	exklusives Oder	... genau ein Ausdruck `true` ist.

Tabelle 2.5 Logische Operatoren

! && || ^

Es seien die Variablen `A = 1`, `B = 3` und `C = 5` gesetzt. Die Ausdrücke in der ersten Spalte von Tabelle 2.6 ergeben dann jeweils die Ergebnisse in der zweiten Spalte.

Ausdruck	Ergebnis
`!(A < B)`	false
`(B > A) && (C > B)`	true
`(B < A) || (C < B)`	false
`(B < A) ^ (C > B)`	true

Tabelle 2.6 Ausdrücke mit logischen Operatoren

Eine Zusammenstellung der Funktionsweise der logischen Operatoren sehen Sie auch in Tabelle 2.7.

Ausdruck 1	Ausdruck 2	!	&&	||	^
true	true	false	true	true	false
true	false	False	false	true	true

Tabelle 2.7 Wahrheitstabelle

Ausdruck 1	Ausdruck 2	!	&&	||	^
false	true	true	false	true	true
false	false	true	false	false	false

Tabelle 2.7 Wahrheitstabelle (Forts.)

Übung

Ermitteln Sie das Ergebnis der beiden folgenden Ausdrücke, speichern Sie es in einer Variablen eines geeigneten Datentyps, und zeigen Sie es an:

> 1. Ausdruck: `4 > 3 && -4 > -3`

> 2. Ausdruck: `4 > 3 || -4 > -3`

Sie können auch die logischen Operatoren & (statt &&) und | (statt ||) anwenden. Hierbei werden alle Teile des Vergleichsausdrucks ausgewertet. Im Gegensatz dazu wird bei den Operatoren && und || die Auswertung abgebrochen, sobald sich der Wert des Ausdrucks nicht mehr verändern kann. Die Ergebnisse unterscheiden sich allerdings nur dann, wenn innerhalb des Vergleichsausdrucks Werte verändert werden, z. B. mit den Operatoren ++ oder --.

Übung ÜLogische-Operatoren

&, |

2.2.4 Verkettungsoperator

Der Operator + dient zur Verkettung von Zeichenfolgen. Ist einer der Ausdrücke keine Zeichenfolge, sondern eine Zahl, so wird er (wenn möglich) in eine Zeichenfolge verwandelt. Das Gesamtergebnis ist dann wiederum eine Zeichenfolge. Beispiel:

Umwandlung in String

```
private void cmdAnzeige_Click(...)
{
    string a, b;
    double d;
    int x;

    b = "Hallo";
    d = 4.6;
    x = -5;
    a = b + " Welt " + d + " " + x + " " + 12;
    lblAnzeige.Text = a;
    // lblAnzeige.Text = x;
}
```

Listing 2.6 Projekt »Verkettungsoperator«

Zur Erläuterung:

- Die Zeichenkette a wird aus Variablen und Werten unterschiedlichen Datentyps zusammengesetzt.

- Die letzte Anweisung wurde auskommentiert, weil sie zu einem Fehler führt. Die int-Variable x kann nicht direkt als Wert für die Eigenschaft Text verwendet werden. Sie muss zunächst umgewandelt werden.

- Das Ergebnis ist in Abbildung 2.10 zu sehen.

- Ein weiteres Beispiel stand bereits in Abschnitt 1.4.5.

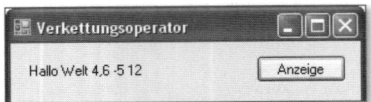

Abbildung 2.10 Verkettung

2.2.5   Zuweisungsoperatoren

Zeichen =   Den einfachsten Zuweisungsoperator, das Gleichheitszeichen, haben Sie bereits genutzt. Es gibt zur Verkürzung von Anweisungen noch weitere Zuweisungsoperatoren. Eine Auswahl sehen Sie in Tabelle 2.8.

Operator	Beispiel	Ergebnis
=	x = 7	x erhält den Wert 7.
+=	x += 5	Der Wert von x wird um 5 erhöht.
-=	x -= 5	Der Wert von x wird um 5 verringert.
*=	x *= 3	Der Wert von x wird auf das Dreifache erhöht.
/=	x /= 3	Der Wert von x wird auf ein Drittel verringert.
%=	x %= 3	x wird durch 3 geteilt, der Rest der Division wird x zugewiesen.
+=	z += "abc"	Die Zeichenkette z wird um den Text *abc* verlängert.

Tabelle 2.8   Zuweisungsoperatoren

2.2.6   Rangfolge der Operatoren

Priorität   Enthält ein Ausdruck mehrere Operationen, so werden die einzelnen Teilausdrücke in einer bestimmten Rangfolge ausgewertet und aufgelöst, die als Rangfolge bzw. Priorität der Operatoren bezeichnet wird. Es gilt die Rangfolge in Tabelle 2.9.

Operator	Beschreibung
- !	negatives Vorzeichen, logisches Nicht
* / %	Multiplikation, Division, Modulo
+ -	Addition, Subtraktion
< > <= >=	Vergleichsoperatoren für kleiner und größer
== !=	Vergleichsoperatoren für gleich und ungleich
&&	logisches Und
||	logisches Oder

Tabelle 2.9 Rangfolge der Operatoren

Je weiter oben die Operatoren in der Tabelle stehen, desto höher ist ihre Priorität.

Wie schon bei den Rechenoperatoren erwähnt: Mit Klammern kann diese Rangfolge außer Kraft gesetzt werden, damit bestimmte Teilausdrücke vor anderen Teilausdrücken ausgewertet werden. In Klammern gesetzte Operationen haben grundsätzlich Vorrang. Innerhalb der Klammern gilt jedoch wieder die normale Rangfolge der Operatoren. Klammern

Übung

Sind die Bedingungen in Tabelle 2.10 wahr oder falsch? Lösen Sie die Aufgabe möglichst ohne PC. Übung ÜOperatoren

Nr.	Werte	Bedingung
1	a=5 b=10	a>0 && b!=10
2	a=5 b=10	a>0 || b!=10
3	z=10 w=100	z!=0 || z>w || w-z==90
4	z=10 w=100	z==11 && z>w || w-z==90
5	x=1.0 y=5.7	x>=.9 && y<=5.8
6	x=1.0 y=5.7	x>=.9 && !(y<=5.8)
7	n1=1 n2=17	n1>0 && n2>0 || n1>n2 && n2!=17
8	n1=1 n2=17	n1>0 && (n2>0 || n1>n2) && n2!=17

Tabelle 2.10 Übung ÜOperatoren

2.3 Einfache Steuerelemente

Windows-Programmierung mit Visual C# besteht aus zwei Teilen: der Arbeit mit visuellen Steuerelementen und der Programmierung mit der

Sprache. Beides soll in diesem Buch parallel vermittelt werden, damit die eher theoretischen Abschnitte zur Programmiersprache durch eine anschauliche Praxis vertieft werden können.

Daher wird in diesem Abschnitt mit vier weiteren Steuerelementen gearbeitet, bevor im nächsten Abschnitt die Verzweigungen zur Programmsteuerung vorgestellt werden, den Steuerelementen Panel, Zeitgeber, Textfeld und Zahlenauswahlfeld.

2.3.1   Panel

Container

Ein Panel dient normalerweise als Container für andere Steuerelemente. In diesem Abschnitt wird es zur visuellen Darstellung eines Rechtecks und für eine kleine Animation genutzt.

Die Eigenschaften BackColor (Hintergrundfarbe), Location (Position) und Size (Größe) sind Ihnen schon von anderen Steuerelementen her bekannt.

Mithilfe des nachfolgenden Programms im Projekt *Panel* wird ein Panel durch Betätigung von vier Buttons um 10 Pixel nach oben, unten, links oder rechts verschoben. Es hat die Größe 100 x 100 Pixel, die Startposition X=145 und Y=80 sowie eine eigene Hintergrundfarbe. Die Bewegung wird mithilfe der Struktur Point durchgeführt.

In den Abbildungen 2.11 und 2.12 ist das Panel im Startzustand bzw. nach einigen Klicks zu sehen.

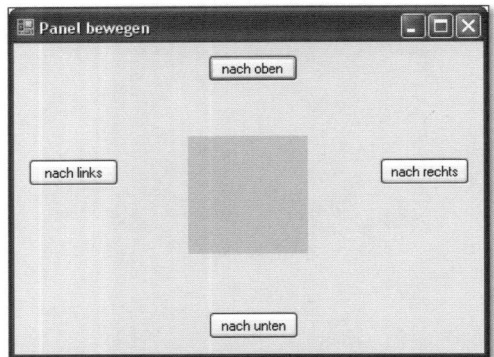

Abbildung 2.11   Panel, Startzustand

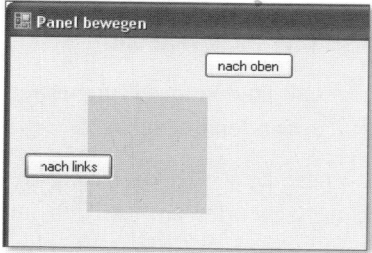

Abbildung 2.12   Panel, nach Verschiebung

Der Programmcode:

```
private void cmdOben_Click(...)
{
    p.Location = new Point(
        p.Location.X, p.Location.Y - 10);
}

private void cmdLinks_Click(...)
{
    p.Location = new Point(
        p.Location.X - 10, p.Location.Y);
}

private void cmdRechts_Click(...)
{
    p.Location = new Point(
        p.Location.X + 10, p.Location.Y);
}

private void cmdUnten_Click(...)
{
    p.Location = new Point(
        p.Location.X, p.Location.Y + 10);
}
```

Listing 2.7   Projekt »Panel«

2.3.2   Zeitgeber

Ein Zeitgeber (Timer) erzeugt in festgelegten Abständen Zeittakte. Diese Zeittakte sind Ereignisse, die der Entwickler mit Aktionen verbinden kann. Das zugehörige Ereignis heißt Tick. Ein Zeitgeber kann wie jedes andere Steuerelement zum Formular hinzugefügt werden. Da es sich

Timer

aber um ein nicht sichtbares Steuerelement handelt, wird er unterhalb des Formulars angezeigt. Auch zur Laufzeit ist er nicht sichtbar.

Intervall Seine wichtigste Eigenschaft ist das Zeitintervall, in dem das Ereignis auftreten soll. Dieses Zeitintervall wird in Millisekunden angegeben.

Enabled Die Eigenschaft Enabled dient zur Aktivierung bzw. Deaktivierung des Zeitgebers. Sie können sie zur Entwicklungszeit oder zur Laufzeit auf true oder false stellen.

Im nachfolgenden Programm im Projekt *Zeitgeber* erscheint zunächst ein Formular mit zwei Buttons. Betätigen Sie den Start-Button, so erscheint ein *x* in einem Bezeichnungsfeld. Alle 0,5 Sekunden erscheint automatisch ein weiteres *x*, siehe Abbildung 2.13. Dies wird durch den Timer gesteuert, bei dem der Wert für die Eigenschaft Interval auf 500 gesetzt wurde. Nach Betätigung des Stop-Buttons kommt kein weiteres *x* hinzu.

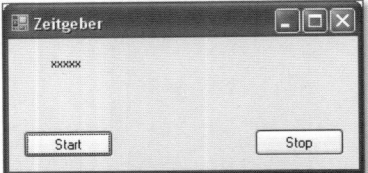

Abbildung 2.13 Nach einigen Sekunden

Der zugehörige Code:

```
private void cmdStart_Click(...)
{
    timAnzeige.Enabled = true;
}

private void cmdStop_Click(...)
{
    timAnzeige.Enabled = false;
}

private void timAnzeige_Tick(...)
{
    lblAnzeige.Text += "x";
}
```

Listing 2.8 Projekt »Zeitgeber«

Übung

Erstellen Sie eine Windows-Anwendung. In der Mitte eines Formulars sollen zu Beginn vier Panels verschiedener Farbe der Größe 20 × 20 Pixel platziert werden, siehe Abbildung 2.14. Sobald ein Start-Button betätigt wurde, sollen sich diese vier Panels diagonal in ca. 5–10 Sekunden zu den Ecken des Formulars bewegen, jedes Panel in eine andere Ecke, siehe Abbildung 2.15.

Übung ÜPanel-Zeitgeber

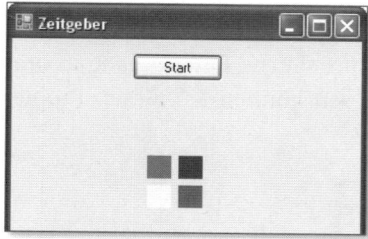

Abbildung 2.14 Startzustand

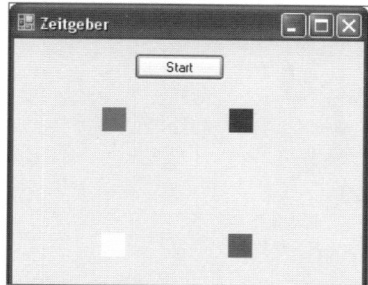

Abbildung 2.15 Nach einigen Sekunden

Übung

Diese Übung gehört nicht zum Pflichtprogramm. Sie ist etwas umfangreicher, verdeutlicht aber die Möglichkeiten einer schnellen Visualisierung von Prozessen durch Visual C# mit wenigen Programmzeilen.

Übung ÜKran

Konstruieren Sie aus mehreren Panels einen Kran (Fundament, senkrechtes Hauptelement, waagrechter Ausleger, senkrechter Haken am Ausleger). Der Benutzer soll die Möglichkeit haben, über insgesamt acht Buttons die folgenden Aktionen auszulösen:

▶ Haken um 10 Pixel ausfahren bzw. einfahren

▶ Ausleger um 10 Pixel ausfahren bzw. einfahren

▶ Kran um 10 Pixel nach rechts bzw. links fahren

▶ Kran um 10 Pixel in der Höhe ausfahren bzw. einfahren

Denken Sie daran, dass bei vielen Bewegungen mehrere Steuerelemente bewegt werden müssen, da der Kran sonst seinen Zusammenhalt verliert. Manche Aktionen resultieren nur aus Größenveränderungen (Eigenschaften `Width` und `Height`), manche nur aus Ortsveränderungen (`Location`), manche aus beidem. In den Abbildungen 2.16 und 2.17 sehen Sie den Kran im Startzustand bzw. nach einigen Klicks.

Es können natürlich immer noch widersprüchliche Bewegungen auftreten. Mit zunehmendem Programmierwissen können Sie diesen Problemen später noch abhelfen.

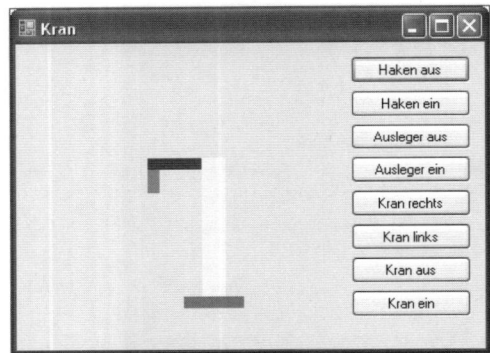

Abbildung 2.16   Startzustand

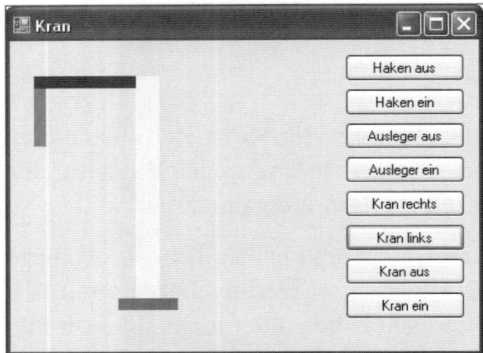

Abbildung 2.17   Nach einigen Aktionen

2.3.3 Textfelder

Ein Textfeld dient in erster Linie dazu, die Eingabe von Text oder Zahlen vom Benutzer entgegenzunehmen. Diese Eingaben werden in der Eigenschaft `Text` des Textfelds gespeichert. Das Aussehen und das Verhalten eines Textfelds werden u. a. durch folgende Eigenschaften gekennzeichnet:

Eingabefeld

- ▶ `MultiLine`: Steht `MultiLine` auf `true`, so können Sie bei der Eingabe und bei der Anzeige mit mehreren Textzeilen arbeiten.

- ▶ `ScrollBars`: Sie können ein Textfeld mit vertikalen und/oder horizontalen Bildlaufleisten zur Eingabe und Anzeige längerer Texte versehen.

- ▶ `MaxLength`: Mit dieser Eigenschaft können Sie die Anzahl der Zeichen des Textfelds beschränken. Ist keine Beschränkung vorgesehen, kann das Textfeld 32K Zeichen aufnehmen.

- ▶ `PasswordChar`: Falls Sie für diese Eigenschaft im Entwurfsmodus ein Platzhalter-Zeichen eingegeben haben, wird während der Laufzeit für jedes eingegebene Zeichen nur dieser Platzhalter angezeigt. Diese Eigenschaft wird vor allem bei Passwort-Abfragen verwendet.

Passwort

Der Inhalt eines Textfelds kann mit den gewohnten Mitteln (z. B. ⌷Strg⌷ + ⌷C⌷ und ⌷Strg⌷ + ⌷V⌷ in die Zwischenablage kopiert bzw. aus der Zwischenablage eingefügt werden.

Im nachfolgenden Programm im Projekt *Textfelder* kann der Benutzer in einem Textfeld einen Text eingeben. Nach Betätigung des Buttons Aus-GABE wird der eingegebene Text in einem zusammenhängenden Satz ausgegeben, siehe Abbildung 2.18.

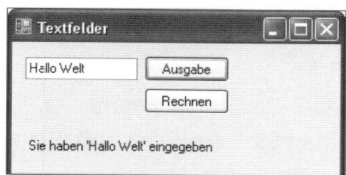

Abbildung 2.18 Eingabe in Textfeld

Der Code lautet wie folgt:

```
private void cmdAusgabe_Click(...)
{
    lblAusgabe.Text = "Sie haben '" +
        txtEingabe.Text + "' eingegeben";
}
```

Listing 2.9 Projekt »Textfelder«

Zur Erläuterung:

▶ In der Eigenschaft Text des Textfelds wird die Eingabe gespeichert. Die Eigenschaft wird in einen längeren Ausgabetext eingebettet.

Zahlen eingeben

Bei der Eingabe und Auswertung von Zahlen sind einige Besonderheiten zu beachten. Im nachfolgenden Programm, ebenfalls im Projekt *Textfelder*, kann der Benutzer in einem Textfeld eine Zahl eingeben. Nach Betätigung des Buttons RECHNEN wird der Wert dieser Zahl verdoppelt, das Ergebnis wird in einem Label darunter ausgegeben:

```
private void cmdRechnen_Click(...)
{
    double wert;
    wert = Convert.ToDouble(txtEingabe.Text);
    wert = wert * 2;
    lblAusgabe.Text = "Ergebnis: " + wert;
}
```

Listing 2.10 Projekt »Textfelder«, Zahleneingabe

Zur Erläuterung:

ToDouble()

Es muss dafür gesorgt werden, dass der Inhalt des Textfeldes explizit in eine Zahl (mit möglichen Nachkommastellen) umgewandelt wird. Dies erreichen Sie mithilfe der Methode ToDouble() aus der Klasse Convert. Die Klasse Convert bietet eine Reihe von Methoden für die Umwandlung (= Konvertierung) in andere Datentypen.

▶ Wenn eine Zeichenkette eingegeben wurde, die eine Zahl darstellt, dann wird sie auf die oben angegebene Weise in eine Zahl umgewandelt, mit der dann gerechnet werden kann.

▶ Stellt die eingegebene Zeichenkette keine Zahl dar, kommt es zu einem Laufzeitfehler. Diese Situation sollten Sie natürlich vermeiden:

  ▶ Sie können vorher überprüfen, ob es sich bei der Zeichenkette um eine gültige Zahl handelt und entsprechend reagieren. Dies wird Ihnen möglich, sobald Sie Verzweigungen zur Programmsteuerung beherrschen.

Ausnahme-behandlung

  ▶ Allgemein können Sie Programme so schreiben, dass ein Programmabbruch abgefangen werden kann. Dies wird Ihnen möglich, sobald Sie die Ausnahmebehandlung (siehe hierzu Kapitel 3, »Fehlerbehandlung«) beherrschen.

Einige Beispiele:

Abbildung 2.19 zeigt die Eingabe einer Zahl mit Nachkommastellen.

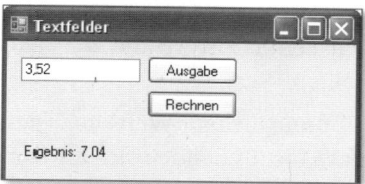

Abbildung 2.19   Eingabe einer Zahl mit Nachkommastellen

Die Eingabe einer Zeichenkette, z. B. *abc*, führt zu einer Ausnahme. Die Zeile, in der der Fehler auftritt, wird im Code markiert, damit der Fehler beseitigt werden kann (siehe Abbildung 2.20). Das Programm muss über den Menüpunkt DEBUGGEN • DEBUGGING BEENDEN beendet werden, bevor es neu gestartet werden kann.

Debugging beenden

```
private void cmdRechnen_Click(
    object sender, EventArgs e)
{
    double wert;
    wert = Convert.ToDouble(txtEingabe.Text);
    wert = wert * 2;
    lblAusgabe.Text = "Ergebnis: " + wert;
}
```

Abbildung 2.20   Markierung der Fehlerzeile

Die Eingabe einer Zahl, bei der ein Punkt statt eines Kommas zur Abtrennung von Nachkommastellen eingegeben wird, führt zu einem ganz anderen Rechenergebnis, siehe Abbildung 2.21. Der Punkt wird ignoriert, die Zahl wird als 352 angesehen und führt so zu dem Ergebnis 704.

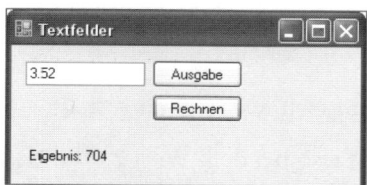

Abbildung 2.21   Punkt vor den Nachkommastellen

2.3.4   Zahlenauswahlfeld

Das Steuerelement *Zahlenauswahlfeld* (NumericUpDown) bietet eine andere Möglichkeit, Zahlenwerte an ein Programm zu übermitteln. Die Zahlen-

NumericUpDown

werte können innerhalb selbst gewählter Grenzen und in selbst definierten Schritten über zwei kleine Pfeiltasten ausgewählt werden.

Wichtige Eigenschaften des Steuerelements sind:

Value

▶ `Value`: Bezeichnet zur Entwicklungszeit den Startwert und zur Laufzeit den vom Benutzer aktuell eingestellten Wert.

▶ `Maximum`, `Minimum`: Bestimmt den größtmöglichen Wert und den kleinstmöglichen Wert der Eigenschaft `Value`. Es handelt sich also um die Werte, die durch die Auswahl mit den Pfeiltasten ganz oben und ganz unten erreicht werden können.

▶ `Increment`: Mit `Increment` wird die Schrittweite eingestellt, mit der sich der Wert (Eigenschaft `Value`) ändert, wenn der Benutzer eine der kleinen Pfeiltasten betätigt.

▶ `DecimalPlaces`: Bestimmt die Anzahl der Nachkommastellen in der Anzeige des Zahlenauswahlfelds.

ValueChanged

Das wichtigste Ereignis dieses Steuerelements ist `ValueChanged`. Es tritt bei der Veränderung der Eigenschaft `Value` ein und sollte anschließend zur Programmsteuerung verwendet werden.

Im nachfolgenden Programm im Projekt *Zahlenauswahlfeld* werden alle diese Eigenschaften und das genannte Ereignis genutzt. Der Benutzer kann Zahlenwerte zwischen –5,0 und +5,0 in Schritten von 0,1 über ein Zahlenauswahlfeld einstellen. Der ausgewählte Wert wird unmittelbar in einem Label angezeigt, siehe Abbildung 2.22.

Abbildung 2.22 Zahlenauswahlfeld

Die Eigenschaften wurden zur Entwicklungszeit wie folgt eingestellt:

▶ `Value`: Wert 2, die Anwendung startet also bei dem Wert 2,0 für das Zahlenauswahlfeld

▶ `Maximum`, `Minimum`: Werte –5 und +5

▶ `Increment`: Wert 0,1

▶ `DecimalPlaces`: Wert 1, zur Anzeige einer einzelnen Nachkommastelle

Der Code lautet:

```
private void numEingabe_ValueChanged(...)
{
    lblAusgabe.Text = "Wert: " + numEingabe.Value;
}
```

Listing 2.11 Projekt »Zahlenauswahlfeld«

2.4 Verzweigungen

Der Programmcode wurde bisher rein sequenziell abgearbeitet, d. h. eine Anweisung nach der anderen. Kontrollstrukturen ermöglichen eine Steuerung dieser Reihenfolge. Die Kontrollstrukturen unterteilen sich in Verzweigungen und Schleifen. Verzweigungen gestatten dem Programm, in verschiedene alternative Anweisungsblöcke zu verzweigen.

Es gibt die beiden Verzweigungsstrukturen if...else und switch... case. Diese Auswahlmöglichkeiten übergeben aufgrund von Bedingungen die Programmausführung an einen bestimmten Anweisungsblock. Bedingungen werden mithilfe der bereits vorgestellten Vergleichsoperatoren erstellt.

2.4.1 if...else

Eine Verzweigung mit if...else hat folgenden Aufbau:

```
if (Bedingung)
{
    Anweisungen1
}
[ else
{
    Anweisungen2
} ]
```

Die Bedingung wird ausgewertet, sie ist entweder wahr oder falsch (true oder false). Ist die Bedingung wahr, so wird der erste Teil (Anweisungen1) ausgeführt. Ist die Bedingung nicht wahr und gibt es einen else-Teil, so wird dieser Teil (Anweisungen2) ausgeführt. Der else-Teil ist optional.   if...else

Falls es sich bei AnweisungenX nur um eine einzelne Anweisung handelt,   Ohne Klammern
so können in diesem Teil der Verzweigung die geschweiften Klammern weggelassen werden.

Geschachtelt Verzweigungen können auch ineinander verschachtelt werden, falls es mehr als zwei Möglichkeiten für den weiteren Programmverlauf gibt.

Mehrere Vergleiche Eine Bedingung kann aus einem einfachen Ausdruck mit Vergleichsoperatoren bestehen oder aus mehreren Vergleichsausdrücken.

Es folgen einige Beispiele im Projekt *IfElse*, siehe Abbildung 2.23. Die untersuchten Zahlenwerte können über Zahlenauswahlfelder eingestellt werden. Testen Sie die Möglichkeiten durch unterschiedliche Einstellungen der Zahlenauswahlfelder, bevor Sie einen der Buttons betätigen.

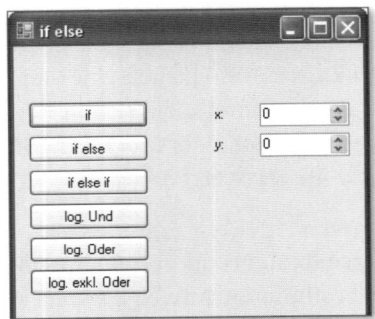

Abbildung 2.23 Projekt »IfElse«

Zunächst ein `if` ohne `else`:

```
private void cmdAnzeige1_Click(...)
{
    int x = (int) numX.Value;
    lblAnzeige.Text = "";

    if (x > 0)
    {
        lblAnzeige.Text = "x ist größer als 0";
        numX.BackColor = Color.LightGreen;
    }
}
```

Listing 2.12 Projekt »IfElse«, Teil 1

Zur Erläuterung:

▶ Die `int`-Variable x erhält den Wert, der im Zahlenauswahlfeld `numX` eingestellt wurde. Da dieses Feld eine Variable vom Typ `decimal` liefert, muss der Wert zunächst mithilfe des Cast `(int)` umgewandelt werden.

▶ Das Label wird geleert.

▶ Nun zur eigentlichen Verzweigung: Falls der Wert von x größer als 0 ist, wird ein entsprechender Text ausgegeben. Außerdem wird das Zahlenauswahlfeld hellgrün eingefärbt, siehe Abbildung 2.24.

▶ Da es sich um zwei Anweisungen handelt, müssen sie in geschweifte Klammern gesetzt werden.

▶ Falls der Wert von x kleiner oder gleich 0 ist, passiert nichts. Das Label bleibt leer. Es gibt keinen else-Teil, in dem etwas ausgeführt werden könnte.

▶ Die Anweisungen innerhalb des if-Blocks werden eingerückt. Das Programm ist dadurch leichter lesbar. Dies ist eine empfehlenswerte Vorgehensweise, insbesondere bei weiteren Verschachtelungen innerhalb des Programms.

Einrückung

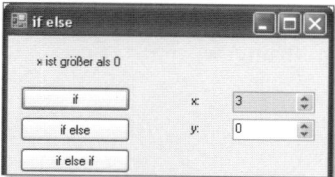

Abbildung 2.24 if-Block

Es folgt ein if mit else. Es wird also in jedem Fall etwas ausgeführt:

```
private void cmdAnzeige2_Click(...)
{
    int x = (int) numX.Value;

    if (x > 0)
    {
        lblAnzeige.Text = "x ist größer als 0";
        numX.BackColor = Color.LightGreen;
    }
    else
    {
        lblAnzeige.Text =
            "x ist kleiner als 0 oder gleich 0";
        numX.BackColor = Color.LightBlue;
    }
}
```

Listing 2.13 Projekt »IfElse«, Teil 2

Zur Erläuterung:

▶ Falls der Wert von x jetzt kleiner oder gleich 0 ist, wird auch etwas ausgegeben. Außerdem wird das Zahlenauswahlfeld nunmehr hellblau eingefärbt, siehe Abbildung 2.25.

▶ Da es sich auch im else-Teil um zwei Anweisungen handelt, müssen sie ebenfalls in geschweifte Klammern gesetzt werden.

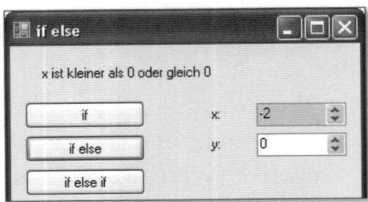

Abbildung 2.25 if-else

Es folgt ein Beispiel mit drei möglichen Ausführungswegen:

```
private void cmdAnzeige3_Click(...)
{
    int x = (int) numX.Value;

    if (x > 0)
    {
        lblAnzeige.Text = "x ist größer als 0";
        numX.BackColor = Color.LightGreen;
    }
    else
    {
        numX.BackColor = Color.LightBlue;

        if (x < 0)
            lblAnzeige.Text = "x ist kleiner als 0";
        else
            lblAnzeige.Text = "x ist gleich 0";
    }
}
```

Listing 2.14 Projekt »IfElse«, Teil 3

Zur Erläuterung:

▶ Falls der Wert von x jetzt kleiner oder gleich 0 ist, wird zunächst das   Geschachtelt
Zahlenauswahlfeld hellblau eingefärbt. Außerdem wird eine weitere
Untersuchung durchgeführt, da es noch zwei Möglichkeiten gibt.

▶ Falls der Wert kleiner als 0 ist, erscheint die entsprechende Meldung.

▶ Falls dies nicht der Fall ist, kann der Wert nur noch gleich 0 sein, da vorher alle anderen Fälle ausgeschlossen wurden (siehe Abbildung 2.26).

▶ Da im sogenannten inneren if...else jeweils nur eine Anweisung
ausgeführt wird, können hier die geschweiften Klammern weggelassen werden.

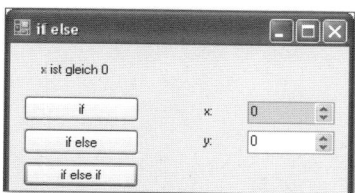

Abbildung 2.26   Drei Möglichkeiten

Es folgt ein Beispiel mit dem logischen Und-Operator &&:

```
private void cmdAnzeige4_Click(...)
{
    int x = (int) numX.Value;
    int y = (int) numY.Value;
    numX.BackColor = Color.White;

    if (x > 0 && y > 0)
        lblAnzeige.Text = "x und y sind größer als 0";
    else
        lblAnzeige.Text = "Mind. eine der beiden" +
            " Zahlen ist nicht größer als 0";
}
```

Listing 2.15   Projekt »IfElse«, Teil 4

Zur Erläuterung:

▶ Nun werden beide Zahlenauswahlfelder ausgewertet.

▶ Falls beide Werte größer als 0 sind, wird der erste Text angezeigt.   Logisches Und

▶ Falls einer der beiden Werte kleiner oder gleich 0 ist, wird der zweite
Text angezeigt, siehe Abbildung 2.27.

▶ Es wird jeweils nur eine Anweisung ausgeführt, also können die geschweiften Klammern weggelassen werden.

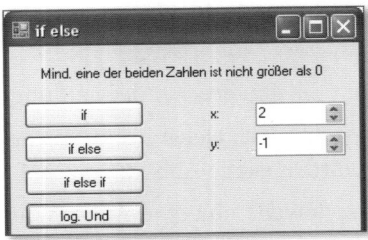

Abbildung 2.27 Logisches Und

Der logische Oder-Operator || liefert ein anderes Ergebnis:

```
private void cmdAnzeige5_Click(...)
{
    int x = (int)numX.Value;
    int y = (int)numY.Value;
    numX.BackColor = Color.White;

    if (x > 0 || y > 0)
        lblAnzeige.Text = "x oder y oder beide" +
            " sind größer als 0";
    else
        lblAnzeige.Text = "Keine der beiden" +
            " Zahlen ist größer als 0";
}
```

Listing 2.16 Projekt »IfElse«, Teil 5

Zur Erläuterung:

Logisches Oder ▶ Falls einer der Werte oder beide Werte größer als 0 sind, wird der erste Text angezeigt, siehe Abbildung 2.28.

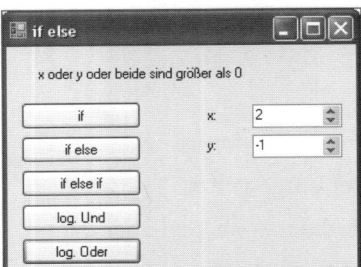

Abbildung 2.28 Logisches Oder

▶ Falls beide Werte kleiner oder gleich 0 sind, wird der zweite Text angezeigt.

Im Unterschied zum »normalen« Oder ist der Exklusiv-Oder-Operator ^ zu sehen:

```
private void cmdAnzeige6_Click(...)
{
    int x = (int)numX.Value;
    int y = (int)numY.Value;
    numX.BackColor = Color.White;
    lblAnzeige.Text = "";

    if (x > 0 ^ y > 0)
        lblAnzeige.Text = "Nur x oder nur y" +
            " ist größer als 0";
}
```

Listing 2.17 Projekt »IfElse«, Teil 6

Zur Erläuterung:

▶ Es wird etwas angezeigt, falls nur x oder nur y größer als 0 ist (siehe Abbildung 2.29).

Logisches Exklusiv-Oder

▶ Falls beide Werte kleiner oder gleich 0 sind oder beide Werte größer als 0 sind, wird nichts angezeigt.

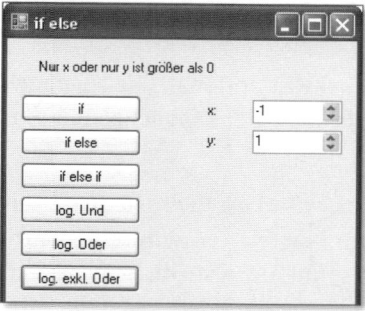

Abbildung 2.29 Logisches Exklusiv-Oder

2.4.2 switch … case

Eine Verzweigung kann in bestimmten Fällen auch mit switch...case gebildet werden. Diese Struktur vereinfacht eine Mehrfachauswahl, wenn nur ein Wert untersucht werden muss, und ist wie folgt aufgebaut:

Mehrfachauswahl

69

```
switch (Testausdruck)
{
    [ case Möglichkeit1:
      Anweisungen1
      [break | goto case MöglichkeitX] ]
    [ case Möglichkeit2:
      Anweisungen2
      [break | goto case MöglichkeitX] ]

    ...
    [ default:
      Anweisungen
      break | goto case MöglichkeitX]
}
```

Testausdruck Die Struktur switch...case verwendet einen Testausdruck, der am Beginn des Blocks ausgewertet wird. Sein Wert wird anschließend der Reihe nach mit den gegebenen Möglichkeiten verglichen. Der Testausdruck kann z.B. eine ganze Zahl, ein einzelnes Zeichen oder eine Zeichenkette sein, aber keine Zahl mit Nachkommastellen.

Alle Anweisungen Bei der ersten Übereinstimmung einer Möglichkeit mit dem Testausdruck werden die zugehörigen Anweisungen ausgeführt, bis zum nächsten break oder goto case.

break, goto case Beim Erreichen eines break fährt das Programm mit der ersten Anweisung nach dem switch-Block fort. Beim Erreichen eines goto case fährt das Programm mit der ersten Anweisung der betreffenden Möglichkeit fort.

default Die default-Möglichkeit am Ende des Blocks ist optional. Die zugehörigen Anweisungen werden ausgeführt, falls keine der Möglichkeiten vorher zutraf.

Im nachfolgenden Programm im Projekt *SwitchCase* werden zwei verschiedene Einsatzmöglichkeiten gezeigt. Im ersten Teil wird eine ganze Zahl, die aus einem Zahlenauswahlfeld stammt, untersucht. Es wird festgestellt, ob sie einstellig ungerade, einstellig gerade oder zweistellig ist:

```
private void cmdAnzeigen1_Click_1(...)
{
    int x = (int) numX.Value;

    switch (x)
    {
        case 1:
```

```
        case 3:
        case 5:
        case 7:
        case 9:
            lblA.Text = "einstellig, ungerade";
            break;
        case 2:
        case 4:
        case 6:
        case 8:
            lblA.Text = "einstellig, gerade";
            break;
        default:
            lblA.Text = "zweistellig";
            break;
    }
}
```

Listing 2.18   Projekt »SwitchCase«, Teil 1

Zur Erläuterung:

▶ Falls eine der Zahlen 1, 3, 5, 7, 9 ausgewählt wurde, trifft eine der ersten fünf Möglichkeiten zu, und es wird ausgegeben *einstellig, ungerade*. Erst dann beendet ein `break` den Ablauf innerhalb des `switch`-Blocks.

▶ Die Zahlen 2, 4, 6 oder 8 führen zur Ausgabe von *einstellig, gerade*. Dann folgt ebenfalls ein `break`.

▶ Es gibt einen `default`-Fall. Falls keine einstellige Zahl ausgewählt wurde, dann wird ausgegeben *zweistellig*.

▶ Auf diese Weise führt eine Reihe zusammengehöriger Fälle zu einem gemeinsamen Ausführungsweg.

Im zweiten Teil wird eine gegebene Zeichenkette untersucht:

```
private void cmdAnzeigen2_Click(...)
{
    string s = "Nizza";
    lblA.Text = "";

    switch (s)
    {
        case "France":
            lblA.Text += "Frankreich\n";
```

```
          break;
      case "Bordeaux":
          lblA.Text += "Atlantik\n";
          goto case "France";
      case "Nizza":
          lblA.Text += "Cote d'Azur\n";
          goto case "France";
      default:
          lblA.Text += "restliche Fälle\n";
          break;
  }
}
```

Listing 2.19 Projekt »SwitchCase«, Teil 2

Zur Erläuterung:

▶ Der gegebene Wert der Zeichenkette ist Nizza. Es wird ausgegeben: *Cote d'Azur* und *Frankreich*, da es nach der ersten Anweisung mit einem goto case zum Fall France weitergeht.

▶ Falls der gegebene Wert France ist, wird nur *Frankreich* ausgegeben.

▶ Falls der gegebene Wert Bordeaux ist, wird *Atlantik* und *Frankreich* ausgegeben, wiederum wegen eines goto case.

▶ Bei anderen Werten wird *restliche Fälle* ausgegeben.

▶ Auch auf diese Weise lassen sich Fälle teilweise zusammenführen.

2.4.3 Übungen

Übung ÜSteuerbetrag

Übung
ÜSteuerbetrag
Schreiben Sie ein Programm, das zu einem eingegebenen Gehalt den Steuerbetrag berechnet und ausgibt, siehe Abbildung 2.30. In Tabelle 2.11 sind die Steuersätze angegeben.

Gehalt	Steuersatz
bis einschl. 12.000 €	12 %
von 12.000 bis einschl. 20.000 €	15 %
von 20.000 bis einschl. 30.000 €	20 %
über 30.000 €	25 %

Tabelle 2.11 Übung ÜSteuerbetrag

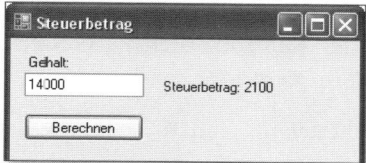

Abbildung 2.30 Übung ÜSteuerbetrag

Übung ÜKranVerzweigung

Erweitern Sie die Übung *ÜKran* aus Abschnitt 2.3.2. Die Bewegung des Krans soll kontrolliert werden. Kein Teil des Krans darf zu groß oder zu klein werden. Der Kran darf sich nicht über die sinnvollen Begrenzungen hinaus bewegen. Nutzen Sie Bedingungen und Verzweigungen, um dies zu verhindern.

Übung ÜKran-
Verzweigung

2.5   Verzweigungen und Steuerelemente

In diesem Abschnitt werden Kontrollkästchen und Optionsschaltflächen bzw. Gruppen von Optionsschaltflächen eingeführt. Damit können Zustände unterschieden bzw. Eigenschaften eingestellt werden. Dazu werden Verzweigungen benötigt, die Gegenstand des vorigen Abschnitts 2.4 waren.

2.5.1   Kontrollkästchen

Das Kontrollkästchen (Checkbox) bietet dem Benutzer die Möglichkeit, zwischen zwei Zuständen zu wählen, z. B. *an* oder *aus*, wie bei einem Schalter. Man kann damit auch kennzeichnen, ob man eine bestimmte optionale Erweiterung wünscht oder nicht. Der Benutzer bedient ein Kontrollkästchen, indem er ein Häkchen setzt oder entfernt.

Checkbox

Das wichtigste Ereignis ist beim Kontrollkästchen nicht der `Click`, sondern das Ereignis `CheckedChanged`. Dieses Ereignis zeigt nicht nur an, dass das Kontrollkästchen vom Benutzer bedient wurde, sondern auch, dass es seinen Zustand geändert hat. Dies kann beispielsweise auch durch Programmcode geschehen. Eine Ereignismethode zu `Checked-Changed` löst in jedem Fall etwas aus, sobald das Kontrollkästchen (vom Benutzer oder vom Programmcode) geändert wurde.

CheckedChanged

An/Aus Allerdings wird der Programmablauf meist so gestaltet, dass bei einem anderen Ereignis der aktuelle Zustand des Kontrollkästchens (an/aus) abgefragt und anschließend entsprechend reagiert wird.

Die wichtigen Eigenschaften des Kontrollkästchens sind:

Checked
- Checked: der Zustand der Checkbox, mit den Werten true und false
- Text: die Beschriftung neben dem Kontrollkästchen

Im Projekt *Kontrollkästchen* werden alle oben genannten Möglichkeiten genutzt, siehe Abbildung 2.31.

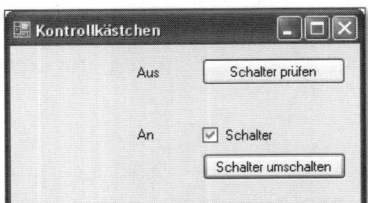

Abbildung 2.31 Zustand nach Klick auf Kontrollkästchen

Der Programmcode:

```
private void cmdPrüfen_Click(...)
{
    if (chkSchalter.Checked)
        lblTest1.Text = "An";
    else
        lblTest1.Text = "Aus";
}


private void chkSchalter_CheckedChanged(...)
{
    if (chkSchalter.Checked)
        lblTest2.Text = "An";
    else
        lblTest2.Text = "Aus";
}


private void cmdUmschalten_Click(...)
{
    chkSchalter.Checked = !chkSchalter.Checked;
}
```

Listing 2.20 Projekt »Kontrollkästchen«

Zur Erläuterung:

▶ Der Zustand eines Kontrollkästchens (Häkchen gesetzt oder nicht) kann im Programm mithilfe einer einfachen Verzweigung ausgewertet werden.

▶ Normalerweise werden bei einer Bedingung in einer Verzweigung zwei Werte durch Vergleichsoperatoren miteinander verglichen und eines der beiden Ergebnisse `true` oder `false` ermittelt. Da die Eigenschaft `Checked` aber bereits einem solchen Wahrheitswert entspricht, kann die Bedingung auch verkürzt formuliert werden. `if (chkSchalter.Checked == true)` hätte also das gleiche Ergebnis erzeugt. — *Wahrheitswert*

▶ Die Methode `cmdPrüfenClick()` wird aufgerufen, wenn der Benutzer den Button SCHALTER PRÜFEN betätigt. Erst in diesem Moment wird der Zustand des Kontrollkästchens (Eigenschaft `Checked` gleich `true` oder `false`) abgefragt und im ersten Label ausgegeben. Es kann also sein, dass das Kontrollkästchen vor längerer Zeit oder noch nie benutzt wurde.

▶ Dagegen wird die Methode `chkSchalter_CheckedChanged()` sofort aufgerufen, wenn der Benutzer das Kontrollkästchen benutzt, also ein Häkchen setzt oder entfernt. Die Methode wird auch dann aufgerufen, wenn der Benutzer den Zustand des Kontrollkästchens durch Programmcode ändert. Hier wird der Zustand des Kontrollkästchens also unmittelbar nach der Änderung ausgegeben (im zweiten Label).

▶ Die Methode `cmdUmschalten_Click()` dient zum Umschalten des Kontrollkästchen per Programmcode. Dies kommt in Windows-Anwendungen häufig vor, wenn es logische Zusammenhänge zwischen mehreren Steuerelementen gibt. Die Eigenschaft `Checked` wird mithilfe des logischen Operators `!` auf `true` bzw. auf `false` gesetzt. Dies führt wiederum zum Ereignis `chkSchalter_CheckedChanged` und dem Ablauf der zugehörigen, oben erläuterten Ereignismethode. — *Umschalten mit !*

2.5.2 Optionsschaltfläche

Optionsschaltflächen (Radio-Buttons) treten immer in Gruppen auf und bieten dem Benutzer zwei oder auch mehr Möglichkeiten, zu wählen, etwa zwischen den Farben Rot, Grün oder Blau. Bei zusammengehörigen Optionsschaltflächen kann der Benutzer genau eine per Klick auswählen. Alle anderen werden dann unmittelbar als *Nicht ausgewählt* gekennzeichnet. — *Radio-Button*

Analog zum Kontrollkästchen ist das wichtigste Ereignis bei einer Optionsschaltfläche `CheckedChanged`. Dieses Ereignis zeigt an, dass die betref- — *CheckedChanged* fende Optionsschaltfläche ihren Zustand geändert hat. Dies kann auch durch Programmcode geschehen.

Der Programmablauf wird hier meist so gestaltet, dass bei einem anderen Ereignis die aktuelle Auswahl innerhalb der Gruppe abgefragt wird und anschließend je nach Zustand unterschiedlich reagiert wird.

Standardwert Es ist guter Programmierstil und verringert Folgefehler, wenn Sie eine der Optionsschaltflächen der Gruppe bereits zur Entwicklungszeit auf `true` setzen. Dies muss nicht notwendigerweise die erste Optionsschaltfläche der Gruppe sein.

Checked Die wichtigen Eigenschaften der Optionsschaltflächen sind `Checked` (mit den Werten `true` und `false`) und `Text` (zur Beschriftung). Im nachfolgenden Programm im Projekt *Optionen* werden alle genannten Möglichkeiten genutzt. Es wird der Zustand angezeigt, nachdem der Benutzer

▶ Blau gewählt,

▶ den Button PRÜFEN betätigt und

▶ Grün gewählt hat (siehe Abbildung 2.32).

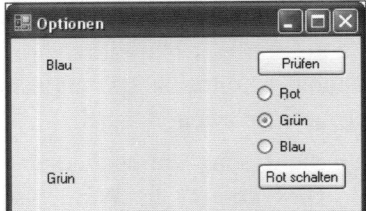

Abbildung 2.32 Zustand nach den genannten Aktionen

Der Programmcode:

```
private void cmdPrüfen_Click(...)
{
    if (optFarbeRot.Checked)
        lblAnzeige1.Text = "Rot";
    else if (optFarbeGrün.Checked)
        lblAnzeige1.Text = "Grün";
    else
        lblAnzeige1.Text = "Blau";
}

private void optFarbeRot_CheckedChanged(...)
{
```

```
    if (optFarbeRot.Checked)
        lblAnzeige2.Text = "Rot";
}

private void optFarbeGrün_CheckedChanged(...)
{
    if (optFarbeGrün.Checked)
        lblAnzeige2.Text = "Grün";
}

private void optFarbeBlau_CheckedChanged(...)
{
    if (optFarbeBlau.Checked)
        lblAnzeige2.Text = "Blau";
}

private void cmdSchalter_Click(...)
{
    optFarbeRot.Checked = true;
}
```

Listing 2.21 Projekt »Optionen«

Zur Erläuterung:

▶ Der Zustand einer einzelnen Optionsschaltfläche kann im Programm mithilfe einer einfachen Verzweigung ausgewertet werden. Es muss festgestellt werden, ob diese Optionsschaltfläche ausgewählt oder abgewählt wurde. In beiden Fällen tritt das Ereignis CheckedChanged auf.

Auswahl oder Abwahl

▶ Der Zustand einer Gruppe von Optionsschaltflächen kann im Programm mithilfe einer mehrfachen Verzweigung ausgewertet werden.

Mehrfache Verzweigung

▶ Die Methode cmdPrüfen_Click() wird aufgerufen, wenn der Benutzer den Button PRÜFEN betätigt. Erst in diesem Moment wird der Zustand der Gruppe abgefragt und im ersten Label ausgegeben.

▶ Dagegen wird eine der Methoden optFarbeRot_CheckedChanged() (bzw. ...Grün... oder ...Blau...) sofort aufgerufen, wenn der Benutzer eine der Optionsschaltflächen auswählt. Diese Methoden werden jeweils auch dann aufgerufen, wenn der Benutzer den Zustand der zugehörigen Optionsschaltfläche durch Programmcode ändert. Hier wird der Zustand der Gruppe also unmittelbar nach der Änderung ausgegeben (im zweiten Label).

▶ Die Methode `cmdSchalter_Click()` dient zur Auswahl einer bestimmten Optionsschaltfläche per Programmcode. Dies kommt in Windows-Anwendungen häufig vor, wenn es logische Zusammenhänge zwischen mehreren Steuerelementen gibt. Die Eigenschaft `Checked` wird auf `true` gesetzt. Dies führt wiederum zum Ereignis `CheckedChanged` der jeweiligen Optionsschaltfläche und zum Ablauf der zugehörigen, oben erläuterten Ereignismethode.

Innerhalb eines Formulars oder einer Groupbox (siehe Abschnitt 2.5.4) kann immer nur bei einer Optionsschaltfläche die Eigenschaft `Checked` den Wert `true` haben. Sobald eine andere Optionsschaltfläche angeklickt wird, ändert sich der Wert der Eigenschaft bei der bisher gültigen Optionsschaltfläche.

2.5.3 Mehrere Ereignisse in einer Methode behandeln

Im folgenden Projekt *MehrereEreignisse* wird eine häufig verwendete Technik vorgestellt. Gibt es mehrere Ereignisse, die auf die gleiche oder auf ähnliche Weise behandelt werden sollen, ist es vorteilhaft, diese Ereignisse mit einer gemeinsamen Ereignismethode aufzurufen.

Dazu gibt es zwei Möglichkeiten:

Methode erzeugen

▶ Erste Möglichkeit, Teil 1: Sie erzeugen zunächst eine Ereignismethode für das erste Steuerelement auf die gewohnte Art und Weise, nämlich per Doppelklick auf das Steuerelement. Diese Ereignismethode beinhaltet dann namentlich das erste Steuerelement.

Methode zweimal nutzen

▶ Erste Möglichkeit, Teil 2: Sie markieren das zweite Steuerelement und schalten im Eigenschaftenfenster auf die Ansicht *Ereignisse* (Blitzsymbol) um. Sie gehen in die Zeile mit dem betreffenden Ereignis, klappen auf der rechten Seite eine Liste auf und wählen darin die soeben erzeugte Ereignismethode aus, siehe Abbildung 2.33. Für alle weiteren Steuerelemente, denen dieselbe Ereignismethode zugeordnet werden soll, gehen Sie ebenso vor.

Neuer Methodenname

▶ Zweite Möglichkeit, Teil 1: Sie markieren das erste Steuerelement und schalten im Eigenschaftenfenster auf die Ansicht *Ereignisse* um. Sie gehen in die Zeile mit dem betreffenden Ereignis, tragen darin einen *neutralen* Methodennamen ein (siehe Abbildung 2.34), der für alle betroffenen Steuerelemente passend ist, und betätigen die ⏎-Taste. Im Codefenster erscheint die Methode mit dem neutralen Namen.

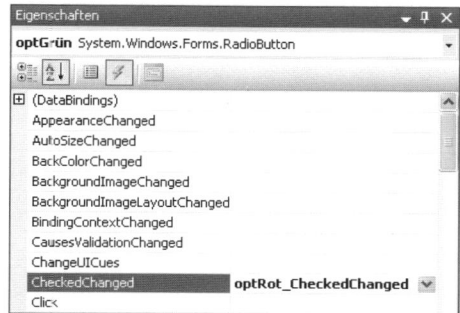

Abbildung 2.33 Auswahl einer vorhandenen Ereignisprozedur

▶ Zweite Möglichkeit, Teil 2: Für das zweite Steuerelement (und alle weiteren) gehen Sie genauso vor, wie bei der ersten Möglichkeit.

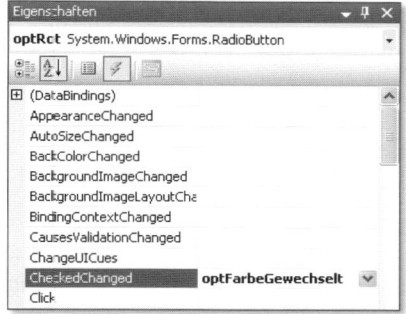

Abbildung 2.34 Eintrag eines eigenen Methodennamens

Unterhalb der Ereignisliste steht eine Erläuterung zu dem jeweiligen Ereignis (siehe Abbildung 2.35).

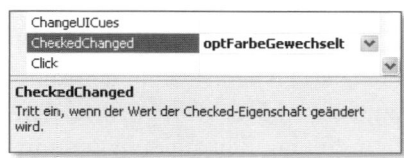

Abbildung 2.35 Erläuterung zu Ereignis

Im nachfolgenden Programm wurde die zweite Möglichkeit mit dem neutralen Namen `optFarbe_CheckedChanged()` verwendet. Der Zustand einer Gruppe von Optionsschaltflächen wird sofort angezeigt, falls der Benutzer eine davon auswählt:

```
private void optFarbe_CheckedChanged(...)
{
    if (optFarbeRot.Checked)
        lblAnzeige.Text = "Rot";
    else if (optFarbeGrün.Checked)
        lblAnzeige.Text = "Grün";
    else
        lblAnzeige.Text = "Blau";
}
```

Listing 2.22 Projekt »MehrereEreignisse«

Zur Erläuterung:

▶ Die Methode optFarbe_CheckedChanged() wird durch alle drei CheckedChanged-Ereignisse aufgerufen.

2.5.4 Mehrere Gruppen von Optionsschaltflächen

Falls in den beiden letzten Programmen weitere Optionsschaltflächen hinzugefügt wurden, so gilt nach wie vor: Nur eine der Optionsschaltflächen ist ausgewählt.

Container
Benötigen Sie aber innerhalb eines Formulars mehrere voneinander unabhängige Gruppen von Optionsschaltflächen, wobei in jeder der Gruppen jeweils nur eine Optionsschaltfläche ausgewählt sein soll, so müssen Sie jede Gruppe einzeln in einen Container setzen. Ein Formular ist bereits ein Container, wir benötigen also einen weiteren Container.

Groupbox
Als ein solcher Container kann beispielsweise das Steuerelement Gruppe (Groupbox) dienen. Mit der Zuweisung der Eigenschaft Text der Groupbox geben Sie eine Beschriftung an.

Zuordnung
Falls eine Groupbox markiert ist, wird eine neu erzeugte Optionsschaltfläche dieser Groupbox zugeordet und reagiert gemeinsam mit den anderen Optionsschaltflächen in dieser Groupbox. Anderenfalls wird sie dem Formular zugeordnet und reagiert gemeinsam mit den anderen Optionsschaltflächen, die im Formular außerhalb von Groupboxen stehen. Sie können eine bereits erzeugte Optionsschaltfläche auch im Nachhinein ausschneiden, das Ziel markieren und sie wieder einfügen, um die Zuordnung zu ändern.

Im Projekt *Optionsgruppen* werden zwei voneinander unabhängige Gruppen von Optionen verwendet, siehe Abbildung 2.36.

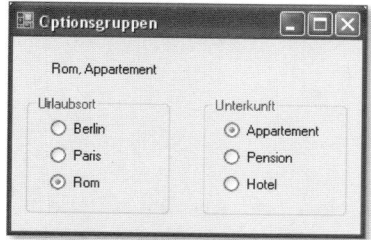

Abbildung 2.36 Zwei Gruppen von Radio-Buttons

Der Programmcode:

```
public partial class Form1 : Form
{
    ...
    string AusgabeUrlaubsort = "Berlin";
    string AusgabeUnterkunft = "Pension";

    private void optUrlaubsort_CheckedChanged(...)
    {
        // Urlaubsort
        if (optBerlin.Checked)
            AusgabeUrlaubsort = "Berlin";
        else if (optParis.Checked)
            AusgabeUrlaubsort = "Paris";
        else
            AusgabeUrlaubsort = "Rom";

        lblAnzeige.Text = AusgabeUrlaubsort +
            ", " + AusgabeUnterkunft;
    }

    private void optUnterkunft_CheckedChanged(...)
    {
        // Unterkunft
        if (optAppartement.Checked)
            AusgabeUnterkunft = "Appartement";
        else if (optPension.Checked)
            AusgabeUnterkunft = "Pension";
        else
            AusgabeUnterkunft = "Hotel";

        lblAnzeige.Text = AusgabeUrlaubsort +
            ", " + AusgabeUnterkunft;
```

```
        }
    }
```

Listing 2.23 Projekt »Optionsgruppen«

Zur Erläuterung:

▶ Bei einer Urlaubsbuchung können Zielort und Art der Unterkunft unabhängig voneinander gewählt werden. Es gibt also zwei Gruppen von Optionsschaltflächen, jede in einer eigenen Groupbox.

▶ Bei Auswahl einer der drei Optionsschaltflächen in einer Gruppe wird jeweils die gleiche Methode aufgerufen. In den Methoden wird den klassenweit gültigen Variablen `AusgabeUrlaubsort` bzw. `AusgabeUnterkunft` ein Wert zugewiesen. Anschließend werden die beiden Variablen ausgegeben.

▶ Die Variablen mussten klassenweit gültig deklariert werden, damit sie in der jeweils anderen Methode zur Verfügung stehen.

Übung

Übung ÜKran-
Optionen

Erweitern Sie die Übung *ÜKranVerzweigung* aus Abschnitt 2.4. Die Bewegung des Krans soll per Zeitgeber (Timer) gesteuert werden. Der Benutzer wählt zunächst über eine Gruppe von Optionsschaltflächen aus, welche Bewegung der Kran ausführen soll. Anschließend betätigt er den START-Button, siehe Abbildung 2.37. Die Bewegung wird so lange ausgeführt, bis er den STOP-Button drückt oder eine Begrenzung erreicht wurde.

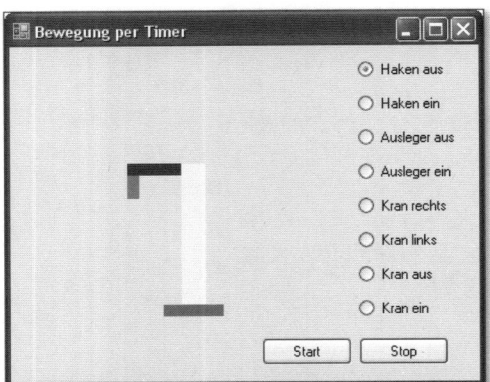

Abbildung 2.37 Übung ÜKranOptionen

2.5.5 Methode ohne Ereignis, Modularisierung

Bisher wurden nur Methoden behandelt, die mit einem Ereignis zusammenhingen. Darüber hinaus können Sie aber auch unabhängige, allgemeine Methoden schreiben, die von anderen Stellen des Programms aus aufgerufen werden. Diese Methoden können Sie direkt im Codefenster eingeben.

Allgemeine
Methode

Nachfolgend das Programm im Projekt *MethodeOhneEreignis*, es handelt sich dabei um eine geänderte Version des Programms im Projekt *Optionsgruppen*:

```
public partial class Form1 : Form
{
    ...
    private void optUnterkunft(...)
    {
        // Unterkunft
        if (optAppartement.Checked)
            AusgabeUnterkunft = "Appartement";
        else if (optPension.Checked)
            AusgabeUnterkunft = "Pension";
        else
            AusgabeUnterkunft = "Hotel";

        Anzeigen();
    }

    private void Anzeigen()
    {
        lblAnzeige.Text = AusgabeUrlaubsort +
            ", " + AusgabeUnterkunft;
    }
}
```

Listing 2.24 Projekt »MethodeOhneEreignis«

Zur Erläuterung:

▶ Abgebildet wird nur der zweite Teil der Klasse.

▶ Am Ende der beiden Ereignismethoden optUnterkunft_Checked-Changed() und optUrlaubsort_CheckedChanged() steht jeweils die Anweisung Anzeigen(). Dabei handelt es sich um einen Aufruf der Methode Anzeigen().

▶ Diese Methode steht weiter unten. Sie ist nicht direkt an ein Ereignis gekoppelt.

Modularisierung Vorteil dieser Vorgehensweise: Gemeinsam genutzte Programmteile können ausgelagert werden und müssen nur einmal geschrieben werden. Man nennt diesen Vorgang bei der Programmierung auch Modularisierung. In Abschnitt 4.7 wird dieses Thema noch genauer behandelt.

2.6 Schleifen

Schleifen werden in Programmen häufig benötigt. Sie ermöglichen den mehrfachen Durchlauf von Anweisungen. Darin liegt eine besondere Stärke der Programmierung allgemein: die schnelle wiederholte Bearbeitung ähnlicher Vorgänge.

Es gibt die Schleifenstrukturen: `for`, `while`, `do...while` und `foreach...in`. Mithilfe der Strukturen steuern Sie die Wiederholungen eines Anweisungsblocks (die Anzahl der Schleifendurchläufe). Dabei wird der Wahrheitswert eines Ausdrucks (der Schleifenbedingung) oder der Wert eines numerischen Ausdrucks (Wert des Schleifenzählers) benötigt.

Collection Die Schleife `foreach...in` wird meist bei Feldern oder Collections (Auflistungen) eingesetzt, siehe Abschnitt 4.6.

2.6.1 for-Schleife

for Falls die Anzahl der Schleifendurchläufe bekannt oder vor Beginn der Schleife berechenbar ist, sollten Sie die `for`-Schleife verwenden. Ihr Aufbau sieht wie folgt aus:

```
for (Startausdruck; Laufbedingung; Änderung)
{
    Anweisungen
    [ break ]
    [ continue ]
}
```

Zur Erläuterung:

▸ Es wird eine *Schleifenvariable* benutzt, die den Ablauf der Schleife steuert.

▸ Im *Startausdruck* wird der Startwert der Schleifenvariablen gesetzt.

▶ Die Schleife läuft, solange die *Laufbedingung* wahr ist. Sie wird im Allgemeinen mit einem Vergleichsoperator gebildet.

▶ Nach jedem Durchlauf der Schleife wird die Schleifenvariable geändert.

Das Schlüsselwort `break` kann eingesetzt werden, um die Schleife aufgrund einer speziellen Bedingung sofort zu verlassen. Das Schlüsselwort `continue` kann eingesetzt werden, um den nächsten Durchlauf der Schleife unmittelbar zu beginnen, ohne den aktuellen Durchlauf zu beenden.

break, continue

Falls es sich bei `Anweisungen` nur um eine einzelne Anweisung handelt, so können die geschweiften Klammern weggelassen werden.

Ohne Klammern

In dem folgenden Programm im Projekt *ForSchleife* werden durch Aufruf von fünf Buttons fünf unterschiedliche Schleifen durchlaufen, siehe Abbildung 2.38.

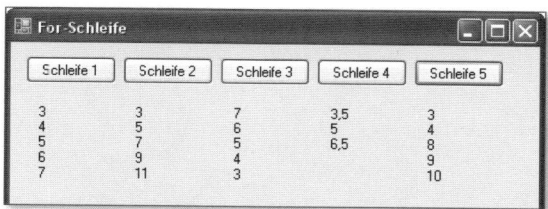

Abbildung 2.38 Verschiedene for-Schleifen

Der Programmcode:

```
private void cmdSchleife1_Click(...)
{
    int i;
    lblA1.Text = "";

    for (i = 3; i <= 7; i++)
    {
        lblA1.Text += i + "\n";
    }
}

private void cmdSchleife2_Click(...)
{
    int i;
    lblA2.Text = "";
```

```
        for (i = 3; i <= 11; i = i + 2)
            lblA2.Text += i + "\n";
}

private void cmdSchleife3_Click(...)
{
    int i;
    lblA3.Text = "";

    for (i = 7; i >= 3; i--)
        lblA3.Text += i + "\n";
}

private void cmdSchleife4_Click(...)
{
    double d;
    lblA4.Text = "";

    for (d = 3.5; d <= 7.5; d = d + 1.5)
        lblA4.Text += d + "\n";
}

private void cmdSchleife5_Click(...)
{
    int i;
    lblA5.Text = "";

    for (i = 3; i <= 20; i++)
    {
        if (i >= 5 && i <= 7)
            continue;
        if (i >= 11)
            break;
        lblA5.Text += i + "\n";
    }
}
```

Listing 2.25 Projekt »ForSchleife«

Zur Erläuterung der ersten Schleife:

▶ Als Schleifenvariable dient i.

▶ Die Schleife wird erstmalig mit i = 3 und letztmalig mit i = 7 durch-laufen.

▶ Nach jedem Durchlauf wird i um 1 erhöht.

Zur Erläuterung der restlichen Schleifen:

▶ Die zweite, dritte und vierte Schleife beinhalten jeweils nur eine Anweisung, daher konnten die geschweiften Klammern weggelassen werden. Allerdings ist diese Anweisung zur besseren Lesbarkeit eingerückt.

▶ Bei der zweiten Schleife wurde die Schrittweite 2 gewählt.

▶ Die dritte Schleife läuft abwärts, daher muss die Schleifenvariable vermindert werden.

▶ In der vierten Schleife wird gezeigt, dass eine Schleife auch nichtganzzahlige Werte durchlaufen kann.

▶ In der fünften Schleife werden die Werte 5 bis 7 nicht ausgegeben. Das Schlüsselwort `continue` sorgt dafür, dass der Rest der Anweisungen in der Schleife übersprungen und direkt mit dem nächsten Durchlauf fortgefahren wird.

continue

▶ Eigentlich läuft diese fünfte Schleife bis 20. Aufgrund des Schlüsselworts `break` wird sie allerdings vorzeitig beendet.

break

Sie sollten darauf achten, dass *Startausdruck*, *Laufbedingung* und *Änderung* so gestaltet werden, dass keine Endlos-Schleife konstruiert wird. Die Schleife `for(i=5; i<=10; i--)` läuft endlos, da `i` kleiner wird und daher die Laufbedingung immer wahr ist.

Endlos-Schleife

2.6.2 while und do-while-Schleife

Ist die Anzahl der Schleifendurchläufe nicht bekannt bzw. vor Beginn der Schleife nicht berechenbar, so sollten Sie die `while`-Schleife oder die `do...while`-Schleife verwenden.

Steuerung über Bedingung

Der Aufbau der `while`-Schleife:

```
while (Laufbedingung)
{
   Anweisungen
   [ break ]
   [ continue ]
}
```

Es folgt der Aufbau der `do...while`-Schleife:

```
do
{
   Anweisungen
```

```
    [ break ]
    [ continue ]
}
while (Laufbedingung)
```

Zur Erläuterung:

▶ Die Schleifen werden durchlaufen, solange die Laufbedingung wahr ist.

▶ Der Unterschied: Die do...while-Schleife wird mindestens einmal durchlaufen, da die Laufbedingung erst am Ende geprüft wird.

Ohne Klammern   Falls es sich bei Anweisungen nur um eine einzelne Anweisung handelt, so können Sie die geschweiften Klammern weglassen.

Die Schlüsselworte break und continue haben die gleiche Wirkung wie bei der for-Schleife.

Zufallsgenerator   Im folgenden Programm im Projekt *WhileDoWhileSchleifen* werden Zahlen addiert, solange die Summe der Zahlen kleiner als 20 ist, siehe Abbildung 2.39. Da die Zahlen durch einen Zufallsgenerator erzeugt werden, ist die Anzahl der Schleifendurchläufe nicht vorhersagbar.

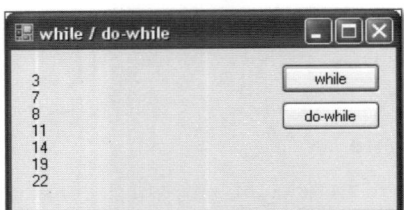

Abbildung 2.39   Bedingungsgesteuerte Schleife

Random, Next()   Der Zufallszahlengenerator wird mithilfe eines Objekts der Klasse Random realisiert, das klassenweit gültig deklariert wird. Die Methode Next() der Klasse Random liefert quasizufällige ganze Zahlen. An die Methode Next() werden zwei Zahlen in Klammern übergeben. Die erste Zahl steht für die kleinste mögliche Zufallszahl, die zweite Zahl minus 1 kennzeichnet die größte mögliche Zufallszahl.

```
public partial class Form1 : Form
{
    ...
    Random r = new Random();
```

```
private void cmdWhile_Click(...)
{
    int summe = 0, z;
    lblA.Text = "";

    while (summe < 20)
    {
        z = r.Next(1, 7);
        summe = summe + z;
        lblA.Text += summe + "\n";
    }
}

private void cmdDoWhile_Click(...)
{
    int summe = 0, z;
    lblA.Text = "";

    do
    {
        z = r.Next(1, 7);
        summe = summe + z;
        lblA.Text += summe + "\n";
    }
    while (summe < 20);
}
}
```

Listing 2.26 Projekt »WhileDoWhileSchleifen«

Zur Erläuterung der while-Schleife: **while**

▶ Die Variable summe wird zunächst mit dem Wert 0 initialisiert.

▶ Zu Beginn der Schleife (kopfgesteuerte Schleife) wird geprüft, ob die
  Summe der Zahlen kleiner als 20 ist. Trifft dies zu, kann die Schleife
  durchlaufen werden.

▶ Der Wert der Variablen summe wird um eine Zufallszahl zwischen 1   **Summe berechnen**
  und 6 erhöht.

▶ Der Inhalt des Labels wird um den aktuellen Wert der summe und
  einen Zeilenumbruch verlängert.

▶ Nach Durchlauf einer Schleife wird das Programm wieder am Beginn
  der Schleife fortgesetzt. Es wird wiederum geprüft, ob die Summe der
  Zahlen kleiner als 20 ist.

do...while Zur Erläuterung der do...while-Schleife:

> Die Schleife wird mindestens einmal durchlaufen, selbst wenn die Summe der Zahlen größer oder gleich 20 ist. Für diesen Fall ist also die do...while-Schleife nicht so gut geeignet.

> Erst am Ende (fußgesteuerte Schleife) wird geprüft, ob die Summe der Zahlen kleiner als 20 ist. Trifft dies zu, wird das Programm wieder am Beginn der Schleife fortgesetzt.

Hinweis: Bei einer while-Schleife könnte es vorkommen, dass sie niemals durchlaufen wird.

Endlos-Schleife Sie sollten wie bei der for-Schleife darauf achten, dass keine Endlos-Schleife konstruiert wird. Falls in einer der beiden oben genannten Schleifen die Variable summe ihren Wert nicht ändern würde, wäre dies eine solche Endlos-Schleife.

2.6.3 Übungen

Anhand einer Reihe von Übungsaufgaben zu Schleifen (und Verzweigungen) trainieren Sie im Folgenden einige typische Probleme der Programmierung in Visual C#. Der visuelle Teil der Lösung enthält in der Regel nur ein einfaches Textfeld zur Eingabe, einen oder zwei Buttons zum Durchführen der Aufgabe und ein einfaches Label zur Ausgabe.

Übung ÜForSchleife, Teil 1

Übung
ÜForSchleife,
Teil 1

for-Schleife: Schreiben Sie ein Programm mit einer einfachen Schleife, das nacheinander die folgenden Zahlen ausgibt: 35; 32,5; 30; 27,5; 25; 22,5; 20.

Übung ÜForSchleife, Teil 2

Übung
ÜForSchleife,
Teil 2

for-Schleife: Erweitern Sie die vorige Aufgabe. Am Ende der Zeile sollen Summe und Mittelwert aller Zahlen angezeigt werden, siehe Abbildung 2.40.

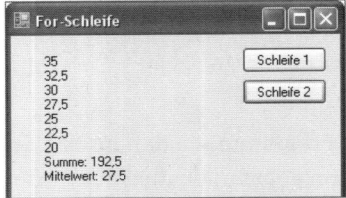

Abbildung 2.40 Übung ÜForSchleife

Übung ÜHalbierung

while oder do...while-Schleife: Schreiben Sie ein Programm, mit dessen Hilfe eine eingegebene Zahl wiederholt halbiert und ausgegeben wird. Das Programm soll beendet werden, wenn das Ergebnis der Halbierung kleiner als 0,001 ist, siehe Abbildung 2.41. Falls die Zahl schon zu Beginn kleiner als 0,001 ist, dann soll sie nicht halbiert werden.

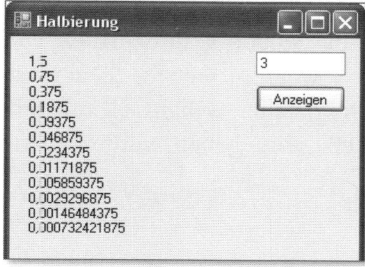

Abbildung 2.41 Übung ÜHalbierung

Übung ÜZahlenraten

if...else: Schreiben Sie ein Programm, mit dem das Spiel *Zahlenraten* gespielt werden kann: Per Zufallsgenerator wird eine Zahl zwischen 1 und 100 erzeugt, aber nicht angezeigt. Der Benutzer soll so lange Zahlen eingeben, bis er die Zahl erraten hat. Als Hilfestellung soll jedes Mal ausgegeben werden, ob die eingegebene Zahl größer oder kleiner als die zu ratende Zahl ist, siehe Abbildung 2.42.

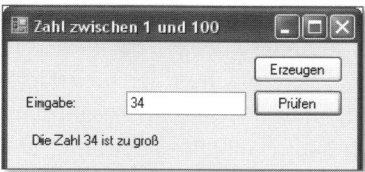

Abbildung 2.42 Übung ÜZahlenraten

Übung ÜSteuertabelle

for-Schleife und if...else: Erweitern Sie das Programm aus der Übung *ÜSteuerbetrag* aus Abschnitt 2.4. Schreiben Sie ein Programm, das zu einer Reihe von Gehältern u. a. den Steuerbetrag berechnet und ausgibt. In Tabelle 2.12 sind die Steuersätze angegeben.

Gehalt	Steuersatz
bis einschl. 12.000 €	12 %
von 12.000 bis einschl. 20.000 €	15 %
von 20.000 bis einschl. 30.000 €	20 %
über 30.000 €	25 %

Tabelle 2.12 Übung ÜSteuertabelle

Es sollen für jedes Gehalt von 5.000 € bis 35.000 € in Schritten von 3.000 € folgende vier Werte ausgegeben werden: Gehalt, Steuersatz, Steuerbetrag, Gehalt abzüglich Steuerbetrag. Jedes Gehalt soll mit den zugehörigen Werten in einer eigenen Zeile ausgegeben werden, siehe Abbildung 2.43.

Abbildung 2.43 Übung ÜSteuertabelle

2.7   Schleifen und Steuerelemente

In diesem Abschnitt werden die beiden Steuerelemente *Listenfeld* und *Kombinationsfeld* eingeführt. Damit kann eine einfache oder mehrfache Auswahl aus mehreren Möglichkeiten getroffen werden. Im Zusammenhang mit diesen Steuerelementen werden häufig Schleifen benötigt, wie sie im vorigen Abschnitt behandelt wurden.

2.7.1   Listenfeld

Listbox   Ein Listenfeld (Listbox) zeigt eine Liste mit Einträgen an, aus denen der Benutzer einen oder mehrere auswählen kann. Enthält das Listenfeld mehr Einträge, als gleichzeitig angezeigt werden können, erhält es automatisch einen Scrollbalken.

Items   Die wichtigste Eigenschaft des Steuerelements Listbox ist die Collection Items. Sie enthält die einzelnen Listeneinträge. Listenfelder können Sie zur Entwurfszeit füllen, indem Sie der Eigenschaft Items in einem eigenen kleinen Dialogfeld die Einträge hinzufügen. In der Regel werden Sie ein Listenfeld aber zur Laufzeit füllen.

2.7.2 Listenfeld füllen

Bisher wurden die Eigenschaften und Ereignisse von Steuerelementen behandelt. Darüber hinaus gibt es jedoch auch spezifische Methoden, die auf diese Steuerelemente bzw. auf deren Eigenschaften angewendet werden können. Beim Listenfeld ist dies u. a. die Methode Add() der Eigenschaft Items.

Items.Add()

Diese Methode nutzen Sie am sinnvollsten einmalig zum Zeitpunkt des Ladens des Formulars. Dieser Zeitpunkt wird durch das Ereignis Load gekennzeichnet. Sie erstellen den Rahmen der zugehörigen Ereignismethode, indem Sie einen Doppelklick auf einer freien Stelle des Formulars ausführen. Die Klasse des Formulars heißt, falls Sie dies nicht verändern, Form1, die Methode hat demnach den Namen Form1_Load().

Im nachfolgenden Programm im Projekt *ListenfeldFüllen* wird ein Listenfeld für italienische Speisen zu Beginn des Programms mit den folgenden Werten gefüllt: *Spaghetti, Grüne Nudeln, Tortellini, Pizza, Lasagne,* siehe Abbildung 2.44.

Abbildung 2.44 Listenfeld mit Scrollbalken

Der Programmcode:

```
private void Form1_Load(...)
{
    lstSpeisen.Items.Add("Spaghetti");
    lstSpeisen.Items.Add("Grüne Nudeln");
    lstSpeisen.Items.Add("Tortellini");
    lstSpeisen.Items.Add("Pizza");
    lstSpeisen.Items.Add("Lasagne");
}
```

Listing 2.27 Projekt »ListenfeldFüllen«

Zur Erläuterung:

▶ Das Ereignis `Load` wird ausgelöst, wenn das Formular geladen wird.

▶ Die einzelnen Speisen werden der Reihe nach dem Listenfeld hinzugefügt. *Lasagne* steht anschließend ganz unten.

2.7.3 Wichtige Eigenschaften

Die folgenden Eigenschaften eines Listenfelds bzw. der Collection `Items` werden in der Praxis häufig benötigt:

▶ `Items.Count` gibt die Anzahl der Elemente in der Liste an.

SelectedItem ▶ `SelectedItem` beinhaltet das aktuell vom Benutzer ausgewählte Element der Liste. Falls kein Element ausgewählt wurde, ergibt `Selected-Item` nichts.

▶ `SelectedIndex` gibt die laufende Nummer des aktuell vom Benutzer ausgewählten Elements an, beginnend bei 0 für das oberste Element. Falls kein Element ausgewählt wurde, ergibt `SelectedIndex` den Wert −1.

Items[i] ▶ Über `Items(Index)` können Sie die einzelnen Elemente ansprechen, das oberste Element ist `Items(0)`.

Das folgende Programm im Projekt *ListenfeldEigenschaften* veranschaulicht alle diese Eigenschaften, siehe Abbildung 2.45.

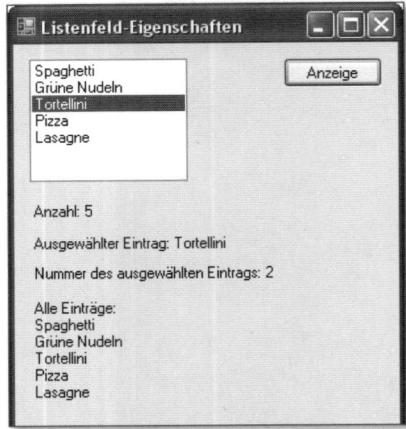

Abbildung 2.45 Anzeige nach Auswahl eines Elements

Der Programmcode:

```
private void cmdAnzeige_Click(...)
{
    int i;

    lblAnzeige1.Text =
        "Anzahl: " + lstSpeisen.Items.Count;
    lblAnzeige2.Text = "Ausgewählter Eintrag: " +
        lstSpeisen.SelectedItem;
    lblAnzeige3.Text = "Nummer des ausgewählten" +
        " Eintrags: " + lstSpeisen.SelectedIndex;

    lblAnzeige4.Text = "Alle Einträge:" + "\n";
    for (i = 0; i < lstSpeisen.Items.Count; i++)
        lblAnzeige4.Text +=
            lstSpeisen.Items[i] + "\n";
}
```

Listing 2.28   Projekt »ListenfeldEigenschaften«

Zur Erläuterung:

▶ Das Listenfeld ist bereits gefüllt, siehe Projekt *ListenfeldFüllen*.

▶ Die Anzahl der Elemente wird über lstSpeisen.Items.Count ausge-   **Count**
geben, in diesem Fall sind es fünf.

▶ Der ausgewählte Eintrag steht in lstSpeisen.SelectedItem, seine
Nummer in lstSpeisen.SelectedIndex.

▶ Eine for-Schleife dient zur Ausgabe aller Elemente. Sie läuft von 0 bis
¯lstSpeisen.Items.Count - 1. Dies liegt daran, dass bei einer Liste mit
fünf Elementen die Elemente mit 0 bis 4 nummeriert sind.

▶ Die einzelnen Elemente werden mit lstSpeisen.Items[i] angespro-   **Items[i]**
chen. Die Variable i beinhaltet bei der Schleife die aktuelle laufende
Nummer.

2.7.4   Wechsel der Auswahl

Ähnlich wie beim Kontrollkästchen oder bei der Optionsschaltfläche ist   **SelectedIndex-**
das wichtigste Ereignis einer Listbox nicht der Click, sondern das Ereig-   **Changed**
nis SelectedIndexChanged. Dieses Ereignis zeigt nicht nur an, dass die
Listbox vom Benutzer bedient wurde, sondern auch, dass sie ihren
Zustand geändert hat. Dies kann z. B. auch durch Programmcode geschehen. Eine Ereignismethode zu SelectedIndexChanged wird in jedem Fall

durchlaufen, sobald die Listbox (vom Benutzer oder vom Programm-code) geändert wurde.

Allerdings wird der Programmablauf meist so gestaltet, dass bei einem anderen Ereignis die aktuelle Auswahl der Listbox abgefragt wird und anschließend je nach Zustand unterschiedlich reagiert wird. Das nachfol-gende Programm im Projekt *ListenfeldEreignis* veranschaulicht diesen Zusammenhang, siehe Abbildung 2.46.

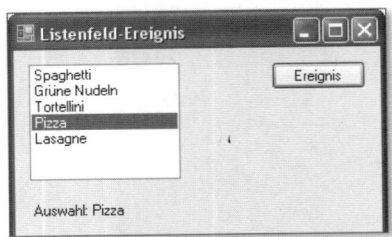

Abbildung 2.46 Anzeige nach dem Ereignis

Der Programmcode:

```
private void cmdEreignis_Click(...)
{
    lstSpeisen.SelectedIndex = 3;
}

private void lstSpeisen_SelectedIndexChanged(...)
{
    lblAnzeige.Text =
        "Auswahl: " + lstSpeisen.SelectedItem;
}
```

Listing 2.29 Projekt »ListenfeldEreignis«

Zur Erläuterung:

▶ Das Listenfeld ist bereits gefüllt, siehe Projekt *ListenfeldFüllen*.

▶ In der Ereignismethode `cmdEreignis_Click()` wird die Nummer des ausgewählten Elements auf 3 gesetzt. Dadurch wird in der Listbox *Pizza* ausgewählt. Im Label wird die geänderte Auswahl sofort ange-zeigt, da das Ereignis `lstSpeisen_SelectedIndexChanged` ausgelöst wurde.

▶ In der zugehörigen Ereignismethode `lstSpeisen_SelectedIndex-Changed()` wird die Anzeige des ausgewählten Elements ausgelöst.

Dieses wird unmittelbar nach der Auswahl angezeigt. Die Auswahl kann durch einen Klick des Benutzers in der Liste oder auch durch Programmcode ausgelöst werden.

2.7.5 Wichtige Methoden

Die Methoden `Insert()` und `RemoveAt()` können Sie zur Veränderung der Inhalte des Listenfelds nutzen:

▶ Mithilfe der Methode `Insert()` können Sie Elemente zum Listenfeld an einer gewünschten Stelle hinzufügen.   Insert()

▶ Die Methode `RemoveAt()` löscht ein Element an der gewünschten Stelle.   RemoveAt()

Im nachfolgenden Programm im Projekt *ListenfeldMethoden* werden die beiden Methoden eingesetzt, um ein Listenfeld zu verwalten, siehe Abbildung 2.47.

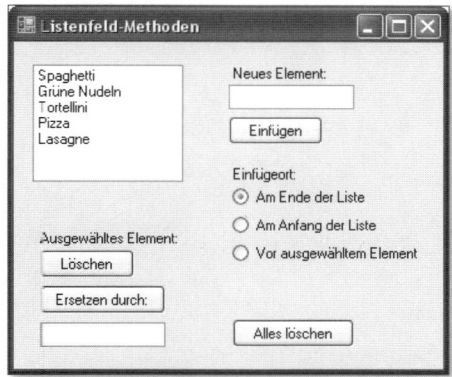

Abbildung 2.47 Verwaltung eines Listenfelds

Sie können Elemente einfügen, löschen und ändern. Um sicherzustellen, dass es sich hierbei um sinnvolle Operationen handelt, sollten Sie jeweils bestimmte Bedingungen beachten:

```
private void cmdLöschen_Click(...)
{
    int x = lstSpeisen.SelectedIndex;
    if (x != -1)
        lstSpeisen.Items.RemoveAt(x);
}
```

```csharp
private void cmdEinfügen_Click(...)
{
    if (txtNeu.Text == "")
        return;

    if (optAnfang.Checked)
        lstSpeisen.Items.Insert(0, txtNeu.Text);
    else if (optAuswahl.Checked &&
            lstSpeisen.SelectedIndex != -1)
        lstSpeisen.Items.Insert(
            lstSpeisen.SelectedIndex,
            txtNeu.Text);
    else
        lstSpeisen.Items.Add(txtNeu.Text);

    txtNeu.Text = "";
}

private void cmdErsetzen_Click(...)
{
    int x;

    if (txtErsetzen.Text != "" &&
            lstSpeisen.SelectedIndex != -1)
    {
        x = lstSpeisen.SelectedIndex;
        lstSpeisen.Items.RemoveAt(x);
        lstSpeisen.Items.Insert(
            x, txtErsetzen.Text);
        txtErsetzen.Text = "";
    }
}

private void cmdAllesLöschen_Click(...)
{
    lstSpeisen.Items.Clear();
}
```

Listing 2.30 Projekt »ListenfeldMethoden«

Zur Erläuterung:

▶ Das Listenfeld ist bereits gefüllt, siehe Projekt *ListenfeldFüllen*.

▶ In der Methode cmdLöschen_Click() wird der Wert von Selected-Index in der Variablen x gespeichert. Anschließend wird untersucht, ob ein Element ausgewählt wurde, ob also der Wert von x ungleich −1 ist. Ist dies der Fall, wird dieses Element mit der Methode RemoveAt() gelöscht. Wurde kein Element ausgewählt, geschieht nichts.

▶ In der Methode cmdEinfügen_Click() wird zunächst die Textbox untersucht. Falls diese leer ist, wird die Methode mit dem Schlüsselwort return unmittelbar verlassen. Falls etwas in der Textbox steht, wird untersucht, welcher Einfügeort über die Optionsschaltflächen ausgesucht wurde: `return`

  ▶ Wurde als Einfügeort das Ende der Liste gewählt, so wird der Inhalt der Textbox mit der bekannten Methode Add() am Ende der Liste angefügt. `Add()`

  ▶ In den beiden anderen Fällen wird die Methode Insert() zum Einfügen des Inhalts der Textbox vor einem vorhandenen Listeneintrag genutzt. Diese Methode benötigt den Index des Elements, vor dem eingefügt werden soll. Dies ist entweder der Wert 0, falls am Anfang der Liste eingefügt werden soll, oder der Wert von SelectedIndex, falls vor dem ausgewählten Element eingefügt werden soll. `Insert()`

▶ Anschließend wird die Textbox gelöscht, damit nicht versehentlich zweimal das gleiche Element eingefügt wird.

▶ In der Methode cmdErsetzen_Click() wird untersucht, ob in der Textbox etwas zum Ersetzen steht und ob ein Element zum Ersetzen ausgewählt wurde. Ist dies der Fall, wird

  ▶ der Wert von SelectedIndex in der Variablen x gespeichert,

  ▶ das zugehörige Element mit der Methode RemoveAt() gelöscht, `RemoveAt()`

  ▶ der neue Text an der gleichen Stelle mit der Methode Insert() eingefügt und

  ▶ die Textbox gelöscht, damit nicht versehentlich zweimal das gleiche Element eingefügt wird.

▶ In der Methode cmdAllesLöschen_Click() dient die Methode Clear() zum Leeren der Listbox.

Nach einigen Änderungen sieht das Dialogfeld wie in Abbildung 2.48 aus.

Hinweis: Das Schlüsselwort return dient nicht nur zum unmittelbaren Beenden einer Methode, sondern auch zum Liefern des Rückgabewertes einer Methode, siehe Abschnitt 4.7.3. `return`

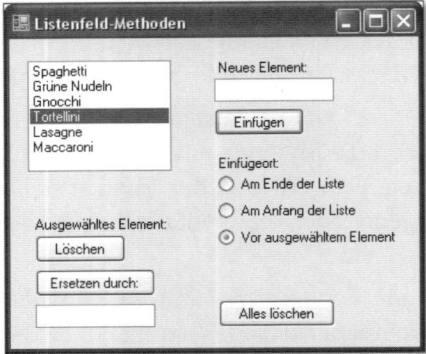

Abbildung 2.48 Nach einigen Änderungen

2.7.6 Mehrfachauswahl

SelectionMode

Sie können dem Benutzer ermöglichen, gleichzeitig mehrere Einträge aus einer Liste auszuwählen, wie er dies auch aus anderen Windows-Programmen kennt. Dazu wird zur Entwicklungszeit die Eigenschaft Selec-tionMode auf den Wert MultiExtended gesetzt. Der Benutzer kann anschließend mithilfe der ⌈Strg⌉-Taste mehrere einzelne Elemente auswählen oder mithilfe der ⌈⇧⌉-Taste (wie für Großbuchstaben) einen zusammenhängenden Bereich von Elementen markieren.

Hinweis: Nach dem Einfügen einer neuen Listbox in ein Formular steht die Eigenschaft SelectionMode zunächst auf dem Standardwert One, das heißt, es kann nur ein Element ausgewählt werden.

SelectedIndices

Die Eigenschaften SelectedIndices und SelectedItems beinhalten die Nummern bzw. die Einträge der ausgewählten Elemente. Sie ähneln in ihrem Verhalten der Eigenschaft Items. Das nachfolgende Programm im Projekt *ListenfeldMehrfachauswahl* verdeutlicht dies, siehe Abbildung 2.49.

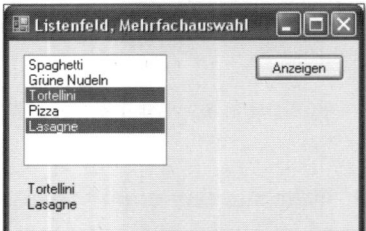

Abbildung 2.49 Mehrere ausgewählte Elemente

Der Programmcode:

```
private void cmdAnzeigen_Click(...)
{
    int i;
    lblAnzeige.Text = "";

    for (i=0; i<lstSpeisen.SelectedItems.Count; i++)
        lblAnzeige.Text +=
            lstSpeisen.SelectedItems[i] + "\n";
}
```

Listing 2.31 Projekt »Listenfeld/Mehrfachauswahl«

Zur Erläuterung:

▶ Das Listenfeld ist bereits gefüllt, siehe Projekt *ListenfeldFüllen*.

SelectedItems[i]

▶ In der Methode `cmdAnzeigen_Click()` werden alle ausgewählten Elemente mithilfe einer Schleife durchlaufen. Diese Schleife läuft von 0 bis `SelectedItems.Count - 1`. Die ausgewählten Elemente selbst werden über `SelectedItems[i]` angesprochen.

2.7.7 Kombinationsfelder

Das Steuerelement Kombinationsfeld (Combobox) vereinigt die Merkmale eines Listenfelds mit denen eines Textfelds. Der Benutzer kann einen Eintrag aus dem Listenfeldbereich auswählen oder im Textfeldbereich eingeben. Das Kombinationsfeld hat im Wesentlichen die Eigenschaften und Methoden des Listenfelds.

Sie können mithilfe der Eigenschaft `DropDownStyle` zwischen drei Typen von Kombinationsfeldern wählen:

DropDownStyle

▶ `DropDown`: Dies ist die Standard-Auswahl aus einer Liste (Aufklappen der Liste mit der Pfeiltaste) oder Eingabe in das Textfeld. Das Kombinationsfeld hat die Größe einer Textbox.

▶ `DropDownList`: Die Auswahl ist begrenzt auf die Einträge der aufklappbaren Liste, also ohne eigene Eingabemöglichkeit. Dieser Typ Kombinationsfeld verhält sich demnach wie ein Listenfeld, ist allerdings so klein wie eine Textbox. Ein Listenfeld könnte zwar auch auf diese Größe verkleinert werden, aber die Scroll-Pfeile sind dann sehr klein.

▶ Simple: Die Liste ist immer geöffnet und wird bei Bedarf mit einer Bildlaufleiste versehen. Wie beim Typ DropDown ist die Auswahl aus der Liste oder die Eingabe in das Textfeld möglich. Beim Erstellen eines solchen Kombinationsfelds kann die Höhe wie bei einer Listbox eingestellt werden.

Die Eigenschaft SelectionMode gibt es bei Kombinationsfeldern nicht. Das folgende Programm im Projekt *Kombinationsfeld* führt alle drei Typen von Kombinationsfeldern vor, siehe Abbildung 2.50.

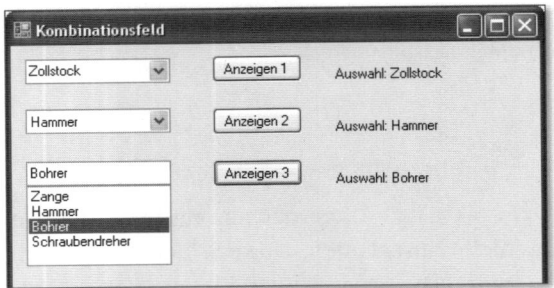

Abbildung 2.50 Drei verschiedene Kombinationsfelder

Der Programmcode:

```
private void Form1_Load(...)
{
    cmbWerkzeug1.Items.Add("Zange");
    cmbWerkzeug1.Items.Add("Hammer");
    cmbWerkzeug1.Items.Add("Bohrer");
    cmbWerkzeug1.Items.Add("Schraubendreher");
```

[... das Gleiche für die beiden anderen Kombinationsfelder ...]

```
}

private void cmdAnzeigen1_Click(...)
{
    lblAnzeige1.Text =
        "Auswahl: " + cmbWerkzeug1.Text;
}

private void cmdAnzeigen2_Click(...)
{
    lblAnzeige2.Text =
        "Auswahl: " + cmbWerkzeug2.SelectedItem;
}
```

```
private void cmdAnzeigen3_Click(...)
{
    lblAnzeige3.Text =
        "Auswahl: " + cmbWerkzeug3.Text;
}
```

Listing 2.32 Projekt »Kombinationsfeld«

Zur Erläuterung:

▶ Das erste Kombinationsfeld hat den DropDownStyle DropDown. Hat der Benutzer einen Eintrag ausgewählt, so erscheint dieser in der Textbox des Kombinationsfelds. Falls er selbst einen Eintrag eingibt, wird dieser ebenfalls dort angezeigt. Die Eigenschaft Text enthält den Inhalt dieser Textbox, also immer den *Wert* des Kombinationsfelds.

▶ Das zweite Kombinationsfeld hat den DropDownStyle DropDownList. Es gibt also keine Textbox. Wie beim Listenfeld ermitteln Sie die Auswahl des Benutzers über die Eigenschaft SelectedItem.

▶ Das dritte Kombinationsfeld hat den DropDownStyle Simple. Im Programm kann es genauso wie das erste Kombinationsfeld behandelt werden. Die Eigenschaft Text beinhaltet also immer den *Wert* des Kombinationsfelds.

Übung

Schreiben Sie ein Programm, das zwei Listenfelder beinhaltet, in denen jeweils mehrere Elemente markiert werden können. Zwischen den beiden Listenfeldern befinden sich zwei Buttons, jeweils mit einem Pfeil nach rechts bzw. nach links, siehe Abbildung 2.51. Bei Betätigung eines der beiden Buttons sollen die ausgewählten Elemente in Pfeilrichtung aus der einen Liste in die andere Liste verschoben werden, siehe Abbildung 2.52.

Übung ÜListenfeld

Abbildung 2.51 Liste vor dem Verschieben

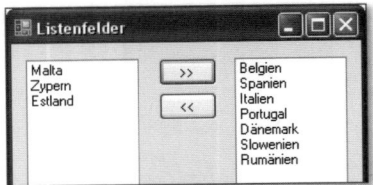

Abbildung 2.52 Liste nach dem Verschieben

SelectedIndices   Bei der Lösung kann neben der Eigenschaft `SelectedItems` z. B. auch die Eigenschaft `SelectedIndices` genutzt werden. Eine solche Collection beinhaltet dann nicht die ausgewählten Einträge, sondern deren Indizes. Mit dem Löschen mehrerer Einträge aus einem Listenfeld sollten Sie vom Ende der Liste her beginnen. Der Grund hierfür ist: Löschen Sie eines der vorderen Elemente zuerst, stimmen die Indizes in der Collection `SelectedIndices` nicht mehr.

Vieles lernt man nur aus Fehlern, so auch das Programmieren.
In diesem Kapitel werden die verschiedenen Arten von Fehlern
und ihre Behandlung vorgestellt.

3 Fehlerbehandlung

In den folgenden Abschnitten lernen Sie verschiedene Arten von Pro-
grammierfehlern kennen. Visual C# bietet Ihnen zahlreiche Hilfsmittel,
Fehler möglichst zu vermeiden, aufgetretene Fehler zu erkennen und die
Folgen der Fehler zu verhindern.

3.1 Fehlerarten

Während man ein Programm entwickelt und testet, treten normalerweise noch häufig Fehler auf. Diese Fehler lassen sich in drei Gruppen
untergliedern: Syntaxfehler, Laufzeitfehler und logische Fehler.

Syntaxfehler können mithilfe des Editors und der Entwicklerunterstüt-   **Exceptions**
zung IntelliSense vermieden werden. Laufzeitfehler, also Fehler zur Laufzeit des Programms, die einen Programmabsturz zur Folge haben, gibt es
streng genommen in C# nicht. Stattdessen werden Ausnahmen (Exceptions) erzeugt, die mit einer Ausnahmebehandlung (Exception Handling)
umgangen werden sollten. Logische Fehler sind erfahrungsgemäß am
schwersten zu finden. Hier bietet das Debugging eine gute Hilfestellung.

3.2 Syntaxfehler und IntelliSense

Syntaxfehler treten zur Entwicklungszeit des Programms auf und haben   **Fehler werden**
ihre Ursache in falsch oder unvollständig geschriebenem Programmcode.   **markiert.**
Bereits beim Schreiben des Codes werden Sie von Visual C# auf Syntaxfehler aufmerksam gemacht. Ein nicht korrekt geschriebenes Schlüssel-

wort, ein `else` ohne `if` oder andere Fehler werden sofort erkannt und markiert.

Der Programmierer erhält häufig bereits eine Information mit Hilfestellung zur Fehlerkorrektur. Wird der Fehler nicht behoben, so wird eine Übersetzung und Ausführung des Programms abgelehnt.

IntelliSense Die Entwicklerunterstützung IntelliSense trägt in hohem Maße dazu bei, solche Syntaxfehler erst gar nicht auftreten zu lassen. Während des Schreibens einer Anweisung werden zahlreiche Hilfestellungen angeboten.

Einige Beispiele:

▶ Sobald Sie den Punkt hinter den Namen eines Objekts, z. B. eines Steuerelements, gesetzt haben, erscheinen die Eigenschaften und Methoden dieses Elements zur Auswahl. Das ausgewählte Listenelement wird in den Code eingefügt, wenn Sie die ⇥-Taste betätigen.

Hilfsliste ▶ Beginnen Sie, einen beliebigen Namen zu schreiben, so wird sofort eine Hilfsliste mit Anweisungen oder Objekten angeboten, die im Zusammenhang mit der aktuellen Anwendung stehen und die gleichen Anfangsbuchstaben haben.

▶ Zu dem aktuell verwendeten Programmierelement (Klasse, Objekt, Eigenschaft, Methode usw.) wird eine QuickInfo eingeblendet, die den Entwickler über die Einsatzmöglichkeiten des jeweiligen Elements informiert.

Klammern ▶ Sobald Sie den Cursor auf eine öffnende Klammer setzen, wird sie zusammen mit der zugehörigen schließenden Klammer hervorgehoben und umgekehrt.

Variable ▶ Setzen Sie den Cursor auf ein Objekt oder eine Variable, werden alle Vorkommen des Objekts bzw. der Variablen in der gleichen Methode hervorgehoben.

Einrückung ▶ Kontrollstrukturen, also z. B. Verzweigungen und Schleifen, werden bei einem Zeilenwechsel automatisch richtig eingerückt. Der Entwickler kann sie dadurch leichter erkennen und Fehler vermeiden.

Haben Sie sich einmal an dieses Verhalten gewöhnt, bietet IntelliSense eine wertvolle Hilfe zur Codierung und Fehlervermeidung.

Syntaxfehler und IntelliSense sollen mithilfe des nachfolgenden Programms im Projekt *Syntaxfehler* verdeutlicht werden. Das Programm soll eigentlich zur Überprüfung dienen, ob eine eingegebene Zahl positiv, negativ oder gleich 0 ist. In den Programmcode wurde allerdings eine Reihe von typischen Fehlern eingebaut. Diese werden zum Teil bereits während der Codierung automatisch kenntlich gemacht, siehe Abbildung 3.1.

```
private void cmdAnzeige_Click(
    object sender, EventArgs e)
{
    int i;
    if (txtEingabe.Txt = "")
        return;

    i = Convert.ToInt(txtEingabe.Text;

    if (i > 0)
        lblAnzeige.Text = "positiv";
    else if i < 0
        lblAnzeige.Text = "negativ"
    else
        lblAnzeige = "gleich 0";
}
```

Abbildung 3.1 Programmcode mit Fehlern

Zur Erläuterung:

▶ In der zweiten Zeile wurde die Eigenschaft Text der Textbox falsch geschrieben.

▶ Die Methode zur Konvertierung heißt korrekt ToInt32() und nicht ToInt(). Außerdem fehlt die schließende Klammer am Ende dieser Zeile.

▶ Die Bedingung i < 0 wurde nicht in Klammern gesetzt.

▶ In der letzten Zeile wird der Text »gleich 0« markiert, da er einem Objekt (lblAnzeige) und nicht der Eigenschaft des Objekts (Text) zugewiesen werden soll.

Bewegen Sie den Cursor über eine der Fehlerstellen im Code, so erscheint eine QuickInfo mit einer Fehlermeldung. Nach einer Korrektur der oben genannten Fehler werden zwei weitere Fehler erkannt, siehe Abbildung 3.2:

QuickInfo

▶ In der zweiten Zeile wurde der Vergleichsoperator == falsch geschrieben.

▶ Nach dem Text »negativ« fehlt das Semikolon.

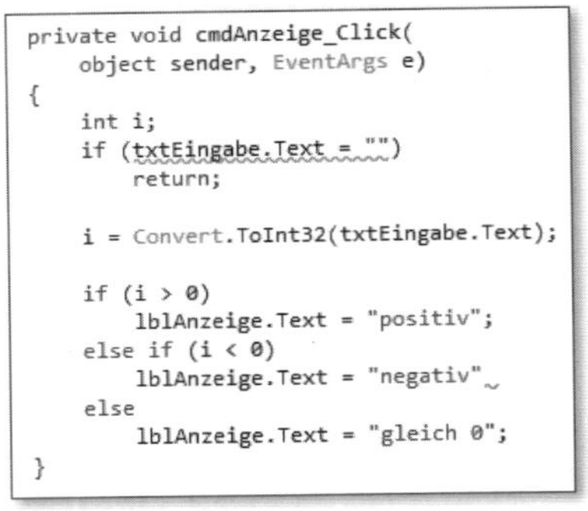

```
private void cmdAnzeige_Click(
    object sender, EventArgs e)
{
    int i;
    if (txtEingabe.Text = "")
        return;

    i = Convert.ToInt32(txtEingabe.Text);

    if (i > 0)
        lblAnzeige.Text = "positiv";
    else if (i < 0)
        lblAnzeige.Text = "negativ"
    else
        lblAnzeige.Text = "gleich 0";
}
```

Abbildung 3.2 Weitere Fehler

Erst jetzt kann das Programm übersetzt und ausgeführt werden. Die Eingabe eines Textes statt einer Zahl führt allerdings immer noch zu einem Laufzeitfehler. Dessen Behandlung ist Thema des nächsten Abschnitts.

3.3 Laufzeitfehler und Exception Handling

Ausnahmen
Das Exception Handling dient zum Abfangen von Laufzeitfehlern und zum Behandeln von Ausnahmen. Diese treten auf, wenn das Programm versucht, eine unzulässige Operation durchzuführen, beispielsweise eine Division durch Null oder das Öffnen einer nicht vorhandenen Datei.

Es ist natürlich besser, Laufzeitfehler von Anfang an zu unterbinden. Dies ist allerdings unmöglich, da es Vorgänge gibt, auf die der Programm-Entwickler keinen Einfluss hat, etwa die fehlerhafte Eingabe eines Benutzers oder einen beim Druckvorgang ausgeschalteten Drucker.

3.3.1 Programm mit Laufzeitfehlern

Im nachfolgenden Beispiel im Projekt *Laufzeitfehler* werden verschiedene Arten von Exceptions hervorgerufen und mit dem Exception-Handling von C# behandelt.

Der Benutzer soll zwei Zahlen eingeben. Nach Betätigung des Buttons Rechnen wird die erste Zahl durch die zweite geteilt und das Ergebnis der Division in einem Label ausgegeben.

```
private void cmdRechnen_Click(...)
{
    int x, y, z;
    x = Convert.ToInt32(txtEingabe1.Text);
```

```
    y = Convert.ToInt32(txtEingabe2.Text);
    z = x / y;
    lblAusgabe.Text = "Ergebnis: " + z;
}
```

Listing 3.1 Projekt »Laufzeitfehler«

Gibt der Benutzer die Zahlen 12 und 3 ein, erscheint als Ergebnis erwartungsgemäß die Zahl 4, siehe Abbildung 3.3. Wenn er dagegen die Zahlen 12 und 0 eingibt, dann tritt eine unbehandelte Ausnahme des Typs *DivideByZeroException* auf, siehe Abbildung 3.4.

DivideByZero-
Exception

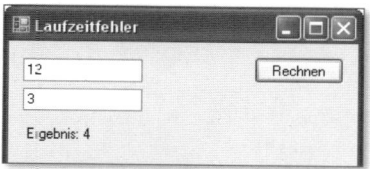

Abbildung 3.3 Eingabe korrekter Zahlen

```
private void cmdRechnen_Click(
    object sender, EventArgs e)
{
    int x, y, z;
    x = Convert.ToInt32(txtEingabe1.Text);
    y = Convert.ToInt32(txtEingabe2.Text);
    z = x / y;
    lblAusgabe.Text = "Ergebnis: " + z;
}
```

Abbildung 3.4 DivideByZeroException in der markierten Zeile

Gibt der Benutzer eine der beiden Zahlen gar nicht ein, so tritt eine unbehandelte Ausnahme des Typs *FormatException* auf, siehe Abbildung 3.5. Das Gleiche passiert, wenn er eine Zeichenkette eingibt, die nicht in eine ganze Zahl umgewandelt werden kann.

FormatException

```
private void cmdRechnen_Click(
    object sender, EventArgs e)
{
    int x, y, z;
    x = Convert.ToInt32(txtEingabe1.Text);
    y = Convert.ToInt32(txtEingabe2.Text);
    z = x / y;
    lblAusgabe.Text = "Ergebnis: " + z;
}
```

Abbildung 3.5 FormatException in der markierten Zeile

Debuggen beenden Nach der Anzeige einer unbehandelten Ausnahme muss das Programm mithilfe des Menüpunkts DEBUGGEN • DEBUGGING BEENDEN beendet werden, bevor es erneut gestartet werden kann.

3.3.2 Einfaches Exception-Handling

Es folgt im Projekt *ExceptionHandling* eine verbesserte Version des Projekts *Laufzeitfehler*.

```
private void cmdRechnen_Click(...)
{
    int x, y, z;

    try
    {
        x = Convert.ToInt32(txtEingabe1.Text);
        y = Convert.ToInt32(txtEingabe2.Text);
        z = x / y;
        lblAusgabe.Text = "Ergebnis: " + z;
    }
    catch (Exception ex)
    {
        lblAusgabe.Text =
            "Fehler: " + ex.Message;
    }
}
```

Listing 3.2 Projekt »ExceptionHandling«

Zur Erläuterung:

try ▶ Das Schlüsselwort `try` leitet das Exception-Handling ein. Ab diesem Punkt *versucht* das Programm, einen Anweisungsblock auszuführen.

catch ▶ Tritt während der nachfolgenden Anweisungen eine Exception auf, so wird sie mithilfe von `catch` *abgefangen*: Das Programm wechselt sofort bei Auftreten der Exception in einen `catch`-Block und führt die dort angegebenen Anweisungen aus.

▶ Im `catch`-Block steht ein Objekt der Klasse *Exception* zur Verfügung, hier ist dies `ex`. Dieses Objekt beinhaltet weitere Informationen zu dem Fehler, u. a. die Fehlermeldung in der Eigenschaft `Message`. Diese Fehlermeldung wird im vorliegenden Fall ausgegeben.

Falls der Benutzer die Zahlen 12 und 3 eingibt, erscheint nach wie vor die Zahl 4. Im `try`-Block ist keine Exception aufgetreten. Bei Eingabe der

Zahlen 12 und 0 erscheint die folgende Fehlermeldung im Label, siehe Abbildung 3.6.

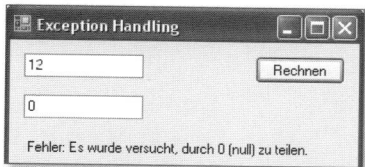

Abbildung 3.6 Division durch 0 abgefangen

Gibt der Benutzer eine der beiden Zahlen gar nicht ein, so erscheint die andere Fehlermeldung im Label, siehe Abbildung 3.7.

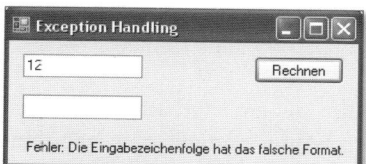

Abbildung 3.7 Formatfehler abgefangen

Anders als in der ersten Version kann das Programm trotz der Fehlermeldungen weiterlaufen.

3.3.3   Erweitertes Exception Handling

Die Klasse `Exception` ist die Basis mehrerer Exception-Klassen. Dies bedeutet, dass ein Fehler wesentlich spezifischer abgefangen und behandelt werden kann. Eine weitere Verbesserung des Programms folgt im Projekt *ExceptionHandlingErweitert*:

Exception-Klassen

```
private void cmdRechnen_Click(...)
{
    int x, y, z;

    try
    {
        x = Convert.ToInt32(txtEingabe1.Text);
        y = Convert.ToInt32(txtEingabe2.Text);
        z = x / y;
        lblAusgabe.Text = "Ergebnis: " + z;
    }
    catch (FormatException ex)
    {
```

```
        lblAusgabe.Text =
            "Fehler: falsches Eingabeformat";
    }
    catch (DivideByZeroException ex)
    {
        lblAusgabe.Text =
            "Fehler: Division durch 0";
    }
    catch (Exception ex)
    {
        lblAusgabe.Text = "Fehler: allgemein";
    }
}
```

Listing 3.3 Projekt »ExceptionHandlingErweitert«

Zur Erläuterung:

► Es gibt nunmehr drei catch-Blöcke, die in der Lage sind, drei verschiedene Fehler durch unterschiedliche Anweisungen zu behandeln.

► Im ersten catch-Block wird der Konvertierungsfehler mit Unterstützung eines Objekts der Klasse FormatException abgefangen.

► Im zweiten catch-Block wird die Division durch 0 mit Unterstützung eines Objekts der Klasse DivideByZeroException abgefangen.

Exception ► Im dritten catch-Block werden alle nicht spezifisch abgefangenen Fehler mit Unterstützung eines Objekts der allgemeinen Klasse Exception behandelt.

Die Reihenfolge der catch-Blöcke ist wichtig, da die Blöcke bei Auftreten eines Fehlers der Reihe nach durchlaufen werden. Der erste zutreffende catch-Block wird genutzt. Hätten Sie also den dritten Block mit der allgemeinen Klasse Exception nach vorne gesetzt, so wäre in jedem Fehlerfall die Meldung *Fehler: allgemeine Exception* erschienen.

IntelliSense Die Entwicklerunterstützung IntelliSense bemerkt und markiert eine falsche Reihenfolge der catch-Blöcke aber bereits zur Entwicklungszeit und ermöglicht so die rechtzeitige Korrektur.

3.4 Logische Fehler und Debugging

Logische Fehler treten auf, wenn eine Anwendung zwar ohne Syntaxfehler übersetzt und ohne Laufzeitfehler ausgeführt wird, aber nicht das geplante Ergebnis liefert. Dies liegt daran, dass die Programmlogik falsch aufgebaut wurde.

Die Ursache logischer Fehler zu finden, ist oft schwierig und kann nur durch intensives Testen und Analysieren der Abläufe und Ergebnisse durchgeführt werden. Visual C# stellt im Zusammenhang mit dem Debugging einige wertvolle Hilfen zur Verfügung.

Debugging

3.4.1 Einzelschrittverfahren

Sie können ein Programm im Einzelschrittverfahren ablaufen lassen, um sich dann bei jedem einzelnen Schritt die aktuellen Inhalte von Variablen und Steuerelementen anzuschauen. Dabei beginnen Sie mit dem Menüpunkt DEBUGGEN • EINZELSCHRITT (Funktionstaste F11).

Taste F8

Als Beispiel dient wiederum das Programm im Projekt *Laufzeitfehler* zur Division zweier Zahlen. Nach dem Start des Einzelschrittverfahrens startet die Anwendung, zunächst mit einigen automatisch erzeugten Teilen des Programmcodes.

Es geht los mit der Methode Main(), mit der jedes C#-Programm beginnt. Ein gelber Pfeil vor einer gelb markierten Zeile kennzeichnet den Punkt, an dem das Programm gerade angehalten wurde und auf die Reaktion des Entwicklers wartet.

Nach einigen weiteren Einzelschritten (Funktionstaste F11) wechselt das Programm in die Klasse Form1 des Formulars. Es durchläuft dort u. a. die Methode InitializeComponent(), in der die Eigenschaften und das Verhalten der Steuerelemente festgelegt werden.

Es erscheint das Formular, in dem die zwei Zahlen (hier 12 und 3) eingegeben werden können. Betätigen Sie den Button, wird nun die Ereignismethode angezeigt. Nach zwei weiteren Einzelschritten steht das Programm in der Zeile mit y = Convert.ToInt32(..., siehe Abbildung 3.8.

```
private void cmdRechnen_Click(
    object sender, EventArgs e)
{
    int x, y, z;
    x = Convert.ToInt32(txtEingabe1.Text);
    y = Convert.ToInt32(txtEingabe2.Text);
    z = x / y;
    lblAusgabe.Text = "Ergebnis: " + z;
}
```

Abbildung 3.8 Debuggen

Wert anzeigen Platzieren Sie den Cursor über einer Variablen oder einer Steuerelement-Eigenschaft (z. B. über der Variablen x), so sehen Sie den aktuellen Wert. Sie können auch erkennen, dass die Variable y noch den Wert 0 hat, da die aktuell markierte Anweisung noch nicht ausgeführt wurde.

Bereits nach dem nächsten Einzelschritt hat die Variable y den Wert 3. Nach Durchführung aller Einzelschritte erscheint das Ergebnis des Programms wie gewohnt in der Anwendung.

Debugging beenden Nach der regulären Beendigung des Programms werden noch einige Programmzeilen *zum Aufräumen* durchlaufen. Sie können den Ablauf auch vorzeitig abbrechen, über den Menüpunkt DEBUGGEN • DEBUGGING BEENDEN.

Dieses einfache Beispiel zeigt, dass Sie mit dem Einzelschrittverfahren bereits den Ablauf eines Programms stückweise verfolgen können und so den Ursprung eines logischen Fehlers leichter lokalisieren können.

Allerdings würden Sie möglicherweise gerne die automatisch erzeugten Teile des Programmcodes auslassen. Wie das geht, wird im nächsten Abschnitt erläutert.

3.4.2 Haltepunkte

Dauert das Einzelschrittverfahren bei einem bestimmten Programm zu lange, können Sie auch mit Haltepunkten (Breakpoints) arbeiten. Das Programm durchläuft dann alle Anweisungen bis zu einem solchen Haltepunkt. Sie setzen einen Haltepunkt in die Nähe der Stelle, an der Sie den Ursprung eines Fehlers vermuten.

Taste F9 Das Setzen eines Haltepunkts geschieht mithilfe des Menüpunkts DEBUGGEN • HALTEPUNKT UMSCHALTEN (Funktionstaste [F9]). Es wird ein Haltepunkt in der Zeile gesetzt, in der sich der Cursor befindet. Im Beispiel bietet sich hierfür die Zeile x = Convert.ToInt32(... an, in der x eingelesen und umgerechnet wird, siehe Abbildung 3.9.

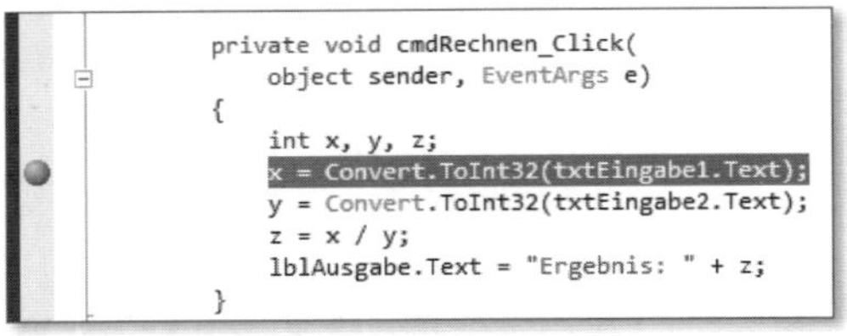

```csharp
private void cmdRechnen_Click(
    object sender, EventArgs e)
{
    int x, y, z;
    x = Convert.ToInt32(txtEingabe1.Text);
    y = Convert.ToInt32(txtEingabe2.Text);
    z = x / y;
    lblAusgabe.Text = "Ergebnis: " + z;
}
```

Abbildung 3.9 Haltepunkt gesetzt

Das Programm starten Sie nun über die Funktionstaste [F5]. Es unterbricht vor der Ausführung der Zeile mit dem Haltepunkt. Ab diesem Punkt können Sie das Programm wiederum im Einzelschrittverfahren ablaufen lassen und die Werte der Variablen wie oben beschrieben kontrollieren.

Sie können auch mehrere Haltepunkte setzen. Einen Haltepunkt entfernen Sie wieder, indem Sie den Cursor in die betreffende Zeile setzen und wiederum die Funktionstaste [F9] betätigen.

3.4.3 Überwachungsfenster

Das Überwachungsfenster bietet während des Debuggens eine weitere komfortable Lösung zur Variablenkontrolle. Sie können es während des Debuggens über den Menüpunkt DEBUGGEN • FENSTER • ÜBERWACHEN einblenden.

Dort können Sie die Namen von Variablen oder von Steuerelement-Eigenschaften in der Spalte *Name* eingeben. In der Spalte *Wert* erscheint dann jeweils der aktuelle Wert beim Ablauf der Einzelschritte, siehe Abbildung 3.10. Auf diese Weise lässt sich die Entwicklung mehrerer Werte gleichzeitig komfortabel verfolgen.

Werte anzeigen

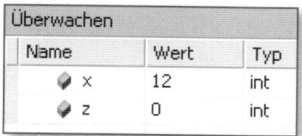

Abbildung 3.10 Überwachung von Werten

Dieses Kapitel widmet sich einigen fortgeschrittenen Themen: dem Umgang mit Ereignissen und Feldern sowie der Modularisierung von Programmen.

4 Erweiterte Grundlagen

Bei der Bedienung von Windows-Programmen finden immer wieder Ereignisse statt, deren Erkennung, Behandlung und Steuerung Thema dieses Kapitels ist. Hinzu kommen wichtige Programmierelemente wie Felder, Strukturen, Prozeduren und Funktionen.

4.1 Steuerelemente aktivieren

Neben so offensichtlichen Eigenschaften und Ereignissen wie Text oder Click gibt es weitere Eigenschaften, Methoden und Ereignisse von Steuerelementen, die den Ablauf und die Benutzerführung innerhalb eines Windows-Programms verbessern können. Einige von ihnen sollen im Folgenden vorgestellt werden. **Benutzerführung**

4.1.1 Ereignis Enter

Das Ereignis Enter eines Steuerelements tritt immer dann auf, wenn der Benutzer das betreffende Steuerelement angewählt hat, also zum aktuellen Steuerelement gemacht hat.

Steuerelemente können per Maus oder per Tastatur angewählt werden. Wird z. B. ein Kontrollkästchen per Maus angewählt, so ändert sich auch sein Zustand (Häkchen an/aus). Wird es jedoch per Tastatur angewählt, ändert sich der Zustand nicht. In beiden Fällen wurde es aber zum aktuellen Steuerelement, es ist also das Ereignis Enter eingetreten. **Enter**

Im nachfolgenden Programm im Projekt *EreignisEnter* soll mithilfe des Ereignisses Enter zu einzelnen Elementen eines Eingabeformulars jeweils eine passende Hilfestellung erscheinen, siehe Abbildung 4.1.

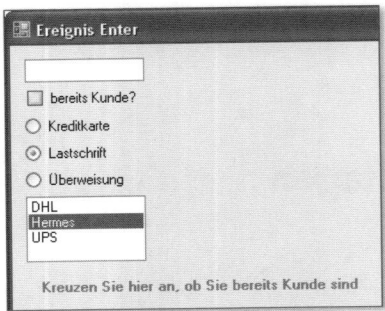

Abbildung 4.1 Ereignis Enter

Der Programmcode:

```
private void Form1_Load(...)
{
    lstPaketdienst.Items.Add("DHL");
    lstPaketdienst.Items.Add("Hermes");
    lstPaketdienst.Items.Add("UPS");
}

private void Form1_Activated(...)
{
    lblHilfe.Text = "";
}

private void txtName_Enter(...)
{
    lblHilfe.Text =
        "Bitte geben Sie Nachname, Vorname ein";
}

private void chkKunde_Enter(...)
{
    lblHilfe.Text = "Kreuzen Sie hier an," +
        " ob Sie bereits Kunde sind";
}

private void lstPaketdienst_Enter(...)
{
```

```
        lblHilfe.Text = "Wählen Sie Ihren" +
            " bevorzugten Paketdienst aus";
    }


private void optZahlungsform_CheckedChanged(...)
{
        lblHilfe.Text =
            "Wählen Sie Ihre Zahlungsform aus";
}
```

Listing 4.1 Projekt »EreignisEnter«

Zur Erläuterung:

▶ Das Listenfeld wird wie gewohnt beim Ereignis `Form1_Load` gefüllt.

▶ Das Ereignis `Activated` des Formulars tritt kurze Zeit darauf ein, **Activated**
wenn das Formular zur Benutzung bereitsteht. In diesem Moment
wird das Label mit dem Hilfetext geleert. Dadurch wird gewährleistet,
dass es leer ist, unabhängig davon, welches Steuerelement zu Beginn
das aktuelle ist.

▶ Die Methode zum Ereignis `Activated` wurde per Doppelklick in der
betreffenden Zeile derjenigen Liste erzeugt, die Sie im Eigenschaftenfenster nach Auswahl der Ansicht *Ereignisse* sehen, siehe Abbildung
4.2 und Abschnitt 2.5.3.

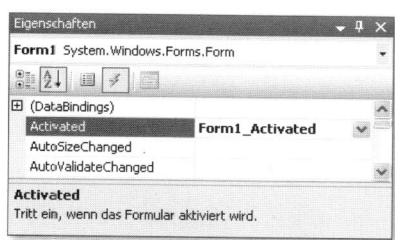

Abbildung 4.2 Ereignis »Formular aktiviert«

▶ Zum Ereignis `Enter` der einzelnen Steuerelemente (Textfeld, Kontrollkästchen, Optionsschaltflächen und Listenfeld) gibt es jeweils eine
eigene Ereignismethode. Sie sorgt dafür, dass der zugehörige Hilfetext
angezeigt wird.

▶ Der Hilfetext zu den drei Optionsschaltflächen wird in einer gemeinsamen Ereignismethode erzeugt. Deren Name `optZahlungsform_`
`CheckedChanged()` wurde per Hand in der betreffenden Zeile der
Ereignisliste eingetragen, siehe Abbildung 4.3.

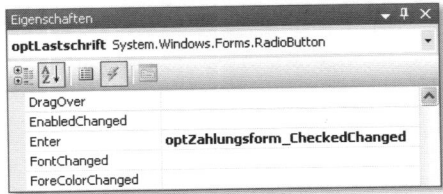

Abbildung 4.3 Gemeinsame Ereignismethode

4.1.2 Eigenschaften Enabled und Visible

Fast jedes Steuerelement verfügt über die Eigenschaften Enabled (= anwählbar, benutzbar) und Visible (= sichtbar). Weisen Sie der Eigenschaft Enabled eines Steuerelements zur Entwicklungszeit den Wert False bzw. zur Laufzeit den Wert false zu, so wird es vorübergehend gesperrt, wenn seine Benutzung nicht sinnvoll oder riskant ist.

Benutzerführung Ein gesperrtes Steuerelement ist nur noch abgeblendet sichtbar. Dadurch kann eine bessere Benutzerführung erreicht werden, da der Benutzer immer jeweils nur diejenigen Steuerelemente verwenden kann, die zu einem sinnvollen Ergebnis führen.

In diesem Zusammenhang wird auch, allerdings seltener, die Eigenschaft Visible auf den Wert false gesetzt, um ein Steuerelement ganz unsichtbar zu machen.

Im nachfolgenden Programm im Projekt *EnabledVisible* hat der Benutzer die Möglichkeit, zwei Zahlen in zwei Textfeldern einzugeben. Erst wenn beide Textfelder nicht mehr leer sind,

▸ wird der zuvor abgeblendete erste Button zum Addieren der beiden Zahlen aktiviert

▸ und der zuvor unsichtbare zweite Button zum Addieren der beiden Zahlen sichtbar gemacht.

```
private void txtEingabe_TextChanged(...)
{
    if (txtEingabe1.Text != "" &&
            txtEingabe2.Text != "")
    {
        cmdRechnen1.Enabled = true;
        cmdRechnen2.Visible = true;
    }
    else
    {
```

```
        cmdRechnen1.Enabled = false;
        cmdRechnen2.Visible = false;
    }
}

private void cmdRechnen_Click(...)
{
    try
    {
        lblAusgabe.Text = "Ergebnis: " +
            (Convert.ToInt32(txtEingabe1.Text) +
            Convert.ToInt32(txtEingabe2.Text));
    }
    catch
    {
        lblAusgabe.Text = "0";
    }
}
```

Listing 4.2 Projekt »EnabledVisible«

Zur Erläuterung:

▶ Zu Beginn ist nur ein deaktivierter Button sichtbar, siehe Abbildung 4.4.

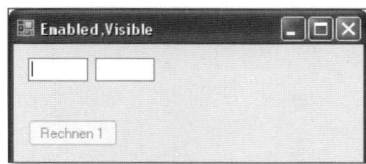

Abbildung 4.4 Enabled und Visible vor der Eingabe

▶ Das Ereignis `TextChanged` eines Textfelds zeigt an, dass sich der Inhalt geändert hat. Da beide Textfelder zu Beginn leer sind, wird dieses Ereignis aufgerufen, sobald in einem der beiden Textfelder eine Eingabe vorgenommen wurde.

▶ Beide `TextChanged`-Ereignisse wurden der Methode `txtEingabe_TextChanged()` zugeordnet. Innerhalb der Methode wird der Inhalt beider Textfelder geprüft.

▶ Sind beide Textfelder gefüllt, wird die Eigenschaft `Enabled` des ersten Buttons und die Eigenschaft `Visible` des zweiten Buttons auf `true` gesetzt. Der erste Button wird also aktiviert und der zweite Button sichtbar gemacht, siehe Abbildung 4.5.

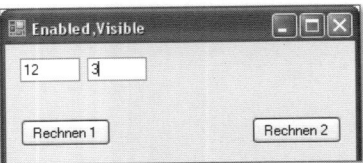

Abbildung 4.5 Enabled und Visible nach der Eingabe

▶ Der Vorgang wird wieder rückgängig gemacht, falls mindestens eines der beiden Textfelder leer ist.

▶ Die `Click`-Ereignisse beider Buttons wurden der Methode `cmdRechnen_Click()` zugeordnet.

Übung

Übung ÜEnabled Erstellen Sie eine Anwendung mit einem deaktivierten Button sowie einem Listenfeld, das mit einigen Elementen gefüllt ist, siehe Abbildung 4.6. Der Button soll nur aktiviert sein, wenn ein Element markiert ist, siehe Abbildung 4.7. Sobald der Benutzer den Button drückt, wird das aktuell markierte Element aus dem Listenfeld gelöscht. Sobald die Liste leer ist, wird der Button deaktiviert. Er wird auch deaktiviert, wenn kein Element im Listenfeld markiert ist.

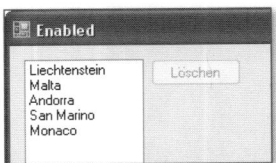

Abbildung 4.6 Oberfläche vor dem Markieren

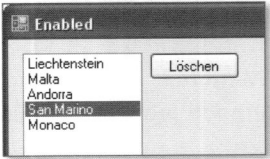

Abbildung 4.7 Oberfläche nach dem Markieren

4.2   Bedienung per Tastatur

In manchen Situationen kann ein Windows-Programm schneller per Tastatur als per Maus bedient werden. Der Benutzer muss dann nicht immer zwischen Maus und Tastatur hin und her wechseln.

4.2.1   Eigenschaften TabIndex und TabStop

Bei der Bedienung eines Windows-Programms mit der Tastatur ist die Aktivierungsreihenfolge wichtig. Das ist die Reihenfolge, in der Sie mit der ⇆-Taste von einem Steuerelement zum nächsten gelangen.

Tabulator-Taste

Die Eigenschaft `TabIndex` legt die Position eines Elements in der Aktivierungsreihenfolge fest. Das aktivierte Steuerelement kann dann unmittelbar über die Tastatur angesprochen werden. Ein Button kann dann z. B. direkt durch die Taste ↵ betätigt werden; in ein Textfeld kann unmittelbar eingegeben werden, ohne dass man es vorher anklicken muss. Den aktiven Button erkennen Sie am gestrichelten Rahmen, das aktive Textfeld am blinkenden Cursor.

TabIndex

Beim Einfügen in ein neues Formular erhalten die Steuerelemente zunächst automatisch die Nummern 0 bis n-1 für die Eigenschaft `TabIndex` (bei insgesamt n Steuerelementen). Der Entwickler kann die Eigenschaft `TabIndex` für Steuerelemente auf andere Werte setzen und dadurch die Aktivierungsreihenfolge ändern.

Die Eigenschaft `TabStop` legt fest, ob ein Steuerelement überhaupt in die Aktivierungsreihenfolge eingebunden wird. Wird der Wert dieser Eigenschaft auf `False` gesetzt, so wird das betreffende Steuerelement beim Betätigen der ⇆-Taste übersprungen. Setzen Sie den Wert auf `true`, so nimmt es wieder seine ursprüngliche Position in der Aktivierungsreihenfolge ein.

TabStop

Im nachfolgenden Beispiel im Projekt *BedienungTastatur* wurden vier Textfelder eingeführt. Die Eigenschaften werden vom Entwickler eingestellt wie in Tabelle 4.1.

Name	TabIndex	TabStop
txtEingabe1	0	true
txtEingabe2	3	true
txtEingabe3	1	false

Tabelle 4.1   Eigenschaften TabIndex, TabStop

Name	TabIndex	TabStop
txtEingabe4	2	true

Tabelle 4.1 Eigenschaften TabIndex, TabStop (Forts.)

Wenn der Benutzer die ⇥-Taste bedient, werden der Reihe nach aktiviert: txtEingabe1, txtEingabe4, txtEingabe2. Falls keine weiteren Elemente vorhanden sind, beginnt die Reihenfolge wieder bei txtEingabe1. Das Element txtEingabe3 wird nie per ⇥-Taste erreicht, kann jedoch mit der Maus angewählt werden.

4.2.2 Tastenkombination für Steuerelemente

Taste (Alt) Bei einem Steuerelement kann in der Eigenschaft Text vor einem beliebigen Buchstaben das Zeichen & gesetzt werden. Der Buchstabe, der diesem Zeichen folgt, wird unterstrichen. Nach Betätigung der Alt-Taste werden die anwählbaren Buchstaben sichtbar. Nach der Eingabe des betreffenden Buchstabens wird das Click-Ereignis dieses Steuerelements ausgeführt.

Sie sollten vermeiden, dass auf einem Formular mehrere Steuerelemente den gleichen Auswahlbuchstaben haben. Sollte dies dennoch der Fall sein, so werden sie in der Aktivierungsreihenfolge ausgewählt.

Das Programm im Projekt *BedienungTastatur* wurde um einige Steuerelemente erweitert, die die Start-Eigenschaften in Tabelle 4.2 haben.

Typ	(Name)	Checked	Text	Tasten-kombination
Button	cmdBestellen		&Bestellen	Alt + B
Optionsschaltfläche	optBerlin	true	Berl&in	Alt + I
Optionsschaltfläche	optParis	false	&Paris	Alt + P
Optionsschaltfläche	optPrag	false	P&rag	Alt + R
Kontrollkästchen	chkMietwagen	false	Miet&wagen	Alt + W

Tabelle 4.2 Beschriftung und Tastenkombination

Die Benutzeroberfläche nach Bedienung der Taste Alt sehen Sie in Abbildung 4.8.

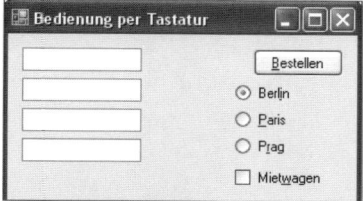

Abbildung 4.8 Mit unterstrichenen Buchstaben

4.3 Ereignisgesteuerte Programmierung

In diesem Abschnitt wird das Verständnis für die ereignisgesteuerte Programmierung vertieft. In Windows-Programmen löst der Benutzer Ereignisse aus, die der Entwickler mit Ereignismethoden besetzt hat. In diesen Ereignismethoden wird der Programmcode zu diesem Ereignis ausgeführt.

4.3.1 Eine Ereigniskette

Es gibt auch die Möglichkeit, Ereignisse statt durch den Benutzer durch Programmcode auszulösen, indem die Ereignismethode mit ihrem Namen aufgerufen wird. Sie simulieren damit sozusagen die Tätigkeit des Benutzers. Dies kann die Programmentwicklung vereinfachen, weil dadurch die Folgen mehrerer Ereignisse zusammengefasst werden können, die aber auch nach wie vor einzeln ausgelöst werden können.

Ereignis simulieren

Das Programm im nachfolgenden Projekt *Ereigniskette* beinhaltet drei Buttons und zwei Label. Bei Betätigung des Buttons EREIGNIS 1 erscheint ein Text in *Label 1*, bei Betätigung des Buttons EREIGNIS 2 erscheint ein Text in *Label 2*. Bei Betätigung des Buttons EREIGNIS 1+2 soll beides gleichzeitig passieren, siehe Abbildung 4.9. Ein weiterer Button soll zum Löschen der Label-Inhalte führen.

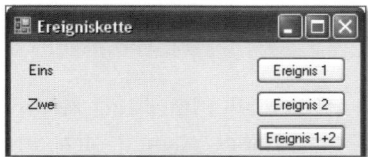

Abbildung 4.9 Zwei Ereignisse gleichzeitig auslösen

Der zugehörige Programmcode lautet:

```
private void cmdEreignis1_Click(
    object sender, EventArgs e)
{
    lblAnzeige1.Text = "Eins";
}

private void cmdEreignis2_Click(
    object sender, EventArgs e)
{
    lblAnzeige2.Text = "Zwei";
}

private void cmdEreignis3_Click(
    object sender, EventArgs e)
{
    cmdEreignis1_Click(sender, e);
    cmdEreignis2_Click(sender, e);
}

private void cmdLöschen_Click(...)
{
    lblAnzeige1.Text = "";
    lblAnzeige2.Text = "";
}
```

Listing 4.3 Projekt »Ereigniskette«

Zur Erläuterung:

▶ In der Methode `cmdEreignis3_Click()` werden die beiden Ereignisse `cmdEreignis1_Click` und `cmdEreignis2_Click` per Programmcode aufgerufen. Die beiden Parameter `sender` und `e` werden dabei vom Button EREIGNIS 1+2 übernommen. In beiden Labels wird anschließend Text angezeigt.

4.3.2 Endlose Ereignisketten

Keine Rückmeldung Sie können durch Aufrufe von Ereignismethoden allerdings auch (unbeabsichtigt) endlose Ereignisketten auslösen. Dabei stapeln sich die Methoden-Aufrufe, und das Programm liefert keine Rückmeldung mehr an den Benutzer. Solche endlosen Ereignisketten sollten Sie natürlich vermeiden. Nachfolgend sind zwei Beispiele angegeben.

Beispiel im Projekt *ButtonEndlos*: Zwei Buttons rufen sich gegenseitig auf:

```
public partial class Form1 : Form
{
    ....
    int x = 0;

    private void cmdEreignis1_Click(...)
    {
        cmdEreignis2_Click(sender, e);
    }

    private void cmdEreignis2_Click(...)
    {
        x++;
        if (x < 1000)
            cmdEreignis1_Click(sender, e);
        else
            lblA.Text = ":" + x;
    }
}
```

Listing 4.4   Projekt »ButtonEndlos«

Zur Erläuterung:

▶ Die Betätigung eines der Buttons *simuliert* die Betätigung des jeweils anderen Buttons.

▶ In der Ereignismethode des zweiten Buttons steht eine Verzweigung, die zu einer Begrenzung der Anzahl der Methodenaufrufe führt.

▶ Ohne diese Verzweigung würde dieses Programm endlos laufen, ohne weitere Rückmeldung an den Benutzer.

Beispiel im Projekt *TextfeldEndlos*: Zwei Textfelder ändern sich gegenseitig:

```
public partial class Form1 : Form
{
    ....
    int x;

    private void txtEingabe1_TextChanged(...)
    {
        txtEingabe2_TextChanged(sender, e);
    }
```

```
private void txtEingabe2_TextChanged(...)
{
    x++;
    if (x < 1000)
        txtEingabe1_TextChanged(sender, e);
    else
        lblA.Text = ":" + x;
}
}
```

Listing 4.5 Projekt »TextfeldEndlos«

Zur Erläuterung:

▶ Die Eingabe in eines der Textfelder *simuliert* die Änderung des Inhalts des jeweils anderen Textfelds. Dies *simuliert* wiederum die Änderung des Inhalts des ersten Textfelds usw.

▶ Wiederum sorgt nur eine Verzweigung dafür, dass das Programm nicht endlos läuft.

4.3.3   Textfelder koppeln

Eine nützliche Simulation eines Ereignisses ist dagegen das Kopieren von einem Textfeld in ein anderes Textfeld während der Eingabe. Sie können dieses Verhalten beobachten, wenn Sie in Visual C# ein Projekt speichern.

Textfelder simultan Im Dialogfeld PROJEKT SPEICHERN ist das Textfeld *Projektmappenname* zunächst an das Textfeld *Name* gekoppelt. Geben Sie im Textfeld *Name* etwas ein, so wird der eingegebene Text parallel in das andere Textfeld übernommen. Dieses Verhalten ändert sich allerdings, sobald Sie den Cursor in das Textfeld *Projektmappenname* setzen: Nun sind die beiden Textfelder wieder entkoppelt.

Das beschriebene Verhalten soll mithilfe des folgenden Programms im Projekt *TextfeldKoppeln* vorgeführt werden.

```
public partial class Form1 : Form
{
    ....
    bool Kopplung;
```

```
private void Form1_Load(...)
{
    txtName.SelectAll();
    Kopplung = true;
}

private void txtName_TextChanged(...)
{
    if (Kopplung)
        txtProjektmappenname.Text = txtName.Text;
}

private void txtProjektmappenname_Click(...)
{
    Kopplung = false;
}
}
```

Listing 4.6 Projekt »TextfeldKoppeln«

Zur Erläuterung:

▶ Es wird eine klassenweit gültige Variable vom Typ `bool` deklariert. Diese Variable repräsentiert den Zustand der Kopplung. Sie wird beim Ereignis `Form1_Load` auf `true` gesetzt, da dies dem Anfangszustand entspricht: Die beiden Textfelder sind gekoppelt, siehe Abbildung 4.10.

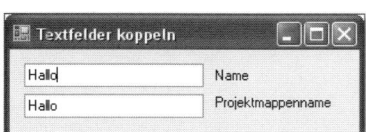

Abbildung 4.10 Gekoppelte Textfelder

▶ Außerdem wird mit der Methode `SelectAll()` der gesamte voreingetragene Inhalt des Textfelds (das Wort *Standardtext*) selektiert, also markiert. Dadurch erreichen Sie, dass der Inhalt durch eine Eingabe des Benutzers unmittelbar überschrieben werden kann.

SelectAll()

▶ Ändert sich der Inhalt des Textfelds *Name*, so wird in der Ereignismethode `txtName_TextChanged()` geprüft, ob die beiden Textfelder noch gekoppelt sind. Ist dies der Fall, wird der Inhalt unmittelbar in das Textfeld *Projektmappenname* kopiert.

▸ Klickt der Benutzer in das Textfeld *Projektmappenname*, so wird die Kopplung gelöst, siehe Abbildung 4.11. Die Variable `Kopplung` wird auf `false` gestellt.

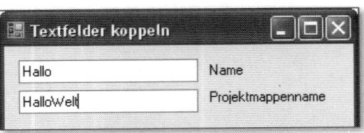

Abbildung 4.11 Entkoppelte Textfelder

4.4 Datenfelder

Zusammengehörige Daten

Sie verwenden Datenfelder, um eine größere Menge zusammengehöriger Daten des gleichen Datentyps mit dem gleichen Variablennamen anzusprechen und zu speichern. Datenfelder können ein- oder mehrdimensional sein. Im Zusammenhang mit Feldern werden häufig Schleifen eingesetzt. Diese ermöglichen es, alle Elemente eines Felds anzusprechen.

4.4.1 Eindimensionale Datenfelder

Im nachfolgenden Beispiel im Projekt *DatenfeldEindimensional* werden sieben Werte aus einer Reihe von Temperaturmessungen in einem Datenfeld vom Typ `int` gespeichert und in einem Listenfeld ausgegeben, siehe Abbildung 4.12.

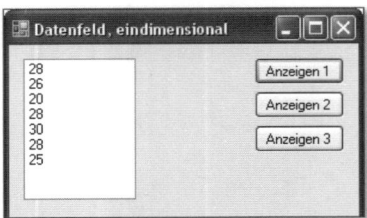

Abbildung 4.12 Eindimensionales Feld

Der Programmcode:

```
public partial class Form1 : Form
{
    ....
    Random r = new Random();
```

```
private void cmdAnzeigen1_Click(...)
{
    int i;

    int[] a;
    a = new int[7];

    lstFeld.Items.Clear();
    for (i = 0; i < 7; i++)
    {
        a[i] = r.Next(20, 31);
        lstFeld.Items.Add(a[i]);
    }
}
}
```

Listing 4.7 Projekt »DatenfeldEindimensional«, Feld erzeugen

Zur Erläuterung:

▶ Der Zufallszahlengenerator wird mithilfe eines Objekts der Klasse   Random
Random realisiert, das klassenweit gültig deklariert wird.

▶ Mit der Anweisung int[] a wird a zu einem Verweis auf ein eindi-   Verweis auf Feld
mensionales Feld vom Typ int. Ein Verweis dient dazu, auf ein
Objekt zu verweisen, das die eigentlichen Daten beinhaltet. Mehr zu
Verweisen und Objekten in Kapitel 5, »Objektorientierte Programmierung«.

▶ Die Anweisung a = new int[7] erzeugt ein neues, eindimensionales   Feld
Feld mit sieben Elementen und macht dieses Feld über den Verweis a
zugreifbar. Jedes einzelne Element des Feldes entspricht einer einzelnen int-Variablen.

▶ Die einzelnen Elemente werden durch eine laufende Nummer, den   Index
sogenannten Index, voneinander unterschieden. Der Index beginnt
immer bei 0. Das erste Element des Felds hat die Bezeichnung a[0],
das nächste a[1] usw. bis a[6].

▶ Es können Felder aller bereits genannten Datentypen deklariert werden.

▶ Das Listenfeld wird zunächst gelöscht. Dies ist sinnvoll, falls man den
Button mehrmals hintereinander betätigt.

▶ Innerhalb einer `for`-Schleife wird jedem Element des Felds ein Wert zugewiesen. Innerhalb der Schleife wird das aktuelle Element mit `a[i]` angesprochen, da die Schleifenvariable `i` die Werte von 0 bis 6 durchläuft, die als Index benötigt werden.

Next() ▶ Die Methode `Next()` des Zufallsgenerators liefert mit den Parametern 20 und 31 zufällige ganze Zahlen zwischen 20 und 30.

▶ Mit der Methode `Add()` der Eigenschaft `Items` des Listenfelds werden diese Zahlen einem Listenfeld hinzugefügt, sodass nach dem Ablauf der Ereignismethode alle Elemente des Felds im Listenfeld angezeigt werden.

Index außerhalb Feld Hinweis: Ein typischer Laufzeitfehler im Zusammenhang mit Feldern ist die Benutzung eines Index, der außerhalb des Feldes liegt. Es folgt dann eine Ausnahme vom Typ `IndexOutOfRangeException`.

4.4.2 Ein Feld durchsuchen

Im folgenden Beispiel geht es um eine typische Operation mit einem Feld: Sie möchten wissen, welches das größte und welches das kleinste Element des Felds ist (Maximum bzw. Minimum). Dies soll mithilfe des nachfolgenden Programms (auch im Projekt *DatenfeldEindimensional*) ermittelt werden, siehe Abbildung 4.13.

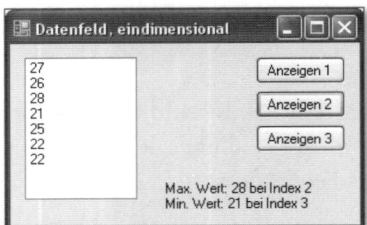

Abbildung 4.13 Maximum und Minimum

Der Programmcode:

```
private void cmdAnzeigen2_Click(...)
{
    int[] a = new int[7];
    int MaxWert, MinWert, i,
        MaxWertIndex, MinWertIndex;

    lstFeld.Items.Clear();
```

```
for (i = 0; i < a.Length; i++)
{
    a[i] = r.Next(20, 31);
    lstFeld.Items.Add(a[i]);
}

/* Max/Min initialisieren */
MaxWert = a[0];
MinWert = a[0];
MaxWertIndex = 0;
MinWertIndex = 0;

/* Max/Min suchen */
for (i = 1; i < a.Length; i++)
{
    if (a[i] > MaxWert)
    {
        MaxWert = a[i];
        MaxWertIndex = i;
    }

    if (a[i] < MinWert)
    {
        MinWert = a[i];
        MinWertIndex = i;
    }
}

/* Max/Min ausgeben */
lblAnzeige.Text = "Max. Wert: " + MaxWert +
    " bei Index " + MaxWertIndex + "\n" +
    "Min. Wert: " + MinWert +
    " bei Index " + MinWertIndex;
}
```

Listing 4.8 Projekt »DatenfeldEindimensional«, Maximum, Minimum

Zur Erläuterung:

▶ Das Datenfeld wird gemeinsam mit dem zugehörigen Verweis deklariert. Meist wird diese etwas kompaktere Form gewählt.   **Verweis mit Feld**

▶ Es sind insgesamt vier Variablen vorgesehen, die den größten und
den kleinsten Wert sowie deren Feld-Indizes speichern sollen.

▶ Die for-Schleifen im Programm verwenden die Eigenschaft Length   **Length**
des Feldes. Diese Eigenschaft liefert die Anzahl der Elemente eines

Feldes. Der maximale Index ist Length - 1, da das erste Element den Index 0 hat.

▶ Nach dem Füllen und Anzeigen des Felds werden die oben angegebenen vier Variablen initialisiert. Es werden die Werte des ersten Feld-Elements als größtes und als kleinstes Element vorbesetzt. Dessen Index (also 0) wird als Index des größten und als Index des kleinsten Elements vorbesetzt.

▶ Anschließend wird das restliche Feld (ab Index 1) untersucht. Wenn eines der Elemente größer ist als das bisherige Maximum, dann haben wir ein neues Maximum. Wert und Index des neuen Maximums werden gespeichert. Die analoge Operation wird für das Minimum durchgeführt.

▶ Zum Abschluss werden die ermittelten Werte und ihre Indizes ausgegeben.

4.4.3 Weitere Feld-Operationen

Array   C# stellt für Datenfelder automatisch eine Reihe von Möglichkeiten (über die Klasse Array) zur Verfügung. Diese werden teilweise über den Namen des Felds, teilweise auch über den Klassennamen selbst (Array) aufgerufen.

Als Beispiel für die zahlreichen Möglichkeiten soll im nachfolgenden Programm (ebenfalls im Projekt *DatenfeldEindimensional*) ein Feld geklont werden. Anschließend wird das geklonte Feld sortiert und nach einem bestimmten Wert durchsucht, siehe Abbildung 4.14.

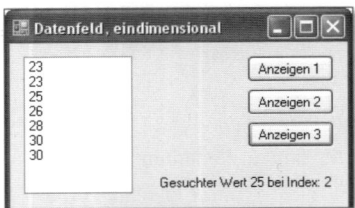

Abbildung 4.14 Wert gesucht und gefunden

Der Programmcode:

```
private void cmdAnzeigen3_Click(...)
{
    int[] a = new int[7], b = new int[7];
    int SuchIndex, i;
```

```
for (i = 0; i < a.Length; i++)
    a[i] = r.Next(20, 31);

b = (int []) a.Clone();

Array.Sort(b);

lstFeld.Items.Clear();
for (i = 0; i < a.Length; i++)
    lstFeld.Items.Add(b[i]);

SuchIndex = Array.IndexOf(b, 25);
lblAnzeige.Text = "Gesuchter Wert 25" +
    " bei Index: " + SuchIndex;
}
```

Listing 4.9 Projekt »DatenfeldEindimensional«, Feld-Operationen

Zur Erläuterung:

▶ Es wird ein zweites Feld b mit der gleichen Größe wie das Originalfeld
a deklariert.

▶ Die Methode Clone() dient zum Kopieren eines ganzen Felds. Sie liefert zunächst einen Verweis auf ein Objekt der allgemeinen Klasse
object. Dieser Verweis wird mithilfe des Cast (int []) umgewandelt
in einen Verweis auf ein eindimensionales Feld vom Typ int.
Anschließend stehen im Feld b die gleichen Werte wie im Feld a zur
Verfügung.　　　　　　　　　　　　　　　　　　　　　　Clone()

▶ Hinweis: Die einfache Zuweisung b = a dient nicht zum Kopieren des
Feldes a. Stattdessen wäre damit nur ein zweiter Verweis auf das Feld
a zur Verfügung gestellt worden.

▶ Die Methode Sort() der Klasse Array wird zur aufsteigenden Sortierung des Felds b genutzt.　　　　　　　　　　　　　　　　　Sort()

▶ Die Elemente des sortierten Felds werden ausgegeben.

▶ Die Methode IndexOf() der Klasse Array liefert zu einem Suchwert
(25) den ersten Index im Suchfeld b. Dies ist die Position, bei der der
gesuchte Wert erstmalig im Feld gefunden wird. Falls der Wert nicht
existiert, wird −1 zurückgegeben, siehe Abbildung 4.15.　　IndexOf()

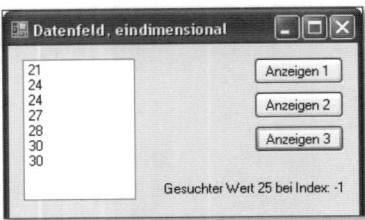

Abbildung 4.15 Wert gesucht und nicht gefunden

4.4.4 Mehrdimensionale Datenfelder

Haben Sie nicht nur sieben Temperaturwerte, die Sie speichern möchten, sondern wurden die Temperaturwerte darüber hinaus an drei verschiedenen Orten aufgenommen, so bietet sich ein zweidimensionales Feld an. Die Elemente eines solchen Felds werden über zwei Indizes angesprochen. Der erste Index steht für die laufende Nummer der Messung, der zweite Index für den Ort, an dem die Messung durchgeführt wurde.

Das nachfolgende Programm im Projekt *DatenfeldMehrdimensional*, bei dem die Werte eines Orts jeweils in einem eigenen Listenfeld angezeigt werden, veranschaulicht dies, siehe Abbildung 4.16.

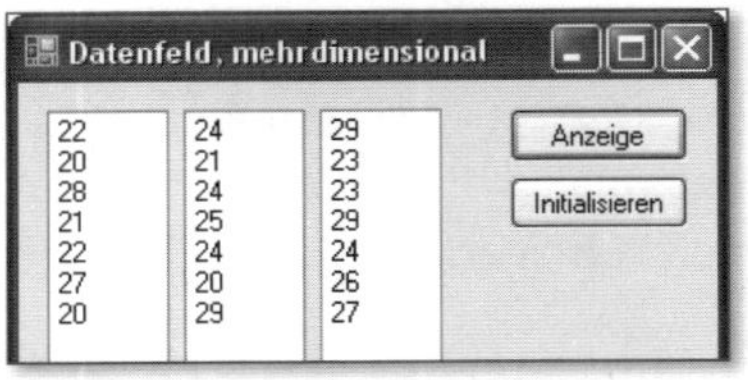

Abbildung 4.16 Zweidimensionales Feld

Der Programmcode:

```
public partial class Form1 : Form
{
    ....
    Random r = new Random();

    private void cmdAnzeige_Click(...)
    {
        int[,] a;
        a = new int[7,3];
        int i, k;

        lstSpalte0.Items.Clear();
```

```
lstSpalte1.Items.Clear();
lstSpalte2.Items.Clear();

for (i = 0; i <= a.GetUpperBound(0); i++)
{
    for (k = 0; k <= a.GetUpperBound(1); k—+)
        a[i,k] = r.Next(20, 31);

    lstSpalte0.Items.Add(a[i, 0]);
    lstSpalte1.Items.Add(a[i, 1]);
    lstSpalte2.Items.Add(a[i, 2]);
}
}
}
```

Listing 4.10   Projekt »DatenfeldMehrdimensional«, Feld erzeugen

Zur Erläuterung:

▶ Mit der Anweisung `int[,]` a wird a zu einem Verweis auf ein zweidimensionales Feld vom Typ `int`.
    Verweis auf Feld

▶ Die Anweisung a = `new int[7,3]` erzeugt ein neues, zweidimensionales Feld mit sieben mal drei Elementen und macht dieses Feld über den Verweis a zugreifbar. Der Index beginnt in jeder Dimension bei 0.
    Feld, zwei Indizes

▶ Die Eigenschaft `Length` des Feldes liefert den Wert 21 für die Anzahl der Elemente.
    Length

▶ Die drei Listenfelder werden zunächst gelöscht. Dies ist sinnvoll, wenn man den Button mehrmals hintereinander betätigt.

▶ Es folgen zwei geschachtelte `for`-Schleifen. Geschachtelte Schleifen bestehen aus einer äußeren und einer inneren Schleife. Die äußere Schleife arbeitet hier mit der Schleifenvariablen i, die von 0 bis 6 läuft. Die innere Schleife arbeitet hier mit der Schleifenvariablen k, die von 0 bis 2 läuft.
    Geschachtelte Schleife

▶ Die obere Grenze für den Index einer Feld-Dimension lässt sich über die Methode `GetUpperBound()` ermitteln. Falls Sie als Parameter 0 angeben, wird die Grenze für die erste Dimension ermittelt, hier 6. Entsprechend wird für den Parameter 1 der Wert der zweiten Dimension geliefert, hier 2.
    GetUpperBound()

▶ Die geschachtelte Schleife hat folgenden Ablauf: i erhält den Wert 0, k durchläuft dann die Werte 0 bis 2, dann erhält i den Wert 1, und k erhält wieder die Werte von 0 bis 2 usw.

▶ Auf diese Weise werden alle 21 Elemente des zweidimensionalen Felds erreicht. Das jeweils aktuelle Element a[i,k] erhält seinen Wert wieder über den Zufallsgenerator.

▶ Anschließend werden die drei neuen Werte ihren jeweiligen Listenfeldern mit Items.Add() hinzugefügt.

▶ Das Feld wird auf diese Weise vollständig erzeugt und angezeigt.

Wählt der Benutzer eines der Elemente per Mausklick an, so werden dessen Indizes in einem Label angezeigt, siehe Abbildung 4.17.

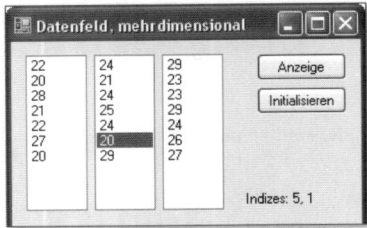

Abbildung 4.17 Indizes des ausgewählten Elements

Zur Anzeige der Indizes dienen die drei folgenden Methoden (ebenfalls im Projekt *DatenfeldMehrdimensional*):

```
private void lstSpalte0_Click(...)
{
    lstSpalte1.SelectedIndex = -1;
    lstSpalte2.SelectedIndex = -1;
    lblAnzeige.Text = "Indizes: " +
        lstSpalte0.SelectedIndex + ", 0";
}

private void lstSpalte1_Click(...)
{
    lstSpalte0.SelectedIndex = -1;
    lstSpalte2.SelectedIndex = -1;
    lblAnzeige.Text = "Indizes: " +
        lstSpalte1.SelectedIndex + ", 1";
}

private void lstSpalte2_Click(...)
{
    lstSpalte0.SelectedIndex = -1;
    lstSpalte1.SelectedIndex = -1;
    lblAnzeige.Text = "Indizes: " +
```

```
        lstSpalte2.SelectedIndex + ", 2";
}
```

Listing 4.11 Projekt »DatenfeldMehrdimensional«, Indizes anzeigen

Zur Erläuterung:

▶ Bei einem Mausklick auf ein Element der ersten Liste werden zunächst eventuell vorhandene Markierungen in der zweiten oder dritten Liste entfernt, indem die Eigenschaft `SelectedIndex` der beiden Listen jeweils auf –1 gesetzt wird.

▶ Anschließend werden der Index des markierten Elements und der Index des Listenfelds (0, 1 oder 2) im Label angezeigt.

Weitere Möglichkeiten:

▶ Wie bereits erwähnt, können ein- oder mehrdimensionale Felder beliebiger Datentypen deklariert werden.

▶ Haben Sie nicht nur sieben Messungen an drei Orten, sondern auch noch Messungen an z. B. 31 Tagen, so benötigen Sie eine dritte Dimension. Die Deklaration sähe dann wie folgt aus: `int[,,] a = new int[7, 3, 31]`. Es ergeben sich also 7 x 3 x 31 Elemente. `Length` liefert 651. — *Dreidimensional*

▶ Dieses Beispiel lässt sich leicht erweitern: Wie bisher haben wir sieben Messungen an drei Orten an 31 Tagen. Es wird aber jeweils nicht nur die Temperatur, sondern auch die Windrichtung, die Windgeschwindigkeit und die Luftfeuchtigkeit gemessen. Dazu benötigen Sie ein vierdimensionales Feld, das wie folgt deklariert wird: `double[,,,] b = new double[7, 3, 31, 4]`. In diesem Falle liefert `Length` den Wert 2604. — *Vierdimensional*

▶ Sie sehen, dass Datenfelder nahezu unbegrenzte Möglichkeiten zur Speicherung und Verarbeitung größerer Datenmengen bieten. Der Begriff *Speicherung* ist hier natürlich nur eingeschränkt zu verstehen, nämlich für die Speicherung während der Verarbeitung. Für eine dauerhafte Speicherung auf Festplatte benötigen Sie Dateien (siehe Abschnitt 6.3) oder besser noch Datenbanken (siehe Kapitel 8, »Datenbank-Anwendungen mit ADO.NET«).

Übung ÜDatenfeldEindimensional

Schreiben Sie ein Programm, in dem den Elementen eines eindimensionalen Felds, das 10 `int`-Werte beinhaltet, zufällige Werte zugewiesen werden. Anschließend sollen alle Positionen des kleinsten Feldelements ermittelt und ausgegeben werden, wie in Abbildung 4.18. — *Übung ÜDatenfeld-Eindimensional*

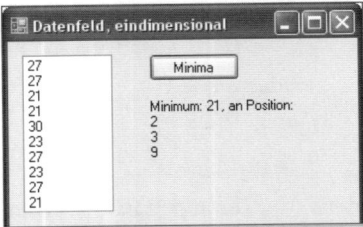

Abbildung 4.18 Übung ÜDatenfeldEindimensional

Übung ÜDatenfeldMehrdimensional

Übung
ÜDatenfeld-
Mehrdimensional

Schreiben Sie ein Programm, in dem den Elementen eines dreidimensionalen Felds, das 6 × 3 × 4 int-Werte beinhaltet, zufällige Werte zugewiesen werden. Anschließend sollen alle Positionen des kleinsten Elements des Felds ermittelt und ausgegeben werden, wie in Abbildung 4.19.

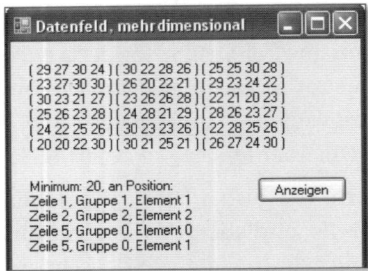

Abbildung 4.19 Übung ÜDatenfeldMehrdimensional

4.4.5 Datenfelder initialisieren

Geschweifte
Klammern

Datenfelder können auch direkt bei ihrer Erzeugung mit Werten besetzt werden. Statt der Größe der einzelnen Dimensionen geben Sie die Elemente an. Für jede Dimension wird dabei ein Paar geschweifter Klammern { } benötigt. Siehe hierzu das folgende Beispiel (ebenfalls im Projekt *DatenfeldMehrdimensional*):

```
private void cmdInit_Click(...)
{
    int[] a = {0, 5, -2, 7};

    double[,] b = {{6.2, 2.0, -1.8}, {9.3, 3.6, -2.3}};

    int[,,] c = {{{9, -3, 2}, {2, 1, -5}},
        {{3, 9, 8}, {6, 3, -8}}};
```

```
    lblAnzeige.Text =
        b[1, 2] + "      " + c[1, 1, 2];
}
```

Listing 4.12 Projekt »DatenfeldMehrdimensional«, Initialisierung

Zur Erläuterung:

▶ Das Feld a ist eindimensional und hat vier Elemente. Die einzelnen Elemente werden durch Kommata voneinander getrennt. Das gesamte Feld steht innerhalb eines Paares geschweifter Klammern. Das erste Element hat den Index 0 usw.

▶ Das Feld b ist zweidimensional und hat zwei Zeilen × drei Spalten mit insgesamt sechs Elementen. Die Elemente einer Zeile stehen in geschweiften Klammern. Die beiden Zeilen des Felds sind durch ein Komma voneinander getrennt. Das gesamte Feld steht wiederum in geschweiften Klammern. Angezeigt wird der letzte Wert der letzten Zeile: –2.3.

▶ Das Feld c ist dreidimensional und hat zwei Ebenen × zwei Zeilen × drei Spalten mit insgesamt zwölf Elementen. Pro Dimension kommen weitere Paare geschweifter Klammern hinzu. Mit der Anzahl an Dimensionen wird die Zuordnung der Werte zu den Feldelementen auf diese Weise zunehmend schwieriger. Empfehlenswert ist daher eher die explizite Zuordnung durch einzelne Zuweisungen. Angezeigt wird der letzte Wert der letzten Zeile der letzten Ebene: –8.

4.4.6 Verzweigte Datenfelder

Die bisher genutzten mehrdimensionalen Datenfelder waren rechteckig. Es gab also in jeder Zeile die gleiche Anzahl an Spalten bzw. in jeder Ebene die gleiche Anzahl an Zeilen usw.

Es gibt in C# aber auch die Möglichkeit, verzweigte Felder anzulegen. Dabei handelt es sich um Felder mit Unterfeldern. Die Unterfelder sind voneinander unabhängig und können unterschiedlich groß sein. Je nach Problemstellung eignen sich diese Felder besser zur Lösung als rechteckige Felder.

Feld mit
Unterfeldern

Es folgt ein Beispiel im Projekt *DatenfeldVerzweigt*, siehe auch Abbildung 4.20.

Abbildung 4.20   Verzweigtes Feld

Der Programmcode:

```
public partial class Form1 : Form
{
    ....
    Random r = new Random();

    private void cmdAnzeige_Click(...)
    {
        double[][] a = new double[5][];
        int i, k, anz = 0;

        a[0] = new double[2];
        a[1] = new double[4];
        a[2] = new double[2];
        a[3] = new double[3];
        a[4] = new double[1];

        lblA.Text = "";
        for (i = 0; i < a.Length; i++)
        {
            for (k = 0; k < a[i].Length; k++)
            {
                a[i][k] = r.NextDouble();
                lblA.Text += a[i][k] + "   ";
            }
            anz += a[i].Length;
            lblA.Text += "\n";
        }

        lblA.Text += "Anzahl: " + anz;
    }
}
```

Listing 4.13   Projekt »DatenfeldVerzweigt«

Zur Erläuterung:

▶ Zunächst wird mit `double[][] a` ein Verweis auf ein Hauptfeld mit Unterfeldern vom Datentyp `double` vereinbart. Dazu dienen zwei Paar eckiger Klammern.   Hauptfeld

▶ Anschließend wird mit `new double[5][]` festgelegt, dass das Hauptfeld fünf Elemente hat. Jedes dieser Elemente ist ein Unterfeld vom Datentyp `double`. Die Unterfelder haben noch keine festgelegte Größe.

▶ Die Unterfelder werden einzeln dimensioniert. Die Angabe `a[1] = new double[4]` bedeutet, dass das zweite Unterfeld vier Elemente hat. Jedes dieser Elemente ist vom Datentyp `double`.   Unterfelder

▶ Die Eigenschaft `Length` des Hauptfelds a liefert die Anzahl der Unterfelder, nicht die Anzahl der Elemente des gesamten, verzweigten Feldes.

▶ Für jedes Unterfeld `a[i]` wird mit `Length` dessen spezifische Länge geliefert.

▶ Die Elemente bekommen mithilfe der Methode `NextDouble()` des Zufallsgenerators Werte zwischen 0.0 und 1.0. Jedes Feldelement wird über `a[i][k]`, also mit zwei Paar eckiger Klammern angesprochen.   NextDouble()

▶ Die Gesamtanzahl der Elemente des verzweigten Feldes wird durch Summierung in der Variablen `anz` ermittelt.

4.4.7 Datenfelder sind dynamisch

Steht zum Zeitpunkt des Programmstarts noch nicht fest, wie viele Variablen in einem Feld gespeichert werden sollen, können Sie die Größe auch zur Laufzeit verändern.

Die Größenveränderung wird mithilfe der Methode `Resize()` der Klasse `Array` durchgeführt. Bereits vorhandene Werte bleiben bei einer Vergrößerung des Feldes erhalten. Bei einer Verkleinerung des Feldes gehen nur die überzähligen Werte verloren.   Array.Resize()

Im folgenden Beispiel wird ein Feldverweis mit klassenweiter Gültigkeit deklariert. Die Größe des Feldes wird einmal festgelegt (siehe Abbildung 4.21) und anschließend zweimal verändert (Projekt *DatenfeldDynamisch*), siehe Abbildungen 4.22 und 4.23.

Abbildung 4.21 Feld in ursprünglicher Größe

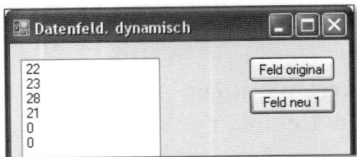

Abbildung 4.22 Vergrößerung auf sechs Elemente

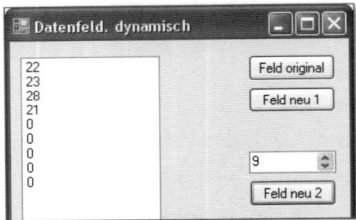

Abbildung 4.23 Vergrößerung auf eingegebene Anzahl Elemente

Der Programmcode:

```
public partial class Form1 : Form
{
    ....
    Random r = new Random();
    int[] a;

    private void cmdOriginal_Click(...)
    {
        a = new int[4];
        int i;

        lstFeld.Items.Clear();
        for(i=0; i<a.Length; i++)
        {
            a[i] = r.Next(20, 31);
            lstFeld.Items.Add(a[i]);
        }
    }
```

```
private void cmdNeu1_Click(...)
{
    Array.Resize(ref a, 6);
    int i;

    lstFeld.Items.Clear();
    for (i = 0; i < a.Length; i++)
        lstFeld.Items.Add(a[i]);
}

private void cmdNeu2_Click(...)
{
    Array.Resize(ref a, (int) numGröße.Value);
    int i;

    lstFeld.Items.Clear();
    for (i = 0; i < a.Length; i++)
        lstFeld.Items.Add(a[i]);
}
}
```

Listing 4.14 Projekt »DatenfeldDynamisch«

Zur Erläuterung:

▶ Das Feld a wird zunächst mit einer Größe von vier Elementen deklariert und mit zufälligen Werten gefüllt.

▶ In der Methode cmdNeu1_Click() wird das Feld neu auf die Größe 6   **ref** dimensioniert. Dabei bleiben die ersten vier Werte erhalten. Die Methode Resize() bekommt mithilfe des Schlüsselworts ref eine Referenz auf das Feld zur Verfügung gestellt. Der zweite Parameter stellt die gewünschte neue Größe des Feldes dar. Mehr zu ref in Abschnitt 4.7.2.

▶ In der Methode cmdNeu2_Click() wird das Feld neu auf eine Größe dimensioniert, die der Benutzer zur Laufzeit des Programms festlegt. Da das Zahlenauswahlfeld einen Wert vom Datentyp decimal liefert, muss dieser mit dem Cast (int) umgewandelt werden.

▶ Die Anzahl der Elemente des Feldes zur Steuerung der for-Schleife wird am besten mit der Eigenschaft Length ermittelt, da sie sich mehrmals ändert.

4.5 Datenstruktur ArrayList

Leichter ändern   Eine ArrayList ähnelt einem Datenfeld. Allerdings können Elemente leichter hinzugefügt, eingefügt oder entfernt werden. Außerdem kann eine ArrayList Elemente unterschiedlichen Typs enthalten. Die einzelnen Elemente haben einen Index.

using   Für die Arbeit mit ArrayLists müssen Sie mithilfe von `using` den Namensraum `System.Collections` einbinden. In Projekt *DSArrayList* (siehe Abbildung 4.24) werden einige Operationen mit ArrayLists verdeutlicht.

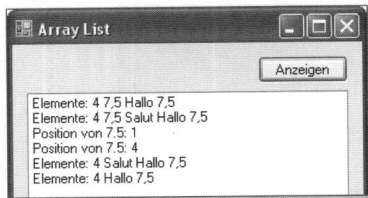

Abbildung 4.24 Operationen mit einer ArrayList

Der Programmcode:

```
using System;
using System.Collections;
using System.Windows.Forms;

namespace DSArrayList
{
    public partial class Form1 : Form
    {
        ....
        ArrayList a = new ArrayList();

        private void cmdAnzeigen_Click(...)
        {
            lstA.Items.Clear();
            a.Clear();

            /* Elemente hinzufügen, ausgeben */
            a.Add(4);
            a.Add(7.5);
            a.Add("Hallo");
            a.Add(7.5);
            Ausgabe();
```

```
        /* Elemente einfügen */
        a.Insert(2, "Salut");
        Ausgabe();

        /* Elemente suchen */
        lstA.Items.Add("Position von 7.5: " +
            a.IndexOf(7.5));
        lstA.Items.Add("Position von 7.5: " +
            a.LastIndexOf(7.5));

        /* Element mit bestimmtem Wert entfernen */
        a.Remove(7.5);
        Ausgabe();

        /* Element an bestimmter Position entfernen */
        a.RemoveAt(1);
        Ausgabe();
    }

    private void Ausgabe()
    {
        string aus;
        int i;

        aus = "Elemente: ";
        for (i = 0; i < a.Count; i++)
            aus += a[i] + " ";
        lstA.Items.Add(aus);
    }
  }
}
```

Listing 4.15 Projekt »DSArrayList«

Zur Erläuterung:

▶ Die ArrayList a wurde mit klassenweiter Gültigkeit deklariert. Array-
  Lists können aber auch innerhalb einer Methode deklariert werden.

▶ Die Listbox zur Ausgabe und die ArrayList werden jeweils mithilfe   Clear()
  der Methode Clear() geleert. Dies ist nützlich, falls der Benutzer
  mehrmals den Button betätigt.

▶ Die Methode Add() dient zum Hinzufügen von Elementen an das   Add()
  Ende der *ArrayList*.

147

Insert()

Remove()

RemoveAt()

▶ In der allgemeinen Methode Ausgabe() wird die *ArrayList* mithilfe einer for-Schleife durchlaufen.

▶ Mithilfe der Methode Insert() können Elemente an beliebiger Stelle mithilfe des Index eingefügt werden. Alle Elemente hinter dem eingefügten Element rücken nach hinten, der Index wird jeweils um 1 erhöht.

▶ Die Methode Remove() dient zum Löschen des ersten Elements, das den angegebenen Wert hat. Alle Elemente hinter dem gelöschten Element rücken nach vorne, der Index wird jeweils um 1 vermindert.

▶ Durch die Methode RemoveAt() können Elemente mithilfe des Index gelöscht werden. Wie bei Remove() rücken alle Elemente hinter dem gelöschten Element nach vorne, der Index wird um 1 vermindert.

4.6 foreach-Schleife

Im Zusammenhang mit Datenfeldern, ArrayLists, Listboxen und ähnlichen Objekten können Sie auch die foreach-Schleife anwenden. Ein Beispiel im Projekt *ForEachSchleife*:

```
private void Form1_Load(...)
{
    lstLand.Items.Add("Ecuador");
    lstLand.Items.Add("Chile");
    lstLand.Items.Add("Brasilien");
    lstLand.Items.Add("Kolumbien");
}

private void cmdDatenfeld_Click(...)
{
    int[] a = {3, 7, -2, 12};

    lblA.Text = "";
    foreach (int x in a)
        lblA.Text += x + "\n";
}

private void cmdArrayList_Click(...)
{
    ArrayList a = new ArrayList();
    a.Add(5.6);
    a.Add(lstLand.Items[3]);
```

```
    a.Add(-6);
    a.Add("Hallo");

    lblA.Text = "";
    foreach (object x in a)
        lblA.Text += x + "\n";
}

private void cmdListBox_Click(...)
{
    lblA.Text = "";
    foreach (string x in lstLand.Items)
        lblA.Text += x + "\n";
}
```

Listing 4.16 Projekt »ForEachSchleife«

Zur Erläuterung:

▶ Beim Laden des Projekts wird die Listbox mit einigen Einträgen gefüllt.

▶ Im Kopf der `foreach`-Schleife muss eine Variable des passenden Datentyps als sogenannter Iterator deklariert werden. | Iterator

▶ Im Falle des Datenfelds ist dies eine `int`-Variable. Bei jedem Durchlauf der Schleife wird ein Element des Datenfelds in diese Variable kopiert. Sie wird anschließend ausgegeben.

▶ Eine ArrayList kann Objekte unterschiedlichen Typs enthalten. Daher hat der Iterator den allgemeinen Datentyp `object`. | Datentyp object

▶ Im Falle der Listbox sind die Elemente vom Datentyp `string`. Dies ist auch der geeignete Datentyp für den Iterator.

▶ Der Iterator-Variablen kann nichts zugewiesen werden, sie dient nur als Kopie eines einzelnen Elements.

4.7   Methoden

In C# hat der Entwickler die Möglichkeit, eigene Methoden zu schreiben. Dies hat folgende Vorteile:

▶ Gleiche oder ähnliche Vorgänge müssen nur einmal beschrieben werden und können dann beliebig oft ausgeführt werden.

149

▶ Umfangreiche Programme werden modularisiert, d. h., sie werden in kleinere Bestandteile zerlegt, die übersichtlicher sind und einfacher gewartet werden können.

Methoden können auch einen Wert, beispielsweise das Ergebnis einer Berechnung, zurückliefern.

4.7.1 Einfache Methoden

In einer einfachen Methode sind Anweisungen zusammengefasst, die als logische Einheit zusammen ausgeführt werden sollen. Durch eine klare Aufgabenteilung zwischen verschiedenen Methoden wird der Programmcode übersichtlicher und kann einfacher gewartet werden.

Argumente   Es können Argumente an eine Methode übergeben werden. Diese werden in Klammern hinter dem Methodennamen, durch Kommata voneinander getrennt, angegeben.

return   Das Schlüsselwort return können Sie einsetzen, um die Methode aufgrund einer speziellen Bedingung sofort und nicht erst am Ende zu verlassen.

Parameter   Hinweis: Statt des Begriffs *Argument* wird auch häufig der Begriff *Parameter* verwendet.

Im nachfolgenden Beispiel wird die Methode ZeigeMaximum() von zwei verschiedenen Stellen aus aufgerufen. Sie berechnet jeweils das Maximum der beiden übergebenen Argumente und gibt dieses aus (Projekt *Methoden*).

```
private void cmdAnzeige1_Click(...)
{
    double a, b;
    a = 4.5;
    b = 7.2;
    ZeigeMaximum(a, b);
}

private void cmdAnzeige2_Click(...)
{
    double c, d;
    c = 23.9;
    d = 5.6;
    ZeigeMaximum(c, d);
}
```

```
private void ZeigeMaximum(double x, double y)
{
    if (x > y)
        lblAnzeige.Text = "Maximum: " + x;
    else
        lblAnzeige.Text = "Maximum: " + y;
    return;            // nicht notwendig
}
```

Listing 4.17 Projekt »Methoden«

Zur Erläuterung:

▶ Die Methode `ZeigeMaximum()` hat zwei Argumente, die beiden `double`-Variablen x und y. Folglich muss die Methode auch mit zwei `double`-Variablen aufgerufen werden, denn sie erwartet dies.

▶ In der ersten Ereignismethode wird die Methode `ZeigeMaximum()` mit den Variablen a und b, in der zweiten Ereignismethode mit den Variablen c und d aufgerufen. Genauer gesagt werden der Methode `ZeigeMaximum()` nicht die Variablen selbst, sondern deren Werte übergeben.

▶ In beiden Fällen werden also zwei Zahlenwerte an x und y übergeben. Innerhalb der Methode wird mithilfe einer Verzweigung das Maximum dieser beiden Zahlen ermittelt und ausgegeben. Anschließend endet die Methode `ZeigeMaximum()`, und der Programmablauf kehrt zur aufrufenden Ereignismethode zurück.

▶ Das Schlüsselwort `return` kann zum vorzeitigen Beenden einer Methode genutzt werden. Es wäre hier eigentlich nicht notwendig gewesen. return

▶ Die Variablen, mit denen eine Methode aufgerufen wird, müssen also nicht die gleichen Namen haben wie die Variablen, die zur Speicherung der übergebenen Werte bereitstehen. Methoden werden im Allgemeinen von beliebigen Stellen des Programms aus mit unterschiedlichen Argumenten wiederholt aufgerufen.

▶ Wichtig ist hierbei, dass Anzahl, Reihenfolge und Datentyp der Argumente übereinstimmen. Anzahl, Reihenfolge und Datentyp

An dieser Stelle soll noch einmal das Thema *Gültigkeitsbereich von Variablen* verdeutlicht werden:

Lokal ▶ Die beiden lokalen Variablen a und b sind nur innerhalb der ersten Ereignismethode bekannt und gültig. Bezogen auf die zweite Ereignismethode trifft dies für die beiden lokalen Variablen c und d zu.

▶ Ebenso gilt dies für die beiden Parameter x und y, bezogen auf die allgemeine Methode ZeigeMaximum().

▶ Somit kann es nicht zu Verwechslungen kommen. Selbst wenn einzelne Variablennamen in mehr als einer Methode vorkommen, ist die Eindeutigkeit aufgrund des Gültigkeitsbereichs gegeben.

4.7.2   Übergabe per Referenz

Werttyp
Falls in der Argumentliste Variablen an eine Methode übergeben werden, die von einem Basisdatentyp wie z. B. int, double, bool sind, so werden in der Methode Kopien der Variablen benutzt. Der Datentyp string zählt auch zu diesen sogenannten *Werttypen*. Eine Veränderung der Kopie hat keine Rückwirkung auf das Original.

ref
Falls Sie wünschen, dass Veränderungen der Variablen in der Methode eine Rückwirkung auf das Original haben sollen, dann müssen Sie sie per Referenz an die Methode übergeben. Dies geschieht mit dem Schlüsselwort ref.

out
Normalerweise muss eine Variable einen Wert besitzen, bevor sie an eine Methode übergeben werden kann. Es gibt eine Ausnahme: Falls sich der Wert der Variablen erst in der Methode ergibt, kann die Variable mit dem Parameter out an die Methode übergeben werden.

Verweistyp
Datenfelder gehören zu den sogenannten *Verweistypen*. Variablen dieser Typen werden automatisch per Referenz übergeben. Veränderungen in der Methode wirken sich unmittelbar auf das Original aus.

Im nachfolgenden Programm im Projekt *MethodenÜbergabe* werden die verschiedenen Möglichkeiten gezeigt, zunächst Teil 1:

```csharp
private void cmdKopie_Click(...)
{
    int x, y;
    x = 5;
    y = 12;
    lblA.Text =
        "Vorher: x: " + x + ", y: " + y;
    TauscheKopie(x, y);
    lblA.Text +=
        "\nNachher: x: " + x + ", y: " + y;
}
```

```
private void cmdReferenz_Click(...)
{
    int x, y;
    x = 5;
    y = 12;
    lblA.Text =
        "Vorher: x: " + x + ", y: " + y;
    TauscheReferenz(ref x, ref y);
    lblA.Text +=
        "\nNachher: x: " + x + ", y: " + y;
}

private void TauscheKopie(int a, int b)
{
    int c;
    c = a;
    a = b;
    b = c;
}

private void TauscheReferenz(ref int a, ref int b)
{
    int c;
    c = a;
    a = b;
    b = c;
}
```

Listing 4.18 Projekt »ReferenzÜbergabe«, Teil 1

Zur Erläuterung:

▶ In den beiden Ereignismethoden `cmdKopie()` und `cmdReferenz()` werden jeweils zwei `int`-Variablen mit Startwerten belegt. Anschließend wird jeweils eine Methode aufgerufen (`TauscheKopie()` bzw. `TauscheReferenz()`). Die Werte der beiden Variablen werden vor und nach dem Methodenaufruf ausgegeben.

▶ In den beiden aufgerufenen Methoden werden jeweils die beiden übergebenen Variablen mithilfe einer dritten Variablen vertauscht (Ringtausch).

Ringtausch

▶ Im Fall der Methode `TauscheKopie()` wurden Kopien verwendet. Die Endwerte stimmen mit den Startwerten überein, denn der Tausch hat nur intern in der Methode `TauscheKopie()` stattgefunden, er hat keine Wirkung nach außen, siehe Abbildung 4.25.

▶ Im Kopf der Methode `TauscheReferenz()` und beim Aufruf dieser Methode wurde das Schlüsselwort `ref` verwendet. Die Endwerte stimmen nicht mehr mit den Startwerten überein, der Tausch hat eine dauerhafte Auswirkung auf die beiden Originalvariablen, siehe Abbildung 4.26.

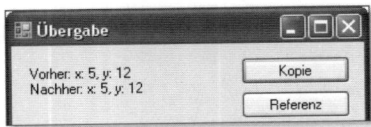

Abbildung 4.25 Übergabe per Kopie

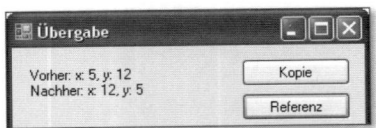

Abbildung 4.26 Übergabe per Referenz

Es folgt Teil 2 des Programms im Projekt *MethodenÜbergabe*:

```
private void cmdEinDimFeld_Click(...)
{
    int[] p = { 6, 7, 2 };
    int i;

    Verdoppeln(p);
    lblA.Text = "";
    for (i = 0; i < p.Length; i++)
        lblA.Text += p[i] + " ";
}

private void Verdoppeln(int[] x)
{
    int i;
    for (i = 0; i < x.Length; i++)
        x[i] = x[i] * 2;
}

private void cmdDreiDimFeld_Click(...)
{
    Random r = new Random();
    double[, ,] x = new double[2, 5, 3];
    int i, j, k;
```

```
    for(i = 0; i <= x.GetUpperBound(0); i++)
        for(j = 0; j <= x.GetUpperBound(1); j++)
            for (k = 0; k <= x.GetUpperBound(2); k++)
                x[i, j, k] = r.NextDouble();

    Mittelwert(x) ;
}

private void Mittelwert(double[, ,] z)
{
    double summe = 0;
    int i, j, k;

    for (i = 0; i <= z.GetUpperBound(0); i++)
        for (j = 0; j <= z.GetUpperBound(1); j++)
            for (k = 0; k <= z.GetUpperBound(2); k++)
                summe += z[i, j, k];

    lblA.Text = "Mittelwert: " + summe / z.Length;
}
```

Listing 4.19 Projekt »ReferenzÜbergabe«, Teil 2

Zur Erläuterung:

▶ In der Ereignismethode cmdEinDimFeld() wird ein eindimensionales Feld von int-Variablen erzeugt, mit Werten gefüllt und an eine Methode übergeben.

Feld übergeben

▶ In der Methode Verdoppeln() wird jedes Element des Feldes verdoppelt. Nach der Rückkehr in die Ereignismethode können Sie feststellen, dass sich diese Änderung auf die Originalwerte ausgewirkt hat. Der Parameter der Methode Verdoppeln() ist ein Verweis auf ein eindimensionales Feld.

▶ Die Ereignismethode DreiDimfeld() dient zum Füllen eines dreidimensionalen Feldes von double-Variablen mit zufälligen Werten. Ein Verweis auf das Feld wird an die Methode Mittelwert() übergeben. In dieser Methode wird der Mittelwert der Elemente des Feldes errechnet und ausgegeben.

Teil 3 des Programms im Projekt *MethodenÜbergabe* dient zur Verdeutlichung eines Ausgabeparameters:

```
private void cmdOut_Click(...)
{
    int a, b, c;
```

```
        a = 12;
        b = 3;
        Addieren(a, b, out c);
        lblA.Text = "Ergebnis: " + c;
}

private void Addieren(int x, int y, out int z)
{
        z = x + y;
}
```

Listing 4.20 Projekt »ReferenzÜbergabe«, Teil 3

Zur Erläuterung:

▶ In der Ereignismethode cmdOut() werden zwei gefüllte int-Variablen an eine Methode übergeben. Außerdem wird eine leere int-Variable mit dem Schlüsselwort out übergeben.

▶ In der Methode Addieren() muss diese Variable einen Wert bekommen, bevor die Methode wieder verlassen wird.

4.7.3 Methoden mit Rückgabewerten

void Die bisher eingesetzten Methoden hatten den Datentyp void. Dies bedeutet, dass sie keinen Methodenwert zurückliefern. Sie können höchstens *indirekt* Werte über die Parameterliste liefern.

Wert liefern Eine Methode kann aber auch einen Datentyp, wie eine Variable, haben. Sie muss dann auf jeden Fall in jedem möglichen Anweisungspfad einen Wert dieses Datentyps zurückliefern.

return Das Schlüsselwort return dient bei solchen Methoden dazu, den Methodenwert zu senden.

Im nachfolgenden Beispiel wird die Methode MaxWert() aufgerufen. Sie berechnet das Maximum der beiden übergebenen Argumente und gibt dieses an die aufrufende Stelle zurück (Projekt *MethodenRückgabe*), siehe Abbildung 4.27.

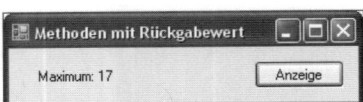

Abbildung 4.27 Darstellung des Rückgabewerts

```
private void cmdAnzeigen_Click(...)
{
    int a, b, c;
    a = 12;
    b = 17;
    c = MaxWert(a, b);
    lblA.Text = "Maximum: " + c;
}

private int MaxWert(int x, int y)
{
    if (x > y)
        return x;
    else
        return y;
}
```

Listing 4.21 Projekt »Methoden«

Zur Erläuterung:

Durch die Anweisung c = MaxWert(a, b) passiert nacheinander Folgendes:

▸ Die Methode MaxWert() wird aufgerufen, dabei werden zwei Zahlenwerte an die Methode übergeben.

▸ Innerhalb der Methode wird mithilfe einer Verzweigung das Maximum dieser beiden Zahlen ermittelt. Mithilfe des Schlüsselworts return wird die Methode beendet und der Rückgabewert der Methode geliefert. Der Programmablauf kehrt zu der Zeile mit dem Aufruf zurück.

Rückgabewert

▸ Dort wird der ermittelte Wert über die Zuweisung der Variablen c übergeben. Diese Variable wird anschließend ausgegeben.

▸ Hätte die Anweisung nur MaxWert(a, b) gelautet, so hätten alle diese Schritte stattgefunden, außer der Übergabe an c. Der Methodenaufruf wäre in diesem Fall vergeblich gewesen – ein häufiger Fehler bei Programmier-Einsteigern.

▸ Die Methode MaxWert() hat den Datentyp int, es muss also eine int-Variable zurückgeliefert werden.

4.7.4 Optionale Argumente

Optional Normalerweise muss die Zahl der Argumente in Aufruf und Deklaration einer Methode übereinstimmen. Sie können allerdings auch optionale Argumente verwenden. Diese müssen beim Aufruf nicht angegeben werden.

Sie müssen immer am Ende der Argumentenliste stehen. Außerdem müssen sie mit einem Wert initialisiert werden, dadurch werden sie erst als optionale Argumente gekennzeichnet. Diese Möglichkeit gibt es erst seit Visual C# 2010.

Einsatz Sinnvoll ist der Einsatz von optionalen Argumenten, falls eine Methode viele häufig vorkommende Standardwerte hat.

Im nachfolgenden Beispiel wird die Methode Addiere() insgesamt dreimal aufgerufen, einmal mit zwei Argumenten, einmal mit drei Argumenten und einmal mit vier Argumenten. Sie berechnet jeweils die Summe der übergebenen Argumente und liefert diese zurück (Projekt *Argumente-Optional*).

```
private void cmdAnzeigen1_Click(...)
{
    double a = 4.5, c = 10.3;
    int b = 7, d = 9;
    lblAnzeige.Text =
        "Ergebnis: " + Addiere(a, b, c, d);
}


private void cmdAnzeigen2_Click(...)
{
    double a = 4.5, c = 10.3;
    int b = 7;
    lblAnzeige.Text =
        "Ergebnis: " + Addiere(a, b, c);
}


private void cmdAnzeigen3_Click(...)
{
    double a = 4.5;
    int b = 7;
    lblAnzeige.Text =
        "Ergebnis: " + Addiere(a, b);
}
```

```
private double Addiere(double x, int y,
    double z = 0, int q = 0)
{
    return x + y + z + q;
}
```

Listing 4.22 Projekt »ArgumenteOptional«

Zur Erläuterung:

▶ Die Methode `Addiere()` erwartet insgesamt vier Parameter. Die beiden letzten Parameter sind optional und werden mit dem Wert 0 initialisiert.

▶ Werden also die beiden letzten Parameter bei einem Aufruf der Methode nicht angegeben, so haben sie den Wert 0. Da innerhalb der Methode eine Addition der vier Parameter stattfindet, ist dies der geeignete Wert; das Ergebnis der Methode wird nicht verfälscht.

Geeigneter Standardwert

▶ Bei Methoden mit optionalen Argumenten, die andere Aufgaben zu erfüllen haben, können andere Werte zur Initialisierung sinnvoll sein.

▶ In den drei Ereignismethoden wird die Methode `Addiere()` mit vier, drei oder zwei Parametern aufgerufen. In allen Fällen führt dies erfolgreich zur Addition und Ausgabe der Werte.

▶ Ein Aufruf mit nur einem Parameter hätte zu einer Fehlermeldung geführt, da der Parameter `y` nicht optional ist.

4.7.5 Benannte Argumente

Normalerweise muss die Reihenfolge der Argumente in Aufruf und Deklaration einer Methode übereinstimmen. Sie können allerdings Argumente auch mit ihrem Namen aufrufen. Dann muss die Reihenfolge nicht eingehalten werden. Diese benannten Argumente müssen am Ende des Aufrufs stehen. Diese Möglichkeit gibt es erst seit Visual C# 2010.

Benannt

Sinnvoll ist der Einsatz von benannten Argumenten, falls eine Methode sehr viele Argumente hat, von denen pro Aufruf nur einzelne benötigt werden. Häufig werden benannte Argumente und optionale Argumente gemeinsam genutzt.

Einsatz

Im nachfolgenden Beispiel wird die Methode `Rechteck()` insgesamt viermal aufgerufen, mit unterschiedlichen Argumenten. Sie stellt die Daten eines Rechtecks zusammen und gibt diese aus (Projekt *ArgumenteBenannt*).

```
private void cmdAnzeigen1_Click(...)
{
    Rechteck("rot", 4, 6, "Punkte");
}

private void cmdAnzeigen2_Click(...)
{
    Rechteck("rot", rand:"Striche", breite:2, laenge:5);
}

private void cmdAnzeigen3_Click(...)
{
    Rechteck("gelb", 7);
}

private void cmdAnzeigen4_Click(...)
{
    Rechteck("blau", rand: "Haarlinie");
}

private void Rechteck(string farbe, int laenge = 1,
    int breite = 1, string rand = "Linie")
{
    lblAnzeige.Text = "Farbe: " + farbe +
        ", Länge: " + laenge +
        ", Breite: " + breite +
        ", Rand: " + rand;
}
```

Listing 4.23 Projekt »ArgumenteBenannt«

Zur Erläuterung:

▶ Die Methode Rechteck() erwartet maximal vier Parameter. Die drei
letzten Parameter sind optional und werden mit den Standardwerten
initialisiert.

▶ Es folgen die vier verschiedenen Aufrufe in den jeweiligen Ereignismethoden:

1. Normal, mit allen vier Parametern in der richtigen Reihenfolge.

2. Nur der erste Parameter steht an der richtigen Stelle, die anderen
   drei werden über ihren Namen gekennzeichnet.

3. Nur einer der drei optionalen Parameter wird geliefert, an der korrekten Position.

4. Nur einer der drei optionalen Parameter wird geliefert, mit Namen.

4.7.6 Beliebig viele Argumente

Mithilfe des Schlüsselwortes params können Sie eine Methode formulieren, an die beliebig viele Parameter übergeben werden können. Allerdings müssen diese den gleichen Datentyp haben. Sie müssen wie optionale Argumente am Ende der Argumentenliste stehen.

params

Im nachfolgenden Beispiel wird die Methode Mittelwert() insgesamt dreimal aufgerufen. Sie berechnet jeweils den Mittelwert der übergebenen Argumente und liefert diesen zurück (Projekt *ArgumenteBeliebig*):

```
private void cmdAnzeigen1_Click(...)
{
    double a = 4.5, b = 7.2, c = 10.3, d = 9.2;
    lblAnzeige.Text =
        "Ergebnis: " + Mittelwert(a, b, c, d);
}


private void cmdAnzeigen2_Click(...)
{
    double a = 4.5, b = 7.2;
    lblAnzeige.Text =
        "Ergebnis: " + Mittelwert(a, b);
}


private void cmdAnzeigen3_Click(...)
{
    lblAnzeige.Text =
        "Ergebnis: " + Mittelwert();
}


private double Mittelwert(params double[] x)
{
    int i;
    double summe = 0;
    if (x.Length == 0)
        return 0;

    for (i = 0; i < x.Length; i++)
        summe += x[i];

    return summe / x.Length;
}
```

Listing 4.24 Projekt »ArgumenteBeliebig«

Zur Erläuterung:

▶ Die Methode `Mittelwert()` wird mit unterschiedlichen Anzahlen von Parametern aufgerufen (4, 2 und 0).

▶ Zur Aufnahme der Parameter steht der Parameter-Array x zur Verfügung. Dabei handelt es sich um ein Feld, dessen Größe nicht festgelegt ist.

Length ▶ Für den (eigentlich unrealistischen) Fall, dass die Methode ohne Argumente aufgerufen wird, wird als Ergebnis der Wert 0 zurückgesendet. Die Anzahl der Argumente wird mithilfe der Eigenschaft `Length` ermittelt.

▶ Innerhalb der Methode werden die Parameter mithilfe einer Schleife summiert. Die Anzahl der Durchläufe der Schleife entspricht der Anzahl der Argumente.

▶ Als Rückgabewert wird die ermittelte Summe, geteilt durch die Anzahl der Argumente, zurückgeliefert.

4.7.7 Rekursiver Aufruf

Methoden können jederzeit andere Methoden aufrufen. Man spricht hier von geschachtelten Aufrufen. Das Programm kehrt jeweils – aus einer beliebigen *Schachtelungstiefe* – zur aufrufenden Stelle zurück.

Rekursion Methoden können sich auch selbst aufrufen. Dieser Vorgang wird als Rekursion bezeichnet. Eine rekursive Methode muss eine Verzweigung beinhalten, die die Rekursion wieder beendet, da es sonst zu einer endlosen Kette von Selbst-Aufrufen kommt, ähnlich wie bei einer endlosen Ereigniskette (siehe Abschnitt 4.3.2). Bestimmte Problemstellungen lösen Sie programmiertechnisch am elegantesten durch eine Rekursion.

Im nachfolgenden Programm (Projekt *RekursiverAufruf*) wird eine Zahl so lange halbiert, bis ein bestimmter Grenzwert erreicht oder unterschritten wird. Zur Verdeutlichung der unterschiedlichen Abläufe wird der Halbierungsvorgang einmal mithilfe einer Schleife (siehe Abbildung 4.28), einmal mithilfe einer Rekursion (siehe Abbildung 4.29) durchgeführt.

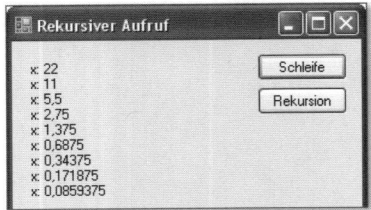

Abbildung 4.28 Halbierung per Schleife

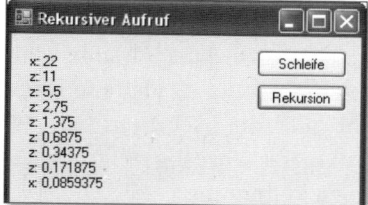

Abbildung 4.29 Halbierung per Rekursion

Der Programmcode:

```
private void cmdSchleife_Click(...)
{
    double x = 22;
    lblAnzeige.Text = "x: " + x + "\n";

    while(x > 0.1)
    {
        x = x / 2;
        lblAnzeige.Text += "x: " + x + "\n";
    }
}

private void cmdRekursion_Click(...)
{
    double x = 22;
    lblAnzeige.Text = "x: " + x + "\n";
    Halbieren(ref x);
    lblAnzeige.Text += "x: " + x + "\n";
}

private void Halbieren(ref double z)
{
    z = z / 2;
    if (z > 0.1)
    {
        lblAnzeige.Text += "z: " + z + "\n";
        Halbieren(ref z);
    }
}
```

Listing 4.25 Projekt »RekursiverAufruf«

Zur Erläuterung der Schleife:

▶ In der Ereignismethode `cmdSchleife_Click()` wird die Variable x mit 22 initialisiert. Anschließend wird sie in einer `while`-Schleife so lange halbiert, bis sie den Wert 0,1 erreicht oder unterschritten hat. Bei jedem Durchlauf der Schleife wird der aktuelle Wert angezeigt, sodass Sie die fortlaufende Halbierung verfolgen können.

Zur Erläuterung der Rekursion:

▶ In der Ereignismethode `cmdRekursion_Click()` wird die Variable x ebenfalls mit 22 initialisiert. Anschließend wird allerdings die Methode `Halbieren()` aufgerufen. Diese führt eine Halbierung durch.

▶ Anschließend wird geprüft, ob der Grenzwert erreicht oder unterschritten wurde.

▶ Ist dies der Fall, endet die Methode `Halbieren()` und das Programm endet mit der letzten Anweisung in der Ereignismethode `cmdRekursion_Click()`.

▶ Ist der Grenzwert noch nicht erreicht, so ruft die Methode `Halbieren()` sich selbst wieder auf. Dieser Vorgang kann sich mehrmals wiederholen.

▶ Sobald der Grenzwert erreicht oder unterschritten wird, wird die Methode `Halbieren()` beendet, gegebenenfalls mehrmals nacheinander, und das Programm endet mit der letzten Anweisung in der Ereignismethode `cmdRekursion_Click()`.

▶ Hätte sich der rekursive Aufruf nicht innerhalb einer Verzweigung befunden, so hätte sich die Methode endlos aufgerufen.

▶ Die Variable x (in der Methode heißt sie z) wurde jeweils per Referenz übergeben, daher wurde immer die Originalvariable x halbiert. Dies können Sie auch an der letzten Ausgabe erkennen.

4.7.8 Übungen zu Methoden

Übung ÜMethoden, Teil 1

Übung
ÜMethoden,
Teil 1
Schreiben Sie eine Methode, die den Mittelwert der Werte eines eindimensionalen Feldes von `double`-Variablen berechnet und als Rückgabewert zurückliefert. Testen Sie die Methode durch zwei Aufrufe mit unterschiedlich großen Feldern.

Übung ÜMethoden, Teil 2

Übung
ÜMethoden,
Teil 2

Schreiben Sie eine Methode, die zwei eindimensionale Felder von double-Variablen in einem dritten Feld vereinigt. In dem neuen Feld sollen also alle Werte des ersten Feldes, gefolgt von allen Werten des zweiten Feldes stehen. An die Methode sollen die Verweise auf die ersten beiden Felder und (als Ausgabeparameter) ein Verweis auf das dritte Feld übergeben werden. Das dritte Feld wird erst in der Methode erschaffen. Testen Sie die Methode durch zwei unterschiedliche Aufrufe.

4.8 Konsolenanwendung

Bisher wurden in diesem Buch ausschließlich Windows-Anwendungen entwickelt, also Programme mit der gewohnten und komfortabel bedienbaren Benutzeroberfläche. Je nach Einsatzzweck kann aber auch eine sogenannte Konsolenanwendung genügen, bei der nur einfache Eingaben und Ausgaben in Textform vorkommen. Konsolenanwendungen benötigen insgesamt wesentlich weniger Programmcode.

Einfache
Ein- und Ausgabe

Den Konsolenanwendungen stehen natürlich auch alle Möglichkeiten der Sprache C# und des .NET-Frameworks zur Verfügung, so z. B. der Zugriff auf Dateien oder Datenbanken.

4.8.1 Anwendung erzeugen

Zur Erzeugung einer Konsolenanwendung gehen Sie zunächst wie gewohnt vor, also über das Menü DATEI, Menüpunkt NEU • PROJEKT. Im Dialogfeld NEUES PROJEKT wählen Sie allerdings statt der Vorlage WINDOWS FORMS-ANWENDUNG die Vorlage KONSOLEN-ANWENDUNG aus. Im Feld *Name* tragen Sie einen Projektnamen ein, z. B. *KonsoleEinAus*.

Andere Vorlage

Im Codefenster erscheint die Datei *Program.cs* mit folgendem Code:

Program.cs

```
using System;
namespace KonsoleEinAus
{
    class Program
    {
        static void Main(string[] args)
        {
        }
```

```
        }
    }
```

Listing 4.26 Projekt »KonsoleEinAus«, noch ohne eigenen Code

Zur Erläuterung:

▶ Die nicht notwendigen using-Anweisungen wurden gelöscht. In diesem Projekt wird nur der Namensraum System benötigt.

Main() ▶ In der Klasse Program findet sich eine einzige statische Methode mit dem Namen Main(). Mit dem Code in dieser Methode startet jedes C#-Projekt. Bei Windows-Anwendungen wird der Code in dieser Datei automatisch erzeugt und normalerweise von uns nicht verändert.

▶ Die Methode Main() hat einen Parameter: einen Verweis auf ein Feld von Zeichenketten. Damit ist es möglich, eine Anwendung von der Kommandozeile aus mit Startparametern zu versorgen, siehe Abschnitt 4.8.6.

4.8.2 Ein- und Ausgabe von Text

Die Methode Main() des Projekts *KonsoleEinAus* wird jetzt mit eigenem Code gefüllt:

```
using System;
namespace KonsoleEinAus
{
    class Program
    {
        static void Main(string[] args)
        {
            string s;
            Console.Write("Bitte einen Text eingeben: ");
            s = Console.ReadLine();
            Console.WriteLine("Es wurde der Text "
                + s + " eingegeben");
        }
    }
}
```

Listing 4.27 Projekt »KonsoleEinAus«, Ein- und Ausgabe

Zur Erläuterung:

Console ▶ Im Namensraum System gibt es die Klasse Console zur Ein- und Ausgabe auf einen Textbildschirm.

▶ Die statische Methode `Write()` schreibt einen Text auf den Bildschirm. `Write()`

▶ Die statische Methode `ReadLine()` führt dazu, dass das Programm `ReadLine()` anhält und auf eine Eingabe wartet. Nach der Eingabe betätigt der Benutzer die Taste ⏎. Die Methode liefert als Rückgabewert die eingegebene Zeichenkette. Diese kann z. B. in einer Variablen vom Datentyp `string` gespeichert werden.

▶ Auch die Methode `WriteLine()` schreibt einen Text auf den Bildschirm, diesmal gefolgt von einem Zeilenumbruch. `WriteLine()`

Die Bedienung des Programms:

▶ Nach dem Start des Programms, wie gewohnt mit der Taste F5, öffnen Sie ein Konsolenfenster. Konsolenfenster

▶ Nach der Eingabe des Textes ist die anschließende Ausgabe allerdings nur sehr kurz zu sehen, bevor sich das Konsolenfenster wieder von selbst schließt.

▶ Es empfiehlt sich daher, das Programm mit der Tastenkombination Taste Strg + F5 Strg + F5 zu starten. Dies führt dazu, dass das Programm nach Ablauf auf einen Tastendruck wartet, wie nachfolgend zu sehen:

```
Bitte einen Text eingeben: Hallo
Es wurde der Text Hallo eingegeben
Drücken Sie eine beliebige Taste . . .
```

4.8.3 Eingabe einer Zahl

Zur Verdeutlichung der besonderen Problematik bei der Eingabe von Zahlen wird die Methode `Main()` des Projekts *KonsoleEinAus* um weiteren Code ergänzt:

```
using System;
namespace KonsoleEinAus
{
    class Program
    {
        static void Main(string[] args)
        {
            double x;
            ...

            try
            {
```

```
        Console.Write(
            "Bitte eine Zahl eingeben: ");
        x = Convert.ToDouble(Console.ReadLine());
        Console.WriteLine("Es wurde die Zahl "
            + x + " eingegeben");
    }
    catch
    {
        Console.WriteLine(
            "Es wurde keine Zahl eingegeben");
    }
}
}
}
```

Listing 4.28 Projekt »KonsoleEinAus«, Eingabe einer Zahl

Zur Erläuterung:

try-catch ▶ Es soll eine Zahl eingegeben werden. Bei der Umwandlung der eingegebenen Zeichenkette in eine Zahl kann eine Ausnahme auftreten,
daher wird mit einer Ausnahmebehandlung gearbeitet.

ToDouble() ▶ Der Rückgabewert der Methode `ReadLine()` wird mithilfe der
Methode `ToDouble()` der Klasse `Convert` in eine `double`-Zahl verwandelt. Falls dies nicht gelingt, erscheint eine entsprechende Fehlermeldung.

ToInt32() ▶ Falls es sich um eine ganze Zahl handeln soll, muss die Methode
`ToInt32()` statt der Methode `ToDouble()` genutzt werden.

Nachfolgend die Ausgabe nach einer richtigen Eingabe:

```
. . .
Bitte eine Zahl eingeben: 2,4
Es wurde die Zahl 2,4 eingegeben
Drücken Sie eine beliebige Taste . . .
```

Es folgt die Ausgabe nach einer falschen Eingabe:

```
. . .
Bitte eine Zahl eingeben: 123abc
Es wurde keine Zahl eingegeben
Drücken Sie eine beliebige Taste . . .
```

4.8.4 Erfolgreiche Eingabe einer Zahl

Im nachfolgenden Programmteil wird der Benutzer so lange aufgefordert, eine ganze Zahl einzugeben, bis dies erfolgreich war. Die Methode Main() des Projekts *KonsoleEinAus* wird um weiteren Code ergänzt:

Wiederholte Eingabe

```csharp
using System;
namespace KonsoleEinAus
{
    class Program
    {
        static void Main(string[] args)
        {
            int a;
            . . .

            do
            {
                try
                {
                    Console.Write(
                        "Bitte eine ganze Zahl eingeben: ");
                    a = Convert.ToInt32(Console.ReadLine());
                    break;
                }
                catch
                {
                    Console.WriteLine(
                        "Fehler, bitte noch einmal");
                }
            }
            while (true);
            Console.WriteLine("Es wurde die ganze Zahl "
                + a + " eingegeben");
        }
    }
}
```

Listing 4.29 Projekt »KonsoleEinAus«, wiederholte Eingabe

Zur Erläuterung:

▶ Die Ausnahmebehandlung für die Eingabe einer ganzen Zahl ist zusätzlich in eine endlose do-while-Schleife eingebettet. **Endlos-Schleife**

▶ Falls die Eingabe erfolgreich war, so wird diese Schleife mithilfe von break verlassen. **break**

▸ Falls die Eingabe nicht erfolgreich war, wird ein Fehler gemeldet, und es ist eine erneute Eingabe erforderlich.

Nachfolgend die Ausgabe mit zwei falschen und einer richtigen Eingabe:

```
. . .
Bitte eine ganze Zahl eingeben: 123abc
Fehler, bitte noch einmal
Bitte eine ganze Zahl eingeben: 2,4
Fehler, bitte noch einmal
Bitte eine ganze Zahl eingeben: 5
Es wurde die ganze Zahl 5 eingegeben
Drücken Sie eine beliebige Taste . . .
```

Abbruch   Hinweis: Eine Konsolenanwendung kann mit der Tastenkombination [Strg] + [C] vorzeitig abgebrochen werden.

4.8.5   Ausgabe formatieren

Tabellenausgabe   Die Ausgabe eines Konsolenprogramms kann formatiert werden. Dies ist vor allem bei der Ausgabe von Tabellen wichtig. Ein Beispiel im Projekt *KonsoleFormat*:

```
using System;
namespace KonsoleFormat
{
    class Program
    {
        static void Main(string[] args)
        {
            int i;
            string[] stadt = {"München", "Berlin",
                "Bonn", "Bremerhaven", "Ulm"};

            for (i = 0; i < 5; i++)
            {
                Console.WriteLine(
                    "{0,-15}{1,9:0.0000}{2,12:#,##0.0}",
                    stadt[i], i / 7.0, i * 1e4 / 7);
            }
        }
    }
}
```

Listing 4.30   Projekt »KonsoleFormat«

Zur Erläuterung:

▶ Die überladene Ausgabemethode `WriteLine()` kann mit einer Forma-   Formatierung
tierungszeichenkette als erstem Parameter aufgerufen werden. Darin
steht:

  ▷ die Nummer der Variablen, beginnend mit der Nummer 0

  ▷ ein Doppelpunkt

  ▷ die zugehörige Formatierung

▶ `{0:-15}`: Als Erstes wird eine Zeichenkette ausgegeben, in der Min-   Breite
destgesamtbreite 15. Sie erscheint linksbündig wegen des Minuszeichens vor der 15.

▶ `{1,9:0.0000}`: Es folgt eine Zahl, in der Mindestgesamtbreite 9,   Nachkomma-
gerundet auf vier Nachkommastellen. Sie erscheint rechtsbündig, dies   stellen
ist der Standard.

▶ `{2,12:#,##0.0}`: Als Letztes folgt wiederum eine Zahl, in der Min-   Tausenderpunkt
destgesamtbreite 12, gerundet auf eine Nachkommastelle, rechtsbün-
dig. Falls die Zahl mehr als drei Stellen vor dem Komma hat, so wird
ein Tausenderpunkt angezeigt.

▶ Zur Erinnerung: das Formatierungszeichen 0 steht für eine Ziffer, die   0, #
auf jeden Fall angezeigt wird, das Formatierungszeichen # steht für
eine Ziffer, die nur dann angezeigt wird, falls die Zahl diese Ziffer hat.

Die Ausgabe des Programms:

```
München        0,0000        0,0
Berlin         0,1429    1.428,6
Bonn           0,2857    2.857,1
Bremerhaven    0,4286    4.285,7
Ulm            0,5714    5.714,3
```

4.8.6   Aufruf von der Kommandozeile

Sie können jede Anwendung durch Eingabe des Namens auch von der Kom-   Startparameter
mandozeile aus aufrufen. Besonders bei Konsolen-Anwendungen kommt es
vor, dass Sie dabei die Anwendung mit Startparametern aufrufen.

Diese Parameter können dazu dienen, eine Anwendung auf unterschiedliche Arten aufzurufen, ohne dass dazu der Code geändert werden muss.
Ein Parameter könnte z. B. der Name einer Datei sein, die geöffnet und
gelesen werden soll, falls es bei jedem Aufruf der Anwendung eine
andere Datei sein soll.

Übernahme   Die Übernahme der Startparameter in die Anwendung soll mithilfe des Projekts *KonsoleStartparameter* verdeutlicht werden:

```
using System;
namespace KonsoleStartparameter
{
    class Program
    {
        static void Main(string[] args)
        {
            int i;
            double summe = 0;

            for (i = 0; i < args.Length; i++)
                Console.WriteLine(i + ": " + args[i]);

            for (i = 0; i < args.Length; i++)
            {
                try
                {
                    summe += Convert.ToDouble(args[i]);
                }
                catch
                {
                }
            }

            Console.WriteLine("Summe: " + summe);
        }
    }
}
```

Listing 4.31   Projekt »KonsoleStartparameter«

Zur Erläuterung:

args
► Die einzelnen Startparameter sind Zeichenketten, sie werden bei einem Aufruf im Datenfeld `args` gespeichert.

► Die erste `for`-Schleife dient zur einfachen Ausgabe der Startparameter.

► Die zweite `for`-Schleife soll verdeutlichen, dass die Startparameter auch Zahlen sein können. Sie werden in diesem Falle einfach nur summiert.

Falls Sie diese Anwendung mit der Taste F5 aus der Entwicklungsumgebung heraus aufrufen, so werden keine Startparameter mitgeliefert.

Daher müssen Sie sie von der Kommandozeile aus aufrufen. Unter Windows XP gehen Sie dazu z. B. wie folgt vor:

▶ Im STARTMENÜ rufen Sie den Menüpunkt AUSFÜHREN auf.

▶ Im Textfeld des Dialogfelds AUSFÜHREN geben Sie die Anweisung cmd ein, und Sie drücken den Button OK.

▶ Normalerweise befinden Sie sich dann im Verzeichnis C:\Dokumente und Einstellungen\[Benutzername]. Falls nicht, dann geben Sie ein:

▶ cd\"Dokumente und Einstellungen"\[Benutzername]

▶ Anschließend begeben Sie sich zu dem Verzeichnis, in dem die *exe*-Datei der Anwendung steht:

▶ cd "Eigene Dateien"/"Visual Studio 2010"/Projects/Konsole-Startparameter/KonsoleStartparameter/bin/Debug

Nun können Sie die Anwendung aufrufen, z. B. mit:

```
KonsoleStartparameter 3 2,5 hallo 7
```

Es erscheint die Ausgabe:

```
0: 3
1: 2,5
2: hallo
3: 7
Summe: 12,5
```

Die Zeichenkette »hallo« wurde nur ausgegeben und bei der Summenbildung ignoriert.

Kommandozeile

Ausführen

Aufruf

Die Sprache C# ist rein objektorientiert. Was das genau bedeutet, erfahren Sie in diesem Kapitel.

5   Objektorientierte Programmierung

In den folgenden Abschnitten lernen Sie die objektorientierte Denkweise kennen und erzeugen eigene Klassen und Objekte.

5.1   Was ist Objektorientierung?

Die Objektorientierung ist ein Denkansatz, der dem Programmierer dabei hilft, die Abläufe der realen Welt in einem Programm nachzubilden. Sie dient zur Klassifizierung der Objekte und Daten, die in einem Programm behandelt werden sollen. Die Eigenschaften und Methoden ähnlicher Objekte werden durch gemeinsame Definitionen, die Klassen, zusammengefasst und besser handhabbar.

C# ist eine rein objektorientierte Sprache. Wir haben eigentlich schon die ganze Zeit in diesem Buch mit Objekten gearbeitet:

▶ Zum einen wurden Steuerelemente und ihre Eigenschaften genutzt. Jeder Button, jedes Textfeld usw. ist ein Objekt einer speziellen Klasse, in der die Eigenschaften von Buttons bzw. Textfeldern festgelegt sind.   **Eigenschaften**

▶ Zum anderen wurde sowohl mit einzelnen Variablen als auch mit Datenfeldern gearbeitet. Einzelne Variablen sind Objekte ihres Datentyps (`double`, `int`, ...). Es können festgelegte Operationen mit ihnen ausgeführt werden (Addition, Subtraktion usw.). Objekten der Klasse `Array` (Datenfeld) stehen vordefinierte Methoden zur Verfügung (`Clone()`, `Sort()`, ...).   **Methoden**

Der nächste Schritt, die Erzeugung eigener Klassen und der zugehörigen Objekte, sollte also nicht schwer fallen.

Hinweis: Die in diesem Kapitel dargestellten Programme sind ein Kompromiss, denn sie erklären zwar die sprachlichen Elemente der Objektorientierung in C#, tun dies aber nicht anhand von umfangreichen Programmen, bei denen sich der Vorteil der Objektorientierung besonders auswirken würde.

Stattdessen werden eigene, kleine und übersichtliche Klassen definiert und genutzt. Dadurch verbessert sich das Verständnis für die Objektorientierung allgemein und gleichzeitig für die Nutzung der bereits vorhandenen Klassen von Visual C#.

5.2 Klasse, Eigenschaft, Methode, Objekt

In einer Klassendefinition werden die Eigenschaften und Methoden gleichartiger Objekte festgelegt. Die Eigenschaften kennzeichnen das Objekt. Methoden sind Aktionen, die für das Objekt ausgeführt werden können.

Diese Begriffe sollen anhand eines kleinen Programms gemeinsam eingeführt werden. Es wird eine Klasse für Fahrzeuge definiert. Die Fahrzeuge haben eine Geschwindigkeit, man kann sie beschleunigen und man kann ihre Eigenschaft auf dem Bildschirm ausgeben.

Klassendatei Zunächst erzeugen Sie wie gewohnt eine Windows-Anwendung (Projekt *KlasseObjekt*). Anschließend nutzen Sie eine eigene Datei für die Definition der Klasse. Dies erleichtert die Übersicht und die spätere Wiederverwendbarkeit der Klasse.

Klassendefinition Über den Menüpunkt PROJEKT • KLASSE HINZUFÜGEN gelangen Sie zu einem Dialogfeld mit Vorlagen. Hier wählen Sie die bereits voreingestellte Vorlage KLASSE. Diese beinhaltet eine leere Klassendefinition. Im Feld NAME sollten Sie den Namen der zu erzeugenden Klasse (hier: Fahrzeug) eintragen. Die Datei erhält dadurch den Namen *Fahrzeug.cs* und die neue, leere Klasse in der Datei den Namen Fahrzeug.

class Es erscheint ein Codefenster mit einem leeren Klassenrahmen nach dem Schlüsselwort class. Die Klasse Fahrzeug soll nun wie folgt aussehen:

```
namespace KlasseObjekt
{
```

```
class Fahrzeug
{
    private int geschwindigkeit;

    public string ausgabe()
    {
        return "Geschwindigkeit: " +
            geschwindigkeit;
    }

    public void beschleunigen(int wert)
    {
        this.geschwindigkeit += wert;
    }
}
}
```

Listing 5.1 Projekt »KlasseObjekt«, Definition der Klasse »Fahrzeug«

Zur Erläuterung:

► Die Klassendefinition steht in der Datei *Fahrzeug.cs*.

► Die neue Klasse steht im gleichen Namensraum wie das eigentliche Programm: KlasseObjekt. Da Sie für die Klasse Fahrzeug keine weiteren Namensräume einbinden müssen, können Sie alle using-Anweisungen in der Datei *Fahrzeug.cs* löschen.

► Ein Fahrzeug hat die Eigenschaft geschwindigkeit, hier vom Datentyp int.

► In anderen Teilen dieses Buchs, in denen der Schwerpunkt nicht auf der Erklärung der objektorientierten Programmierung steht, werden Eigenschaften auch vereinfacht als klassenweit gültige Variablen bezeichnet.

► Alle Elemente sind innerhalb einer Klasse gekapselt. Dies wird durch das Schlüsselwort private an dieser Stelle noch einmal hervorgehoben, obwohl es nicht notwendig gewesen wäre. Kapselung bedeutet, dass das betreffende Element von einem Programmteil außerhalb der Klasse aus nicht direkt erreichbar ist. Dies ist eines der wichtigen Konzepte der objektorientierten Programmierung: Bestimmte Elemente, wie z. B. Eigenschaften, sollen nur über definierte Zugänge erreichbar bzw. veränderbar sein. `Kapselung`

► Die Deklaration public int geschwindigkeit würde diesem Prinzip der Datenkapselung widersprechen.

▶ Die Methode `ausgabe()` dient zur kommentierten Ausgabe des Werts der Eigenschaft `geschwindigkeit`. Daher wird ihrem Namen eine Zeichenkette zugewiesen, die u. a. den Wert der Eigenschaft beinhaltet.

Öffentliche Methode

▶ Die Methode `ausgabe()` wurde mit dem Schlüsselwort `public` öffentlich gemacht, d. h., sie ist von einem Programmteil, das außerhalb der Klasse steht, erreichbar. Ansonsten hätte es sich um eine rein klasseninterne Methode gehandelt. Dies kommt auch häufig vor.

▶ Die Methode `beschleunigen()` soll dazu dienen, den Wert der Eigenschaft `geschwindigkeit` zu verändern. Beim Aufruf wird der Methode ein (positiver oder negativer) Wert übergeben, der zu dem bisherigen Wert der Eigenschaft `geschwindigkeit` hinzuaddiert wird.

this

▶ Das Schlüsselwort `this` kennzeichnet *dieses Objekt*. Später werden verschiedene Objekte der Klasse `Fahrzeug` erschaffen. Für jedes dieser Objekte kann die Methode `beschleunigen()` aufgerufen werden. Es wird dann *dieses Objekt* beschleunigt. Dieser Zusammenhang wird durch die Benutzung von `this` noch einmal hervorgehoben, obwohl es nicht notwendig wäre. Auch in der Methode `ausgabe()` könnten Sie `this.geschwindigkeit` schreiben.

Damit steht eine Klasse zur Benutzung bereit. In der Ereignismethode des eigentlichen Programms im Projekt *KlasseObjekt* wird nun ein Objekt dieser Klasse erzeugt. Seine Eigenschaft wird ausgegeben, verändert und wieder ausgegeben, siehe Abbildung 5.1.

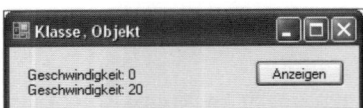

Abbildung 5.1 Objekt erzeugen, verändern, ausgeben

Der Programmcode der Ereignismethode:

```
....
namespace KlasseObjekt
{
    public partial class Form1 : Form
    {
        ....
        private void cmdAnzeigen_Click(...)
        {
            Fahrzeug vespa;
            vespa = new Fahrzeug();
```

```
lblAnzeige.Text = vespa.ausgabe();
vespa.beschleunigen(20);
lblAnzeige.Text += "\n" + vespa.ausgabe();
// lblAnzeige.Text = vespa.geschwindigkeit;
        }
    }
}
```

Listing 5.2 Projekt »KlasseObjekt«, Benutzung der Klasse Fahrzeug

Zur Erläuterung:

▶ Die Klasse `Fahrzeug` wird im Hauptprogramm, in der Klasse des Formulars genutzt.

▶ Die Anweisung `Fahrzeug vespa` erzeugt einen Verweis auf ein Objekt der Klasse `Fahrzeug`.

▶ Die Anweisung `vespa = new Fahrzeug()` erzeugt ein neues Objekt der Klasse `Fahrzeug`, das über den Verweis `vespa` erreicht werden kann. **new**

▶ Meist werden Verweis und Objekt in verkürzter Form in einer Anweisung gemeinsam erzeugt: `Fahrzeug vespa = new Fahrzeug()`.

▶ Dieses Objekt verfügt über die Eigenschaften und Methoden, die in der Klassendefinition festgelegt wurden. Man spricht auch von einer Instanz der Klasse `Fahrzeug` bzw. vom Instanziieren dieser Klasse. **Instanziierung**

▶ Mit der Anweisung `lblAnzeige.Text = vespa.ausgabe()` wird die Methode `ausgabe()` für das Objekt `vespa` aufgerufen. Diese Methode liefert gemäß Definition den Wert der Geschwindigkeit. Dieser Wert wird dem Label zugewiesen.

▶ Die Anweisung `vespa.beschleunigen(20)` ruft die Methode `beschleunigen()` für das Objekt `vespa` auf. In dieser Methode wird die Eigenschaft `geschwindigkeit` um den übergebenen Wert erhöht.

▶ Anschließend folgt wieder die Ausgabe. Sie sehen, wie sich das Objekt verändert hat.

▶ In der letzten Zeile steht (auskommentiert) eine Anweisung, die nicht durchgeführt werden kann. Das Objekt `vespa` hat zwar eine Eigenschaft `geschwindigkeit`, diese ist aber nicht öffentlich erreichbar. Daher wird das Programm mit diesem Fehler nicht übersetzt. Einen Hinweis hierauf liefert bereits die Tatsache, dass diese Eigenschaft nicht in der IntelliSense-Liste enthalten ist, die sich im Editor nach Eingabe des Punkts hinter `vespa` öffnet.

5.3 Eigenschaftsmethode

Kontrolle Eigenschaftsmethoden ermöglichen einen verbesserten Schutz von Klasseneigenschaften und eine weiter gehende Kontrolle bei den Veränderungen der Eigenschaften. Um dies zu verdeutlichen, wurde die Klasse Fahrzeug im folgenden Programm (Projekt *Eigenschaftsmethode*) verändert.

Zunächst die neue Klassendefinition:

```
class Fahrzeug
{
    private int geschwindigkeit;

    public int Geschwindigkeit
    {
        get
        {
            return geschwindigkeit;
        }

        private set
        {
            if (value > 100)
                geschwindigkeit = 100;
            else if (value < 0)
                geschwindigkeit = 0;
            else
                geschwindigkeit = value;
        }
    }

    public void beschleunigen(int wert)
    {
        Geschwindigkeit += wert;
    }
}
```

Listing 5.3 Projekt »Eigenschaftsmethode«, Definition der Klasse

Zur Erläuterung:

▶ Es gibt nach wie vor die geschützte Eigenschaft geschwindigkeit.

property ▶ Zu dieser Eigenschaft wurde die Eigenschaftsmethode (engl. *property*) Geschwindigkeit() hinzugefügt.

▶ Eigenschaftsmethoden sehen aus wie eine Mischform zwischen **get, set**
  Eigenschaft und Methode. Sie bestehen aus sogenannten Accessoren,
  einem `get`-Accessor und einem `set`-Accessor. Der `get`-Accessor ist
  verantwortlich für das Lesen der Eigenschaft `geschwindigkeit`. Der
  `set`-Accessor ist verantwortlich für das Schreiben in die Eigenschaft
  `geschwindigkeit`.

▶ Im vorliegenden Programm wurde die Eigenschaftsmethode mit
  `public` öffentlich gemacht. Der `set`-Accessor wurde dagegen mit `pri-`
  `vate` gekapselt. Somit kann die Eigenschaft `geschwindigkeit` von
  außerhalb der Klasse gelesen, aber nicht verändert werden. Sie können sie nur über die öffentliche Methode `beschleunigen()` verändern.

▶ Ein Accessor muss mindestens so restriktiv sein, wie die Eigenschafts- **Restriktiv**
  methode. Somit ist die Kombination *gekapselte Eigenschaftsmethode*
  und *öffentlicher Accessor* nicht möglich.

▶ Dem `set`-Accessor steht über das Schlüsselwort `value` der gelieferte **value**
  Wert wie ein Parameter zur Verfügung.

▶ Im `set`-Accessor wird durch eine Verzweigung dafür gesorgt, dass der
  Wert der Eigenschaft `geschwindigkeit` nicht kleiner als 0 und nicht
  größer als 100 werden darf (eine Geschwindigkeitsbegrenzung). Eine
  solche Kontrolle ist einer der Einsatzzwecke einer Eigenschaftsmethode.

▶ In der Methode `beschleunigen()` wird der gelieferte Wert zu der
  Eigenschaftsmethode hinzuaddiert. Auf diese Weise wird dafür
  gesorgt, dass sich auch bei Aufruf der Methode `beschleunigen()` der
  Wert der Eigenschaft `geschwindigkeit` nur innerhalb der erlaubten
  Grenzen bewegt.

Es folgt das Programm, in dem die veränderte Klasse benutzt wird:

```
private void cmdAnzeigen_Click(...)
{
    Fahrzeug vespa = new Fahrzeug();
    lblAnzeige.Text = "Geschwindigkeit: " +
        vespa.Geschwindigkeit;
    vespa.beschleunigen(120);
    // vespa.Geschwindigkeit = 50;
    lblAnzeige.Text += "\nGeschwindigkeit: " +
        vespa.Geschwindigkeit;
}
```

Listing 5.4 Projekt »Eigenschaftsmethode«, Benutzung der Klasse

Zur Erläuterung:

▶ Zur Ausgabe wird der (öffentlich zugängliche) get-Accessor der Eigenschaftsmethode Geschwindigkeit() benutzt.

▶ Es wird *versucht*, das Fahrzeug um 120 zu beschleunigen. Dies gelingt allerdings nicht, da der set-Accessor der Eigenschaftsmethode Geschwindigkeit() dies verhindert, siehe Abbildung 5.2.

▶ In der vorletzten Zeile steht (auskommentiert) eine Anweisung, die nicht durchgeführt werden kann. Der set-Accessor der Eigenschaftsmethode Geschwindigkeit() ist gekapselt, daher führt die Anweisung vespa.Geschwindigkeit = 50 zu einem Fehler.

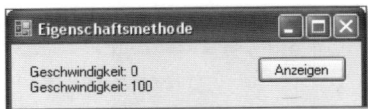

Abbildung 5.2 Kontrolle durch Eigenschaftsmethode

5.4 Konstruktor

Objekterzeugung
Konstruktoren dienen dazu, Objekte bei ihrer Erzeugung mit Werten zu versehen. Es kann pro Klasse mehrere Konstruktoren geben, wenn Sie es dem Benutzer der Klasse ermöglichen möchten, seine Objekte auf verschiedene Art und Weise zu erzeugen.

Name der Klasse
Ein Konstruktor wird in der Klasse wie eine Methode vereinbart. Er hat immer den Namen der Klasse. Im nachfolgenden Beispiel (Projekt *Konstruktor*) wurde die Klasse Fahrzeug wiederum verändert, mit dem besonderen Augenmerk auf Konstruktoren.

Zunächst die Klasse:

```
class Fahrzeug
{
    private string bezeichnung;
    private int geschwindigkeit;

    public Fahrzeug()
    {
        bezeichnung = "(leer)";
        geschwindigkeit = 0;
    }
}
```

```
    public Fahrzeug(string b)
    {
        bezeichnung = b;
        geschwindigkeit = 0;
    }

    public Fahrzeug(int g)
    {
        bezeichnung = "(leer)";
        geschwindigkeit = g;
    }

    public Fahrzeug(string b, int g)
    {
        bezeichnung = b;
        geschwindigkeit = g;
    }

    public string ausgabe()
    {
        return "Bezeichnung: " + bezeichnung +
            "\n" + "Geschwindigkeit: " +
            geschwindigkeit + "\n";
    }

    public void beschleunigen(int wert)
    {
        geschwindigkeit += wert;
    }
}
```

Listing 5.5 Projekt »Konstruktor«, Definition der Klasse

Zur Erläuterung:

▶ Fahrzeuge haben nun zwei Eigenschaften: eine Bezeichnung (mit dem Datentyp `string`) und eine Geschwindigkeit (mit dem Datentyp `int`).

▶ Es sind vier Konstruktormethoden mit dem Namen `Fahrzeug()` vereinbart, diese unterscheiden sich durch Anzahl und Datentyp der Parameter. Durch diese Unterscheidung kann das Programm bei der Objekterzeugung erkennen, welche der vier Konstruktormethoden verwendet werden soll.   *Mehrere Konstruktoren*

▶ Man bezeichnet dies als Methodenüberladung. Außer der Konstruktormethode können auch andere Methoden auf diese Weise überla-   *Überladung* den werden. Dies ist eine häufige Vorgehensweise: Sie *machen* etwas mit dem Objekt, senden dabei bestimmte Daten, und das Objekt weiß aufgrund der Klassen-Definition und der verschiedenen Methodendefinitionen, wie es mit den Daten verfahren soll.

▸ Der erste Konstruktor erwartet keine Parameter. Die beiden Eigenschaften werden mit *(leer)* und 0 vorbesetzt.

▸ Der zweite Konstruktor erwartet eine Zeichenkette. Diese wird der Bezeichnung zugewiesen. Die Geschwindigkeit wird mit 0 vorbesetzt.

▸ Analog dazu erwartet der dritte Konstruktor eine ganze Zahl. Diese wird der Geschwindigkeit zugewiesen. Die Bezeichnung wird mit *(leer)* vorbesetzt.

▸ Im vierten Konstruktor, der eine Zeichenkette und eine ganze Zahl erwartet, werden beide Eigenschaften mit den gewünschten Werten vorbesetzt.

▸ Mithilfe der Ausgabemethode werden beide Eigenschaften kommentiert ausgegeben.

Das Programm (Projekt *Konstruktor*) kann diese Klasse jetzt wie folgt nutzen:

```
private void cmdAnzeigen_Click(...)
{
    Fahrzeug vespa = new Fahrzeug();
    Fahrzeug schwalbe = new Fahrzeug("Moped");
    Fahrzeug yamaha = new Fahrzeug(50);
    Fahrzeug honda = new Fahrzeug("Motorrad", 75);

    lblAnzeige.Text = vespa.ausgabe() + "\n" +
        schwalbe.ausgabe() + "\n" +
        yamaha.ausgabe() + "\n" +
        honda.ausgabe();
}
```

Listing 5.6 Projekt »Konstruktor«, Benutzung der Klasse

Zur Erläuterung:

▸ Es werden vier Objekte der Klasse Fahrzeug erzeugt und ausgegeben, siehe Abbildung 5.3. Jedes der Objekte nutzt einen anderen Konstruktor.

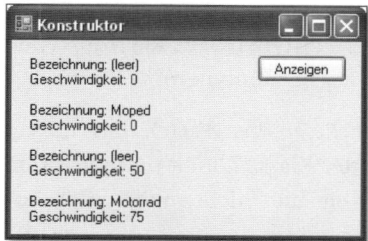

Abbildung 5.3 Vier Objekte nach der Konstruktion

▸ Während der Codierung erscheint nach Eingabe von `new Fahrzeug`   IntelliSense
eine IntelliSense-QuickInfo. Darin werden dem Entwickler die vier
Möglichkeiten zur Objekterzeugung, also die vier Konstruktoren mit
Anzahl und Typ der Parameter, zur Auswahl angeboten. Dieses Ver-
halten kennen wir schon von der Benutzung der vordefinierten
Methoden.

▸ Sobald Sie eigene Konstruktoren definieren, können Sie nur noch
diese nutzen. Falls es keine eigenen Konstruktoren gibt, wird ein
interner, parameterloser Konstruktor verwendet, wie im ersten Beispiel dieses Abschnitts.

5.5   Referenzen und Werte

Mithilfe einer Zuweisung kann einem Objektverweis A ein gleichartiger   Objektverweis
Objektverweis B zugewiesen werden. Dabei ist allerdings zu beachten,
dass nicht das Objekt, sondern nur eine Referenz (der Objektverweis)
zugewiesen wurde. Die Objektverweise A und B verweisen nach der
Zuweisung auf dasselbe Objekt. Falls im weiteren Verlauf des Programms eine Veränderung über einen der beiden Objektverweise vorgenommen wird, hat dies Auswirkungen auf dasselbe Objekt.

Bei der Übergabe von Parametern an eine Methode haben wir bereits ein   Referenztyp
ähnliches Verhalten kennengelernt. Wenn ein Parameter mit `ref` übergeben wurde, dann hatte eine Änderung Auswirkungen auf die Originalvariable. Dieser Vorgang wurde daher auch als *Übergabe per Referenz*
bezeichnet.

Anders verhält es sich bekanntlich bei der Zuweisung einer Variablen eines   Werttyp
Basis-Datentyps (z. B. `int` oder `double`). Nach der Zuweisung einer Vari-
ablen A an eine Variable B haben zwar beide zunächst den gleichen Wert.
Es handelt sich aber um zwei verschiedene Variablen, die im weiteren Ver-

lauf des Programms unabhängig voneinander agieren können. Bezüglich dieses Verhaltens spricht man auch von Verweistypen bzw. Referenztypen (Objekte) und Werttypen (Variablen der Basis-Datentypen).

Es folgt ein Beispielprogramm (Projekt *ReferenzenWerte*), das diesen Unterschied verdeutlicht. Die Definition der Klasse ähnelt derjenigen im vorigen Projekt *Konstruktor*, daher muss sie hier nicht mehr gesondert dargestellt werden:

```
private void cmdAnzeigen1_Click(...)
{
    Fahrzeug vespa = new Fahrzeug("Moped", 50);
    Fahrzeug schwalbe;
    schwalbe = vespa;
    lblAnzeige.Text = vespa.ausgabe() +
        "\n" + schwalbe.ausgabe();
    vespa.beschleunigen(35);
    lblAnzeige.Text += "\n\n" + vespa.ausgabe() +
        "\n" + schwalbe.ausgabe();
}

private void cmdAnzeigen2_Click(...)
{
    int x = 12;
    int y;
    y = x;
    lblAnzeige.Text = "x: " + x + ", y: " + y;
    x = 25;
    lblAnzeige.Text +=
        "\n\n" + "x: " + x + ", y: " + y;
}
```

Listing 5.7 Projekt »ReferenzenWerte«, Teil 1

Zur Erläuterung:

▶ Nach der Erzeugung eines Objekts (mit new) und eines Objektverweises (ohne new) der Klasse Fahrzeug erfolgt die Zuweisung des Objekts zum zweiten Objektverweis.

▶ Damit sind schwalbe und vespa Verweise auf dasselbe Objekt. Wird vespa *beschleunigt*, so erfährt man auch über schwalbe diese Veränderung, siehe Abbildung 5.4.

▶ Im Gegensatz dazu zeigt die Methode mit den beiden int-Variablen ein anderes Verhalten. Kurzfristig haben x und y den gleichen Wert.

Nach einer Veränderung von x trifft dies nicht mehr zu, siehe Abbildung 5.5.

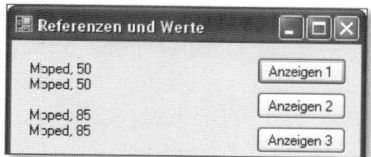

Abbildung 5.4 Zwei Verweise auf ein Objekt

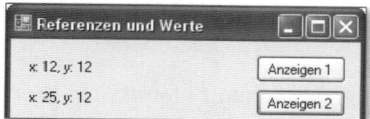

Abbildung 5.5 Zwei verschiedene Variablen

5.5.1 Objekte vergleichen

In diesem Zusammenhang ist auch die Methode Equals() der Basisklasse object von Interesse. Diese Methode erbt jede Klasse, weil jede Klasse von der Basisklasse object abgeleitet wird. Das Thema *Vererbung* wird im gleichnamigen Abschnitt 5.7 noch vertieft.

Equals()

Mithilfe der Methode Equals() können Sie feststellen, ob Objekte gleich sind. Gleichheit bedeutet

▶ bei Referenztypen, dass beide auf dasselbe Objekt verweisen,

▶ bei Werttypen, dass sie den gleichen Wert haben.

In der folgenden Erweiterung des Projekts *ReferenzenWerte* werden zwei Objektverweise miteinander verglichen:

```
private void cmdAnzeigen3_Click(...)
{
    Fahrzeug vespa = new Fahrzeug("Roller", 35);
    Fahrzeug schwalbe = new Fahrzeug("Roller", 35);

    if (vespa.Equals(schwalbe))
        MessageBox.Show("1: Beide Objektverweise" +
            " zeigen auf dasselbe Objekt");
    else
        MessageBox.Show("1: Beide Objektverweise" +
            " zeigen nicht auf dasselbe Objekt");
```

```
vespa = schwalbe;

if (vespa.Equals(schwalbe))
    MessageBox.Show("2: Beide Objektverweise" +
        " zeigen auf dasselbe Objekt");
else
    MessageBox.Show("2: Beide Objektverweise" +
        " zeigen nicht auf dasselbe Objekt");
}
```

Listing 5.8 Projekt »ReferenzenWerte«, zwei Verweise vergleichen

Zur Erläuterung:

▶ Die beiden Objekte der Klasse Fahrzeug werden mit identischen Werten erzeugt.

▶ Auf das Objekt vespa wird die geerbte Methode Equals() angewendet. Als Parameter wird der Objektverweis auf das andere Objekt übergeben. Die beiden Objekte haben zwar die gleichen Werte, aber die Methode Equals() liefert dennoch false, da die Objektverweise nicht auf dasselbe Objekt verweisen.

MessageBox.
Show()

▶ Die Ausgabe erfolgt mit der Methode Show() der Klasse MessageBox. Diese dient zur Anzeige eines kleinen Dialogfelds für Standardausgaben. Weitere Einzelheiten dazu in Abschnitt 7.6.

▶ Anschließend erfolgt die Zuweisung vespa = schwalbe.

▶ Nun verweisen beide auf dasselbe Objekt. Equals() liefert true.

Überschreiben

Sie können die Methode Equals()in einer abgeleiteten Klasse überschreiben. Damit ist sie mehrmals vorhanden. Sie können sie nun auch dazu benutzen, um nach klassenspezifischen Merkmalen festzustellen, ob die Objekte gleich sind.

Zur Erläuterung dieses Verhaltens wird die Klasse Fahrzeug im Projekt *ReferenzenWerte* wie folgt ergänzt:

```
class Fahrzeug
{
    ....
    public bool Equals(Fahrzeug x)
    {
        if (bezeichnung == x.bezeichnung &&
            geschwindigkeit == x.geschwindigkeit)
            return true;
        else
```

```
        return false;
    }
}
```

Listing 5.9 Projekt »ReferenzenWerte«, Methode Equals()

Zur Erläuterung:

▸ Die Methode liefert `true`, wenn die Werte der beiden Eigenschaften `bezeichnung` und `geschwindigkeit` gleich sind.

Das folgende Beispielprogramm (ebenfalls im Projekt *ReferenzenWerte*) verwendet die veränderte Klasse `Fahrzeug`:

```
private void cmdAnzeigen4_Click(...)
{
    Fahrzeug vespa = new Fahrzeug("Roller", 35);
    Fahrzeug schwalbe = new Fahrzeug("Roller", 35);

    if (vespa.Equals(schwalbe))
        MessageBox.Show(
            "Beide Objekte sind gleich");
    else
        MessageBox.Show(
            "Beide Objekte sind nicht gleich");
}
```

Listing 5.10 Projekt »ReferenzenWerte«, Nutzung der Methode Equals()

Zur Erläuterung:

▸ Beim Vergleich wird nun die eigene Methode `Equals()` der Klasse `Fahrzeug` aufgerufen.

▸ Es werden die Werte der Eigenschaften verglichen. Diese sind gleich, also liefert die Methode `Equals()` den Wert `true`.

5.6   Statische Elemente

Bisher haben wir nur Eigenschaften kennengelernt, die bestimmten Objekten zugeordnet sind, und Methoden, die für ein bestimmtes Objekt ausgeführt werden. Darüber hinaus gibt es aber auch klassenbezogene Eigenschaften und Methoden:

Statische
Eigenschaften

▶ Klassenbezogene Eigenschaften, sogenannte statische Eigenschaften, sind thematisch mit der Klasse verbunden. Ihre Werte stehen allen Objekten der Klasse zur Verfügung. Falls sie öffentlich deklariert werden, stehen sie auch außerhalb der Klasse zur Verfügung.

Statische
Methoden

▶ Klassenbezogene Methoden, sogenannte statische Methoden, sind ebenfalls thematisch mit der Klasse verbunden.

Im nachfolgenden Beispiel im Projekt *StatischeElemente* werden zwei statische Eigenschaften genutzt, eine ist in der Klasse gekapselt, die andere öffentlich. Außerdem kommt noch eine statische Methode zum Einsatz. Zunächst die Klassendefinition:

```
class Zahl
{
    double wert;
    int nummer;
    static int anzahl = 0;
    public static double pi = 3.1415926;

    public Zahl(double x)
    {
        anzahl += 1;
        nummer = anzahl;
        wert = x;
    }

    public void maldrei()
    {
        wert = wert * 3;
    }

    public static double verdoppeln(double x)
    {
        return x * 2;
    }

    public string ausgabe()
    {
        return "Objekt Nr. " + nummer +
            ", Wert: " + wert;
    }
}
```

Listing 5.11 Projekt »StatischeElemente«, Klassendefinition

Zur Erläuterung:

▶ Es wurde die Klasse Zahl definiert, mit deren Hilfe einige einfache Zahlenoperationen ausgeführt werden sollen.

▶ Die beiden Variablen wert und nummer sind objektbezogene Eigenschaften. Jedes Objekt hat also seinen eigenen Wert und seine eigene laufende Nummer.

▶ Die Variable anzahl ist eine klassenbezogene und gekapselte Eigenschaft. Diese statische Eigenschaft gibt es insgesamt nur einmal, unabhängig von der Anzahl der erzeugten Objekte. Sie steht innerhalb der Klasse allen Objekten gemeinsam zur Verfügung, sie wird also von den Objekten gemeinsam genutzt. Das Schlüsselwort static kennzeichnet die Variable als eine statische Eigenschaft.

static

▶ Innerhalb des Konstruktors der Klasse wird die statische Eigenschaft anzahl bei jeder Erzeugung eines Objekts um 1 erhöht. Diese Eigenschaft repräsentiert also die Anzahl der Objekte. Darüber hinaus wird sie genutzt, um jedem Objekt bei seiner Erzeugung eine individuelle laufende Nummer zu geben.

▶ Die Variable pi ist eine klassenbezogene und öffentliche Eigenschaft. Sie ist ebenfalls einmalig, steht aber nicht nur innerhalb, sondern auch außerhalb der Klasse zur Verfügung. Sie ist aber thematisch mit der Klasse Zahl verbunden, daher wird sie in der Klasse deklariert.

public static

▶ Die Methode maldrei() ist eine objektbezogene Methode. Sie kann auf ein Objekt angewendet werden und verändert dieses Objekt gegebenenfalls.

▶ Die Methode verdoppeln() ist eine klassenbezogene Methode. Sie wird nicht auf ein individuelles Objekt angewendet. Sie ist aber thematisch mit der Klasse Zahl verbunden und wird daher in der Klasse definiert. Innerhalb der Methode steht keine objektbezogene Eigenschaft (wie wert oder nummer) zur Verfügung.

Statische Methode

Im folgenden Programm im Projekt *StatischeElemente* werden alle genannten statischen Elemente genutzt, siehe Abbildung 5.6.

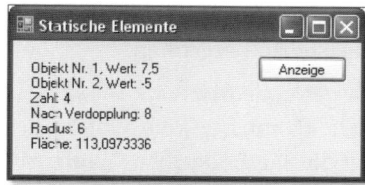

Abbildung 5.6 Statische Elemente

Der Programmcode:

```
private void cmdAnzeigen_Click(...)
{
    Zahl x = new Zahl(2.5);
    Zahl p = new Zahl(-5);
    double y, r;

    /* Objektbezogene Methoden */
    x.maldrei();
    lblAnzeige.Text = x.ausgabe() + "\n" +
        p.ausgabe();

    /* Klassenbezogene Methode */
    y = 4;
    lblAnzeige.Text += "\n" + "Zahl: " + y +
        "\n" + "Nach Verdopplung: " +
        Zahl.verdoppeln(y);

    /* Klassenbezogene und öffentliche Eigenschaft */
    r = 6;
    lblAnzeige.Text += "\n" + "Radius: " + r +
        "\n" + "Fläche: " + r * r * Zahl.pi;
}
```

Listing 5.12 Projekt »StatischeElemente«, Hauptprogramm

Zur Erläuterung:

▶ Es werden die beiden Objekte x und p der Klasse Zahl erzeugt. Dabei wird jeweils der Konstruktor durchlaufen, die Objekte erhalten ihre Startwerte sowie eine laufende Nummer.

▶ Auf das Objekt x wird eine objektbezogene Methode angewendet. Anschließend werden beide Objekte mit ihren Eigenschaften ausgegeben.

▶ Die statische Methode verdoppeln() wird auf eine double-Variable angewendet.

▶ Die statische und öffentliche Eigenschaft pi der Klasse wird genutzt, um aus dem Radius eines Kreises die Fläche zu berechnen.

Show() ▶ Die im vorigen Projekt *ReferenzenWerte* genutzte Methode Show() der Klasse MessageBox ist ebenfalls statisch. Es musste kein Objekt der Klasse MessageBox erzeugt werden, um die Methode Show() aufzurufen.

5.7   Vererbung

Eine Klasse kann ihre Elemente an eine andere Klasse vererben. Dieser Mechanismus wird häufig angewendet, um bereits vorhandene Definitionen übernehmen zu können. Sie erzeugen durch Vererbung eine Hierarchie von Klassen, die die Darstellung von Objekten mit teils übereinstimmenden, teils unterschiedlichen Merkmalen ermöglichen.

Visual C# stellt bereits eine große Menge an Klassen zur Verfügung, die in eigenen Programmen geerbt werden können. Dadurch können Sie komplexe Objekte mit ihrem Verhalten, ihren Eigenschaften und Möglichkeiten in Ihr eigenes Programm einfügen.

Erben

In den Beispielen dieses Buchs wurde dies bereits vielfach praktiziert. So wurde beim Einfügen eines Formulars von der Klasse für Formulare geerbt. Alle Eigenschaften eines Formulars (Text, BackColor, Size, ...), alle Methoden eines Formulars (Close(), ...) und alle Ereignisse eines Formulars (Click, Load, Activated, ...) stehen nach dem Einfügen zur Verfügung.

Formular geerbt

Im nachfolgenden Beispiel im Projekt *Vererbung* wird eine Klasse PKW definiert, mit deren Hilfe die Eigenschaften und Methoden von Personenkraftwagen dargestellt werden sollen. Bei der Erzeugung bedienen Sie sich der existierenden Klasse Fahrzeug, in der ein Teil der gewünschten Eigenschaften und Methoden bereits vorhanden sind. Bei der Klasse PKW kommen noch einige Merkmale hinzu.

In diesem Zusammenhang nennt man die Klasse PKW auch eine spezialisierte Klasse. Die Klasse Fahrzeug nennt man eine allgemeine Klasse. Von der Klasse PKW aus gesehen ist die Klasse Fahrzeug eine Basisklasse. Von der Klasse Fahrzeug aus gesehen ist die Klasse PKW eine abgeleitete Klasse.

Basisklasse, abgeleitete Klasse

Bei der Projekterzeugung werden beide Klassen in eigenen Klassendateien gespeichert, jeweils über den Menüpunkt PROJEKT • KLASSE HINZU-FÜGEN.

Zunächst die Basisklasse Fahrzeug:

```
class Fahrzeug
{
    int geschwindigkeit;

    public void beschleunigen(int wert)
    {
```

```
        geschwindigkeit += wert;
    }

    public string ausgabe()
    {
        return "Geschwindigkeit: " +
            geschwindigkeit + "\n";
    }
}
```

Listing 5.13 Projekt »Vererbung«, Basisklasse Fahrzeug

Davon abgeleitet wird die Klasse PKW:

```
class PKW : Fahrzeug
{
    int insassen;

    public void einsteigen(int anzahl)
    {
        insassen += anzahl;
    }

    public new string ausgabe()
    {
        return "Insassen: " + insassen +
            "\n" + base.ausgabe();
    }
}
```

Listing 5.14 Projekt »Vererbung«, abgeleitete Klasse PKW

Zur Erläuterung:

Doppelpunkt ▶ Nach dem Beginn der Klassendefinition (class PKW) folgt ein Doppelpunkt und der Name der Klasse Fahrzeug. Dadurch wird gekennzeichnet, dass die Klasse PKW alle Elemente von der Klasse Fahrzeug erbt.

Geerbte ▶ Die Klasse PKW verfügt nun über zwei Eigenschaften: die geerbte
Eigenschaft Eigenschaft geschwindigkeit und die eigene Eigenschaft insassen.

Geerbte Methode ▶ Außerdem verfügt sie über vier Methoden: die geerbten Methoden beschleunigen() und ausgabe() sowie die eigenen Methoden einsteigen() und ausgabe().

▶ Da die Methode `ausgabe()` bereits in der Basisklasse mit der gleichen **new** Signatur vorkommt, sollten Sie die gleichnamige Methode der abgeleiteten Klasse durch `new` besonders kennzeichnen. Damit teilen Sie mit, dass diese Methode eine andere, gleichnamige Methode der Basisklasse verdeckt.

▶ In der Methode `ausgabe()` der Klasse `PKW` wird allerdings weiterhin **base** die Methode der Basisklasse benötigt, denn sie soll alle Eigenschaften ausgeben und sich dabei möglichst der bereits vorhandenen Methode `ausgabe()` der Basisklasse bedienen. Die Elemente der Basisklasse erreichen Sie in einer abgeleiteten Klasse über den Bezeichner `base`.

In dem Programm im Projekt *Vererbung*, das diese Klassen benutzt, werden zwei Objekte erzeugt, ein Objekt der Basisklasse und ein Objekt der abgeleiteten Klasse, siehe Abbildung 5.7.

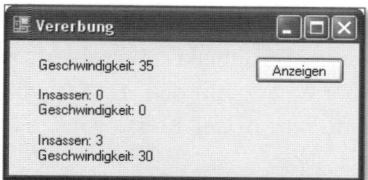

Abbildung 5.7 Objekte der Basisklasse und der abgeleiteten Klasse

Der Programmcode:

```
private void cmdAnzeigen_Click(...)
{
    Fahrzeug vespa = new Fahrzeug();
    PKW fiat = new PKW();

    vespa.beschleunigen(35);
    lblAnzeige.Text = vespa.ausgabe();

    lblAnzeige.Text += "\n" + fiat.ausgabe();
    fiat.einsteigen(3);
    fiat.beschleunigen(30);
    lblAnzeige.Text += "\n" + fiat.ausgabe();
}
```

Listing 5.15 Projekt »Vererbung«, Nutzung der Klassen

Zur Erläuterung:

▶ Im Programm werden zwei Objekte verschiedener Klassen erzeugt.

Methodensuche ▶ Wenn eine Methode für ein Objekt einer abgeleiteten Klasse aufgerufen wird, dann wird diese Methode zunächst in dieser abgeleiteten Klasse gesucht. Falls sie dort gefunden wird, so wird sie aufgerufen. Anderenfalls wird sie eine Ebene höher, also in der Klasse gesucht, von der die Klasse des Objekts abgeleitet wurde. Falls sie dort auch nicht gefunden wird, wird wiederum die zugehörige Basisklasse durchsucht usw.

▶ Für das Objekt `fiat` der Klasse `PKW` werden die Methoden `ausgabe()` und `einsteigen()` aufgerufen. Diese werden zuerst in der Klasse `PKW` gefunden und ausgeführt.

▶ Innerhalb der Methode `ausgabe()` der Klasse `PKW` wird die Methode der Basisklasse `Fahrzeug` über `base` aufgerufen und ausgeführt.

▶ Die Methode `beschleunigen()` wird für das Objekt `fiat` ebenfalls zunächst in der Klasse `PKW` gesucht, aber nicht gefunden. Da `PKW` von `Fahrzeug` geerbt hat, wird die Methode nun in der Klasse `Fahrzeug` gesucht, dort gefunden und ausgeführt.

private Hinweis: Eigenschaften der Basisklasse sind von der abgeleiteten Klasse aus normalerweise nicht erreichbar, da sie in der Basisklasse gekapselt sind. Sie wurden mit dem Schlüsselwort `private` deklariert oder (gleichbedeutend) ganz ohne Zusatz vor dem Datentyp. Möchten Sie sie aber dennoch erreichbar machen, so haben Sie zwei Möglichkeiten:

public ▶ Sie deklarieren die Eigenschaften mit `public`. Dann sind sie öffentlich zugänglich und von überall aus zu erreichen. Dies widerspricht aber dem Prinzip der Datenkapselung.

protected ▶ Sie deklarieren die Eigenschaften mit `protected`. Nun sind sie von der Klasse, in der sie deklariert wurden, und von allen aus dieser abgeleiteten Klassen aus erreichbar. Somit bleibt noch eine gewisse Datenkapselung gewährleistet.

Formular erben Hinweis: Spätestens jetzt erklärt sich auch die Hierarchie in der Kopfzeile der Formularklasse, die in jedem bisherigen Programm genutzt wurde: `public partial class Form1 : Form`. Die Klasse `Form1` erbt von der vorhandenen Klasse `Form`.

5.8   Konstruktoren bei Vererbung

Bei der Erzeugung eines Objekts einer abgeleiteten Klasse können Sie Konstruktoren einsetzen. Sie sollten dabei darauf achten, wie die Konstruktoren der Basisklasse aufgebaut sind, damit diese intern richtig aufgerufen werden können.

Konstruktor der Basisklasse

Zunächst eine Basisklasse mit zwei Konstruktoren im Projekt *VererbungKonstruktoren*:

```
class Fahrzeug
{
    string bezeichnung;
    int geschwindigkeit;

    public Fahrzeug()
    {
        bezeichnung = "(leer)";
        geschwindigkeit = 0;
    }

    public Fahrzeug(string b, int g)
    {
        bezeichnung = b;
        geschwindigkeit = g;
    }
    ....
}
```

Listing 5.16   Projekt »VererbungKonstruktoren«, Klasse Fahrzeug

Zur Erläuterung:

▶ Einer der beiden Konstruktoren benötigt keine Parameter. Die Eigenschaften werden mit *(leer)* bzw. 0 initialisiert.

▶ Der andere Konstruktor benötigt eine `string`-Variable und eine `int`-Variable. Mit den übergebenen Werten werden die Eigenschaften vorbesetzt.

Es folgt die abgeleitete Klasse, ebenfalls mit zwei Konstruktoren:

```
class PKW : Fahrzeug
{
    int insassen;

    public PKW()
```

```
    {
        insassen = 0;
    }

    public PKW(string b, int g, int i)
        : base(b, g)
    {
        insassen = i;
    }
    ....
}
```

Listing 5.17 Projekt »VererbungKonstruktoren«, Klasse PKW

Zur Erläuterung:

▶ In dieser Klasse gibt es ebenfalls einen parameterlosen Konstruktor.

base() ▶ Der andere Konstruktor benötigt eine `string`-Variable und zwei `int`-Variablen. Zwei der übergebenen Werte werden mithilfe von `base()` an die Basisklasse weitergereicht, dabei muss der passende Konstruktor aufgerufen werden. Der dritte Wert wird in der Klasse `PKW` zum Vorbesetzen der eigenen Eigenschaft der Klasse `PKW` genutzt.

Das Programm (Ausgabe siehe Abbildung 5.8):

```
private void cmdAnzeigen_Click(...)
{
    PKW fiat = new PKW("Limousine", 50, 2);
    PKW peugeot = new PKW();
    lblAnzeige.Text = fiat.ausgabe() +
        "\n" + peugeot.ausgabe();
}
```

Listing 5.18 Projekt »VererbungKonstruktoren«, Nutzung der Klasse

Zur Erläuterung:

▶ Die beiden Objekte `fiat` und `peugeot` werden unterschiedlich erzeugt.

Eigenschaften ▶ Das Objekt `fiat` wird mit drei Werten initialisiert; somit wird der pas-
weiterreichen sende Konstruktor gefunden. Dieser reicht die Werte für Geschwindigkeit und Bezeichnung weiter.

▶ Das Objekt `peugeot` wird ohne Werte initialisiert. Auch hier werden beide Konstruktoren durchlaufen und Standardwerte festgehalten.

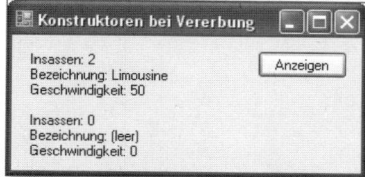

Abbildung 5.8 Nutzung verschiedener Konstruktoren

5.9   Polymorphie

Polymorphie bedeutet Vielgestaltigkeit. Innerhalb der objektorientierten Programmierung bedeutet dieser Begriff, dass ein Objektverweis auf Objekte unterschiedlicher Art verweisen kann. Er ist anschließend in der Lage, den Abruf der jeweils zugehörigen Objektelemente zu unterstützen. Dies vergrößert die Flexibilität bei der Programmierung mit Objekten verwandter Klassen. — *Vielgestaltigkeit*

Im nachfolgenden Beispiel im Projekt *Polymorphie* werden Objekte zweier Klassen erzeugt. Eine der Klassen ist aus der anderen Klasse abgeleitet. Die Objekte werden anschließend über ein Feld von Verweisen auf Objekte der Basisklasse gemeinsam erreichbar gemacht. Innerhalb einer Schleife werden alle Objekte ausgegeben. — *Feld von Objektverweisen*

Zunächst die Basisklasse:

```
class Fahrzeug
{
    string bezeichnung;
    int geschwindigkeit;

    public Fahrzeug()
    {
        bezeichnung = "(leer)";
        geschwindigkeit = 0;
    }

    public Fahrzeug(string b, int g)
    {
        bezeichnung = b;
        geschwindigkeit = g;
    }
```

```
    public virtual string ausgabe()
    {
        return "\n" +
            "Bezeichnung: " + bezeichnung + "\n" +
            "Geschwindigkeit: " + geschwindigkeit +
            "\n";
    }
}
```

Listing 5.19 Projekt »Polymorphie«, Basisklasse Fahrzeug

Zur Erläuterung:

▶ Die Klasse hat zwei Konstruktoren.

virtual ▶ Die Ausgabe-Methode wird mit virtual gekennzeichnet. Eine virtuelle Methode leitet den Zugriff eines Objektverweises auf die entsprechende Methode der Klasse des zugehörigen Objekts um. Dies ist eine wichtige Voraussetzung für das polymorphe Verhalten.

Die abgeleitete Klasse:

```
class PKW : Fahrzeug
{
    int insassen;

    public PKW()
    {
        insassen = 0;
    }

    public PKW(string b, int g, int i)
        : base (b, g)
    {
        insassen = i;
    }

    public override string ausgabe()
    {
        return base.ausgabe() +
            "Insassen: " + insassen + "\n";
    }
}
```

Listing 5.20 Projekt »Polymorphie«, abgeleitete Klasse PKW

Zur Erläuterung:

▶ Die Klasse hat ebenfalls zwei Konstruktoren.

▶ Die Ausgabe-Methode wird mit `override` als *überschreibend* gekenn- `override`
zeichnet. Damit kann sie eine gleichnamige Methode der Basisklasse
überschreiben, die entweder mit `virtual` (wie in diesem Beispiel),
`abstract` oder `override` gekennzeichnet ist.

Das Programm:

```
private void cmdAnzeigen_Click(...)
{
    Fahrzeug vespa = new Fahrzeug("Roller", 35);
    Fahrzeug schwalbe = new Fahrzeug("Moped", 45);
    PKW fiat = new PKW("Limousine", 90, 4);
    PKW porsche = new PKW("Sportwagen", 130, 1);

    Fahrzeug[] sammlung = new Fahrzeug[5];
    int i;
    sammlung[0] = vespa;
    sammlung[1] = schwalbe;
    sammlung[2] = fiat;
    sammlung[3] = porsche;
    sammlung[4] = new Fahrzeug();

    for(i=0; i<sammlung.Length; i++)
        lblAnzeige.Text += sammlung[i].ausgabe();
}
```

Listing 5.21 Projekt »Polymorphie«, Nutzung der Klassen

Zur Erläuterung:

▶ Es werden jeweils zwei Objekte der beiden Klassen erzeugt und mit
allen Eigenschaften initialisiert.

▶ Zusätzlich wird ein Feld von fünf Verweisen auf Objekte der Basis- Feld von
klasse deklariert. Diese Verweise haben noch kein Verweisziel, d. h., Verweisen
sie zeigen noch auf kein Objekt.

▶ Nacheinander werden die vier vorhandenen Objekte den vier ersten
Verweisen zugewiesen. Dem fünften Verweis wird ein neues, leeres
Objekt der Basisklasse zugewiesen.

▶ Bei der Ausgabe aller Feldelemente (siehe Abbildung 5.9) mithilfe Passende
einer Schleife wird jeweils die Methode `ausgabe()` aufgerufen. Zu Methode
den Verweisen wird jeweils die passende Methode des Objekts, auf
das verwiesen wird, gefunden.

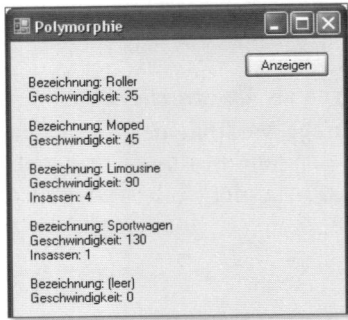

Abbildung 5.9   Fünf Verweise in einem Feld

5.10   Schnittstellen

Interface
Im Zusammenhang mit der Vererbung gibt es bei C# (und bei vielen anderen objektorientierten Programmiersprachen) das Konzept der Schnittstelle *(Interface)*. Eine Schnittstelle sieht aus wie eine Klasse, enthält aber nur Definitionen, keinen Programmcode. Von einer Schnittstelle können keine Objekte erzeugt werden.

Implementation
Schnittstellen werden erst zum Leben erweckt, wenn sie von einer Klasse verwendet bzw. *implementiert* werden. Die Klasse ist dabei verpflichtet, alle Elemente der Schnittstelle zu implementieren.

Polymorphes Verhalten
Durch eine Schnittstelle wird die Verwandtschaft zwischen Klassen ermöglicht. Dies ist, wie im vorigen Abschnitt über Polymorphie zu sehen war, eine Voraussetzung für polymorphes Verhalten. In einer Klasse können mehrere Schnittstellen implementiert werden. Über eine dieser Schnittstellen ergibt sich jeweils eine Verwandtschaft dieser Klasse mit einer oder mehreren anderen Klassen. Es hat sich im Laufe der Entwicklung der objektorientierten Programmierung erwiesen, dass dieses Vorgehen günstiger ist als die sogenannte Mehrfachvererbung.

Keine Mehrfachvererbung
Hinweis: Bei C# gibt es keine Mehrfachvererbung. Bei der Mehrfachvererbung erbt eine Klasse Eigenschaften und Methoden mehrerer Basisklassen, das Verfahren hat allerdings verschiedene Nachteile.

ICloneable
Visual C# stellt bereits eine ganze Reihe von Schnittstellen zur Verfügung. Diese können in eigenen Klassen implementiert werden. Als Beispiel soll das Interface `ICloneable` genannt werden: Es unterstützt das Klonen von Objekten einer Klasse, also das vollständige Kopieren eines Objekts in ein anderes Objekt der gleichen Klasse. Jede Klasse, die diese

Schnittstelle implementiert, muss die Methode `Clone()` implementieren und darin genau festlegen, wie der Klon-Vorgang in dieser speziellen Klasse ablaufen soll. Dies trifft z. B. für die bereits behandelte Klasse `Array` zu (siehe hierzu auch Abschnitt 4.4).

Im nachfolgenden Beispiel *Schnittstellen* wird eine eigene Schnittstelle und die vorhandene Schnittstelle `ICloneable` implementiert. Zunächst das Interface `aenderbar` in der Datei *aenderbar.cs*:

```
namespace Schnittstellen
{
    interface aenderbar
    {
        void faerben(string farbe);
        void vergroessern(double faktor);
    }
}
```

Listing 5.22 Projekt »Schnittstellen«, Interface »aenderbar«

Zur Erläuterung:

▶ In jeder Klasse, die dieses Interface implementiert, müssen die beiden Methoden `faerben()` und `vergroessern()` definiert werden.

Es folgt die Klasse `kreis` in der Datei *kreis.cs*, in der Kreise mit ihren Eigenschaften und Methoden definiert werden:

```
using System;
namespace Schnittstellen
{
    class kreis : aenderbar, ICloneable
    {
        string farbe;
        double radius;

        public kreis(string f, double r)
        {
            farbe = f;
            radius = r;
        }

        public void vergroessern(double faktor)
        {
            radius = radius * faktor;
        }
```

```
        public void faerben(string f)
        {
            farbe = f;
        }

        public object Clone()
        {
            kreis tmp = new kreis(farbe, radius);
            return tmp;
        }

        public string aus()
        {
            return "Farbe: " + farbe +
                ", Radius: " + radius;
        }
    }
}
```

Listing 5.23 Projekt »Schnittstellen«, Klasse »kreis«

Zur Erläuterung:

Schnittstelle implementieren
▶ Die Klasse kreis implementiert neben der eigenen Schnittstelle aenderbar auch die vorhandene Schnittstelle ICloneable. Dazu müssen Sie den Namensraum System mithilfe der using-Anweisung einbinden.

▶ Kreise haben einen Radius und eine Farbe.

▶ Nach dem Konstruktor folgen die beiden Methoden faerben() und vergroessern(). Sie werden passend zur Klasse kreis implementiert.

Objekt klonen
▶ Innerhalb der Methode Clone() wird ein Objekt der Klasse kreis erzeugt. Es wird mit den Daten des aufrufenden Objekts gefüllt. Der Verweis auf das neu erzeugte Objekt wird zurückgeliefert.

Zuletzt das Hauptprogramm des Projekts:

```
using System;
using System.Windows.Forms;
namespace Schnittstellen
{
    public partial class Form1 : Form
    {
        ....
        private void cmdAnzeigen_Click(...)
        {
```

```
kreis k1 = new kreis("rot", 20);
lblA.Text = k1.aus();

k1.faerben("gelb");
k1.vergroessern(1.5);
lblA.Text += "\n" + k1.aus();

kreis k2 = (kreis) k1.Clone();
lblA.Text += "\n" + k2.aus();
        }
    }
}
```

Listing 5.24 Projekt »Schnittstellen«, Hauptprogramm

Zur Erläuterung:

▶ Es wird ein Kreis mit Radius und Farbe erzeugt.

▶ Dieser Kreis wird gefärbt und vergrößert.

▶ Anschließend wird der Verweis k2 auf ein Objekt der Klasse kreis erzeugt.

▶ Die Methode Clone() liefert einen Verweis auf ein Objekt der allgemeinen Klasse object zurück. Dieser Verweis muss zunächst mithilfe des Casts (kreis) in einen Verweis auf ein Objekt der Klasse kreis umgewandelt werden. **Verweis casten**

▶ Zur Kontrolle wird dieses zweite Objekt ausgegeben.

▶ Die Ausgabe sehen Sie in Abbildung 5.10.

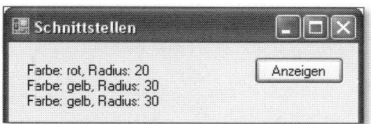

Abbildung 5.10 Schnittstellen

5.11 Strukturen

In vielen Sprachen gibt es den sogenannten benutzerdefinierten Datentyp. Darin werden thematisch zusammengehörige Daten unterschiedlichen Datentyps unter einem Namen vereinigt. Dies können Sie in C# mit einer Klasse realisieren. In vereinfachter Form können Sie dies auch mit einer Struktur umsetzen. EinVergleich zwischen Strukturen und Klassen: **Strukturen**

▶ Auf Strukturen kann schneller zugegriffen werden.

Werttyp ▶ Strukturen sind vom Werttyp, nicht vom Verweistyp, bei der Kopie einer Strukturvariablen werden alle Elemente der Struktur kopiert.

public ▶ Die Elemente einer Struktur müssen öffentlich zugänglich (`public`) sein.

▶ Strukturen können nicht erben oder vererben, sie können aber verschachtelt werden.

▶ Strukturen können keinen Konstruktor ohne Parameter haben. Sie können allerdings über Konstruktoren mit Parametern verfügen, die alle Elemente versorgen.

▶ Strukturen können Methoden, aber keine Eigenschaftsmethoden haben.

▶ Es kann Felder von Strukturvariablen geben. Zum Vergleich: Im Falle von Klassen handelt es sich um Felder von Verweisen.

Im folgenden Beispiel im Projekt *Strukturen* werden zwei verschachtelte Strukturen definiert. Innerhalb des Hauptprogramms werden insgesamt drei Strukturvariablen deklariert. Die erste Variable bekommt ihre Werte per Zuweisung, die zweite per Kopie, die dritte per Konstruktor.

telefon Zunächst die Struktur `telefon` in der Datei *telefon.cs*:

```
struct telefon
{
    public string vorwahl;
    public int nummer;

    /* Konstruktor */
    public telefon(string v, int n)
    {
        vorwahl = v;
        nummer = n;
    }

    /* Methode */
    public string aus()
    {
        return (vorwahl + "-" + nummer);
    }
}
```

Listing 5.25 Projekt »Strukturen«, Struktur »telefon«

Zur Erläuterung:

▶ Der Aufbau einer Struktur ähnelt dem Aufbau einer Klasse. Allerdings wird das Schlüsselwort struct genutzt.   **struct**

▶ In der Struktur telefon sind zwei Elemente unterschiedlichen Datentyps vereinigt: die Vorwahl als Zeichenkette und die eigentliche Nummer als Ganzzahl.

▶ Die Struktur hat einen Konstruktor, der beide Elemente mit Startwerten versorgt, und eine Methode aus() zur Rückgabe der Elemente in geeigneter Form.

Es folgt die Struktur kontakt in der Datei *kontakt.cs*. Darin wird die   **kontakt**
Struktur telefon genutzt:

```
struct kontakt
{
    public int plz;
    public string ort;
    public string strasse;
    public int hausnummer;
    public telefon tel, fax;

    /* Konstruktor */
    public kontakt(int p, string o, string s,
        int h, telefon t, telefon f)
    {
        plz = p;
        ort = o;
        strasse = s;
        hausnummer = h;
        tel = t;
        fax = f;
    }

    /* Methode */
    public string aus()
    {
        return (strasse + " " + hausnummer +
            "\n" + plz + " " + ort + "\nTel: " +
            tel.aus() + "\nFax: " + fax.aus());
    }
}
```

Listing 5.26 Projekt »Strukturen«, Struktur »kontakt«

▶ Die Struktur kontakt hat sechs Elemente, zwei ganze Zahlen, zwei Zeichenketten und zwei Elemente der Struktur telefon. Diese haben jeweils zwei Elemente, also können in einer Variablen dieser Struktur insgesamt acht Informationen gespeichert werden.

▶ Der Konstruktor hat sechs Parameter. Innerhalb des Konstruktors wird implizit der Konstruktor der Struktur telefon aufgerufen.

▶ Es gibt eine Methode aus() zur Rückgabe der Elemente in geeigneter Form. Innerhalb der Methode wird explizit die Ausgabemethode der Struktur telefon aufgerufen.

Zuletzt das eigentliche Programm, das diese beiden Strukturen benutzt:

```
private void cmdAnzeigen_Click(...)
{
    /* Objekte ohne Daten */
    kontakt x, y;

    /* Zuweisung */
    x.plz = 43024;
    x.ort = "Aachen";
    x.strasse = "Hunsrückweg";
    x.hausnummer = 104;
    x.tel.vorwahl = "0466";
    x.tel.nummer = 532626;
    x.fax.vorwahl = "0466";
    x.fax.nummer = 532627;

    /* Kopie aller Werte */
    y = x;

    /* Ausgabe */
    lblA.Text = y.aus();

    /* Objekte mit Daten */
    kontakt z = new kontakt(
        43035, "Düren", "Eifelweg", 12,
        new telefon("0463", 887743),
        new telefon("0463", 887744));
    lblA.Text += "\n\n" + z.aus();
}
```

Listing 5.27 Projekt »Strukturen«, Hauptprogramm

▶ Im Hauptprogramm werden zunächst zwei Variablen des Strukturtyps kontakt ohne Daten deklariert.

▶ Die erste Variable wird per Zuweisung mit Werten versorgt. Dabei ist besonders auf die Schreibweise im Zusammenhang mit der Struktur telefon zu achten.

▶ Durch einfache Zuweisung werden alle Elemente der ersten Strukturvariablen in die zweite Strukturvariable kopiert.

Kopieren

▶ Die zweite Strukturvariable wird ausgegeben.

▶ Die dritte Strukturvariable wird wie ein Objekt erzeugt, mithilfe von new und einem Konstruktor. Innerhalb der Parameterliste werden die beiden Variablen der »inneren« Struktur telefon ebenfalls mithilfe von new und einem Konstruktor erzeugt.

new

▶ Die Ausgabe sehen Sie in Abbildung 5.11.

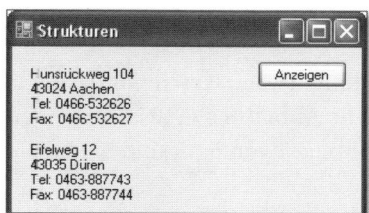

Abbildung 5.11 Strukturen

5.12 Mehrere Formulare

In diesem Abschnitt folgt ein Thema, das nicht mehr direkt zur Einführung in die Objektorientierung gehört. Allerdings sind die Kenntnisse aus diesem Kapitel notwendig, um das Thema besser zu verstehen.

Anwendungen bestehen häufig aus mehreren Formularen. Dabei gibt es ein Hauptformular, mit dem die Anwendung startet, und Unterformulare, die von diesem Hauptformular aus gestartet werden. Nach Beendigung eines Unterformulars erscheint wieder das Hauptformular.

Haupt- und Unterformular

Das größte Problem in diesem Zusammenhang ist der Datentransport zwischen den verschiedenen Formularen. Betrachten wir die Anwendung Microsoft Word (= Hauptformular) und das Unterformular SCHRIFTEIGENSCHAFTEN:

Datentransport

▶ Falls der Benutzer das Unterformular aufruft, sollen die aktuellen Schrifteigenschaften dort angezeigt werden (Daten vom Hauptformular zum Unterformular).

▶ Falls der Benutzer das Unterformular verlässt, sollen die neu eingestellten Schrifteigenschaften im Hauptformular angewandt werden (Daten vom Unterformular zum Hauptformular).

Es folgt ein Beispiel (Projekt *MehrereFormulare*), in dem der Datentransport beschrieben wird. Sie müssen zunächst ein weiteres Formular zur Anwendung hinzufügen. Dazu rufen Sie im Projektmappen-Explorer für das Projekt *MehrereFormulare* mithilfe der rechten Maustaste das Kontextmenü auf.

Weiteres Formular hinzufügen

Im Kontextmenü wählen Sie den Punkt HINZUFÜGEN • WINDOWS FORM aus. Im nachfolgenden Dialogfeld NEUES ELEMENT HINZUFÜGEN ist bereits der Typ WINDOWS FORM markiert. Den vorgeschlagenen Namen *Form2.cs* können Sie beibehalten.

Nachdem Sie den Button HINZUFÜGEN betätigt haben, erscheint das neue Formular im Projektmappen-Explorer (siehe Abbildung 5.12). Die beiden Formulare werden gestaltet wie in den Abbildungen 5.13 und 5.14.

Abbildung 5.12 Mehrere Formulare im Projektmappen-Explorer

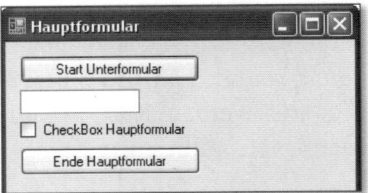

Abbildung 5.13 Hauptformular

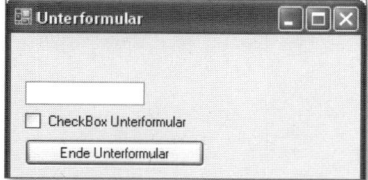

Abbildung 5.14 Unterformular

Der Ablauf des Programms:

Ablauf

- ▶ Die Anwendung erscheint mit dem Hauptformular.

- ▶ Im Hauptformular kann eine Textbox gefüllt und eine Checkbox benutzt werden.

- ▶ Der Button START UNTERFORMULAR führt zur Anzeige des Unterformulars.

- ▶ In der Textbox des Unterformulars wird automatisch der Text aus der Textbox des Hauptformulars angezeigt (falls vorhanden). Entsprechend verhält es sich mit der Checkbox.

- ▶ Der Button ENDE UNTERFORMULAR beendet das Unterformular.

- ▶ Falls der Benutzer Textbox oder Checkbox des Unterformulars geändert hat, ist diese Änderung in den entsprechenden Steuerelementen des Hauptformulars erkennbar.

- ▶ Der Button ENDE HAUPTFORMULAR beendet das Hauptformular und damit die Anwendung.

Zunächst der Code des Hauptformulars:

Hauptformular

```
using System;
using System.Windows.Forms;

namespace MehrereFormulare
{
    public partial class Form1 : Form
    {
        public Form1()
        {
            InitializeComponent();
        }

        private void cmdStartUnter_Click(...)
        {
            Form2 fu = new Form2(this);
```

```
            fu.ShowDialog();
        }

        private void cmdEndeHaupt_Click(...)
        {
            Close();
        }
    }
}
```

Listing 5.28 Projekt »MehrereFormulare«, Hauptformular

Zur Erläuterung:

this ► In der Ereignismethode cmdStartUnter_Click() wird ein Objekt der Klasse des Unterformulars (Form2) erzeugt. Diese Klasse hat einen Konstruktor, der einen Verweis auf ein Objekt der Klasse des Hauptformulars erwartet. Dieser Verweis wird mit this geliefert.

modal ► Das Unterformular wird mithilfe der Methode ShowDialog() *modal* angezeigt. Modal bedeutet: Das Hauptformular kann so lange nicht mehr bedient werden, bis das Unterformular wieder geschlossen wurde.

► Die Methode Close() schließt das Hauptformular und damit die gesamte Anwendung.

Unterformular Es folgt der Code des Unterformulars:

```
using System;
using System.Windows.Forms;

namespace MehrereFormulare
{
    public partial class Form2 : Form
    {
        Form1 fh;

        public Form2(Form1 aufrufer)
        {
            fh = aufrufer;
            InitializeComponent();
        }

        private void Form2_Load(...)
        {
```

```
        txtUnter.Text =
            fh.Controls["txtHaupt"].Text;

        CheckBox cb =
            (CheckBox)fh.Controls["chkHaupt"];
        chkUnter.Checked = cb.Checked;
    }

    private void cmdEndeUnter_Click(...)
    {
        fh.Controls["txtHaupt"].Text =
            txtUnter.Text;

        CheckBox cb =
            (CheckBox)fh.Controls["chkHaupt"];
        cb.Checked = chkUnter.Checked;

        Close();
    }
  }
}
```

Listing 5.29 Projekt »MehrereFormulare«, Unterformular

Zur Erläuterung der Initialisierung des Unterformulars:

▶ Als Eigenschaft der Klasse des Unterformulars (`Form2`) gibt es einen **Verweis**
Verweis auf ein Objekt der Klasse des Hauptformulars (`Form1`). Dieser
Verweis hat hier den Namen `fh`.

▶ Der Konstruktor der Klasse des Unterformulars (`Form2`) wurde verän- **Konstruktor**
dert. Er erwartet jetzt als Parameter einen Verweis auf ein Objekt der
Klasse des Hauptformulars (`Form1`). Dieser Parameter hat hier den
Namen `aufrufer`.

▶ Die Anweisung `fh = aufrufer` bewirkt, dass nun im gesamten Unterformular auf das Hauptformular zugegriffen werden kann.

▶ Es folgt der bereits automatisch erzeugte Aufruf der Methode `Initi-` **Initialize-**
`alizeComponent()` zur Initialisierung der Komponenten des Unterfor- **Component()**
mulars.

Zur Erläuterung des Ladevorgangs des Unterformulars:

▶ Beim Laden des Unterformulars (Methode `Form2_Load()`) werden die **Controls**
Einstellungen der Steuerelemente des Hauptformulars übernommen.
Dabei wird auf die Collection `Controls` des Hauptformulars zugegrif-

fen. Diese Collection umfasst alle Steuerelemente des Hauptformulars, u. a. `txtHaupt` und `chkHaupt`.

Index ▶ Der Name eines Steuerelements dient (ähnlich wie ein Zahlenindex) als Index innerhalb der Collection.

▶ Der Wert der Eigenschaft `Text` kann von einer Textbox zur anderen direkt übernommen werden, weil alle Steuerelemente diese Eigenschaft besitzen.

CheckBox ▶ Der Wert der Eigenschaft `Checked` kann von einer Checkbox zur anderen erst dann übernommen werden, nachdem das betreffende Element der Collection `Controls` mithilfe des Casts `(CheckBox)` in eine Checkbox umgewandelt wurde.

Zur Erläuterung des Schließvorgangs des Unterformulars:

▶ Zunächst bekommen die Textbox und die Checkbox des Hauptformulars die Werte der entsprechenden Steuerelemente des Unterformulars.

▶ Es wird die bereits beschriebene Technik genutzt: die Auflistung `Controls` und das Casten des Checkbox-Steuerelements.

Close() ▶ Zuletzt wird das Unterformular mit der Methode `Close()` geschlossen. Es erscheint wieder das Hauptformular mit den eben übernommenen Werten.

In diesem Kapitel werden einige Klassen vorgestellt, die zur Lösung von alltäglichen Problemen bei der Programmierung mit Visual C# benötigt werden.

6   Wichtige Klassen in .NET

Folgende Klassen werden in vielen Projekten eingesetzt:

▶ die Klasse `String` zur Bearbeitung von Zeichenketten

▶ die Strukturen `DateTime` und `TimeSpan` zum Rechnen mit Datum und Uhrzeit

▶ die Klassen `FileStream`, `StreamWriter`, `StreamReader`, `File` und `Directory` zum Arbeiten mit Dateien und Verzeichnissen

▶ die Klasse `Math` zur Durchführung von mathematischen Berechnungen

6.1   Klasse String für Zeichenketten

Zeichenketten werden in Strings gespeichert. Bisher haben wir den Begriff `string` als die Bezeichnung eines einfachen Datentyps angesehen. Tatsächlich ist `string` ein Synonym für die Klasse `String`. Objekte der Klasse `String`, also Zeichenketten, verfügen somit über Eigenschaften und Methoden, ähnlich wie Sie dies bereits bei Datenfeldern (Klasse `Array`) sehen konnten.

String

Beim Kopieren verhält sich ein Objekt der Klasse `String` allerdings wie eine einfache Variable und nicht wie ein Objekt: Falls eine Zeichenkette einer anderen Zeichenkette zugewiesen wird, dann sind diese beiden Zeichenketten voneinander unabhängig. Eine Veränderung des Originals hat keine Veränderung der Kopie zur Folge.

Sonderfall

Überladene
Methoden

Die Methoden der Klasse String (wie auch die Methoden vieler anderer Klassen, die C# bereitstellt) sind häufig überladen, das heißt, es gibt mehrere Möglichkeiten, sie aufzurufen. In diesem Buch werden nicht alle Überladungen erläutert, sondern nur das grundsätzliche Verhalten der Methoden an Beispielen gezeigt. Dank IntelliSense können Sie sich aber über die weiteren Möglichkeiten schnell informieren, wenn Sie einmal erkannt haben, welche Methode für den gedachten Einsatzzweck benötigt wird.

6.1.1 Eigenschaften der Klasse String

Ein Objekt der Klasse String hat u. a. die Eigenschaft Length. Damit wird die Anzahl der Zeichen, also die Zeichenkettenlänge angegeben, wie im nachfolgenden Programm (Projekt *StringGrundlagen*) gezeigt, siehe Abbildung 6.1.

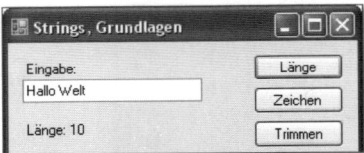

Abbildung 6.1 Länge einer Zeichenkette

Der Programmcode:

```
private void cmdLänge_Click(...)
{
    string eingabe, anzeige;
    eingabe = txtEingabe.Text;

    anzeige = "Länge: " + eingabe.Length;
    lblAnzeige.Text = anzeige;
    /* lblAnzeige.Text = "Länge: " +
        txtEingabe.Text.Length; */
}
```

Listing 6.1 Projekt »StringGrundlagen«, Länge

Zur Erläuterung:

▸ Die im Textfeld eingegebene Zeichenkette wird in einer Variablen vom Datentyp String gespeichert.

Length ▸ Die Länge der Zeichenkette wird mit eingabe.Length ermittelt.

▶ Die auszugebende Zeichenkette wird zusammengesetzt und ausgegeben.

▶ Man hätte diesen gesamten Ablauf auch auf die letzte, auskommentierte Anweisung verkürzen können. Die Eigenschaft Text des Textfelds ist ebenfalls vom Typ String. Somit können Sie die Eigenschaften und Methoden auch direkt auf txtEingabe.Text anwenden. In diesem Abschnitt wird jedoch bewusst die ausführlichere und übersichtlichere Variante gewählt.

Die einzelnen Zeichen einer Zeichenkette werden wie Feldelemente nummeriert, also beginnend bei 0. Im folgenden Programm (auch im Projekt *StringGrundlagen*) werden alle Zeichen der Zeichenkette mit ihrer laufenden Nummer ausgegeben, siehe Abbildung 6.2.

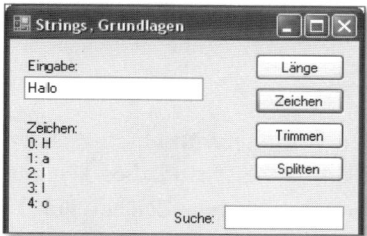

Abbildung 6.2 Einzelne Zeichen mit laufender Nummer

Der Programmcode:

```
private void cmdZeichen_Click(...)
{
    string eingabe, anzeige;
    char zeichen;
    int i;
    eingabe = txtEingabe.Text;

    anzeige = "Zeichen:" + "\n";
    for(i=0; i<eingabe.Length; i++)
    {
        zeichen = eingabe[i];
        anzeige += i + ": " + zeichen + "\n";
    }
    lblAnzeige.Text = anzeige;
}
```

Listing 6.2 Projekt »StringGrundlagen«, Zeichen

Zur Erläuterung:

char ▶ Die Variable `zeichen` wird deklariert mit dem Datentyp `char`. In einer solchen Variablen kann genau ein Zeichen gespeichert werden.

▶ Die Zeichenkette wird mithilfe einer `for`-Schleife vom ersten bis zum letzten Element durchlaufen. Zur Begrenzung der Schleife wird wiederum die Eigenschaft `Length` benötigt. Innerhalb der Schleife werden die beiden folgenden Schritte durchlaufen:

Index ▶ Es wird das Zeichen mit dem Index `i` geliefert. Der Index steht, wie bei Datenfeldern, in eckigen Klammern. Dieses Zeichen wird einzeln gespeichert.

▶ Die laufende Nummer des Zeichens und das Zeichen selbst werden ausgegeben.

6.1.2 Trimmen

Trim() Die Methode `Trim()` dient zum Entfernen von unerwünschten Zeichen am Anfang und am Ende einer Zeichenkette. Meist sind dies Leerzeichen, `Trim()` kann allerdings auch mehrere verschiedene Zeichen gleichzeitig entfernen. Die Methoden `TrimStart()` und `TrimEnd()` bewirken das Gleiche wie `Trim()`, nur eben am Anfang oder am Ende.

Sie können häufig feststellen, dass Benutzer eines Programms bei der Eingabe von größeren Datenmengen dazu neigen, unnötige Leerzeichen einzufügen. Zumindest die Leerzeichen am Anfang und am Ende lassen sich schnell mit `Trim()` entfernen, bevor diese Daten in einer Datei oder Datenbank gespeichert werden. Für unnötige Leerzeichen mitten im Text benötigen Sie die Methode `Replace()`, die in Abschnitt 6.1.8 genauer erläutert wird.

Ein Beispiel (auch im Projekt *StringGrundlagen*) sehen Sie in Abbildung 6.3.

Abbildung 6.3 Leerzeichen an Anfang und Ende entfernt

218

Der Programmcode:

```
private void cmdTrimmen_Click(...)
{
    string eingabe, getrimmt, anzeige;
    eingabe = txtEingabe.Text;

    getrimmt = eingabe.Trim(' ', ';', '#');
    anzeige = "Getrimmt: |" + getrimmt + "|";
    lblAnzeige.Text = anzeige;
}
```

Listing 6.3 Projekt »StringGrundlagen«, Trimmen

Zur Erläuterung:

▸ Die Methode `Trim()` erwartet eine beliebig lange Reihe von Variablen   `char`
des Datentyps `char`. Im vorliegenden Fall sind dies das Leerzeichen,
das Semikolon und die Raute.

▸ Diese Zeichen werden am Anfang und am Ende der Zeichenkette
gelöscht.

▸ In der Ausgabe wurde zur Verdeutlichung das Pipe-Zeichen als opti-
scher Begrenzer am Anfang und am Ende angefügt.

▸ Falls gar kein Zeichen übergeben wird, also `Trim()` ohne Parameter
aufgerufen wird, dann werden Leerzeichen entfernt.

6.1.3   Splitten

Die Methode `Split()` wird benötigt, wenn eine Zeichenkette anhand   `Split()`,
eines Trennzeichens zerlegt werden soll. Dies kann eine Zeile aus einer   Trennzeichen
Datei sein, die aus mehreren Einzelinformationen besteht. Es kann
ebenso ein Satz sein, der in seine Worte zerlegt werden soll, oder ein
Datensatz, dessen einzelne Felder durch das Zeichen ; (Semikolon) voneinander getrennt sind.

Das Semikolon wird häufig als Trennzeichen bei der Erstellung soge-   CSV-Datei
nannter CSV-Dateien benutzt. Diese CSV-Dateien können beim Export
aus fast allen Datenbanksystemen erstellt werden und stellen somit ein
universelles Austauschformat dar.

Es wird ein Feld von Strings zurückgeliefert. Die einzelnen Elemente des   Feld von Strings
Felds sind die Teile der Gesamtzeichenkette vor und nach dem Trennzei-
chen. Das Trennzeichen selbst wird nicht mehr gespeichert.

Ein Beispiel dazu, ebenfalls im Projekt *StringGrundlagen*, sehen Sie in Abbildung 6.4.

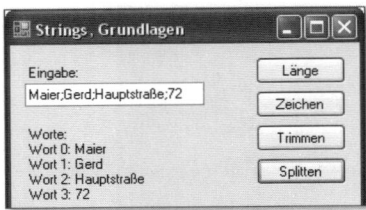

Abbildung 6.4   Zerlegte Zeichenkette

Der Programmcode:

```
private void cmdSplitten_Click(...)
{
    string eingabe = txtEingabe.Text;
    string[] teil;
    int i;

    teil = eingabe.Split(';');
    lblAnzeige.Text = "Worte:" + "\n";
    for(i=0; i<teil.Length; i++)
        lblAnzeige.Text += "Wort " +
            i + ": " + teil[i] + "\n";
}
```

Listing 6.4   Projekt »StringGrundlagen«, Splitten

Zur Erläuterung:

▶ Es wird ein Verweis auf ein Feld von Strings mit dem Namen `teil` deklariert. Es gibt noch kein Objekt, auf das verwiesen wird.

char ▶ Die Methode `Split()` erwartet eine beliebig lange Reihe von Variablen des Datentyps `char` als Trennzeichen. Im vorliegenden Fall ist dies nur das Semikolon.

Leerzeichen ▶ Wird gar kein Zeichen übergeben, also `Split()` ohne Parameter aufgerufen, so wird das Leerzeichen als Trennzeichen genommen.

▶ `Split()` liefert einen Verweis auf ein Feld von Strings, dieser wird dem Verweis `teil` zugewiesen.

for, Length ▶ Mithilfe einer `for`-Schleife wird das Feld vollständig durchlaufen. Zur Begrenzung der Schleife wird die Eigenschaft `Length` des Felds benötigt.

▶ Innerhalb der Schleife wird jeder einzelne Teil der Zeichenkette, zusammen mit seiner laufenden Nummer, ausgegeben.

6.1.4 Suchen

Muss untersucht werden, ob (und an welcher Stelle) eine bestimmte Zeichenkette in einer anderen Zeichenkette vorkommt, so können Sie die Methoden IndexOf(), LastIndexOf() oder IndexOfAny()nutzen. Verläuft die Suche erfolglos, so wird der Wert –1 zurückgegeben.

Bei IndexOf() wird normalerweise die erste Position gefunden, an der die Suchzeichenkette beginnt. Sie können IndexOf() aber auch veranlassen, die Suche erst ab einer bestimmten Stelle innerhalb der Zeichenkette zu beginnen.

IndexOf()

Ein Beispiel mit einer einfachen Suche (auch im Projekt *StringGrundlagen*) sehen Sie in Abbildung 6.5.

Einfache Suche

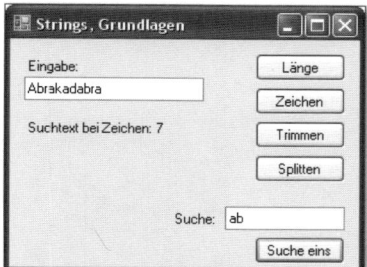

Abbildung 6.5 Suche nach dem Suchtext »ab«

Der Programmcode:

```
private void cmdSucheEins_Click(...)
{
    string eingabe, such, anzeige;
    int position;

    eingabe = txtEingabe.Text;
    such = txtSuche.Text;
    position = eingabe.IndexOf(such);

    anzeige = "Suchtext bei Zeichen: " + position;
    lblAnzeige.Text = anzeige;
}
```

Listing 6.5 Projekt »StringGrundlagen«, einmalige Suche

Zur Erläuterung:

▶ Der gesuchte Text wird eingegeben und in der Variablen such gespeichert.

▶ Durch den Aufruf eingabe.IndexOf(such) wird nach der ersten Position gesucht, an der such innerhalb von eingabe steht.

▶ Diese Position wird ausgegeben. Erscheint als Ergebnis der Wert 0, bedeutet dies, dass die Suchzeichenkette unmittelbar am Anfang der untersuchten Zeichenkette steht.

Alle Vorkommen Im nächsten Beispiel wird nach allen Vorkommen einer Suchzeichenkette innerhalb einer anderen Zeichenkette gesucht (ebenfalls im Projekt *StringGrundlagen*), zu sehen in Abbildung 6.6.

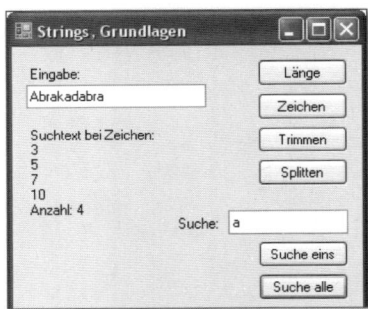

Abbildung 6.6 Suchtext »a« mehrfach gefunden

Der Programmcode:

```
private void cmdSucheAlle_Click(...)
{
    string eingabe, such, anzeige;
    int position, suchstart = 0, anzahl = 0;

    eingabe = txtEingabe.Text;
    such = txtSuche.Text;

    anzeige = "Suchtext bei Zeichen:" + "\n";
    do
    {
        position = eingabe.IndexOf(such, suchstart);
        suchstart = position + 1;
        if (position != -1)
        {
            anzeige += position + "\n";
```

```
        anzahl++;
    }
}
while (position != -1);

anzeige += "Anzahl: " + anzahl;
lblAnzeige.Text = anzeige;
}
```

Listing 6.6 Projekt »StringGrundlagen«, mehrmalige Suche

Zur Erläuterung:

▶ Innerhalb einer `do-while`-Schleife wird mehrmals nach der Suchzeichenkette gesucht. Da es von den Benutzereingaben abhängt, wie häufig die Suchzeichenkette vorkommt und ob sie überhaupt vorkommt, kann keine `for`-Schleife eingesetzt werden.   *Mehrmals suchen*

▶ Die Startposition (die Variable `suchstart`) wird bei diesem Suchlauf immer wieder neu eingestellt. Sie steht zunächst bei 0, folglich beginnt die Suche am Anfang der untersuchten Zeichenkette. Beim nächsten Durchlauf beginnt die Suche ein Zeichen hinter dem letzten gefundenen Vorkommen.

▶ Die Schleife wird verlassen, sobald ein Suchlauf ergibt, dass die Suchzeichenkette nicht noch einmal vorhanden ist. Anderenfalls wird die gefundene Position ausgegeben und der Zähler erhöht.   *Schleife verlassen*

▶ Zuletzt wird der Zähler ausgegeben.

6.1.5 Einfügen

Die Methode `Insert()` ermöglicht das Einfügen einer Zeichenkette in eine andere Zeichenkette. Mit dieser Methode umgehen Sie das Zerlegen und erneute Zusammensetzen der Zeichenkette.   *Insert()*

Die Position der Einfügestelle muss angegeben werden. Sie muss innerhalb der Zeichenkette liegen, da sonst eine Ausnahme vom Typ *ArgumentOutOfRangeException* auftritt.   *ArgumentOutOfRange*

Entweder müssen Sie also diese Ausnahme behandeln oder dafür sorgen, dass die Einfügestelle richtig gewählt wird. In folgendem Programm (Projekt *StringEinfügen*) wurde mithilfe einer Ereignissteuerung die zweite Möglichkeit gewählt, siehe Abbildung 6.7.

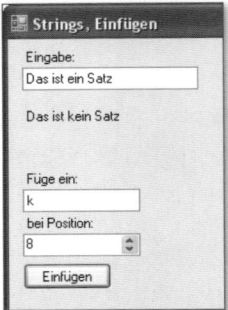

Abbildung 6.7   Einfügen von Zeichen in eine Zeichenkette

Der Programmcode:

```
private void cmdEinfügen_Click(...)
{
    string eingabe, einfügen, anzeige;
    eingabe = txtEingabe.Text;
    einfügen = txtEinfügen.Text;

    anzeige = eingabe.Insert(
        (int) numEinfügen.Value, einfügen);
    lblAnzeige.Text = anzeige;
}

private void txtEingabe_TextChanged(...)
{
    string eingabe;
    eingabe = txtEingabe.Text;
    numEinfügen.Maximum = eingabe.Length;
}
```

Listing 6.7   Projekt »StringEinfügen«

Zur Erläuterung:

▶ Der Benutzer gibt einen einzufügenden Text ein und wählt in dem Zahlenauswahlfeld eine Einfügeposition aus.

decimal ▶ Das Zahlenauswahlfeld liefert eine Variable vom Typ `decimal`, die zunächst mit dem Cast `(int)` in eine `int`-Variable umgewandelt werden muss.

▶ Anschließend wird der einzufügende Text an dieser Position in die Originalzeichenkette gesetzt. Die folgenden Zeichen werden entsprechend nach hinten verschoben.

▶ Das Zahlenauswahlfeld wird zur Entwicklungszeit auf die Werte `Minimum = 0`, `Value = 0` und `Maximum = 0` eingestellt. Es kann also zunächst nur die Einfügeposition 0 ausgewählt werden.

▶ Beim Ereignis `txtEingabe_TextChanged`, also bei jeder Eingabe oder Änderung der Originalzeichenkette, wird sofort die zugehörige Ereignismethode aufgerufen. Darin wird die Länge des eingegebenen Textes ermittelt. Dieser Wert wird als neues Maximum für das Zahlenauswahlfeld genommen. Damit ist gewährleistet, dass der Benutzer keine Einfügeposition wählen kann, die außerhalb der Originalzeichenkette liegt.

TextChanged

▶ Wenn der Benutzer im Zahlenauswahlfeld z. B. die Position des letzten Zeichens als Einfügeposition gewählt hat und anschließend die Originalzeichenkette verkürzt, dann verändert sich auch sofort der eingestellte Wert des Zahlenauswahlfelds. Grund hierfür ist, dass der aktuelle Wert oberhalb des Maximums liegt – dies lässt das Zahlenauswahlfeld nicht zu.

6.1.6 Löschen

Die Methode `Remove()` dient zum Löschen von Zeichen aus einer Zeichenkette. Auch mit dieser Methode umgehen Sie ein Zerlegen und erneutes Zusammensetzen der Zeichenkette. Die Position der Löschstelle muss angegeben werden.

Remove()

Weder die Position der Löschstelle noch eines der zu löschenden Zeichen darf außerhalb der Zeichenkette liegen, da sonst wiederum eine Ausnahme vom Typ *ArgumentOutOfRangeException* auftritt.

Argument-
OutOfRange

Im folgenden Programm (Projekt *StringLöschen*) wurde dies ähnlich wie im vorigen Programm umgangen, siehe Abbildung 6.8.

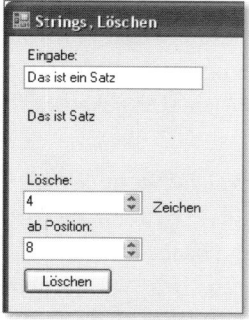

Abbildung 6.8 Löschen von Zeichen aus einer Zeichenkette

Der Programmcode:

```
private void cmdLöschen_Click(...)
{
    string eingabe, anzeige;
    eingabe = txtEingabe.Text;

    anzeige = eingabe.Remove(
        (int) numPosition.Value,
        (int) numAnzahl.Value);
    lblAnzeige.Text = anzeige;
}

private void txtEingabe_TextChanged(...)
{
    string eingabe = txtEingabe.Text;
    numAnzahl.Maximum = eingabe.Length;
    numPosition.Maximum = eingabe.Length - 1;
}

private void numPosition_ValueChanged(...)
{
    string eingabe = txtEingabe.Text;
    numAnzahl.Maximum =
        eingabe.Length - numPosition.Value;
}
```

Listing 6.8 Projekt »StringLöschen«

Zur Erläuterung:

**Zwei Zahlen-
auswahlfelder**

▶ Der Benutzer wählt in den beiden Zahlenauswahlfeldern aus, ab welcher Position er wie viele Zeichen löschen möchte.

▶ Anschließend werden die entsprechenden Zeichen gelöscht, und die nachfolgenden Zeichen werden nach vorne verschoben.

▶ Beide Zahlenauswahlfelder werden zur Entwicklungszeit auf die Werte Minimum = 0, Value = 0 und Maximum = 0 eingestellt. Es können also zunächst nur die Löschposition 0 und die Anzahl 0 ausgewählt werden.

**Beide Felder neu
einstellen**

▶ Bei jeder Eingabe oder Änderung der Originalzeichenkette werden die Maxima für die beiden Zahlenauswahlfelder neu eingestellt. Damit ist gewährleistet, dass der Benutzer keine Löschposition wählen kann, die außerhalb der Originalzeichenkette liegt. Außerdem kann die Anzahl der zu löschenden Zeichen nicht größer sein, als die Anzahl der vorhandenen Zeichen.

▶ Sobald der Benutzer die Löschposition verändert, wird die maximal wählbare Anzahl der zu löschenden Zeichen ebenfalls verändert. Wird die Löschposition z. B. um 1 erhöht, so wird die Anzahl um 1 herabgesetzt.

6.1.7 Teilzeichenkette ermitteln

Zur Extraktion eines Teils einer Zeichenkette nutzen Sie die Methode Substring(). Es müssen Startposition und Länge der gewünschten Teilzeichenkette angegeben werden.

Substring()

Weder die Position noch eines der zu extrahierenden Zeichen darf außerhalb der Zeichenkette liegen, da sonst wiederum eine Ausnahme vom Typ *ArgumentOutOfRangeException* auftritt.

Argument-
OutOfRange

Analog zu den vorigen Programmen wurde diese Vorgabe wie in Abbildung 6.9 zu sehen (Projekt *StringTeilzeichenkette*) gelöst.

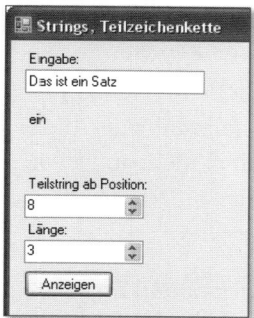

Abbildung 6.9 Teilstring ermitteln

Der Programmcode:

```
private void cmdAnzeigen_Click(...)
{
    string eingabe, anzeige;

    eingabe = txtEingabe.Text;
    anzeige = eingabe.Substring(
        (int) numPosition.Value,
        (int) numLänge.Value);

    lblAnzeige.Text = anzeige;
}
```

```
private void txtEingabe_TextChanged(...)
{
    string eingabe = txtEingabe.Text;
    numPosition.Maximum = eingabe.Length - 1;
    numLänge.Maximum = eingabe.Length;
}

private void numPosition_ValueChanged(...)
{
    string eingabe = txtEingabe.Text;
    numLänge.Maximum =
        eingabe.Length - numPosition.Value;
}
```

Listing 6.9   Projekt »StringTeilzeichenkette«

Zur Erläuterung:

▶ Der Benutzer wählt in den beiden Zahlenauswahlfeldern aus, ab welcher Position er wie viele Zeichen extrahieren möchte.

▶ Anschließend werden die entsprechenden Zeichen kopiert.

Beide Felder einstellen
▶ Eine Änderung der Originalzeichenkette hat (wie beim Löschen) Auswirkungen auf die Maxima der beiden Zahlenauswahlfelder. Daher kann die Ausnahme *ArgumentOutOfRangeException* nicht auftreten.

6.1.8   Zeichen ersetzen

Replace()
Mithilfe der Methode `Replace()` kann wie beim Suchen und Ersetzen in einem Textverarbeitungssystem jedes Vorkommen einer gesuchten Zeichenkette durch eine andere Zeichenkette ersetzt werden.

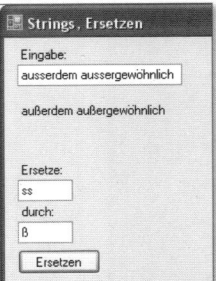

Abbildung 6.10   Ersetzen einer Zeichenkette

Das folgende Programm liefert hierfür ein Beispiel (Projekt *StringErsetzen*), siehe Abbildung 6.10.

Der Programmcode:

```
private void cmdErsetzen_Click(...)
{
    string eingabe, suchen, ersetzen, anzeige;

    eingabe = txtEingabe.Text;
    suchen = txtSuchen.Text;
    ersetzen = txtErsetzen.Text;

    anzeige = eingabe.Replace(suchen, ersetzen);
    lblAnzeige.Text = anzeige;
}
```

Listing 6.10 Projekt »StringErsetzen«

Zur Erläuterung:

▶ Jedes Vorkommen der Zeichenfolge aus dem Textfeld unter dem Begriff *Ersetze:* wird ersetzt durch die Zeichenfolge aus dem Textfeld unter dem Begriff *durch:*.

6.1.9 Ausgabe formatieren

Die Methode `Format()` der Klasse String können Sie zur einheitlichen Formatierung verwenden. Dies ist vor allem bei der einheitlichen Ausgabe von Tabellen, z. B. innerhalb einer ListBox oder eines Labels wichtig.

Format()

Voraussetzung ist eine nicht-proportionale Schriftart. Dies ist eine Schriftart, bei der jedes Zeichen die gleiche Breite beansprucht. Einsatz findet eine solche Formatierung auch bei der Ausgabe einer Konsolenanwendung, siehe Abschnitt 4.8.5. In Abbildung 6.11 sehen Sie einige Beispiele im Projekt *StringFormatieren*.

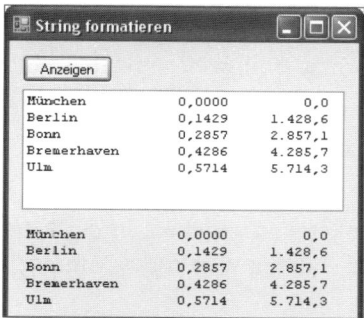

Abbildung 6.11 Formatieren in ListBox und Label

Der Programmcode:

```
private void cmdAnzeige_Click(
    object sender, EventArgs e)
{
    int i;
    string format;
    string ausgabe;
    string[] stadt = {"München", "Berlin",
        "Bonn", "Bremerhaven", "Ulm"};

    lstA.Items.Clear();
    lblA.Text = "";
    format = "{0,-15}{1,9:0.0000}{2,12:#,##0.0}";

    for (i = 0; i < 5; i++)
    {
        ausgabe = String.Format(format,
            stadt[i], i / 7.0, i * 1e4 / 7);
        lstA.Items.Add(ausgabe);
        lblA.Text += ausgabe + "\n";
    }
}
```

Listing 6.11 Projekt »StringFormatieren«

Zur Erläuterung:

▶ Zur Entwicklungszeit wurde die Schriftart der ListBox und des Labels über die Eigenschaft Font auf Courier New, eine nicht-proportionale Schriftart, gestellt.

▶ Das gewünschte Format kann in einer Zeichenkette (hier format) gespeichert werden, um es möglichst häufig an passender Stelle einzusetzen. Innerhalb der Schleife wird es als erster Parameter der Methode Format() genutzt. In der Formatierungszeichenkette steht:

  ▶ die Nummer der Variablen, beginnend mit der Nummer 0

  ▶ ein Doppelpunkt

  ▶ die zugehörige Formatierung

Breite ▶ {0:-15}: Als Erstes wird eine Zeichenkette ausgegeben, in der Mindestgesamtbreite 15. Sie erscheint linksbündig wegen des Minuszeichens vor der 15.

▶ `{1,9:0.0000}`: Es folgt eine Zahl in der Mindestgesamtbreite 9, gerundet auf vier Nachkommastellen. Sie erscheint rechtsbündig, dies ist der Standard.

Nachkomma-stellen

▶ `{2,12:#,##0.0}`: Als Letztes folgt wiederum eine Zahl in der Mindestgesamtbreite 12, gerundet auf eine Nachkommastelle, rechtsbündig. Falls die Zahl mehr als drei Stellen vor dem Komma hat, so wird ein Tausenderpunkt angezeigt.

Tausenderpunkt

▶ Das Formatierungszeichen `0` steht für eine Ziffer, die auf jeden Fall angezeigt wird, das Formatierungszeichen `#` steht für eine Ziffer, die nur dann angezeigt wird, falls die Zahl diese Ziffer hat.

0, #

6.2   Datum und Uhrzeit

Visual C# bietet die Struktur `DateTime` zur Speicherung von Datum und Uhrzeit. Objekten dieser Struktur stehen zahlreiche Eigenschaften und Methoden zur Verfügung.

DateTime

6.2.1   Eigenschaften von DateTime

Die Struktur `DateTime` hat zwei statische Eigenschaften, die ohne Erzeugung eines Objekts zur Verfügung stehen. Dies sind `Now` (Heutiges Datum und jetzige Uhrzeit) und `Today` (Heutiges Datum).

Now, Today

Ein Objekt der Struktur `DateTime` kann bei der Erzeugung auf verschiedene Arten einen Startwert erhalten. Die nützlichsten Konstruktoren benötigen:

Konstruktor

▶ keinen Parameter

▶ Jahr, Monat und Tag als Parameter

▶ Jahr, Monat, Tag, Stunde, Minute und Sekunde als Parameter

Objekte der Struktur `DateTime` bieten anschließend eine Reihe von Eigenschaften, die die Informationen aus Tabelle 6.1 bereithalten.

Eigenschaften

Eigenschaft	Erläuterung
Day	Tag des Monats
DayOfWeek	Tag der Woche (Wochentag) Sonntag = 0, Montag = 1 usw.
DayOfYear	Tag des Jahres
Hour	Stunde

Tabelle 6.1 DateTime, Eigenschaften

Eigenschaft	Erläuterung
Millisecond	Millisekunde
Minute	Minute
Month	Monat
Second	Sekunde
TimeOfDay	Uhrzeit
Year	Jahr

Tabelle 6.1 DateTime, Eigenschaften (Forts.)

Datumsteile   Die Eigenschaften Year, Month, Day usw. liefern die jeweiligen Bestandteile des Datums als ganze Zahlen. Daraus können Sie bei Bedarf verschiedene Formatierungen zusammensetzen.

Es folgt ein erstes Programm, innerhalb dessen verschiedene Objekte
erzeugt und mit einigen Eigenschaften ausgegeben werden (Projekt
DatumUhrzeit), siehe Abbildung 6.12.

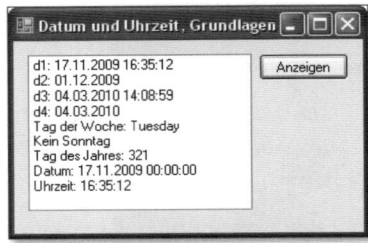

Abbildung 6.12 Objekte zu Datum und Zeit

Der Programmcode:

```
private void cmdAnzeigen_Click(...)
{
    DateTime d1 = new DateTime(
        2009, 11, 17, 16, 35, 12);
    DateTime d2 = new DateTime(2009, 12, 1);
    DateTime d3, d4 = new DateTime();

    lstA.Items.Add("d1: " + d1);
    lstA.Items.Add("d2: " + d2.ToShortDateString());
    d3 = DateTime.Now;
    d4 = DateTime.Today;
    lstA.Items.Add("d3: " + d3);
    lstA.Items.Add("d4: " + d4.ToShortDateString());
```

```
lstA.Items.Add(
    "Tag der Woche: " + d1.DayOfWeek);
if(d1.DayOfWeek == DayOfWeek.Sunday)
    lstA.Items.Add("Ein Sonntag");
else
    lstA.Items.Add("Kein Sonntag");

lstA.Items.Add(
    "Tag des Jahres: " + d1.DayOfYear);
lstA.Items.Add("Datum: " + d1.Date);
lstA.Items.Add(
    "Uhrzeit: " + d1.TimeOfDay);
}
```

Listing 6.12 Projekt »DatumUhrzeit«

Zur Erläuterung:

▶ Das Objekt d1 wird mit Datum und Uhrzeit erzeugt.

▶ Das Objekt d2 wird nur mit Datum erzeugt, die Uhrzeit ist 00:00 Uhr.

▶ Die Objekte d3 und d4 werden ohne Werte erzeugt, sie erhalten ihre Werte später.

▶ Zur Ausgabe des Objekts d2, das die Uhrzeit 00:00 Uhr hat, wird die Methode ToShortDateString() eingesetzt. Diese sorgt dafür, dass nur das Datum und nicht die Uhrzeit ausgegeben wird.   ToShortDate-String()

▶ Das Objekt d3 bekommt den Wert der statischen Eigenschaft Now, also aktuelles Datum und aktuelle Uhrzeit.   Now

▶ Das Objekt d4 bekommt den Wert der statischen Eigenschaft Today, also das aktuelles Datum. Die Uhrzeit ist 00:00 Uhr, daher wird hier ebenfalls die Methode ToShortDateString() zur Ausgabe genutzt.   Today

▶ Die Eigenschaft DayOfWeek des Objekts d1 liefert den Wochentag als Zahl. Der Wert wird anschließend mit einem Wert aus der Enumeration DayOfWeek verglichen.   DayOfWeek

▶ Die Eigenschaft DayOfYear des Objekts d1 liefert den Tag des Jahres, von 1 bis 365 bzw. 366.   DayOfYear

▶ Die Eigenschaft Date des Objekts d1 liefert nur das Datum, die Uhrzeit wird auf 00:00 Uhr gesetzt.

▶ Die Eigenschaft TimeOfDay des Objekts d1 liefert nur die Uhrzeit. Diese ist ein Objekt der Struktur TimeSpan, siehe nächster Abschnitt.   TimeOfDay

6.2.2 Rechnen mit Datum und Uhrzeit

Add-Methoden

Eine ganze Reihe von Methoden dienen zum Rechnen mit Datum und Uhrzeit. Sie beginnen alle mit der Vorsilbe *Add*: `AddHours()`, `AddMilliseconds()`, `AddMinutes()`, `AddMonths()`, `AddSeconds()`, `AddYears()` usw. Diese Methoden erhalten `double`-Werte als Parameter zur Addition oder Subtraktion zur jeweiligen Komponente (Stunde, Minute, ...). Die Parameterwerte können

▸ ganzzahlig sein oder über Nachkommastellen verfügen,

▸ positiv oder negativ sein,

▸ größer als die Maximalwerte der jeweiligen Komponente sein (30 Stunden, 130 Minuten usw.).

TimeSpan

Eine Besonderheit stellen die Methoden `Add()` und `Subtract()` dar: Sie erhalten als Parameter ein Objekt der Struktur `TimeSpan`. Diese Objekte beinhalten Zeitintervalle und eignen sich besonders zum Rechnen mit Datum und Uhrzeit.

Zeitintervall

Ein Objekt der Struktur `TimeSpan` kann bei der Erzeugung auf verschiedene Arten einen Startwert bekommen. Die nützlichsten Konstruktoren benötigen als Parameter:

▸ Stunde, Minute und Sekunde

▸ Tag, Stunde, Minute und Sekunde

Im folgenden Programm (Projekt *DatumUhrzeitRechnen*) wird ein Objekt der Struktur `DateTime` initialisiert und anschließend mithilfe von Objekten der Klasse `TimeSpan` mehrfach verändert, siehe Abbildung 6.13.

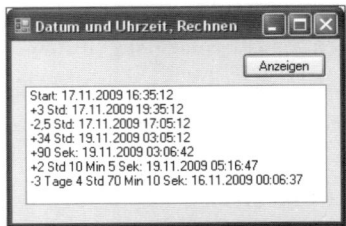

Abbildung 6.13 Rechnen mit Datum und Uhrzeit

Der Programmcode:

```
private void cmdA_Click(...)
{
    DateTime d = new DateTime(
```

```
        2009, 11, 17, 16, 35, 12);
    TimeSpan ts1 = new TimeSpan(2, 10, 5);
    TimeSpan ts2 = new TimeSpan(3, 4, 70, 10);

    lstA.Items.Add("Start: " + d);
    d = d.AddHours(3);
    lstA.Items.Add("+3 Std: " + d);
    d = d.AddHours(-2.5);
    lstA.Items.Add("-2,5 Std: " + d);
    d = d.AddHours(34);
    lstA.Items.Add("+34 Std: " + d);
    d = d.AddSeconds(90);
    lstA.Items.Add("+90 Sek: " + d);
    d = d.Add(ts1);
    lstA.Items.Add("+2 Std 10 Min 5 Sek: " + d);
    d = d.Subtract(ts2);
    lstA.Items.Add(
        "-3 Tage 4 Std 70 Min 10 Sek: " + d);
}
```

Listing 6.13   Projekt »DatumUhrzeitRechnen«

Zur Erläuterung:

► Es wird ein Objekt der Struktur DateTime erzeugt. Es hat den Wert 17.11.2009; 16:35:12 Uhr.

► Für eine spätere Verwendung werden zwei Objekte der Struktur TimeSpan erzeugt. Dabei müssen ganze Zahlen (positiv oder negativ) genutzt werden. Sie dürfen die jeweiligen Zahlenbereiche der Komponenten überschreiten.

► Das erste Objekt der Struktur TimeSpan beinhaltet ein positives Zeitintervall von 2 Stunden, 10 Minuten und 5 Sekunden.

► Das zweite Objekt der Struktur TimeSpan beinhaltet ein Zeitintervall von 3 Tagen, 4 Stunden, 70 Minuten (!) und 10 Sekunden.

► Mit der Methode AddHours() werden 3 Stunden hinzuaddiert. Die Acd-Methoden verändern nicht das Objekt selbst, sondern liefern ein verändertes Objekt zurück. Soll dieses veränderte Objekt erhalten bleiben, so muss es gespeichert werden, daher die Zuweisung d = d.AddHours(3). Aus 16:35:12 Uhr wird 19:35:12 Uhr.

AddHours()

► Mit AddHours(-2,5) werden 2,5 Stunden abgezogen. Es kann mit negativen Werten und Nachkommastellen gearbeitet werden. Die Nachkommastellen bei den Stunden werden in die entsprechenden Minuten umgerechnet. Aus 19:35:12 Uhr wird 17:05:12 Uhr.

▸ Mit `AddHours(34)` wird mehr als ein Tag hinzuaddiert. Dabei wird auch über Tagesgrenzen hinaus richtig gerechnet. Aus dem 17.11.2009; 17:05:12 Uhr wird der 19.11.2009; 03:05:12 Uhr.

AddSeconds()   ▸ Mit `AddSeconds(90)` wird mehr als eine Minute hinzuaddiert. Dabei wird auch über Minuten- oder Stundengrenzen hinaus richtig gerechnet. Aus 03:05:12 Uhr wird 03:06:42 Uhr.

▸ Der erste Zeitintervall (2 Stunden, 10 Minuten und 5 Sekunden) wird mithilfe der Methode `Add()` hinzuaddiert. Dabei finden mehrere Umrechnungen statt. Aus 03:06:42 Uhr wird 05:16:47 Uhr.

Subtract()   ▸ Der zweite Zeitintervall (3 Tage, 4 Stunden, 70 Minuten und 10 Sekunden) wird mithilfe der Methode `Subtract()` abgezogen. Aus dem 19.11.2009; 05:16:47 Uhr wird der 16.11.2009; 00:06:37 Uhr.

6.3 Dateien und Verzeichnisse

Zur dauerhaften Speicherung der Arbeitsdaten eines Programms stehen Dateien und Datenbanken zur Verfügung. Sie ermöglichen es, die Programmbenutzung zu beenden und zu einem späteren Zeitpunkt mit dem gleichen Status wieder fortzusetzen.

In diesem Abschnitt wird die einfache Form der Speicherung behandelt: das Schreiben in Textdateien und das Lesen aus Textdateien. Den Datenbanken ist Kapitel 8, »Datenbankanwendungen mit ADO.NET« gewidmet.

System.IO   Es werden Objekte der Klassen `FileStream`, `StreamWriter` und `StreamReader` benötigt. Diese stehen im Namensraum `System.IO` zur Verfügung. Da dieser Namensraum nicht standardmäßig in Visual C#-Programme eingebunden wird, müssen Sie ihn für die jeweilige Anwendung einbinden.

6.3.1 Lesen aus einer Textdatei

FileStream   Ein Objekt der Klasse `FileStream` wird für die Art des Zugriffs auf die Datei und zum Öffnen der Datei benötigt.

StreamReader   Ein Objekt der Klasse `StreamReader` dient zum Lesen der Datei-Inhalte. Im folgenden Beispiel (Projekt *DateiLesen*) werden alle Zeilen einer Textdatei gelesen und auf dem Bildschirm ausgegeben.

Abbildung 6.14 zeigt den Inhalt der Textdatei. Das Ergebnis des Programms ist in Abbildung 6.15 zu sehen.

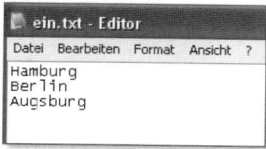

Abbildung 6.14   Eingabedatei »ein.txt«

Abbildung 6.15   Alle Zeilen gelesen

Der Programmcode:

```
private void cmdLesen_Click(...)
{
    FileStream fs = new FileStream(
        "ein.txt", FileMode.Open);
    StreamReader sr = new StreamReader(fs);
    string zeile;

    while (sr.Peek() != -1)
    {
        zeile = sr.ReadLine();
        lblA.Text += zeile + "\n";
    }
    sr.Close();
}
```

Listing 6.14   Projekt »DateiLesen«

Zur Erläuterung:

▶ Mit der Anweisung using System.IO wird der entsprechende using Namensraum eingebunden und mit all seinen Klassen zur Verfügung gestellt.

FileStream ▶ Das Objekt `fs` wird als Objekt der Klasse `FileStream` erzeugt. Bei dem hier verwendeten Konstruktor werden dabei der Name der zu öffnenden Datei und der Öffnungsmodus benötigt.

Pfadangabe ▶ Der Name der Datei *ein.txt* steht in einer Zeichenkette. Wenn kein Pfad angegeben wird, so wird davon ausgegangen, dass die Datei im gleichen Verzeichnis wie die fertige Anwendung steht, hier also in ...*DateiLesen\\bin\\Debug*. Befindet sich die Datei in einem anderen Verzeichnis, so können Sie den Pfad dorthin relativ (ausgehend vom aktuellen Verzeichnis) oder absolut (mit vollständiger Pfadangabe) angeben.

Ausnahme ▶ Wird die Datei, aus der gelesen werden soll, nicht gefunden, so tritt eine Ausnahme auf. Diesen Fall gibt es in der Praxis häufig, beispielsweise aufgrund einer falschen Pfadangabe. Dieser wichtige Aspekt wird im übernächsten Projekt *DateiSicherLesen* berücksichtigt. Dort finden Sie auch Beispiele für relative und absolute Pfadangaben.

Open, Create, Append ▶ Es gibt eine Reihe von möglichen Öffnungsmodi. Sie stehen in der Enumeration `FileMode`. Die wichtigsten sind `Open` (zum Öffnen einer Datei, die Sie lesen möchten), `Create` (zum Öffnen einer Datei, die Sie neu beschreiben bzw. überschreiben möchten) und `Append` (zum Öffnen einer Datei, an deren Ende Sie weiterschreiben möchten).

StreamReader ▶ Das Objekt `sr` wird als Objekt der Klasse `StreamReader` erzeugt. Bei dem hier verwendeten Konstruktor wird dabei das Objekt der Klasse `FileStream` benötigt, aus dem gelesen werden soll.

▶ Bei einer Textdatei ist häufig unbekannt, wie viele Zeilen mit Text gefüllt sind. Möchten Sie alle Zeilen lesen, müssen Sie daher eine `while`-Schleife verwenden. Diese muss beendet werden, sobald Sie an das Ende der Datei gelangt sind. Dies kann schon zu Beginn der Fall sein, daher keine `do-while`-Schleife.

Peek() ▶ Die Methode `Peek()` der Klasse `StreamReader` prüft das nächste lesbare Zeichen einer Datei, ohne es einzulesen. Liefert die Methode den Wert −1 zurück, ist das Ende der Datei erreicht.

ReadLine() ▶ Die Methode `ReadLine()` der Klasse `StreamReader` liest eine Zeile bis zum nächsten Zeilenumbruch und liefert den Inhalt der Zeile (ohne den Zeilenumbruch) als String zurück.

Close() ▶ Die Methode `Close()` der Klasse `StreamReader` schließt den Eingabestream und die zugehörigen Ressourcen – in diesem Falle auch die Datei, aus der gelesen wurde. Das Schließen der Datei ist äußerst wichtig und darf nicht vergessen werden, da die Datei sonst je nach Ablauf für weitere Zugriffe gesperrt sein könnte.

6.3.2 Schreiben in eine Textdatei

Zum Schreiben in eine Datei werden ein Objekt der Klasse `StreamWriter`   **StreamWriter**
und natürlich wieder ein Objekt der Klasse `FileStream` benötigt. Im folgenden Beispiel (Projekt *DateiSchreiben*) wird der Inhalt einer mehrzeiligen Textbox (Eigenschaft `Multiline = true`) vollständig in eine Textdatei geschrieben.

Abbildung 6.16 zeigt das Programm mit der Eingabe. Nach Betätigung des Buttons SCHREIBEN sieht die Ausgabedatei aus wie in Abbildung 6.17.

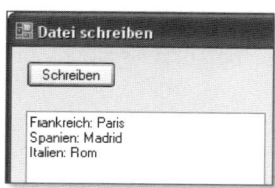

Abbildung 6.16 Text zum Speichern

Abbildung 6.17 Ausgabedatei aus.txt

Der Programmcode:

```
private void cmdSchreiben_Click(...)
{
    FileStream fs = new FileStream(
        "aus.txt", FileMode.Create);
    StreamWriter sw = new StreamWriter(fs);
    sw.WriteLine(txtEingabe.Text);
    sw.Close();
}
```

Listing 6.15 Projekt »DateiSchreiben«

Zur Erläuterung:

▶ Bei der Erzeugung des Objekts der Klasse `FileStream` wird der Öff-   **Create**
nungsmodus `Create` benutzt. Mit diesem Modus wird die Datei zum Schreiben geöffnet. Falls sie bereits existiert, wird sie ohne Rückfrage überschrieben.

Ausnahme ▶ Kann die Datei, in die geschrieben werden soll, nicht gefunden (falsche Pfadangabe) oder nicht beschrieben werden (Schreibschutz), tritt eine Ausnahme auf. Auch diesen Fall gibt es in der Praxis häufig. Im übernächsten Projekt *DateiSicherSchreiben* wird dieser wichtige Aspekt berücksichtigt.

WriteLine() ▶ Die Methode WriteLine() der Klasse StreamWriter schreibt den übergebenen String in die Datei und fügt einen Zeilenumbruch an. Falls kein zusätzlicher Zeilenumbruch angefügt werden soll, können Sie anstelle der Methode WriteLine() die Methode Write() verwenden.

▶ Das Multiline-Textfeld kann bereits einige Zeilenumbrüche beinhalten. Diese werden ebenfalls in der Datei gespeichert, sowohl bei WriteLine() als auch bei Write().

6.3.3 Sicheres Lesen aus einer Textdatei

Wie bereits erwähnt, tritt eine Ausnahme auf, wenn die auszulesende Datei nicht gefunden wird, was durchaus vorkommen kann.

Erste Lösung Im nachfolgenden Programm (Projekt *DateiSicherLesen*) werden zwei Lösungen zur Umgehung dieses Problems vorgestellt. Bei der ersten Lösung wird vorab die Existenz der Datei geprüft, bei der zweiten Lösung wird eine Ausnahmebehandlung durchgeführt. Zunächst die erste Lösung (in Abbildung 6.18 zu sehen):

```
private void cmdExistenz_Click(...)
{
    FileStream fs;
    StreamReader sr;
    string dateiname = "ein.txt";
    string zeile;

    if (!File.Exists(dateiname))
    {
        MessageBox.Show("Datei " + dateiname +
            " existiert nicht");
        return;
    }

    fs = new FileStream(dateiname, FileMode.Open);
    sr = new StreamReader(fs);
    while(sr.Peek() != -1)
    {
        zeile = sr.ReadLine();
```

```
        lblA.Text += zeile + "\n";
    }
    sr.Close();
}
```

Listing 6.16 Projekt »DateiSicherLesen«, Existenz prüfen

Zur Erläuterung:

▶ Es werden zunächst nur zwei Objektverweise auf Objekte der Klasse `FileStream` und `StreamReader` erzeugt.

▶ Der Dateiname wird in einer `String`-Variablen gespeichert, da er mehrfach benötigt wird.

▶ Die Klasse `File` stellt Elemente zur Information über Dateien und zur Bearbeitung von Dateien zur Verfügung. Die statische Methode `Exists()` prüft, ob eine angegebene Datei existiert. Weitere Möglichkeiten der Klasse `File` werden im Abschnitt 6.3.5 vorgestellt. — *File, Exists()*

▶ In einer Verzweigung wird die Existenz der Eingabedatei *ein.txt* geprüft. Ist sie nicht vorhanden, wird `false` zurückgeliefert, eine Fehlermeldung ausgegeben und die Methode sofort verlassen.

▶ Existiert die Eingabedatei, werden zwei Objekte der Klasse `FileStream` und `StreamReader` erzeugt und den beiden bereits vorhandenen Objektverweisen zugewiesen.

▶ Anschließend kann die Datei wie gewohnt ausgelesen werden.

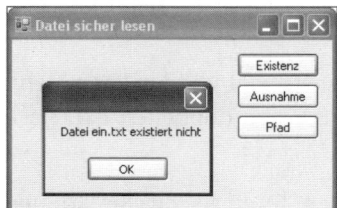

Abbildung 6.18 Ausgabe, falls Datei nicht existiert

Es folgt die zweite Möglichkeit mit der Ausnahmebehandlung, ebenfalls im Projekt *DateiSicherLesen*: — *Zweite Lösung*

```
private void cmdAusnahme_Click(...)
{
    FileStream fs;
    StreamReader sr;
    string zeile;
```

```
try
{
    fs = new FileStream(
        "ein.txt", FileMode.Open);
    sr = new StreamReader(fs);
    while (sr.Peek() != -1)
    {
        zeile = sr.ReadLine();
        lblA.Text += zeile + "\n";
    }
    sr.Close();
}
catch (Exception ex)
{
    MessageBox.Show(ex.Message);
}
}
```

Listing 6.17 Projekt »DateiSicherLesen«, Ausnahmebehandlung

Zur Erläuterung:

▸ Wie im ersten Fall werden nur zwei Objektverweise erzeugt.

try…catch ▸ Das restliche Programm steht in einem `try-catch`-Block, damit eine eventuell auftretende Ausnahme behandelt werden kann.

▸ Sofern die Datei nicht existiert, wird der `catch`-Teil durchlaufen und eine Fehlermeldung ausgegeben: *Die Datei ... konnte nicht gefunden werden*.

Pfadangabe Falls die Datei erst mithilfe einer Pfadangabe erreicht werden kann, dann müssen Sie beim Verzeichniswechsel jeweils einen doppelten Backslash nutzen. Ein Beispiel: `"C:\\Temp\\Daten\\ein.txt"`.

@ Als Alternative können Sie auch das Zeichen @ einsetzen. Sie können dann weiterhin den einfachen Backslash nutzen. Das obige Beispiel sieht dann aus wie folgt: `@"C:\Temp\Daten\ein.txt"`.

Relative Pfadangabe Bei einer relativen Pfadangabe bewegen Sie sich ausgehend vom aktuellen Verzeichnis durch den Verzeichnisbaum. Ein Beispiel: `"..\\..\\Daten\\ein.txt"` bzw. `@"..\..\Daten\ein.txt"` bezeichnet eine Datei, die Sie erreichen, wenn Sie vom aktuellen Verzeichnis zwei Ebenen nach oben und anschließend in das Unterverzeichnis *Daten* gehen.

6.3.4 Sicheres Schreiben in eine Textdatei

Eine Ausnahme tritt auch auf, falls die Datei, in die geschrieben werden soll, nicht gefunden werden kann (falsche Pfadangabe) oder nicht beschrieben werden kann (Schreibschutz). Beide Fälle treten in der Praxis häufig auf.

Schreibschutz

Im folgenden Programm (Projekt *DateiSicherSchreiben*) wird dieses Problem mit einer Ausnahmebehandlung umgangen:

```
private void cmdAusnahme_Click(...)
{
    FileStream fs;
    StreamWriter sw;
    string dateiname = "aus.txt";

    try
    {
        fs = new FileStream(
            dateiname, FileMode.Create);
        sw = new StreamWriter(fs);
        sw.WriteLine(txtEingabe.Text);
        sw.Close();
    }
    catch(Exception ex)
    {
        MessageBox.Show(ex.Message);
    }
}
```

Listing 6.18 Projekt »DateiSicherSchreiben«

Zur Erläuterung:

▶ Es wird versucht, in die Datei *aus.txt* zu schreiben.

▶ Gelingt dies aus den oben geschilderten Gründen nicht, erfolgt eine Fehlermeldung. Falls es sich um eine falsche Pfadangabe handelt, dann lautet sie: *Ein Teil des Pfads ... konnte nicht gefunden werden.*

▶ Anderenfalls wird der Inhalt des Textfelds vollständig in die Datei geschrieben.

6.3.5 Die Klassen File und Directory

Die beiden Klassen `File` und `Directory`, ebenfalls aus dem Namensraum `System.IO`, bieten zahlreiche Möglichkeiten zur Information über Dateien und Verzeichnisse.

Im nachfolgenden Projekt *DateiVerzeichnisListe*, das sich über einige Abschnitte erstreckt, werden einige nützliche, statische Methoden dieser beiden Klassen eingesetzt:

Statische Methoden

▸ `Directory.Exists()`: Prüft die Existenz eines Verzeichnisses.

▸ `Directory.SetCurrentDirectory()`: Setzt das Verzeichnis, in dem die Windows-Anwendung arbeitet, neu.

▸ `Directory.GetCurrentDirectory()`: Ermittelt das Verzeichnis, in dem die Windows-Anwendung arbeitet.

▸ `Directory.GetFiles()`: Ermittelt eine Liste der Dateien in einem Verzeichnis..

▸ `Directory.FileSystemEntries()`: Ermittelt eine Liste der Dateien und Unterverzeichnisse in einem Verzeichnis..

▸ `File.GetAttributes()`: Ermittelt Attribute einer Datei oder eines Verzeichnisses (versteckt, Archiv usw.).

▸ `File.GetCreationTime()`: Ermittelt Datum und Uhrzeit der Erzeugung einer Datei oder eines Verzeichnisses.

▸ `File.GetLastAccessTime()`: Ermittelt das Datum des letzten Zugriffs auf eine Datei oder ein Verzeichnis.

▸ `File.GetLastWriteTime()`: Ermittelt Datum und Uhrzeit des letzten schreibenden Zugriffs auf eine Datei oder auf ein Verzeichnis.

Es wurde hier bewusst auf den Einsatz von Methoden verzichtet, die Dateien und Verzeichnisse verändern, wie z. B. `File.Delete()`, `File.Move()`, `File.Replace()`, `Directory.Delete()` oder `Directory.Move()`. Allzu leicht kann der Benutzer mit diesen Methoden unbeabsichtigt Dateien und Verzeichnisse dauerhaft verändern; sie sollten daher nur mit großer Vorsicht eingesetzt werden.

6.3.6 Das aktuelle Verzeichnis

Zu Beginn des Programms wird das Startverzeichnis (*C:\Temp*) eingestellt und angezeigt (siehe Abbildung 6.19).

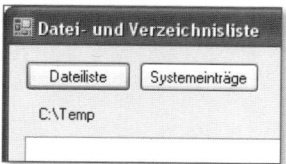

Abbildung 6.19 Startverzeichnis

Der zugehörige Code:

```
private void Form1_Load(...)
{
    if (Directory.Exists(@"C:\Temp"))
        Directory.
            SetCurrentDirectory(@"C:\Temp");
    else
        MessageBox.Show(
            @"Das Verzeichnis C:\Temp" +
            " existiert nicht");
    lblCurDir.Text =
        Directory.GetCurrentDirectory();
}
```

Listing 6.19 Projekt »DateiVerzeichnisListe«, Start

Zur Erläuterung:

▶ Die Methode `Directory.SetCurrentDirectory()` setzt das aktuell benutzte Verzeichnis.

    SetCurrent-Directory()

▶ Vorher wird mit der Methode `Directory.Exists()` geprüft, ob das betreffende Verzeichnis existiert. Beide Methoden erwarten als Parameter eine Zeichenkette.

    Exists()

▶ Die Methode `Directory.GetCurrentDirectory()` liefert den Namen des aktuellen Verzeichnisses.

    GetCurrent-Directory()

6.3.7 Eine Liste der Dateien

Abbildung 6.20 zeigt die Ausgabe nach Betätigung des Buttons DATEI-
LISTE.

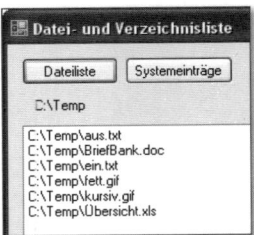

Abbildung 6.20 Dateiliste des Verzeichnisses C:\Temp

Der zugehörige Code:

```
private void cmdDateiliste_Click(...)
{
    string verzeichnis;
    string[] dateiliste;
    int i;

    verzeichnis = Directory.
        GetCurrentDirectory();
    dateiliste = Directory.
        GetFiles(verzeichnis);
    lstA.Items.Clear();
    for(i = 0; i < dateiliste.Length; i++)
        lstA.Items.Add(dateiliste[i]);
}
```

Listing 6.20 Projekt »DateiVerzeichnisListe«, Dateiliste

Zur Erläuterung:

► Die Variable `verzeichnis` wird mithilfe der Methode `Direc-
   tory.GetCurrentDirectory()` auf das aktuelle Arbeitsverzeichnis
   gesetzt. Zu Beginn ist dies *C:\Temp*.

GetFiles() ► Die Methode `Directory.GetFiles()` liefert ein Feld von Strings. Die
   Variable `dateiliste` wurde als ein Verweis auf ein solches Feld deklariert und erhält den Rückgabewert der Methode zugewiesen.

► Mithilfe einer `for`-Schleife und der Feld-Eigenschaft `Length` wird das
   Listenfeld mit den Dateinamen gefüllt.

6.3.8   Eine Liste der Dateien und Verzeichnisse

In Abbildung 6.21 erscheinen zusätzlich die Unterverzeichnisse.

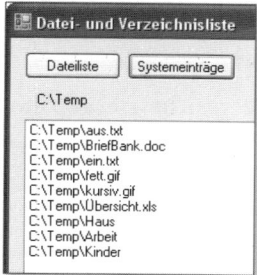

Abbildung 6.21   Verzeichnis C:\Temp, Dateien und Verzeichnisse

Der nächste Teil des Programms lautet wie folgt:

```
private void cmdSystemeinträge_Click(...)
{
    Systemeinträge();
}

private void Systemeinträge()
{
    string verzeichnis;
    string[] dateiliste;
    int i;

    verzeichnis = Directory.
        GetCurrentDirectory();
    dateiliste = Directory.
        GetFileSystemEntries(verzeichnis);
    lstA.Items.Clear();
    for (i = 0; i < dateiliste.Length; i++)
        lstA.Items.Add(dateiliste[i]);
}
```

Listing 6.21   Projekt »DateiVerzeichnisListe«, Systemeinträge

Zur Erläuterung:

▶ Die eigentliche Ausgabe wird in der allgemeinen Methode System-
einträge() vorgenommen. Diese wird später noch von anderen Pro-
grammteilen genutzt.

GetFileSystem-
Entries()
▶ Die Methode `Directory.GetFileSystemEntries()` ist der Methode `Directory.GetFiles()` sehr ähnlich. Allerdings liefert sie nicht nur die Namen der Dateien, sondern auch die Namen der Verzeichnisse.

6.3.9 Informationen über Dateien und Verzeichnisse

Im Folgenden werden einzelne Dateien bzw. Verzeichnisse genauer betrachtet, siehe Abbildung 6.22.

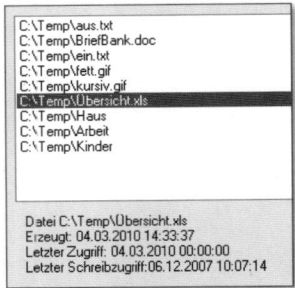

Abbildung 6.22 Information über die ausgewählte Datei

Der Programmcode:

```
private void lstA_SelectedIndexChanged(...)
{
    string name;

    if (lstA.SelectedIndex != -1)
    {
        name = lstA.Text;

        if (File.GetAttributes(name) ==
                FileAttributes.Directory)
            lblAnzeige.Text = "Verzeichnis ";
        else
            lblAnzeige.Text = "Datei ";

        lblAnzeige.Text += name + "\n" +
            "Erzeugt: " +
            File.GetCreationTime(name) + "\n" +
            "Letzter Zugriff: " +
            File.GetLastAccessTime(name) +
            "\n" + "Letzter Schreibzugriff:" +
            File.GetLastWriteTime(name);
    }
```

```
        else
            MessageBox.Show("Kein Eintrag ausgewählt");
}
```

Listing 6.22 Projekt »DateiVerzeichnisListe«, Informationen

Zur Erläuterung:

▶ Hat der Benutzer in der Liste der Dateien (und gegebenenfalls Verzeichnisse) einen Eintrag ausgewählt, so werden einige Informationen zu den letzten Zugriffen angezeigt.

▶ Die Methode `GetAttributes()` der Klasse `File` liefert Informationen über die Attribute einer Datei bzw. eines Verzeichnisses, wie z. B. versteckt, schreibgeschützt, Archiv, Datei oder Verzeichnis. Diese Information können Sie mit Elementen der Enumeration `FileAttributes` vergleichen.

GetAttributes()

▶ Die Methoden `File.GetCreationTime()`, `File.GetLastAccessTime()` und `File.GetLastWriteTime()` ermitteln die Daten der Erzeugung der Datei, des letzten Zugriffs auf die Datei und des letzten schreibenden Zugriffs auf die Datei.

Get...Time()

6.3.10 Bewegen in der Verzeichnishierarchie

Zunächst wählen Sie ein Unterverzeichnis aus, siehe Abbildung 6.23.

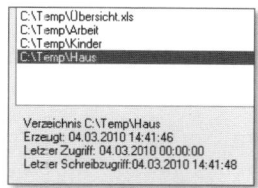

Abbildung 6.23 Auswahl

Anschließend wechseln Sie mit dem Button IN VERZEICHNIS in das betreffende Unterverzeichnis oder mit dem Button NACH OBEN in das übergeordnete Verzeichnis, siehe Abbildung 6.24.

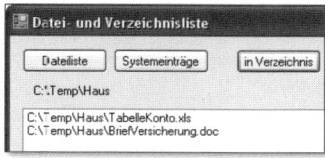

Abbildung 6.24 Unterverzeichnis C:\Temp\Haus

Der letzte Teil des Programms lautet:

```
private void cmdInVerzeichnis_Click(...)
{
    if (lstA.SelectedIndex != -1)
        if (File.GetAttributes(lstA.Text) ==
                FileAttributes.Directory)
            Directory.
                SetCurrentDirectory(lstA.Text);
        else
            MessageBox.Show(lstA.Text +
                    " ist kein Verzeichnis");
    else
        MessageBox.Show("Kein Eintrag ausgewählt");

    lblCurDir.Text =
        Directory.GetCurrentDirectory();
    Systemeinträge();
}

private void cmdNachOben_Click(...)
{
    Directory.SetCurrentDirectory("..");
    lblCurDir.Text =
        Directory.GetCurrentDirectory();
    Systemeinträge();
}
```

Listing 6.23 Projekt »DateiVerzeichnisListe«, Verzeichniswechsel

Zur Erläuterung:

SetCurrent-
Directory()

▶ Falls der Benutzer in der Liste der Dateien und Verzeichnisse ein Verzeichnis ausgewählt hat und den Button IN VERZEICHNIS betätigt, wird das aktuelle Arbeitsverzeichnis mit `Directory.SetCurrentDirectory()` gewechselt. Das aktuelle Verzeichnis wird angezeigt.

▶ Falls Sie bei der Methode `Directory.SetCurrentDirectory()` als Verzeichnis .. eingetragen haben, findet ein Wechsel in das übergeordnete Verzeichnis statt.

▶ Nach einem Verzeichniswechsel wird die aktuelle Liste der Dateien und Verzeichnisse angezeigt.

▶ Auf diese Art und Weise können Sie sich in der gesamten Verzeichnis-Hierarchie bewegen und sich die Inhalte der Verzeichnisse anzeigen lassen.

6.4   Rechnen mit der Klasse Math

Die Klasse Math stellt eine Reihe mathematischer Methoden über stati-   PI, E
sche Methoden bereit sowie über statische Eigenschaften die beiden
mathematischen Konstanten PI und E.

In dem folgenden Projekt Mathematik für einen *Mini-Taschenrechner*
kommen die Elemente aus der Klasse Math vor, die in Tabelle 6.2 gezeigt
werden.

Element	Erläuterung
Acos()	Winkel im Bogenmaß, dessen Cosinus angegeben wird
Asin()	Winkel im Bogenmaß, dessen Sinus angegeben wird
Atan()	Winkel im Bogenmaß, dessen Tangens angegeben wird
Ceiling()	nächsthöhere ganze Zahl (aus 2,7 wird 3, aus –2,7 wird –2)
Cos()	Cosinus eines Winkels, der im Bogenmaß angegeben wird
E	math. Konstante E (Eulersche Zahl)
Exp()	math. Konstante E hoch angegebene Zahl
Floor()	nächstniedrigere ganze Zahl (aus 2,7 wird 2, aus –2,7 wird –3)
Log()	natürlicher Logarithmus einer Zahl, zur Basis E (math. Konstante)
Log10()	Logarithmus einer Zahl zur Basis 10
PI	Kreiszahl PI
Pow()	Zahl x hoch Zahl y
Round()	nächste ganze Zahl (gerundet, aus 2,7 wird 3, aus –2,7 wird –3)
Sin()	Sinus eines Winkels, der im Bogenmaß angegeben wird
Sqrt()	Wurzel einer Zahl
Tan()	Tangens eines Winkels, der im Bogenmaß angegeben wird
Truncate()	Abschneiden der Nachkommastellen (aus 2,7 wird 2, aus –2,7 wird –2)

Tabelle 6.2   Klasse Math

Ein Beispiel zur Bedienung des Programms: Nach der Eingabe von 45
und dem Betätigen des Buttons SIN wird der Sinus von 45 Grad berechnet, siehe Abbildung 6.25.

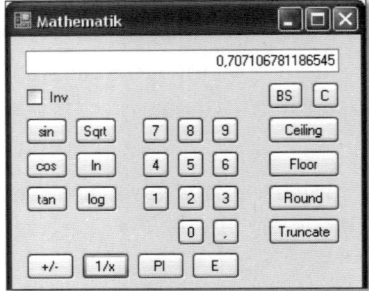

Abbildung 6.25 Mini-Taschenrechner

Das Programm:

```
public partial class Form1 : Form
{
    ....
    double x;

    private void T_TextChanged(...)
    {
        try
        {
            x = Convert.ToDouble(T.Text);
        }
        catch
        {
            T.Text = "";
            x = 0;
        }
    }

    private void cmdBackSpace_Click(...)
    {
        T.Text = T.Text.Substring(
            0, T.Text.Length - 1);
    }

    private void cmdClear_Click(...)
    {
        T.Text = "";
    }

    private void cmdSinus_Click(...)
    {
```

```
        if (chkInv.Checked)
        {
            T.Text = "" + Math.Asin(x) * 180 / Math.PI;
            chkInv.Checked = false;
        }
        else
            T.Text = "" + Math.Sin(x / 180.0 * Math.PI);
    }

    private void cmdCosinus_Click(...)
    {
        if (chkInv.Checked)
        {
            T.Text = "" + Math.Acos(x) * 180 / Math.PI;
            chkInv.Checked = false;
        }
        else
            T.Text = "" + Math.Cos(x / 180.0 * Math.PI);
    }

    private void cmdTangens_Click(...)
    {
        if (chkInv.Checked)
        {
            T.Text = "" + Math.Atan(x) * 180 / Math.PI;
            chkInv.Checked = false;
        }
        else
            T.Text = "" + Math.Tan(x / 180.0 * Math.PI);
    }

    private void cmdLn_Click(...)
    {
        if (chkInv.Checked)
        {
            T.Text = "" + Math.Exp(x);
            chkInv.Checked = false;
        }
        else
            T.Text = "" + Math.Log(x);
    }

    private void cmdLog_Click(...)
    {
        if (chkInv.Checked)
```

```
        {
            T.Text = "" + Math.Pow(10.0, x);
            chkInv.Checked = false;
        }
        else
            T.Text = "" + Math.Log10(x);
    }

    private void cmdPI_Click(...)
    {
        T.Text = "" + Math.PI;
    }

    private void cmdE_Click(...)
    {
        T.Text = "" + Math.E;
    }

    private void cmdCeiling_Click(...)
    {
        T.Text = "" + Math.Ceiling(x);
    }

    private void cmdFloor_Click(...)
    {
        T.Text = "" + Math.Floor(x);
    }

    private void cmdRound_Click(...)
    {
        T.Text = "" + Math.Round(x);
    }

    private void cmdTruncate_Click(...)
    {
        T.Text = "" + Math.Truncate(x);
    }

    private void cmdWurzel_Click(...)
    {
        if (chkInv.Checked)
        {
            T.Text = "" + Math.Pow(x, 2.0);
            chkInv.Checked = false;
        }
```

```
        else
            T.Text = "" + Math.Sqrt(x);
    }

    private void cmdPlusMinus_Click(...)
    {
        T.Text = "" + x * -1.0;
    }

    private void cmdKehrwert_Click(...)
    {
        T.Text = "" + 1.0 / x;
    }

    private void cmdZiffer_Click(...)
    {
        Button b = (Button)sender;
        T.Text += b.Text;
    }

    private void cmdKomma_Click(...)
    {
        if (T.Text.IndexOf(",") < 0)
            T.Text += ",";
    }
}
```

Listing 6.24 Projekt »Mathematik«

Zur Erläuterung:

- ▶ Jede Änderung im Textfeld führt dazu, dass eine Umwandlung des Textfeldinhalts in eine `double`-Zahl und die Zuweisung dieser Zahl zur klassenweit gültigen `double`-Variablen `x` stattfindet. Diese Variable repräsentiert also immer den aktuellen Zahlenwert im Textfeld. Falls die Umwandlung aufgrund einer möglicherweise ungültigen mathematischen Operation nicht gelingt, wird das Textfeld geleert und `x` auf 0 gesetzt.

  Inhalt des Textfelds umwandeln

- ▶ Ein Benutzer kann die Ziffern durch Eingabe im Textfeld oder durch Betätigen der Buttons 0 bis 9 eingeben. Alle Button-Clicks führen zur selben Ereignismethode. Der auslösende Button kann über den Parameter `sender` erkannt werden. `sender` ist ein Objekt vom allgemeinen Typ `object` und muss daher umgewandelt werden in den Typ `Button`. Die Eigenschaft `Text` des Buttons liefert den zugehörigen Wert.

  Ziffern

| Komma | ▶ | Ein Komma wird nur eingefügt, falls noch kein Komma vorhanden ist. Dies wird mit der Zeichenkettenmethode `IndexOf()` geprüft. |

Komma ▶ Ein Komma wird nur eingefügt, falls noch kein Komma vorhanden ist. Dies wird mit der Zeichenkettenmethode `IndexOf()` geprüft.

Löschen ▶ Über den Button BS (*BackSpace*) wird das letzte Zeichen im Textfeld gelöscht, über den Button C (*Clear*) der gesamte Inhalt des Textfelds.

Sin(), Cos(), Tan() ▶ Die Methoden `Sin()`, `Cos()` und `Tan()` berechnen ihr Ergebnis aus einem Winkel, der im Bogenmaß angegeben werden muss. Die Eingabe kann hier aber wie gewohnt in Grad erfolgen. Innerhalb der Ereignismethoden wird der Wert durch 180 geteilt und mit `PI` multipliziert, dadurch ergibt sich der Wert im Bogenmaß.

Asin(), Acos(), Atan() ▶ Die Methoden `Asin()`, `Acos()` und `Atan()` werden ausgeführt, wenn Sie vor Betätigung des entsprechenden Buttons das Kontrollkästchen INV einschalten, ähnlich wie im Windows-Taschenrechner. Das Ergebnis ist ein Winkel, der im Bogenmaß angegeben wird. Für die Ausgabe in Grad wird das Ergebnis in der Ereignismethode mit 180 multipliziert und durch `PI` geteilt.

Log(), Exp(), Log10() ▶ Auch die Methoden `Log()` zur Berechnung des natürlichen Logarithmus, `Log10()` zur Berechnung des 10er-Logarithmus und `Sqrt()` zur Berechnung der Wurzel können mithilfe des Kontrollkästchens invertiert werden. Es wird dann E hoch Zahl (e^{Zahl}, mithilfe von `Exp()`), 10 hoch Zahl (10^{Zahl}) und Zahl zum Quadrat ($Zahl^2$) gerechnet.

Ganze Zahlen ▶ Die Methoden `Ceiling()`, `Floor()`, `Round()` und `Truncate()` erzeugen auf jeweils unterschiedliche Art ganze Zahlen aus Zahlen mit Nachkommastellen (vergleiche hierzu Tabelle 6.2).

▶ Die Buttons (+/–) (Vorzeichenwechsel) und (1/x) (Kehrwert) runden den Mini-Taschenrechner ab.

In diesem Kapitel wird die Programmierung mit bekannten Elementen von Windows-Programmen vorgestellt, die uns täglich begegnen.

7   Weitere Elemente eines Windows-Programms

Die folgenden Elemente sind selbstverständliche Bestandteile eines Windows-Programms: Hauptmenü, Kontextmenü, Symbolleiste, Statusleiste, Eingabe-Dialogfeld, Ausgabe-Dialogfeld sowie einige Standard-Dialogfelder.

Im Folgenden wird die Klasse Font, die zur Einstellung der Schrifteigenschaften von Steuerelementen dient, gemeinsam mit dem Thema *Hauptmenü* an Beispielen erläutert.

Font

7.1   Hauptmenü

Hauptmenüs dienen zur übersichtlichen Darstellung größerer Sammlungen von Befehlen. Ein Menü kann u. a. folgende Einträge enthalten:

▶ einen Befehl, der direkt ausgeführt wird

▶ einen Aufruf eines Dialogfelds, in dem der Benutzer Eingaben machen kann

▶ ein Untermenü, das weiter verzweigt

7.1.1   Erstellung des Hauptmenüs

Zur Erstellung eines Hauptmenüs ziehen Sie das Steuerelement Menu-Strip aus der Abteilung MENÜS & SYMBOLLEISTEN aus der Toolbox auf

MenuStrip

das Formular. Es erscheint anschließend an zwei Stellen (siehe auch Abbildung 7.1):

▶ im Formular selbst zur Eingabe der einzelnen Menüpunkte; diese stellen wiederum Steuerelemente mit einstellbaren Eigenschaften dar.

▶ unterhalb des Formulars (ähnlich wie das Zeitgeber-Steuerelement) zur Einstellung der Eigenschaften des Hauptmenüs

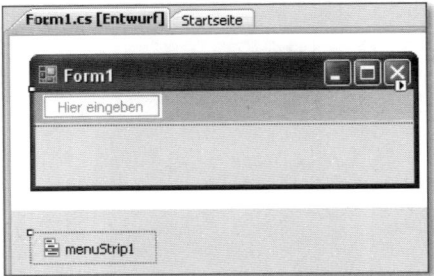

Abbildung 7.1 Hauptmenü

Untermenü   Zunächst können Sie im Formular den ersten Punkt des Hauptmenüs eintragen. Anschließend können Sie entweder einen Untermenüpunkt zu diesem Hauptmenüpunkt eintragen (nach unten) oder einen weiteren Hauptmenüpunkt (nach rechts). Dieser Vorgang wird fortgesetzt, bis Sie zuletzt alle Haupt- und Untermenüpunkte (gegebenenfalls mit weiteren Untermenüs unter Untermenüs usw.) eingetragen haben, siehe Abbildung 7.2.

Abbildung 7.2 Hauptmenü, mit Untermenühierarchie

Menü ändern   Möchten Sie die Reihenfolge der Menüpunkte ändern, so ist dies problemlos per *Drag & Drop* möglich. Im vorliegenden Programm wurden die vorgeschlagenen Namen für die Menü-Elemente etwas verkürzt, damit man sie besser im Code handhaben kann. Ein Beispiel: Aus der

Bezeichnung `GelbToolStripMenuItem` für den Menüpunkt zur Einstellung einer gelben Hintergrundfarbe wurde `mnuGelb`.

Ein Hauptmenüpunkt ist entweder

▶ ein normaler Menüeintrag,

▶ eine Combobox (Kombinationsfeld) zur Auswahl bzw. zum Eintrag, wie z. B. die Schriftgröße in der Symbolleiste in Microsoft Word, oder

                Combobox

▶ eine Textbox.

Bei einem Untermenüpunkt können Sie zusätzlich noch den Eintrag *Separator* wählen. Dieser dient zur optischen Trennung von Menüpunkten.

         Separator

Jeder Menüpunkt stellt ein Steuerelement mit einstellbaren Eigenschaften dar. Menüpunkte können auch per Tastatur ausgewählt werden, wie dies z. B. bei Buttons bereits gemacht wurde. Vor dem Buchstaben, der unterstrichen werden soll, wird das Zeichen & eingegeben, siehe Abbildung 7.3. Das Ergebnis sehen Sie in Abbildung 7.4.

        Zeichen &

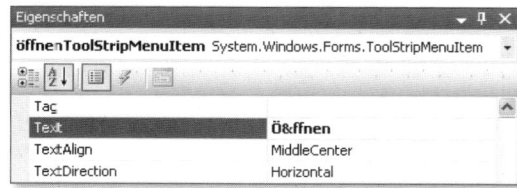

Abbildung 7.3 Unterstrichener Buchstabe

Abbildung 7.4 Bedienung per Tastatur

Außerdem können Menüpunkte mit einem Häkchen gekennzeichnet werden, wie ein Kontrollkästchen. Damit können Sie einen aktuell gültigen Zustand (an/aus) oder einen Einstellwert kennzeichnen.

        An/Aus

7.1.2 Code des Hauptmenüs

Click-Ereignis Das wichtigste Ereignis eines normalen Menüpunkts ist der `Click`. Dieser wird mit einer Ereignismethode verbunden. Im nachfolgenden Projekt *MenüHaupt* kann eine Reihe von Abläufen über das Hauptmenü gesteuert werden.

Hauptmenü BEARBEITEN:

▶ Untermenüpunkt KOPIEREN: Der Inhalt des Textfelds wird in das Label kopiert.

▶ Untermenüpunkt ENDE: Das Programm wird beendet.

Hauptmenü ANSICHT:

▶ Untermenüpunkte HINTERGRUND (bzw. SCHRIFTART): Es erscheint eine weitere Menü-Ebene. Darin kann die Hintergrundfarbe (bzw. Schriftart) des Labels aus drei Möglichkeiten ausgewählt werden. Die jeweils aktuelle Einstellung ist markiert.

▶ Untermenüpunkt SCHRIFTGRÖSSE: Der Benutzer hat die Möglichkeit, aus einer Combobox (Kombinationsfeld) die Schriftgröße auszuwählen bzw. einzugeben.

▶ Untermenüpunkte FETT bzw. KURSIV: Der Benutzer hat die Möglichkeit, den Schriftstil Fett und/oder Kursiv auszuwählen. Der gewählte Schriftstil ist anschließend markiert.

Menü »Bearbeiten« Im Folgenden geht es zunächst um die Ereignismethoden des Hauptmenüs BEARBEITEN (Projekt *MenüHaupt*):

```
private void mnuKopieren_Click(...)
{
    lblA.Text = txtE.Text;
    if (lblA.Text == "")
        lblA.Text = "(leer)";
}


private void mnuEnde_Click(...)
{
    Close();
}
```

Listing 7.1 Projekt »MenüHaupt«, Hauptmenü »Bearbeiten«

Zur Erläuterung:

▶ Nach dem Kopieren eines leeren Textfelds in das Label wird der Text *(leer)* eingeblendet, damit man die anderen Einstellungen noch sehen kann.

Die Ereignismethoden zur Einstellung der Hintergrundfarbe im Hauptmenü ANSICHT (siehe Abbildung 7.5) lauten wie folgt:

```
private void mnuGelb_Click(...)
{
    lblA.BackColor = Color.Yellow;
    mnuGelb.Checked = true;
    mnuBlau.Checked = false;
    mnuRot.Checked = false;
}

private void mnuBlau_Click(...)
{
    lblA.BackColor = Color.Blue;
    mnuGelb.Checked = false;
    mnuBlau.Checked = true;
    mnuRot.Checked = false;
}

private void mnuRot_Click(...)
{
    lblA.BackColor = Color.Red;
    mnuGelb.Checked = false;
    mnuBlau.Checked = false;
    mnuRot.Checked = true;
}
```

Listing 7.2 Projekt »MenüHaupt«, Farbe einstellen

Zur Erläuterung:

▶ Die Hintergrundfarbe wird mithilfe der Struktur `Color` auf den gewünschten Wert eingestellt.

Color

▶ Die Eigenschaft `Checked` des Untermenüpunkts der ausgewählten Farbe wird auf `true` gestellt, die jeweils anderen beiden Eigenschaften werden auf `false` gestellt.

Checked

▶ Sie sollten darauf achten, dass die Startwerte der jeweiligen `Checked`-Eigenschaften auch mit dem Startwert der Hintergrundfarbe übereinstimmen.

Abbildung 7.5 Menü »Ansicht«, Hintergrund

7.1.3 Klasse Font

Die restlichen Ereignismethoden bewirken Änderungen bei Schriftart, Schriftgröße und Schriftstil. Dazu muss zunächst die Klasse Font näher betrachtet werden.

Viele Steuerelemente haben die Eigenschaft Font. Darin werden die Eigenschaften der Schrift im oder auf dem Steuerelement festgelegt. Diese Eigenschaften werden zur Entwicklungszeit im Eigenschaftenfenster eingestellt. Sie können zur Laufzeit des Programms ermittelt bzw. geändert werden.

Konstruktoren Zur Änderung wird ein neues Objekt der Klasse Font benötigt. Zur Erzeugung eines solchen Objekts stehen zahlreiche Konstruktoren zur Verfügung. Da in diesem Programm Schriftart, Schriftgröße und Schriftstil verändert werden können, wird der Konstruktor benutzt, der alle drei Eigenschaften verlangt.

Dies mag zunächst verwundern. Es ist aber nicht möglich, nur die Schriftart allein zu ändern, denn die betreffende Untereigenschaft ist nicht änderbar und es gibt auch keinen Konstruktor der Klasse Font, der nur die Schriftart verlangt. Ebenso verhält es sich mit Schriftgröße und Schriftstil.

7.1.4 Schriftart

Zunächst die Ereignismethoden zur Änderung der Schriftart (Abbildung 7.6):

```
private void mnuCourierNew_Click(...)
{
    lblA.Font = new Font("Courier New",
        lblA.Font.Size, lblA.Font.Style);
    mnuCourierNew.Checked = true;
    mnuSymbol.Checked = false;
```

```
    mnuArial.Checked = false;
}


private void mnuSymbol_Click(...)
{
    lblA.Font = new Font("Symbol",
        lblA.Font.Size, lblA.Font.Style);
    mnuCourierNew.Checked = false;
    mnuSymbol.Checked = true;
    mnuArial.Checked = false;
}


private void mnuArial_Click(...)
{
    lblA.Font = new Font("Arial",
        lblA.Font.Size, lblA.Font.Style);
    mnuCourierNew.Checked = false;
    mnuSymbol.Checked = false;
    mnuArial.Checked = true;
}
```

Listing 7.3 Projekt »MenüHaupt«, Schriftart einstellen

Zur Erläuterung:

▶ In den Methoden wird ein neu erzeugtes Objekt der Klasse Font der   **Font**
Eigenschaft Font des Labels zugewiesen.

▶ Der verwendete Konstruktor erhält den Namen der neuen Schriftart   **Size, Style**
und die aktuellen Einstellungen von Schriftgröße und Schriftstil zugewiesen. Diese Werte stehen in den Untereigenschaften Size und
Style der Eigenschaft Font zur Verfügung.

▶ Die Eigenschaft Checked des Untermenüpunkts der ausgewählten
Schrift wird auf true gestellt, die beiden jeweils anderen werden auf
false gestellt, wie bei der Hintergrundfarbe.

Abbildung 7.6 Menü »Ansicht«, Schriftart

7.1.5 Schriftgröße

Es folgt die Änderung der Schriftgröße über das Kombinationsfeld:

```
private void Form1_Load(...)
{
    cboSchriftgröße.Items.Add("8,25");
    cboSchriftgröße.Items.Add("10");
    cboSchriftgröße.Items.Add("13");
    cboSchriftgröße.Items.Add("18");
    cboSchriftgröße.SelectedIndex = 0;
}


private void cboSchriftgröße_TextChanged(...)
{
    double schriftgröße;

    try
    {
        schriftgröße =
            Convert.ToDouble(cboSchriftgröße.Text);
    }
    catch
    {
        schriftgröße = 8.25;
    }

    lblA.Font = new Font(lblA.Font.FontFamily,
        (float) schriftgröße, lblA.Font.Style);
}
```

Listing 7.4 Projekt »MenüHaupt«, Schriftgröße einstellen

Zur Erläuterung:

SelectedIndex
▶ Zu Beginn des Programms wird das Kombinationsfeld mit einigen Werten gefüllt. Einer der Werte ist der Startwert für die Schriftgröße, dieser sollte auch der markierte Wert in der Liste sein. Die Eigenschaft SelectedIndex muss also voreingestellt werden.

TextChanged
▶ Das Ereignis cboSchriftgröße_TextChanged tritt ein, wenn der Benutzer einen Eintrag aus der Liste auswählt oder in das Textfeld einträgt. Bei einem ungültigen Eintrag wird die Standard-Schriftgröße gewählt.

float
▶ Wiederum wird ein neu erzeugtes Objekt der Klasse Font der Eigenschaft Font des Labels zugewiesen. Dabei müssen Sie den ermittelten

double-Wert mithilfe des Cast (float) in einen float-Wert umwandeln.

▶ Der verwendete Konstruktor erhält die neue Schriftgröße und die aktuellen Einstellungen von Schriftart und Schriftstil zugewiesen. Diese Werte stehen in den Untereigenschaften FontFamily und Style der Eigenschaft Font zur Verfügung.

FontFamily

7.1.6 Schriftstil

Zuletzt wird die Änderung des Schriftstils vorgenommen:

```
private void mnuFett_Click(...)
{
    lblA.Font = new Font(lblA.Font.FontFamily,
        lblA.Font.Size,
        lblA.Font.Style ^ FontStyle.Bold);
    mnuFett.Checked = !mnuFett.Checked;
}

private void mnuKursiv_Click(...)
{
    lblA.Font = new Font(lblA.Font.FontFamily,
        lblA.Font.Size,
        lblA.Font.Style ^ FontStyle.Italic);
    mnuKursiv.Checked = !mnuKursiv.Checked;
}
```

Listing 7.5 Projekt »MenüHaupt«, Schriftstil einstellen

Zur Erläuterung:

▶ Das neu erzeugte Objekt der Klasse Font bekommt den neuen Schriftstil und die aktuellen Einstellungen von Schriftart und Schriftgröße zugewiesen.

▶ In der Untereigenschaft Font.Style stehen mehrere Möglichkeiten zur Verfügung, die einzeln oder gemeinsam auftreten können: *fett, kursiv, unterstrichen, durchgestrichen, normal.*

Style

▶ Die Untereigenschaft wird intern als eine einzige Bitfolge gespeichert. An dieser Bitfolge kann Visual C# erkennen, ob eine oder mehrere Möglichkeiten ausgewählt wurden. Zur Einstellung von *fett* und *kursiv* würden Sie die Werte FontStyle.Bold und FontStyle.Italic mit dem Bit-Operator | (logisches Oder) addieren. Zur Übernahme der bisherigen Werte und der zusätzlichen Einstellung *kursiv* werden die

Bit-Operatoren

Werte `lblA.Font.Style` und `FontStyle.Italic` mit dem Bit-Operator ^ (logisches Exklusiv-Oder) addiert.

Invertieren   ▶   Zum Abschluss der Methode wird der aktuelle Wert der Eigenschaft `Checked` mithilfe des Operators ! (logisches Nicht) invertiert, da sich dieser Untermenüpunkt wie ein Schalter verhält: *Kursiv ein* (`true`) oder *Kursiv aus* (`false`).

7.2   Kontextmenü

Kontextmenüs werden eingesetzt, um dem Benutzer beim Erlernen der Bedienung eines Programms einen wichtigen Schritt abzunehmen: Im Idealfall muss er nicht mehr überlegen, was er mit den verschiedenen Steuerelementen, die er vor sich hat, machen kann. Er geht mit der rechten Maustaste auf das Element und sieht die Möglichkeiten sofort.

Zuordnung zu Steuerelement   In ihrem Aufbau ähneln die Kontextmenüs sehr stark einem Hauptmenü – mit einem wesentlichen Unterschied: Es muss eine Zuordnung zu einem (oder mehreren) Steuerelementen bestehen.

7.2.1   Erstellung des Kontextmenüs

ContextMenu-Strip   Zur Erstellung eines Kontextmenüs ziehen Sie das Steuerelement `ContextMenuStrip` aus der Toolbox auf das Formular. Es erscheint nun ebenfalls sowohl im Formular als auch unterhalb des Formulars, siehe Abbildung 7.7.

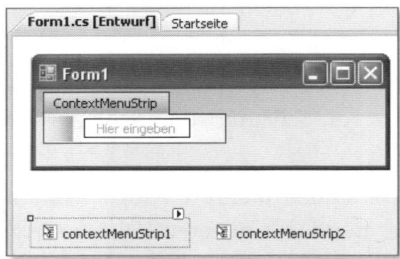

Abbildung 7.7   Zwei Kontextmenüs

Sie sollten den Namen ändern: Das Kontextmenü des Textfelds `txtEingabe` könnte beispielsweise `conTxtEingabe` heißen. Im Eigenschaftenfenster wählen Sie beim Textfeld `txtEingabe` in der Eigenschaft `ContextMenuStrip` das soeben erzeugte Kontextmenü aus.

Menüpunkte eines Kontextmenüs können unabhängig von den Menü- Parallele Aktion
punkten eines Hauptmenüs agieren, sie können aber auch genau parallel
agieren. Im letzteren Fall sollten Sie die betreffenden Ereignisse zur gleichen Ereignismethode leiten und dafür sorgen, dass die Anzeigen in den
jeweiligen Menüs parallel verändert werden.

7.2.2 Code des Kontextmenüs

Das nachfolgende Projekt *MenüKontext* ist eine Erweiterung des Projekts
MenüHaupt. Der Benutzer hat jetzt die folgenden Möglichkeiten:

▶ Er kann den Schriftstil des Labels in einem Kontextmenü auf *Fett*
ändern.

▶ Er kann die Eigenschaften ReadOnly und Multiline des Textfelds
ändern.

Es folgen die geänderten Teile des Programms:

```
private void mnuFett_Click(...)
{
    lblA.Font = new Font(lblA.Font.FontFamily,
        lblA.Font.Size,
        lblA.Font.Style ^ FontStyle.Bold);
    mnuFett.Checked = !mnuFett.Checked;
    conLblFett.Checked = !conLblFett.Checked;
}

private void conTxtReadOnly_Click(...)
{
    txtE.ReadOnly = !txtE.ReadOnly;
    conTxtReadOnly.Checked =
        !conTxtReadOnly.Checked;
}

private void conTxtMultiline_Click(...)
{
    txtE.Multiline = !txtE.Multiline;

    if (txtE.Multiline)
        txtE.ScrollBars = ScrollBars.Vertical;
    else
        txtE.ScrollBars = ScrollBars.None;
```

```
conTxtMultiline.Checked =
    !conTxtMultiline.Checked;
}
```

Listing 7.6 Projekt »MenüKontext«

Zur Erläuterung:

Vorhandene ▶ Dem Click-Ereignis des Eintrags *Fett* im Kontextmenü des Labels
Methode   wird die bereits vorhandene Ereignismethode mnuFett_Click()
                    zugeordnet, siehe auch Abschnitt 2.5.3. Es führt also zum gleichen
                    Ergebnis, unabhängig davon, ob man den Hauptmenüpunkt oder den
                    Kontextmenüpunkt auswählt. Das Häkchen zur Anzeige der Fett-
                    schrift muss natürlich in beiden Menüs gesetzt werden.

ReadOnly ▶ Die Eigenschaft ReadOnly eines Textfelds bestimmt, ob das Textfeld
                 beschreibbar ist oder nicht. Im Normalfall steht diese Eigenschaft auf
                 false. Der Wert dieser Eigenschaft kann zur Laufzeit (in Abhängigkeit
                 von bestimmten Bedingungen) auch geändert werden. Im vorliegen-
                 den Programm geschieht dies per Klick im Kontextmenü des Text-
                 felds, siehe Abbildung 7.8.

ScrollBars ▶ Die Eigenschaft Multiline eines Textfelds ist eher bei größeren Text-
                   feldern nützlich. Daher wird zumindest die Eigenschaft ScrollBars
                   auf den Wert Vertical verändert, wenn Multiline auf true gestellt
                   wird. Damit wird der Rest des Textfelds erreichbar.

▶ Wenn Multiline wieder auf false gestellt wird, dann wird der Wert
   von ScrollBars auf None zurückgestellt, denn jetzt würden die Scroll-
   Bars nur stören.

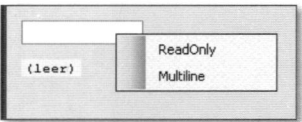

Abbildung 7.8 Kontextmenü des Textfelds

7.3 Symbolleiste

Die Symbolleisten eines Programms enthalten die am häufigsten benötigten Menübefehle. Falls Sie also benutzerfreundlich programmieren,
haben sie immer eine Entsprechung im Hauptmenü. In ihrem Aufbau
ähneln sie dem Hauptmenü bzw. dem Kontextmenü.

7.3.1 Erstellung der Symbolleiste

Zur Erstellung einer Symbolleiste ziehen Sie das Steuerelement `Tool-Strip` aus der Toolbox auf das Formular. Es erscheint sowohl im Formular als auch unterhalb des Formulars. Die Symbolleiste können Sie durch Auswahl von Symbolen verschiedener Typen (Button, Combobox, Separator, ...) aus einer Auswahlliste füllen, siehe Abbildung 7.9.

ToolStrip

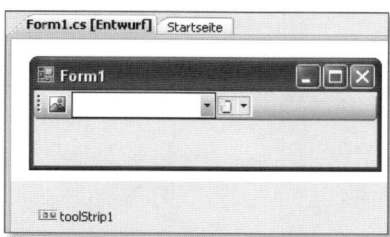

Abbildung 7.9 Symbolleiste mit Button und ComboBox

Über die Eigenschaft `Image` können Sie das Aussehen eines Symbols vom Typ *Button* bestimmen. Bei dieser Eigenschaft kann ein Dialogfeld aufgerufen werden.

Image

In diesem Dialogfeld RESSOURCE AUSWÄHLEN können Sie über den Button IMPORTIEREN eine Bilddatei auswählen, z. B. in der Größe 16 × 16 Pixel, siehe Abbildung 7.10. Dieses Bild wird auf dem SYMBOL-Button abgebildet, siehe Abbildung 7.11.

Bild auswählen

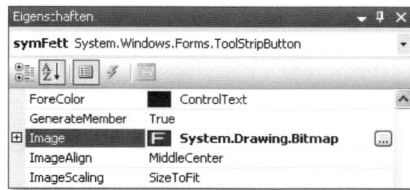

Abbildung 7.10 Ausgewähltes Bild für die Eigenschaft Image

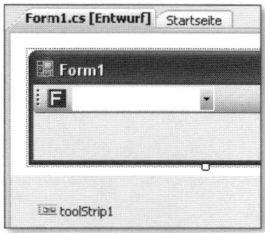

Abbildung 7.11 Ausgewähltes Bild auf Symbol-Button

7.3.2 Code der Symbolleiste

Das nachfolgende Projekt *MenüSymbol* ist wiederum eine Erweiterung des Projekts *MenüKontext*. Der Benutzer hat folgende zusätzliche Möglichkeiten:

▶ Er kann den Schriftstil des Labels über zwei Symbole auf *Fett* bzw. *Kursiv* ändern.

▶ Er kann die Schriftgröße nicht nur über eine Combobox im Hauptmenü, sondern auch über eine Combobox in der Symbolleiste ändern.

Es folgen die geänderten Teile des Programms:

```
private void Form1_Load(...)
{
    ....
    cboSymSchriftgröße.Items.Add("8,25");
    cboSymSchriftgröße.Items.Add("10");
    cboSymSchriftgröße.Items.Add("13");
    cboSymSchriftgröße.Items.Add("18");
    cboSymSchriftgröße.SelectedIndex = 0;
}

private void mnuFett_Click(...)
{
    ....
    symFett.Checked = !symFett.Checked;
}

private void mnuKursiv_Click(...)
{
    ....
    symKursiv.Checked = !symKursiv.Checked;
}

private void Schriftgröße_TextChanged(...)
{
    double schriftgröße;

    if (ReferenceEquals(sender, cboSchriftgröße))
    {
        try
        {
            schriftgröße = Convert.ToDouble(
                cboSchriftgröße.Text);
```

```
    }
    catch
    {
        schriftgröße = 8.25;
    }
    cboSymSchriftgröße.Text = "" + schriftgröße;
}
else
{
    try
    {
        schriftgröße = Convert.ToDouble(
            cboSymSchriftgröße.Text);
    }
    catch
    {
        schriftgröße = 8.25;
    }
    cboSchriftgröße.Text = "" + schriftgröße;
}

lblA.Font = new Font(lblA.Font.FontFamily,
    (float) schriftgröße, lblA.Font.Style);
}
```

Listing 7.7 Projekt »MenüSymbol«

Zur Erläuterung:

▶ Zu Beginn des Programms, also beim Laden des Formulars, werden beide Comboboxen mit den gleichen Werten gefüllt.

▶ Es werden nun drei Ereignisse auf die Methode `mnuFett_Click()` **Parallele Aktion** geleitet: `Click` auf den Hauptmenüpunkt FETT, `Click` auf den Label-Kontextmenüpunkt FETT und `Click` auf das Symbol FETT. In allen drei Fällen wird der Schriftstil eingestellt und der geänderte Zustand gekennzeichnet. In den ersten beiden Fällen geschieht dies durch das Setzen bzw. Wegnehmen des Häkchens, im Fall des Symbols durch eine visuelle Hervorhebung des Buttons, siehe Abbildung 7.12.

▶ Bei der Methode `mnuKursiv_Click()` sieht es ähnlich aus wie bei der Methode `mnuFett_Click()`.

▶ Auch die Änderung der Schriftgröße über eine der beiden Comboboxen führt zur gleichen Methode: `cboSchriftgröße_TextChanged()`. Es ist wichtig, dass die Schriftgröße, die in der jeweils anderen Combobox markiert wird, ebenfalls geändert wird.

Abbildung 7.12   Symbolleiste, Button »Fett«, hervorgehoben

ReferenceEquals()   ▶   Zu diesem Zweck müssen Sie zunächst ermitteln, bei welchem Objekt das Ereignis ausgelöst wurde. Ein Verweis auf das betreffende Objekt wird der Ereignismethode im Parameter `sender` übermittelt. Die statische Methode `ReferenceEquals()` der Klasse `object` kann ermitteln, ob zwei Objektreferenzen (= Verweise) auf dasselbe Objekt verweisen.

Wert übernehmen   ▶   Ermittelt die Methode, dass der Sender die Combobox aus dem Hauptmenü ist, so wird der dort eingestellte Wert übernommen und bei der Combobox in der Symbolleiste eingestellt. Ermittelt die Methode, dass der Sender die Combobox in der Symbolleiste ist, so wird der dort eingestellte Wert übernommen und bei der Combobox aus dem Hauptmenü eingestellt. Anschließend wird in jedem Fall die Eigenschaft *Schriftgröße* des Labels geändert, siehe Abbildung 7.13.

Abbildung 7.13   Symbolleiste, Schriftgröße geändert

7.4   Statusleiste

Die Statusleiste eines Programms dient zur Darstellung von Informationen, die während der Laufzeit des Programms permanent sichtbar sein sollen.

7.4.1 Erstellung der Statusleiste

Zur Erstellung einer Statusleiste ziehen Sie das Steuerelement Status-   **StatusStrip**
Strip aus der Toolbox auf das Formular. Es erscheint (wie die anderen
Elemente aus dieser Gruppe) sowohl im Formular als auch unterhalb des
Formulars, siehe Abbildung 7.14. Meist wird in der Statusleiste der Typ
Label genutzt.

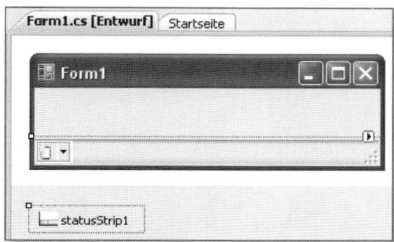

Abbildung 7.14   Statusleiste

7.4.2 Code der Statusleiste

Das nachfolgende Projekt *MenüStatus* ist eine Erweiterung des Projekts
MenüSymbol. Der Benutzer sieht nun (siehe Abbildung 7.15)

▶ ein Label in der Statusleiste, in dem das aktuelle Datum angezeigt
wird,

▶ eine *ProgressBar* (Fortschrittsbalken), die sich in fünf Sekunden füllt,   **ProgressBar**
nachdem der Benutzer den Hauptmenüpunkt ENDE gewählt hat.
Anschließend beendet sich das Programm.

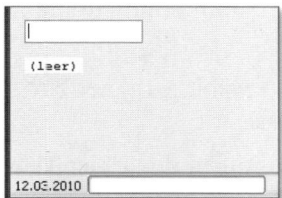

Abbildung 7.15   Projekt »MenüStatus«, Statusleiste

Es folgen die geänderten Teile des Programms:

```
public partial class Form1 : Form
{
    ....
    double endezeit;
```

```
private void Form1_Load(...)
{
    ....
    staLblZeit.Text =
        DateTime.Today.ToShortDateString();
}

private void mnuEnde_Click(...)
{
    endezeit = 0;
    tim1.Enabled = true;
}

private void tim1_Tick(...)
{
    endezeit += 0.1;
    if (endezeit >= 5)
        Close();
    else
        staPgrEnde.Value = (int) endezeit;
}
}
```

Listing 7.8 Projekt »MenüStatus«

Zur Erläuterung:

Timer
▶ Die Eigenschaft endezeit wird deklariert. Sie wird von einem Timer benötigt.

▶ Zu Beginn des Programms wird das aktuelle Datum ermittelt und in das Label in der Statusleiste geschrieben.

▶ Falls der Benutzer den Hauptmenüpunkt ENDE wählt, wird der Timer gestartet und der Wert von endezeit auf 0 gesetzt.

Timer-Tick-Methode
▶ Die Variable endezeit erhöht sich bei jedem Aufruf der Timer-Tick-Methode alle 0,1 Sekunden um den Wert 0,1. Dazu wurde der Startwert der Eigenschaft Interval auf 100 (Millisekunden) gesetzt.

▶ Sobald endezeit den Wert 5 erreicht hat, also nach fünf Sekunden, wird das Programm beendet.

▶ Wurde der Wert 5 noch nicht erreicht, so wird der Wert des Fortschrittsbalkens (Eigenschaft Value) aktualisiert. Die double-Variable endezeit wird dabei für die Eigenschaft Value in eine int-Variable umgewandelt. Der Fortschrittsbalken kann Werte zwischen 0 und 5 repräsentieren (Eigenschaften `Maximum` und `Minimum`). Er zeigt also anschaulich, wann das Programm endet, siehe Abbildung 7.16.

Abbildung 7.16 Projekt »MenüStatus«, Beenden des Programms

7.5 Eingabe-Dialogfeld

Textfelder in einem Formular bieten die Möglichkeit, Eingaben des Benutzers entgegenzunehmen. Allerdings können auch andere Steuerelemente vom Benutzer bedient werden. Wenn Sie den Benutzer unbedingt zu einer Eingabe veranlassen möchten, dann können Sie mit einem Eingabe-Dialogfeld arbeiten. Ein solches Dialogfeld stellt die Methode `InputBox()` bereit.

InputBox

Der Rückgabewert ist eine Zeichenkette. Das Eingabefeld können Sie mit einem Default-Wert vorbelegen. Dies kann zur Hilfestellung oder zur schnelleren Verarbeitung dienen. Damit der Benutzer weiß, was und warum er etwas eingeben soll, können ein Titel und eine Eingabeaufforderung angezeigt werden.

Ein solches einfaches Eingabe-Dialogfeld ist in Visual C# nicht vorgesehen. Es ist aber aus Visual Basic bekannt und kann nach Einbindung des Namensraums `Microsoft.VisualBasic` (mit `using`) auch unter Visual C# genutzt werden.

Microsoft.
VisualBasic

Ein Beispiel im Projekt *EingabeAusgabe*, siehe Abbildung 7.17.

Abbildung 7.17 Eingabeaufforderung mit InputBox()

Der zugehörige Code:

```
private void cmdInput_Click(...)
{
    string eingabe;

    eingabe = Interaction.InputBox(
        "Bitte Ihren Namen:",
        "Ihr Name", "Maier");
    lblA.Text = eingabe;
}
```

Listing 7.9 Projekt »EingabeAusgabe«, Eingabe-Dialogfeld

Zur Erläuterung:

▶ Das Eingabe-Dialogfeld kann infolge beliebiger Ereignisse oder Abläufe erscheinen. Hier wurde ein Button zum Aufruf gewählt.

Klasse Interaction ▶ Die Methode InputBox() steht, zusammen mit anderen Methoden, in der Klasse Interaction zur Verfügung.

▶ Der erste Parameter dient der Eingabeaufforderung, er muss angegeben werden.

▶ Die beiden anderen Parameter sind optional. Es können der Titel des Dialogfelds und ein Vorgabewert für das Textfeld angegeben werden.

▶ Der Rückgabewert wird im vorliegenden Programm gespeichert und ausgegeben

Eingabe der Lottozahlen

Mehrfache Eingabe Ein weiteres Beispiel (ebenfalls im Projekt *EingabeAusgabe*) soll die bessere Benutzerführung mithilfe eines Eingabe-Dialogfelds verdeutlichen. Der Benutzer soll seine Wahl der Lottozahlen eingeben. Bekanntlich sind dies sechs verschiedene ganze Zahlen zwischen 1 und 49. Er wird so lange aufgefordert, Zahlen einzugeben, bis diese Bedingung erfüllt ist, siehe Abbildung 7.18. Falls er eine Zahl mehrfach eingibt oder eine Zahl außerhalb des erlaubten Bereichs wählt, wird die betreffende Eingabe wiederholt.

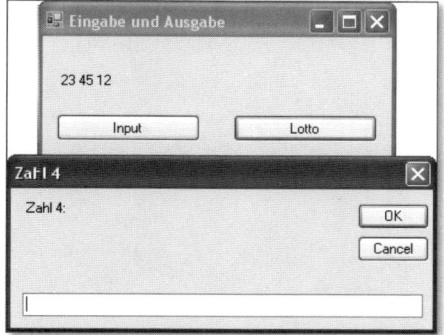

Abbildung 7.18 Eingabe von Lottozahlen

Der zugehörige Code:

```
private void cmdLotto_Click(...)
{
    int zahl, i, k;
    int[] lotto = new int[6];
    bool gezogen;

    lblA.Text = "";
    for (i = 0; i < lotto.Length; i++)
    {
        do
        {
            gezogen = false;
            zahl = 0;
            try
            {
                zahl = Convert.ToInt32(
                    Interaction.InputBox("Zahl " +
                    (i + 1) + ": ",
                    "Zahl " + (i + 1)));
            }
            catch
            {
                continue;
            }

            for (k = 0; k < i; k++)
                if (lotto[k] == zahl)
                {
                    gezogen = true;
```

```
                              break;
                    }
          }
          while (gezogen || zahl < 1 || zahl > 49);

          lotto[i] = zahl;
          lblA.Text += zahl + " ";
     }
}
```

Listing 7.10 Projekt »EingabeAusgabe«, Lottozahlen

Zur Erläuterung:

ToInt32() ▶ Die Eingabe wird zunächst in der Variablen eingabe gespeichert. Anschließend wird versucht, diese mithilfe der Methode ToInt32() der Klasse Convert in eine ganze Zahl umzuwandeln und in der int-Variablen zahl zu speichern.

▶ Das Feld lotto hat sechs Elemente. Die Elemente 0 bis 5 sind für die sechs Lottozahlen vorgesehen.

▶ Die Variable gezogen wird wiederholt benötigt, um festzuhalten, ob eine bestimmte Zahl schon gezogen wurde.

▶ Die äußere for-Schleife läuft von 0 bis 5, für die Eingabe der sechs Lottozahlen.

continue ▶ Die do-while-Schleife läuft auch dann noch einmal, wenn der Benutzer eine ungültige Zahl eingegeben hat. Dies wird durch die Anweisung continue innerhalb des catch-Teils der Ausnahmebehandlung erreicht.

▶ Die eingegebene Zahl wird in der inneren for-Schleife mit allen bisher eingegebenen Zahlen verglichen. Wurde sie bereits gezogen, so wird die boolesche Variable gezogen auf true gesetzt.

▶ Die Bedingung für die do-while-Schleife lautet: *Wiederhole, wenn die eingegebene Zahl bereits gezogen wurde, wenn sie kleiner als 1 oder größer als 49 ist.*

▶ Nach Verlassen der do-while-Schleife wird die Zahl im Feld lotto gespeichert, damit sie mit allen nachfolgenden Zahlen verglichen werden kann.

7.6 Ausgabe-Dialogfeld

Zur Darstellung einfacher Anzeigen oder Warnungen sowie für Benutzer-Abfragen muss kein aufwendiges Dialogfeld erzeugt und programmiert werden. Die Methode `Show()` der Klasse `MessageBox`, die wir in ihrer einfachen Version bereits kennengelernt haben, bietet eine Reihe von vorgefertigten Dialogfeldern, mit denen Sie bereits viele alltägliche Aufgaben erledigen können.

MessageBox

Ein erstes Beispiel sehen Sie im Projekt *EingabeAusgabe*, siehe Abbildung 7.19.

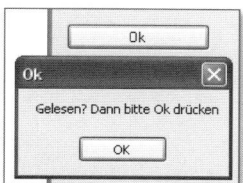

Abbildung 7.19 Einfache Ausgabe mit Ok

Der Programmcode:

```
private void cmdMsgBoxOkOnly_Click(...)
{
    MessageBox.Show(
        "Gelesen? Dann bitte Ok drücken",
        "Ok", MessageBoxButtons.OK);
}
```

Listing 7.11 Projekt »EingabeAusgabe«, Einfache Ausgabe

Zur Erläuterung:

▶ Den ersten Parameter kennen wir schon, dabei handelt es sich um die eigentliche Nachricht des Ausgabe-Dialogfelds.

▶ Beim zweiten Parameter können Sie den Text der Titelzeile des Ausgabe-Dialogfelds angeben.

▶ Beim dritten Parameter können Sie auswählen, welcher Button bzw. welche Kombination aus Buttons im Ausgabe-Dialogfeld erscheinen soll. Dabei handelt es sich um eine Konstante aus der Enumeration `MessageBoxButtons`.

MessageBox-
Buttons

▶ Der vierte Parameter kann zur Auswahl eines Icons dienen, das im Ausgabe-Dialogfeld dargestellt wird und die Textnachricht visuell

MessageBoxIcon

unterstützt. Dabei handelt es sich um eine Konstante aus der Enumeration `MessageBoxIcon`.

DialogResult ▶ Falls mehr als ein Button eingeblendet wird, sollte der Rückgabewert der Methode `Show()` untersucht werden. Dieser Rückgabewert ist eine Konstante aus der Enumeration `DialogResult`.

Abbildung 7.20 zeigt die Ausgabe mit dem Info-Zeichen (ebenfalls im Projekt *EingabeAusgabe*).

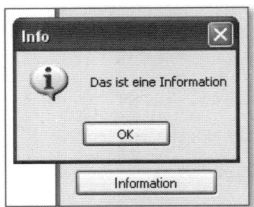

Abbildung 7.20   Ausgabe mit Info-Zeichen

Der zugehörige Code lautet:

```
private void cmdMsgBoxInformation_Click(...)
{
    MessageBox.Show(
        "Das ist eine Information",
        "Info", MessageBoxButtons.OK,
        MessageBoxIcon.Information);
}
```

Listing 7.12   Projekt »EingabeAusgabe«, Info-Zeichen

Zur Erläuterung:

Information ▶ Zusätzlich zum Button OK wird das Info-Zeichen angezeigt.

Ein Beispiel mit Buttons für Ja und Nein sehen Sie in Abbildung 7.21.

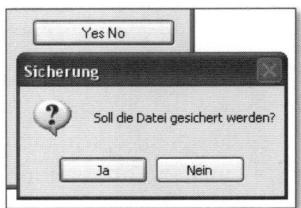

Abbildung 7.21   Zwei Buttons zur Auswahl

Der zugehörige Code lautet:

```
private void cmdMsgBoxYesNo_Click(...)
{
    DialogResult dr = MessageBox.Show(
        "Soll die Datei gesichert werden?",
        "Sicherung", MessageBoxButtons.YesNo,
        MessageBoxIcon.Question);

    if (dr == DialogResult.Yes)
        lblA.Text = "Sichern";
    else
        lblA.Text = "Nicht sichern";
}
```

Listing 7.13   Projekt »EingabeAusgabe«, Ja/Nein

Zur Erläuterung:

▶ Die beiden Buttons JA und NEIN werden mit dem Fragezeichen ver- Ja, Nein
knüpft.

▶ Der Benutzer muss die Frage beantworten. Die Antwort wird gespeichert und mithilfe einer if-else-Verzweigung ausgewertet.

▶ Im vorliegenden Programm werden nur zwei unterschiedliche Mel-
dungen im Label ausgegeben. In der Realität würden zwei unterschiedliche Abläufe beginnen.

Den Bildschirm nach Betätigung des Buttons NEIN sehen Sie in Abbildung 7.22.

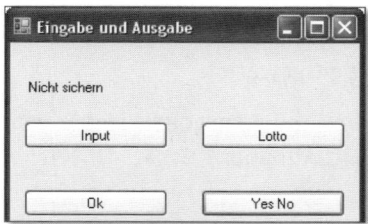

Abbildung 7.22   Antwort nach Button »Nein«

Ein Beispiel mit Buttons für JA, NEIN und ABBRECHEN (siehe Abbildung Ja, Nein und
7.23).   Abbrechen

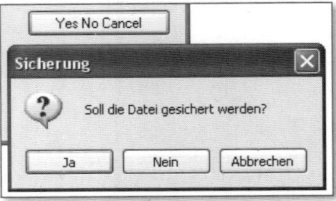

Abbildung 7.23 Drei Buttons zur Auswahl

Der zugehörige Code:

```
private void cmdMsgBoxYesNoCancel_Click(...)
{
    DialogResult dr = MessageBox.Show(
        "Soll die Datei gesichert werden?",
        "Sicherung",
        MessageBoxButtons.YesNoCancel,
        MessageBoxIcon.Question);

    if (dr == DialogResult.Yes)
        lblA.Text = "Sichern";
    else if (dr == DialogResult.No)
        lblA.Text = "Nicht sichern";
    else
        lblA.Text = "Abbrechen";
}
```

Listing 7.14 Projekt »EingabeAusgabe«, Ja/Nein/Abbrechen

Zur Erläuterung:

▶ Der Benutzer hat drei Möglichkeiten. Die Antwort wird mithilfe einer verschachtelten if-else-Verzweigung ausgewertet.

Wiederholen, Abbrechen

Ein Beispiel mit Buttons für WIEDERHOLEN und ABBRECHEN sowie dem Zeichen für *Kritische Warnung* sehen Sie in Abbildung 7.24.

Abbildung 7.24 Kritische Warnung plus zwei Möglichkeiten

Der zugehörige Code lautet:

```
private void cmdMsgBoxRetryCancel_Click(...)
{
    DialogResult dr = MessageBox.Show("Beim " +
        "Sichern der Datei trat ein Fehler auf.\n" +
        "Wollen Sie es noch einmal probieren?\n" +
        "Wollen Sie den Vorgang abbrechen?",
        "Fehler bei Sicherung",
        MessageBoxButtons.RetryCancel,
        MessageBoxIcon.Error);

    if (dr == DialogResult.Retry)
        lblA.Text = "Noch einmal";
    else
        lblA.Text = "Abbrechen";
}
```

Listing 7.15   Projekt »EingabeAusgabe«, Wiederholen/Abbrechen

Zur Erläuterung:

▶ Die beiden Buttons WIEDERHOLEN und ABBRECHEN werden mit dem Zeichen für *Fehler* verknüpft.   Fehler

Ein Beispiel mit drei Buttons für ABBRECHEN, WIEDERHOLEN und IGNORIE-REN sowie dem Zeichen für *Achtung* sehen Sie in Abbildung 7.25.   Abbrechen, Wiederholen und Ignorieren

Abbildung 7.25   »Achtung« mit drei Möglichkeiten

Der zugehörige Code lautet:

```
private void cmdMsgBoxAbortRetryIgnore_Click(...)
{
    DialogResult dr = MessageBox.Show("Beim " +
        "Sichern der Datei trat ein Fehler auf.\n" +
        "Wollen Sie den Vorgang abbrechen?\n" +
        "Wollen Sie es noch einmal probieren?\n" +
```

```
     "Wollen Sie diese Nachricht ignorieren?",
     "Fehler bei Sicherung",
     MessageBoxButtons.AbortRetryIgnore,
     MessageBoxIcon.Warning);

 if (dr == DialogResult.Abort)
     lblA.Text = "Abbrechen";
 else if (dr == DialogResult.Retry)
     lblA.Text = "Noch einmal";
 else
     lblA.Text = "Ignorieren";
}
```

Listing 7.16 Projekt »EingabeAusgabe«, Abbrechen/Wiederholen/Ignorieren

Zur Erläuterung:

► Die drei Buttons ABBRECHEN, WIEDERHOLEN und IGNORIEREN werden mit dem Zeichen *Warnung* verknüpft.

7.7   Standard-Dialogfelder

Es gibt fünf Klassen für Standard-Dialogfelder, mit deren Hilfe alltägliche Aufgaben schnell gelöst werden können: OpenFileDialog, SaveFile-Dialog, FolderBrowserDialog, ColorDialog und FontDialog.

ShowDialog() Sie haben einige Gemeinsamkeiten, z. B. die Methode ShowDialog() zur Anzeige des Dialogs und den Rückgabewert, ein Element der Enumeration DialogResult. Es existieren aber auch Unterschiede bedingt durch die Art des Dialogs bzw. des ermittelten Dialog-Ergebnisses.

7.7.1   Datei öffnen

OpenFileDialog Ein Objekt der Klasse OpenFileDialog dient zur Auswahl einer Datei, die geöffnet werden soll. Vor dem Öffnen des Dialogfelds können Sie u. a. folgende Einstellungen wählen:

► InitialDirectory: Verzeichnis, mit dem das Dialogfeld startet

Filter ► Filter: verschiedene Gruppen von Dateiendungen, nach denen die Anzeige gefiltert wird

► Title: Titelzeile des Dialogfelds

Das Dialog-Ergebnis (nicht der Rückgabewert) ist ein Dateiname. Dieser   FileName
wird in der Eigenschaft `FileName` zur Verfügung gestellt.

Ein Beispiel (im Projekt *StandardDialogfelder*), bei dem zunächst nur nach
Dateien mit der Endung *xls* gesucht wird, sehen Sie in Abbildung 7.26
und Abbildung 7.27.

Abbildung 7.26   Ausgewählte Dateien

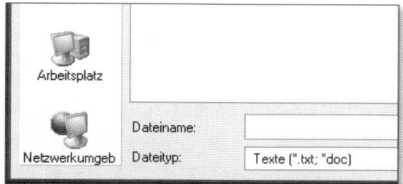

Abbildung 7.27   Aktuell eingestellter Dateityp für die Auswahl

Der zugehörige Code:

```
private void cmdOpenFileDialog_Click(...)
{
    OpenFileDialog ofd = new OpenFileDialog();

    ofd.InitialDirectory = "C:\\Temp";
    ofd.Filter = "Tabellen (*.xls)|*.xls|" +
        " Texte (*.txt; *doc)|*.txt;*.doc|" +
        " Alle Dateien (*.*)|*.*";
    ofd.Title = "Datei zum Öffnen auswählen";

    if(ofd.ShowDialog() == DialogResult.OK)
        MessageBox.Show("Öffnen: " + ofd.FileName);
    else
        MessageBox.Show("Abbruch");
}
```

Listing 7.17   Projekt »StandardDialogfelder«, Datei öffnen

Zur Erläuterung:

▶ Das Objekt `ofd` der Klasse `OpenFileDialog` wird erzeugt.

InitialDirectory ▶ Die Eigenschaft `InitialDirectory` wird (mit einer Zeichenkette) auf ein bestimmtes Verzeichnis eingestellt.

▶ Die Eigenschaft `Filter` bekommt eine Zeichenkette zugewiesen. Diese beinhaltet verschiedene Gruppen von Dateiendungen und deren Erklärung.

▶ Die verschiedenen Gruppen sind durch das Pipe-Zeichen (|) voneinander getrennt.

▶ Eine Gruppe besteht aus: `Erklärung (*.Endung) | *.Endung`

▶ Besteht eine Gruppe aus mehreren Dateiendungen (hier z. B. die Gruppe `Texte`), so werden die Endungen durch Semikolon voneinander getrennt.

▶ Die Eigenschaft `Title` bekommt ebenfalls eine Zeichenkette zugewiesen.

DialogResult.Ok ▶ Die Methode `ShowDialog()` zeigt den Dialog an. Es ist wichtig, zu ermitteln, welchen Button der Benutzer gedrückt hat. Deshalb wird der Rückgabewert der Methode ausgewertet. Falls dieser dem Wert von `DialogResult.Ok` entspricht, hat der Benutzer den Button Oκ betätigt.

FileName ▶ In der Eigenschaft `FileName` steht im Erfolgsfall der ausgewählte Dateiname.

▶ Falls eine Datei eingegeben wurde, die nicht existiert, erscheint eine Fehlermeldung, siehe Abbildung 7.28.

▶ Falls der Button ABBRECHEN betätigt wurde, wird dies ebenfalls bemerkt. Das Programm kann anschließend passend reagieren.

▶ Ein weiteres Beispiel zur Klasse `OpenFileDialog` sehen Sie in Abschnitt 10.4.

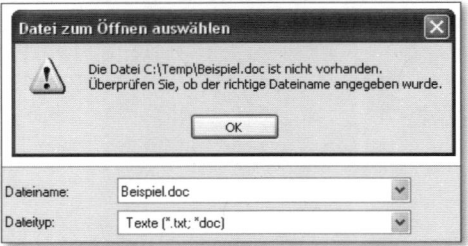

Abbildung 7.28 Fehlermeldung, falls Datei nicht vorhanden

7.7.2 Datei speichern unter

Ein Objekt der Klasse `SaveFileDialog` dient zur Eingabe oder Auswahl einer Datei, die zum Speichern verwendet werden soll. Wählbare Einstellungen und Dialog-Ergebnis entsprechen im Wesentlichen denen der Klasse `OpenFileDialog`. Ein Beispiel (ebenfalls im Projekt *StandardDialogfelder*) sehen Sie in Abbildung 7.29.

Abbildung 7.29 Auswahl zum Speichern der Datei

Der Programmcode:

```
private void cmdSaveFileDialog_Click(...)
{
    SaveFileDialog sfd = new SaveFileDialog();

    sfd.InitialDirectory = "C:\\Temp";
    sfd.Filter = "Tabellen (*.xls)|*.xls|" +
        " Texte (*.txt; *doc)|*.txt;*.doc|" +
        " Alle Dateien (*.*)|*.*";
    sfd.Title = "Datei zum Speichern auswählen";

    if (sfd.ShowDialog() == DialogResult.OK)
        MessageBox.Show(
            "Speichern unter: " + sfd.FileName);
    else
        MessageBox.Show("Abbruch");
}
```

Listing 7.18 Projekt »StandardDialogfelder«, Datei speichern unter

Zur Erläuterung:

▶ Das Objekt `sfd` der Klasse `SaveFileDialog` wird erzeugt.

▶ Wählt der Benutzer eine Datei zum Speichern aus, die es bereits gibt, so wird er gefragt, ob er diese überschreiben möchte, siehe Abbildung 7.30.

FileName   ► In der Eigenschaft `FileName` steht im Erfolgsfall der ausgewählte Dateiname.

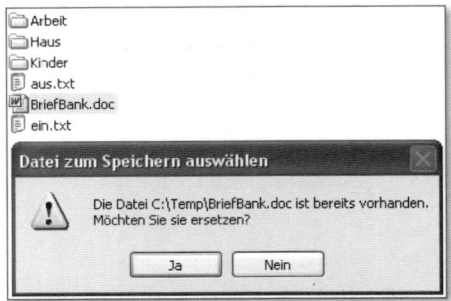

Abbildung 7.30   Rückfrage, falls Datei bereits vorhanden

7.7.3   Verzeichnis auswählen

FolderBrowser Dialog   Ein Objekt der Klasse `FolderBrowserDialog` dient zur Auswahl eines Verzeichnisses, das als Basis für weitere Programmabläufe dienen soll. Es kann auch ein neues Verzeichnis erzeugt werden. Vor dem Öffnen des Dialogfelds können Sie u. a. folgende Einstellungen wählen:

► `RootFolder`: oberstes Verzeichnis, das im Dialogfeld angezeigt wird

► `ShowNewFolderButton`: Anzeige eines Buttons, der die Erzeugung eines neuen Verzeichnisses ermöglicht

► `Description`: Titelzeile des Dialogfelds

SelectedPath   Das Dialog-Ergebnis ist ein Verzeichnisname. Dieser wird in der Eigenschaft `SelectedPath` zur Verfügung gestellt. Ein Beispiel ist in Abbildung 7.31 dargestellt.

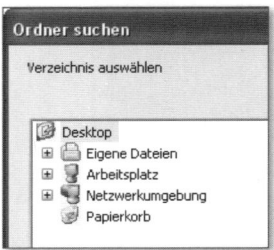

Abbildung 7.31   Auswahl eines Verzeichnisses

Der zugehörige Code:

```
private void cmdFolderBrowserDialog_Click(...)
{
    FolderBrowserDialog fbd =
        new FolderBrowserDialog();

    fbd.RootFolder =
        Environment.SpecialFolder.Desktop;
    fbd.ShowNewFolderButton = false;
    fbd.Description = "Verzeichnis auswählen";

    if (fbd.ShowDialog() == DialogResult.OK)
        MessageBox.Show("Zugriff auf Verzeichnis: " +
            fbd.SelectedPath);
    else
        MessageBox.Show("Abbruch");
}
```

Listing 7.19 Projekt »StandardDialogfelder«, Verzeichnis wählen

Zur Erläuterung:

▶ Das Objekt `fbd` der Klasse `FolderBrowserDialog` wird erzeugt.

▶ Als oberstes Verzeichnis des Dialogfelds dient ein Element der Enumeration `SpecialFolder` der Klasse `Environment`, hier ist dies der Desktop. **RootFolder**

▶ Die Eigenschaft `ShowNewFolderButton` steht normalerweise auf `true`. Mit dem Wert `false` wird verhindert, dass ein neues Verzeichnis erzeugt werden kann.

▶ In der Eigenschaft `SelectedPath` steht im Erfolgsfall der ausgewählte Verzeichnisname. **SelectedPath**

7.7.4 Farbe auswählen

Ein Objekt der Klasse `ColorDialog` dient zur Auswahl einer Farbe, die z. B. einem Steuerelement zugewiesen werden soll. **ColorDialog**

Das Dialog-Ergebnis ist ein Objekt der Struktur `Color`; es wird in der Eigenschaft `Color` zur Verfügung gestellt. Ein Beispiel sehen Sie in Abbildung 7.32. **Color**

Abbildung 7.32 Auswahl einer Farbe

Der zugehörige Code:

```
private void cmdColorDialog_Click(...)
{
    ColorDialog cd = new ColorDialog();

    if (cd.ShowDialog() == DialogResult.OK)
        lblA.ForeColor = cd.Color;
    else
        MessageBox.Show("Abbruch");
}
```

Listing 7.20 Projekt »StandardDialogfelder«, Farbe wählen

Zur Erläuterung:

▸ Das Objekt cd der Klasse ColorDialog wird erzeugt.

▸ In der Eigenschaft Color steht im Erfolgsfall die ausgewählte Farbe. Diese wird hier als Schriftfarbe für das Label übernommen.

7.7.5 Schrifteigenschaften auswählen

FontDialog Ein Objekt der Klasse FontDialog dient zur Auswahl von Schrifteigenschaften, die z. B. einem Steuerelement zugewiesen werden sollen. Dialog-Ergebnisse sind:

Font ▸ ein Objekt der Klasse Font, das in der Eigenschaft Font zur Verfügung gestellt wird

▸ ein Objekt der Struktur Color, das in der Eigenschaft Color zur Verfügung gestellt wird

Vor dem Öffnen des Dialogfelds können Sie u. a. folgende Einstellungen wählen:

▶ `ShowColor` legt fest, ob auch die Farbe der Schrift bzw. der Unterstreichung einstellbar sein sollen.

▶ `MaxSize` und `MinSize` stellen die größte und die kleinste wählbare Schriftgröße ein.

Ein Beispiel sehen Sie in Abbildung 7.33.

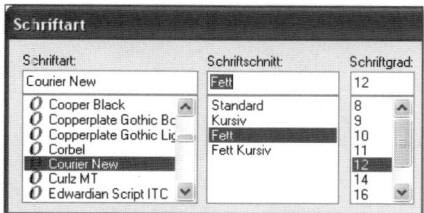

Abbildung 7.33 Auswahl von Schrifteigenschaften

Der Programmcode:

```
private void cmdFontDialog_Click(...)
{
    FontDialog fd = new FontDialog();

    fd.ShowColor = true;
    fd.MinSize = 8;
    fd.MaxSize = 20;

    if (fd.ShowDialog() == DialogResult.OK)
    {
        lblA.Font = fd.Font;
        lblA.ForeColor = fd.Color;
    }
    else
        MessageBox.Show("Abbruch");
}
```

Listing 7.21 Projekt »StandardDialogfelder«, Schrifteigenschaften wählen

Zur Erläuterung:

▶ Das Objekt `fd` der Klasse `FontDialog` wird erzeugt.

▶ Die Eigenschaft `ShowColor` wird auf `true` gestellt, es können also auch die Farbe der Schrift bzw. der Unterstreichung eingestellt werden.

▶ Die wählbare Schriftgröße wird begrenzt auf den Bereich von 8 bis 20.

Font, Color ▶ In den Eigenschaften Font und Color stehen im Erfolgsfall die ausgewählten Schrifteigenschaften und die Farbe. Diese werden hier als
Schrifteigenschaften für das Label übernommen, siehe Abbildung
7.34.

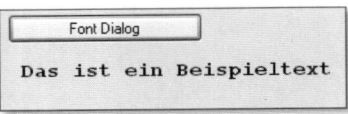

Abbildung 7.34 Übernommene Schrifteigenschaften

7.8 Steuerelement DataGridView

Tabelle Zur Darstellung einer einfachen Liste oder der Inhalte eines eindimensionalen Datenfelds sind Listen- und Kombinationsfelder geeignet. Die
Inhalte einer Tabelle mit Zeilen und Spalten oder eines zweidimensionalen Datenfelds werden besser in einem Steuerelement vom Typ *Data-
GridView* dargestellt. Es ist auch besonders zur Darstellung von Daten-
bankinhalten geeignet, siehe Kapitel 8, »Datenbank-Anwendungen mit
ADO.NET«. Sie finden es in der Werkzeugsammlung im Bereich DATEN.

Im nachfolgend beschriebenen Projekt *DataGrid* werden Eigenschaften
per Code zur Laufzeit eingestellt. Sie könnten viele Eigenschaften allerdings auch schon zur Entwicklungszeit einstellen. Über das kleine Drei-
eck oben rechts am Steuerelement können Sie ein Menü öffnen, das zahlreiche Möglichkeiten bietet, siehe Abbildung 7.35.

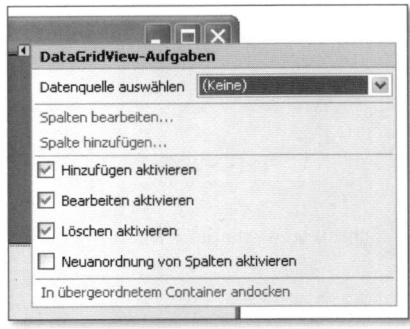

Abbildung 7.35 DataGrid, Einstellmenü

Abbildung 7.36 zeigt den Startinhalt des Grids.

Form_Load()

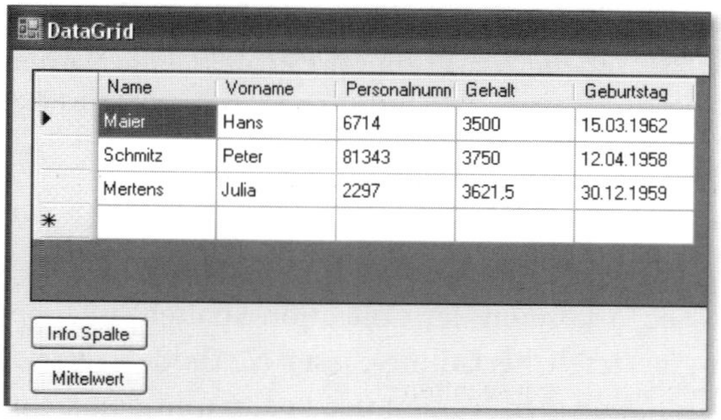

Abbildung 7.36 DataGridView, gefüllt

Es folgen die Inhalte der Form1_Load-Methode, die für den Start-Inhalt des Grids sorgen:

```
private void Form1_Load(...)
{
    int i;

    /* Spalten hinzufügen */
    dgv.Columns.Add("SpName", "Name");
    dgv.Columns.Add("SpVorname", "Vorname");
    dgv.Columns.Add("SpPersonalnummer",
                    "Personalnummer");
    dgv.Columns.Add("SpGehalt", "Gehalt");
    dgv.Columns.Add("SpGeburtstag", "Geburtstag");

    /* Breite einstellen */
    for(i = 0; i < dgv.Columns.Count; i++)
        dgv.Columns[i].Width = 75;

    /* Zeilen hinzufügen */
    dgv.Rows.Add("Maier", "Hans", 6714,
                3500, "15.03.1962");
    dgv.Rows.Add("Schmitz", "Peter", 81343,
                3750, "12.04.1958");
    dgv.Rows.Add("Mertens", "Julia", 2297,
                3621.5, "30.12.1959");
}
```

Listing 7.22 Projekt »DataGrid«, Einstellungen

Zur Erläuterung:

▶ Das Steuerelement vom Typ *DataGridView* wird nachfolgend vereinfacht *Tabelle* genannt. Die Tabelle hat in diesem Projekt den Namen `dgv`.

Columns ▶ Die Eigenschaft `Columns` ist eine Collection vom Typ `DataGridView-ColumnCollection` und beinhaltet Informationen über alle Spalten der Tabelle.

Neue Spalten ▶ Mithilfe der Methode `Add()` können der Collection Spalten hinzugefügt werden. Die hier genutzte Überladung dieser Methode erwartet zwei Zeichenketten-Parameter: den Namen der Spalte und den sichtbaren Text der Kopfzeile.

▶ Die Eigenschaft `Count` der `Columns`-Collection liefert die Anzahl der Spalten. Eine einzelne Spalte lässt sich über einen Index ansprechen, dieser beginnt bei 0.

▶ Einzelne Spalten haben wiederum Eigenschaften. Die Breite kann über die Eigenschaft `Width` eingestellt werden.

Rows ▶ Die Eigenschaft `Rows` ist eine Collection vom Typ `DataGridViewRow-Collection` und beinhaltet Informationen über alle Zeilen der Tabelle.

Neue Zeilen ▶ Mithilfe der Methode `Add()` können der Collection Zeilen hinzugefügt werden. Die hier genutzte Überladung dieser Methode erwartet ein Feld beliebiger Größe von Objekten. In diesem Falle werden jeweils fünf Informationen zu einer Person hinzugefügt.

Hinweis: Beim Hinzufügen einer Spalte wird jeweils eine leere Zelle zum Hinzufügen eines neuen Inhalts erzeugt. Diese ist ebenfalls Bestandteil der `Rows`-Collection.

Button »Info Spalte« Es folgt die Methode zum Button INFO SPALTE:

```
private void cmdInfoSpalte_Click(...)
{
    int i;

    /* Name und Headertext */
    lblA.Text = "Name: " +
        dgv.Columns["SpName"].Name + ", Header: " +
        dgv.Columns["SpName"].HeaderText + "\n";
    for (i = 1; i < dgv.Columns.Count; i++)
        lblA.Text += "Name: " +
            dgv.Columns[i].Name + ", Header: " +
```

```
        dgv.Columns[i].HeaderText + "\n";
}
```

Listing 7.23 Projekt »DataGrid«, Button »Info Spalte«

Zur Erläuterung:

▶ Als Index für eine einzelne Spalte lässt sich auch der Name der Spalte
  nutzen.

▶ Die Eigenschaften `Name` und `Headertext` liefern den Namen der Spalte
  und den sichtbaren Text der Kopfzeile, siehe Abbildung 7.37.

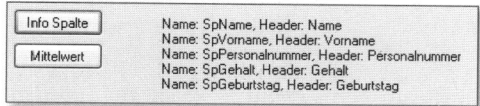

Abbildung 7.37 Button »Info Spalte«

In der Methode zum Button MITTELWERT werden die Inhalte einzelner
Zellen ausgewertet, um den Mittelwert zu errechnen (siehe Abbildung
7.38):

**Button
»Mittelwert«**

```
private void cmdMittelwert_Click(...)
{
    int i;
    double mw;

    /* Zellen auswerten */
    lblA.Text = "";
    mw = 0;
    for (i = 0; i < dgv.Rows.Count - 1; i++)
        mw += Convert.ToDouble(
            dgv.Rows[i].Cells[3].Value);
    mw /= dgv.Rows.Count - 1;
    lblA.Text = "Gehalt, Mittelwert: " + mw;
}
```

Listing 7.24 Projekt »DataGrid«, Button »Mittelwert«

Zur Erläuterung:

▶ Es soll der Mittelwert der Zahlen in der Spalte GEHALT berechnet werden. Dazu muss die `Rows`-Collection durchlaufen werden. Es ist zu
  beachten, dass die letzte Zeile (zum Hinzufügen eines neuen Inhalts)
  nicht mit eingerechnet wird.

▶ Eine einzelne Zeile lässt sich innerhalb der `Rows`-Collection über einen Index ansprechen, dieser beginnt bei 0.

Cells ▶ Die Zellen innerhalb einer Zeile stehen in der Collection `Cells`. Eine einzelne Zelle innerhalb der `Cells`-Collection lässt sich wiederum über einen Index ansprechen, dieser beginnt ebenfalls bei 0.

▶ Der Wert einer Zelle wird über die Eigenschaft `Value` geliefert. Dabei handelt es sich um einen String, den Sie umwandeln müssen.

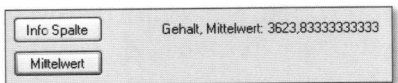

Abbildung 7.38 Button »Mittelwert«

Klick auf Zelle Eine letzte Methode reagiert auf das Ereignis *Benutzer klickt auf Tabellenzelle*. Dabei können Sie feststellen, um welche Zelle es sich handelt (siehe Abbildung 7.39):

```
private void dgv_CellClick(
    object sender, DataGridViewCellEventArgs e)
{
    /* Klick auswerten */
    lblA.Text = "Zeile: " + e.RowIndex + "\n" +
        "Spalte: " + e.ColumnIndex + "\n";
    if (e.RowIndex >= 0 && e.ColumnIndex >= 0)
        lblA.Text += "Inhalt: " +
            dgv.Rows[e.RowIndex].
                Cells[e.ColumnIndex].Value;
}
```

Listing 7.25 Projekt »DataGrid«, Klick auf Zelle

Zur Erläuterung:

Geklickte Zelle ▶ In dem Parameter e der Ereignismethode vom Typ `DataGridView-CellEventArgs` werden u. a. Informationen über die geklickte Zelle übermittelt.

▶ Die Eigenschaften `RowIndex` und `ColumnIndex` liefern den Index von Zeile bzw. Spalte zur weiteren Auswertung.

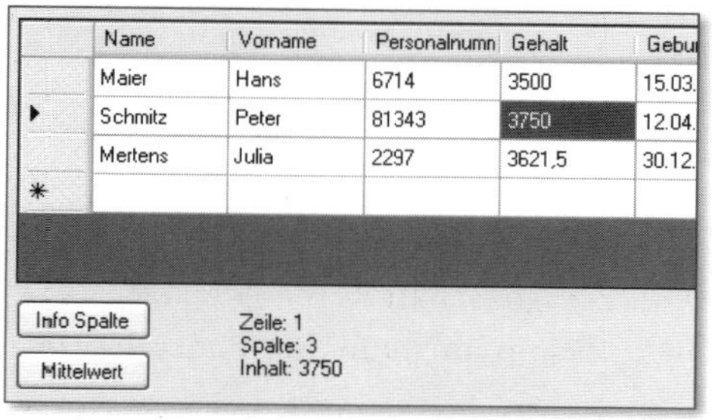

Abbildung 7.39 Nach Klick auf Zelle

Wer große Datenmengen dauerhaft und geordnet speichern will, kommt an Datenbanken nicht vorbei.

8 Datenbank-Anwendungen mit ADO.NET

Falls Sie noch nicht mit relationalen Datenbanken vertraut sind, liefert Ihnen der erste Abschnitt dieses Kapitels das nötige Hintergrundwissen. Anderenfalls können Sie diesen Teil überspringen und gleich zu Abschnitt 8.2 übergehen.

8.1 Was sind relationale Datenbanken?

Beim relationalen Datenmodell werden die Daten in Form von Tabellen angeordnet. Eine den Erfordernissen der Praxis genügende Datenbank wird sich aber kaum in einer einzigen Tabelle organisieren lassen. Sie wird vielmehr aus mehreren Tabellen bestehen, die miteinander in Beziehung (Relation) stehen. Eine solche Datenbank bezeichnet man als *relational*.

Relation

Sowohl die Tabellen als auch die Relationen lassen sich sehr einfach auf dem physikalischen Speicher abbilden. Der Nachteil einer relationalen Datenbank besteht darin, dass zusätzliche Hilfsdatenstrukturen, sogenannte Indizes, aufgebaut und ständig aktualisiert werden müssen. Diese Indizes erleichtern die Abfrage, Suche und Sortierung in relationalen Datenbanken.

Index

Je größer und komplexer eine Datenbank wird, desto mehr überwiegen jedoch die Vorteile der klaren Strukturierung der Daten und der Speicherplatz-Einsparung gegenüber dem Nachteil durch den Aufbau und die Aktualisierung der Indizes.

8.1.1 Beispiel »Lager«

Als anschauliches Beispiel für den Entwurf einer Datenbank soll die Erfassung des Lagerbestands eines Einzelhändlers dienen. Die Artikel des Lagers sollen durch die Daten aus Tabelle 8.1 gekennzeichnet werden.

Beschreibung	Abkürzung
eigene Artikelnummer	artnr
Bestellnummer für diesen Artikel beim Lieferanten	bestnr
vorhandene Anzahl	anz
Lieferantennummer	lnr
Adresse des Lieferanten	adr
Telefonnummer des Lieferanten	telnr
Regionalvertreter des Lieferanten	vertr
Einkaufspreis	ek
Verkaufspreis	vk

Tabelle 8.1 Artikeldaten

Erster Entwurf

Tabelle Im ersten Entwurf für eine solche Datenbank werden die Daten in einer Tabelle mit dem Namen artikel gespeichert, siehe Tabelle 8.2.

artnr	bestnr	anz	lnr	adr	telnr	vertr	ek	vk
12	877	5	1	Köln	162376	Mertens	23	35
22	231	22	3	Koblenz	875434	Mayer	55	82
24	623	10	4	Bonn	121265	Marck	12	18
30	338	30	12	Aachen	135543	Schmidt	77	116
33	768	5	1	Köln	162376	Mertens	90	135
56	338	2	1	Köln	162376	Mertens	125	190
58	338	16	3	Koblenz	875434	Mayer	50	74
76	912	15	12	Aachen	135543	Schmidt	45	70

Tabelle 8.2 Erster Entwurf

Feld, Datensatz In diesem Beispiel sind acht verschiedene Artikel im Lager, zu jedem dieser Artikel existiert in der Tabelle eine Zeile. Eine solche Zeile in einer Datenbanktabelle wird *Datensatz* genannt. Die Spalten einer Datenbanktabelle nennt man *Felder*, sie werden durch ihre Überschrift, den *Feldnamen*, gekennzeichnet.

Alle Artikel sind innerhalb einer Tabelle abgelegt. Dies wirkt auf den ersten Blick sehr übersichtlich, Sie erkennen allerdings schnell, dass viele Daten mehrfach vorhanden sind. Bei jedem Artikel des gleichen Lieferanten sind Adresse, Telefonnummer und Vertreter in jedem Datensatz erfasst. Es ergibt sich eine Datenredundanz, d. h., viele Daten sind überflüssig. Außerdem können sich schnell inkonsistente, uneinheitliche Daten ergeben, falls die Telefonnummer eines Lieferanten sich ändert und diese Änderung nur in einem Datensatz eingetragen wird.

Zweiter Entwurf

Daher geht man dazu über, den Lagerbestand in zwei Tabellen abzulegen, die miteinander verbunden sind. Die reinen Artikeldaten werden in der ersten Tabelle mit dem Namen `artikel` gespeichert. Die Felder sehen Sie in Tabelle 8.3.

Zwei Tabellen

artnr	bestnr	anz	lnr	ek	vk
12	877	5	1	23	35
22	231	22	3	55	82
24	623	10	4	12	18
30	338	30	12	77	116
33	768	5	1	90	135
56	338	2	1	125	190
58	338	16	3	50	74
76	912	15	12	45	70

Tabelle 8.3 Zweiter Entwurf, Artikel

Die zweite Tabelle `lieferanten` enthält nur die Daten zu den einzelnen Lieferanten. Die Felder sehen Sie in Tabelle 8.4.

lnr	adr	telnr	vertr
1	Köln	162376	Mertens
3	Koblenz	875434	Mayer
4	Bonn	121265	Marck
12	Aachen	135543	Schmidt

Tabelle 8.4 Zweiter Entwurf, Lieferanten

Außer den beiden Tabellen wird noch eine sogenannte 1:n-Relation aufgebaut. Diese Relation (= Beziehung, Verknüpfung) wird zwischen den beiden Feldern mit dem Namen `lnr` in den beiden Tabellen geknüpft. In

1:n-Relation

Abbildung 8.1 sind die beiden Tabellen mit ihren Feldnamen und der Verknüpfung dargestellt.

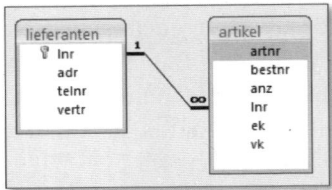

Abbildung 8.1 Relation zwischen Lieferanten und Artikeln

Redundanz vermeiden Um also die vollständige Information über einen Artikel zu erhalten, müssen Sie zuerst den Datensatz innerhalb der Tabelle `artikel` aufsuchen und anschließend über das Feld `lnr` den zugehörigen Datensatz in der Tabelle `lieferanten` beachten. Auf diese Weise werden redundante Informationen vermieden, und es kann ein erheblicher Teil an Speicherplatz eingespart werden.

Datenbanksystem Diese beiden verknüpften Tabellen werden, zusammen mit einem geeigneten Abfragesystem zum schnellen Auffinden und Auswerten der Daten, als relationales Datenbanksystem bezeichnet. Zu einem solchen System gehören Indizes und Relationen.

8.1.2 Indizes

Hilfstabelle Ein Index ist eine sortierte Hilfstabelle, in der sich die indizierten Felder in der entsprechenden, sortierten Reihenfolge befinden. Außerdem steht hier ein Verweis auf den Ort des zugehörigen Datensatzes. Wenn das Datenbanksystem beim Suchen oder Sortieren einen Index benutzen kann, können effizientere Verfahren angewendet werden, weil nicht Satz für Satz der Tabelle verarbeitet werden muss. Dies bringt besonders bei großen Tabellen Geschwindigkeitsvorteile.

Da für jeden Index Speicherplatz benötigt wird, wächst die Datenbank entsprechend. Außerdem müssen die Index-Hilfstabellen beim Eingeben und Ändern der Daten aktualisiert werden, was die Geschwindigkeit beim Bearbeiten der Daten verlangsamt. In diesem Zusammenhang sind die Begriffe *Primärindex* und *Sekundärindex* von Bedeutung.

Primärindex

Eindeutig Jede Tabelle kann ein Feld aufweisen, das als Primärindex dient. In einem Primärindexfeld ist jeder Wert einzigartig, d. h., zwei Datensätze haben niemals den gleichen Wert im Primärindexfeld. Diese Eigenschaft wird vom Datenbanksystem überwacht, wenn Sie ein Feld oder eine Gruppe von Feldern als Primärindex definieren. Über das Primärindexfeld kann jeder Datensatz eindeutig identifiziert werden.

Ein Beispiel aus dem vorigen Abschnitt: Innerhalb der Tabelle `artikel` versehen Sie sinnvollerweise das Feld `artnr` mit einem Primärindex. Jede Artikelnummer sollte in dieser Tabelle nur einmal vorkommen. Innerhalb der Tabelle `lieferanten` versehen Sie das Feld `lnr` mit einem Primärindex.

Sekundärindex

Wird für ein Feld oder eine Gruppe von Feldern die Eigenschaft Sekundärindex vereinbart, kann mehrfach derselbe Feldinhalt vorkommen. Eine eindeutige Identifizierung eines Datensatzes ist also über einen Sekundärindex nicht möglich. Trotzdem empfiehlt es sich, Sekundärindizes anzulegen, wenn schnellere Sortierung oder schnelleres Suchen nach diesen Feldern möglich sein sollen.

Suchen und Sortieren

Ein Beispiel aus dem vorigen Abschnitt: Innerhalb der Tabelle `lieferanten` versehen Sie z. B. das Feld `adr` mit einem Sekundärindex. Dadurch ermöglichen Sie das schnelle Sortieren der Tabelle nach Adressen bzw. das schnelle Suchen nach einer bestimmten Adresse.

8.1.3 Relationen

Wenn Sie mehrere Tabellen haben, werden diese meist in einer Relation (= Beziehung) zueinander stehen. Das Datenbanksystem ermöglicht das Festlegen der Relationen zwischen je zwei Tabellen, um diese miteinander zu verknüpfen.

Eine 1:1-Relation

Eine 1:1-Relation liegt dann vor, wenn einem Datensatz der einen Tabelle genau ein Datensatz der zweiten Tabelle zugeordnet ist. Die Verknüpfungsfelder müssen in beiden Tabellen eindeutig sein. Im Prinzip könnten Sie zwei Tabellen, die zueinander in einer 1:1-Relation stehen, zu einer einzigen Tabelle zusammenfassen. Es kann aber Gründe geben, die das Führen von zwei Tabellen notwendig machen, z. B. Datenschutz-Erfordernisse.

Im Beispiel aus dem vorigen Abschnitt könnten Sie die Daten des ersten Entwurfs auch in zwei Tabellen anordnen, die über das Feld `lnr` mitein-

Datenschutz

ander verbunden sind. Beide Tabellen haben acht Datensätze, zu jedem Datensatz in der ersten Tabelle gibt es genau einen Datensatz in der zweiten Tabelle.

artnr	bestnr	anz	lnr	ek	vk
12	877	5	1	23	35
22	231	22	3	55	82
24	623	10	4	12	18
30	338	30	12	77	116
33	768	5	1	90	135
56	338	2	1	125	190
58	338	16	3	50	74
76	912	15	12	45	70

Tabelle 8.5 1:1-Relation, erste Tabelle

lnr	adr	telnr	vertr
1	Köln	162376	Mertens
3	Koblenz	875434	Mayer
4	Bonn	121265	Marck
12	Aachen	135543	Schmidt
1	Köln	162376	Mertens
1	Köln	162376	Mertens
3	Koblenz	875434	Mayer
12	Aachen	135543	Schmidt

Tabelle 8.6 1:1-Relation, zweite Tabelle

Die persönlichen Daten eines Lieferanten, die in einer eigenen Tabelle stehen (siehe Tabelle 8.6), können so von den Daten des Artikellagers getrennt werden (siehe Tabelle 8.5). Falls Sie für einzelne Benutzer nur den Zugriff auf die Artikeltabelle ermöglichen, haben Sie an dieser Stelle den Datenschutz gewährleistet, ohne die Funktion der Artikelverwaltung zu beeinträchtigen.

Eine 1:n-Relation

Master, Detail   Bei einer 1:n-Relation können zu einem Datensatz der ersten Tabelle mehrere Datensätze der zweiten Tabelle vorliegen, die sich darauf beziehen. In einem Datenbanksystem wird die Tabelle der 1-Seite auch als *Mastertabelle* für diese Relation bezeichnet, die Tabelle der n-Seite wird auch *Detailtabelle* genannt.

Im Beispiel aus dem vorigen Abschnitt sind die Daten über eine solche 1:n-Relation miteinander verbunden. Die Mastertabelle für diese Relation ist die Tabelle der Lieferanten, die Detailtabelle ist die Tabelle der Artikel.

Eine m:n-Relation

Bei einer m:n-Relation entsprechen einem Datensatz der ersten Tabelle mehrere Datensätze der zweiten Tabelle, aber auch umgekehrt entsprechen einem Datensatz der zweiten Tabelle mehrere Datensätze der ersten Tabelle. Eine m:n-Relation lässt sich nicht unmittelbar, sondern nur über den *Umweg* einer dritten Tabelle definieren.

Dritte Tabelle

Um eine Datenbank mit einer m:n-Relation darzustellen, muss das einfache Beispiel aus dem vorigen Abschnitt erweitert werden. Bisher konnte ein Artikel nur von einem Lieferanten bezogen werden. Im neuen Beispiel soll es die Möglichkeit geben, einen Artikel unter unterschiedlichen Bestellnummern bei verschiedenen Lieferanten zu beziehen. Die Tabelle artikel würde erweitert, wie in Tabelle 8.7 zu sehen.

artnr	bestnr	anz	lnr	ek	vk
12	877	3	1	23	35
12	655	2	4	26	35
22	231	22	3	55	82
24	623	10	4	12	18
30	338	30	12	77	116
33	768	5	1	90	135
56	338	2	1	125	190
58	338	3	3	50	74
58	442	5	1	47	74
58	587	6	4	42	74
58	110	2	12	55	74
76	912	15	12	45	70

Tabelle 8.7 Tabelle »Artikel«, unterschiedliche Lieferanten

Sowohl der Artikel 12 als auch der Artikel 58 ist unter unterschiedlichen Bestellnummern und Einkaufspreisen bei verschiedenen Lieferanten zu beziehen. Die Tabelle artikel hat nun keinen Primärindex mehr im Feld artnr, da eine Artikelnummer mehrfach vorkommen kann.

Diese Daten legen Sie zur besseren Strukturierung in den folgenden drei Tabellen an:

► Tabelle `lieferanten` mit den Lieferantendaten (siehe Tabelle 8.8)

► Tabelle `art_einzel` mit den unterschiedlichen Daten pro Artikel und Lieferant (siehe Tabelle 8.9)

► Tabelle `art_gesamt` mit den gemeinsamen Daten der Artikel (siehe Tabelle 8.10)

lnr	adr	telnr	vertr
1	Köln	162376	Mertens
3	Koblenz	875434	Mayer
4	Bonn	121265	Marck
12	Aachen	135543	Schmidt

Tabelle 8.8 Tabelle »lieferanten«

artnr	bestnr	anz_einzel	lnr	ek
12	877	3	1	23
12	655	2	4	26
22	231	22	3	55
24	623	10	4	12
30	338	30	12	77
33	768	5	1	90
56	338	2	1	125
58	338	3	3	50
58	442	5	1	47
58	587	6	4	42
58	110	2	12	55
76	912	15	12	45

Tabelle 8.9 Tabelle »art_einzel«

artnr	vk
12	35
22	82
24	18
30	116
33	135

Tabelle 8.10 Tabelle »art_gesamt«

artnr	vk
56	190
58	74
76	70

Tabelle 8.10 Tabelle »art_gesamt« (Forts.)

Die Tabelle lieferanten ist über das Feld lnr mit der Tabelle art_einzel über eine 1:n-Relation verbunden. Die Tabelle art_gesamt ist über das Feld artnr mit der Tabelle art_einzel ebenfalls über eine 1:n-Relation verbunden.

Zweimal 1:n

Zwischen den beiden Tabellen lieferanten und art_gesamt gibt es eine *m:n-Relation*, da es zu jedem Lieferanten mehrere Artikelnummern und zu jeder Artikelnummer mehrere Lieferanten geben kann. Primärindizes gibt es in der Tabelle lieferanten auf lnr und in der Tabelle art_gesamt auf artnr, siehe Abbildung 8.2.

m:n-Relation

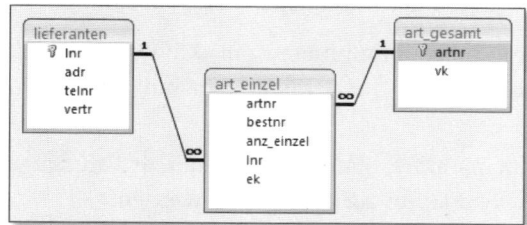

Abbildung 8.2 Zwei 1:n-Relationen ergeben eine m:n-Relation

8.1.4 Übungen

Bei den nachfolgenden Übungen sollen Sie eigene relationale Datenbanken übersichtlich *auf Papier* modellieren. Vermeiden Sie dabei Redundanzen und Inkonsistenzen. Kennzeichnen Sie Primärindizes und gegebenenfalls Sekundärindizes. Zeichnen Sie 1:n-Relationen und (falls vorhanden) m:n-Relationen ein.

Übung Projektverwaltung

Modellieren Sie eine eigene relationale Datenbank projektverwaltung zur Verwaltung von Personal, Kunden und Projekten innerhalb einer Firma. Folgende Basis-Informationen stehen Ihnen zur Verfügung und sollen in der Datenbank verfügbar sein:

Übung Projektverwaltung

307

▶ Ein Mitarbeiter hat einen Namen, einen Vornamen und eine Personalnummer.

▶ Ein Kunde hat einen Namen und kommt aus einem Ort.

▶ Ein Projekt hat eine Bezeichnung und eine Projektnummer und ist einem Kunden zugeordnet.

▶ Ein Mitarbeiter kann an mehreren Projekten innerhalb der Firma beteiligt sein.

▶ Ein Projekt kann von einem oder mehreren Mitarbeitern bearbeitet werden.

▶ Jeder Mitarbeiter notiert jeden Tag, wie viele Stunden er für welches Projekt gearbeitet hat.

Übung Mietwagen

Übung Mietwagen   Modellieren Sie eine eigene relationale Datenbank mietwagen zur Verwaltung einer Mietwagenfirma. Folgende Basis-Informationen stehen Ihnen zur Verfügung und sollen in der Datenbank verfügbar sein:

▶ Ein Fahrzeug hat eine Fahrgestellnummer, ein Kfz-Kennzeichen, gehört zu einer Preisklasse, hat einen Kilometerstand und einen Standort.

▶ Die Mietwagenfirma hat mehrere Standorte. Gemietete Fahrzeuge können nur an der gleichen Station zurückgegeben werden.

▶ Ein Kunde hat einen Namen, einen Vornamen, eine Adresse und eine Kundennummer. Er kann beliebig oft Fahrzeuge mieten.

▶ Bei einem Mietvorgang sind wichtig: Zeitpunkt (Beginn und Ende), gewünschte Preisklasse, tatsächlich gemietetes Fahrzeug, Mietstation und gefahrene Kilometer.

▶ Eine Preisklasse beinhaltet die Kosten pro Tag (bei 300 Freikilometern) und die Kosten für jeden zusätzlichen Kilometer.

8.2   Anlegen einer Datenbank in Microsoft Access

Microsoft Access   Bei Microsoft Access handelt es sich um ein Datenbanksystem als Bestandteil bestimmter Versionen von Microsoft Office. Falls Sie noch nicht mit Access gearbeitet haben, lernen Sie in diesem Abschnitt, wie Sie Datenbanken mit Access sowohl in der Version 2007 als auch in einer Vorgängerversion anlegen, z. B. die in den weiteren Abschnitten benutzte Datenbank firma. Anderenfalls können Sie diese Beispiel-

Datenbank direkt vom beiliegenden Datenträger kopieren und gleich zum Abschnitt 8.3 übergehen.

Es gibt noch weitere Möglichkeiten, Datenbanken zu erstellen, z. B. mithilfe des MySQL-Datenbankservers.

Weiteres DB-System

Daten können aus anderen Anwendungen leicht nach Access importiert werden bzw. aus Access exportiert werden. Außerdem können Bedienung und Darstellung der internen Strukturen einer Datenbank durch Grafik und Maus vereinfacht werden.

8.2.1 Aufbau von Access

Im Datenbanksystem Access wird mit Objekten gearbeitet. Neben den Datenbeständen, die in Tabellen organisiert sind, können in einer Access-Datenbank weitere Objekte gespeichert werden, die den Zugriff auf die Daten und die Darstellung der Daten regeln. Dies sind u. a. Abfragen, Berichte und Formulare.

Objekte

Jedes dieser Elemente ist für Access ein Objekt, das einen eigenen Namen erhält und bestimmte Eigenschaften hat, die Sie einstellen können. Komplexe Objekte wie Formulare enthalten ihrerseits benannte Objekte mit einstellbaren Eigenschaften, z. B. Eingabefelder. Auf jedes Objekt kann durch seinen Namen Bezug genommen werden.

Alle Objekte einer Datenbank werden zusammen in einer Datei gespeichert, sodass Sie beim Öffnen einer Datenbankdatei sicher sein können, alle benötigten Elemente verfügbar zu haben.

Einzelne Datei

Tabellen

Die Grundlage einer Access-Datenbank sind die Tabellen, in denen der Datenbestand gespeichert wird. Wie viele Tabellen eine Datenbank umfasst und in welcher Weise die Tabellen verknüpft werden, hängt von der speziellen Aufgabenstellung der Datenbank ab. Tabellen sind in Zeilen und Spalten organisiert. Jede Zeile stellt einen Datensatz dar, jede Spalte ein Feld.

Daten speichern

Abfragen

Während die Gesamtheit der Tabellen in den Daten gespeichert ist, können Sie mit Abfragen die jeweils gewünschten Teilinformationen abrufen. Das Ergebnis einer Abfrage wird *Dynaset* genannt und ebenfalls in Tabellenform dargestellt. Sie können beliebig viele Abfragen zusammen

Daten abrufen

mit der Datenbank speichern. Wenn Sie eine Abfrage verwenden, wird das entsprechende *Dynaset* gemäß der gespeicherten Abfragevorschrift jedes Mal neu erzeugt.

Formulare

Daten ändern
Für die Bildschirmdarstellung der Daten können Formulare erstellt werden, die den früher verwendeten Papierformularen entsprechen. Zum Eingeben und Ändern der Daten bieten Formulare eine gute Benutzerführung, aber auch wenn es um die übersichtliche Darstellung von Abfrageergebnissen geht, sollten Sie Formulare verwenden.

Der Formularassistent führt den Anwender bei der Erstellung eines Formulars und hält Standardmaskenformate bereit. Sie können aber auch selbst die Anordnung, Gestaltung und Auswertung bestimmen.

Berichte

Daten drucken
Mit Berichten können Sie nicht nur die Druckausgabe gestalten, sondern auch gruppenweise Daten zusammenfassen und statistische sowie grafische Auswertungen durchführen. Als Basis können Sie eine Tabelle oder Abfrage verwenden.

Auch bei der Berichtserstellung können Sie sich von einem Assistenten unterstützen lassen. Sie können natürlich auch einen eigenen Berichtsentwurf anlegen oder das vom Berichtsassistenten erzeugte Berichtsformat individuell umgestalten.

8.2.2 Datenbank-Entwurf in Access 2007

Access 2007
Jeder Einzelinformation, die zum selben Tabellenthema gehört, entspricht ein eigenes Feld. Dagegen sollten Sie für Informationen, die sich ableiten oder berechnen lassen, keine Tabellenfelder vorsehen. Diese Informationen werden mit Abfragen erzeugt und stets mit den aktuellen Daten aus der Tabelle berechnet, wenn Sie die Abfrage aufrufen.

Erstellung von Tabellen, Indizes und Relationen

Datenbank
erstellen
Die beschriebenen Bestandteile einer Datenbank werden nun anhand von eigenen Datenbanken bearbeitet. Geben Sie das Beispiel mit den drei Tabellen aus dem vorigen Abschnitt ein. Die Datenbank erhält den Namen lager. Im Folgenden sind die Entwürfe der drei Tabellen und diejenigen Indizes aufgeführt, die in jedem Fall benötigt werden.

Erstellung einer Datenbank:

▶ Rufen Sie Access 2007 auf.

▶ Wählen Sie eine neue, leere Datenbank aus.

▶ Wählen Sie den gewünschten Dateinamen und das Verzeichnis aus, .accdb
bzw. geben Sie beides ein. In diesem Fall ist dies *C:\Temp\lager.accdb*,
die Endung *.accdb* wird von Access 2007 ergänzt, siehe Abbildung 8.3.

Abbildung 8.3 Erstellung der Datenbank

Hinweis: Mit Access 2007 können Sie auch Datenbanken mit der Endung
.mdb für ältere Access-Versionen anlegen und bearbeiten.

▶ Nach Betätigung des Buttons ERSTELLEN erscheint die leere Datenbank
mit einem Fenster für `Tabelle1`. Sie könnten hier direkt die Daten der
`Tabelle1` eingeben. Allerdings sollten Sie zunächst eine Tabellen-
struktur erzeugen. Daher schließen Sie das Fenster von `Tabelle1`,
ohne zu speichern.

▶ Über den Menüpunkt ERSTELLEN • TABELLENENTWURF gelangen Sie zur   Tabellenentwurf
Entwurfsansicht für die erste neue Tabelle. Hier geben Sie die Daten
wie in Abbildung 8.4 ein.

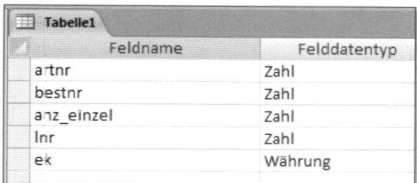

Abbildung 8.4 Entwurf der ersten Tabelle

▶ Nun schließen Sie das Tabellenfenster. Da Sie noch nicht gespeichert
haben, werden Sie gefragt, ob Sie speichern möchten. Nach Betätigung des Buttons JA können Sie den Namen der Tabelle (`art_einzel`)
eingeben.

▶ Sie werden darauf aufmerksam gemacht, dass die Tabelle über keinen Primärschlüssel verfügt, und werden gefragt, ob Sie einen solchen erstellen möchten. Nach Betätigung des Buttons NEIN erscheint die neue Tabelle im Datenbankfenster, siehe Abbildung 8.5.

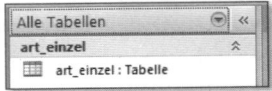

Abbildung 8.5   Neue Tabelle »art_einzel«

▶ Im Kontextmenü der neuen Tabelle könnten Sie über den Menüpunkt ENTWURFSANSICHT wiederum in die entsprechende Ansicht gelangen, um die Struktur zu verändern.

▶ Wählen Sie im Kontextmenü den Menüpunkt ÖFFNEN, oder führen Sie einen Doppelklick auf der Tabelle aus, so gelangen Sie zur Datenblattansicht und können Daten in die Tabelle eingeben.

▶ Wiederum über den Menüpunkt ERSTELLEN • TABELLENENTWURF gelangen Sie zur Entwurfsansicht für die nächste Tabelle. Hier geben Sie die Daten wie in Abbildung 8.6 ein.

Primärschlüssel ▶ Zum Setzen eines Primärschlüssels wählen Sie die betreffende Zeile aus (artnr) und klicken auf das Symbol PRIMÄRSCHLÜSSEL. Anschließend ist der Primärschlüssel zu sehen, wie in Abbildung 8.6.

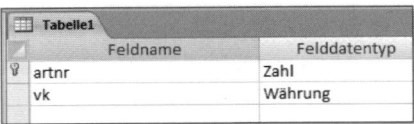

Abbildung 8.6   Neue Tabelle mit Primärschlüssel

▶ Diese Tabelle speichern Sie unter dem Namen art_gesamt.

▶ Die dritte Tabelle (lieferanten) geben Sie ebenso ein und speichern sie, dabei setzen Sie den Primärschlüssel auf das Feld lnr, siehe Abbildung 8.7.

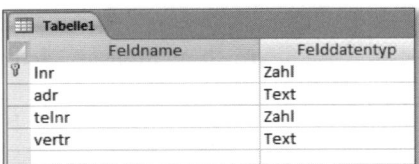

Abbildung 8.7   Dritte Tabelle, mit Primärschlüssel

Herstellen der Relationen zwischen den Tabellen

Die folgenden beiden Relationen werden benötigt:

▸ Tabelle art_gesamt, Feld artnr (1-Seite) zu Tabelle art_einzel, Feld artnr (n-Seite), mit referentieller Integrität, ohne Aktualisierungsweitergabe, ohne Löschweitergabe.

▸ Tabelle lieferanten, Feld lnr (1-Seite) zu Tabelle art_einzel, Feld lnr (n-Seite), mit referentieller Integrität, ohne Aktualisierungsweitergabe, ohne Löschweitergabe.

Erstellung der Relationen: Relation erstellen

▸ Sie wählen (bei geschlossenen Tabellen und Tabellenentwürfen) den Menüpunkt DATENBANKTOOLS • BEZIEHUNGEN. In dem daraufhin erscheinenden Dialogfenster markieren Sie alle drei Tabellen mithilfe der ⬆-Taste.

▸ Sie betätigen nacheinander die Buttons HINZUFÜGEN und SCHLIESSEN. Nun sind alle drei Tabellen im Beziehungsfenster zu sehen. Die Tabellen können leicht mit der Maus verschoben werden.

▸ Für jede Relation verbinden Sie die beiden Felder, zwischen denen   Drag & Drop
die Relation erstellt werden soll, mithilfe der Maus wie folgt miteinander: Sie betätigen auf einem der beiden Felder die linke Maustaste, halten sie gedrückt, gehen zum anderen Feld (in der anderen Tabelle) und lassen die Maustaste dort wieder los.

▸ Führen Sie dies für die beiden Felder lnr durch, so erscheint das Dialogfeld in Abbildung 8.8.

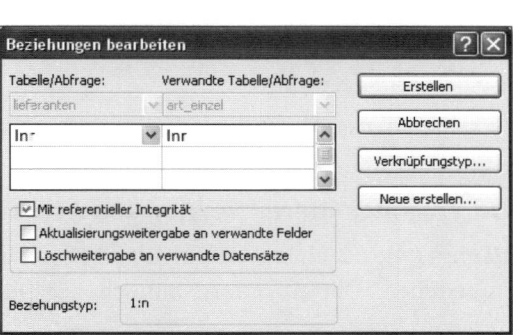

Abbildung 8.8   Erstellung einer Beziehung

▸ Hier sollten Sie *Mit referentieller Integrität* auswählen (Erklärung   Referentielle
weiter unten) und anschließend den Button ERSTELLEN betätigen.   Integrität

- Zwischen den ausgewählten Feldern erscheint eine Linie, die die 1:n-Relation darstellt (sofern die Felder auf beiden Seiten der Relation den gleichen Datentyp haben und auf einem der beiden Felder ein Primärindex liegt).

- Die zweite Relation können Sie auf die gleiche Art erstellen, sodass sich Abbildung 8.2 ergibt.

Referentielle Integrität

Aktualisieren oder Löschen

Sie können bei der Herstellung von Relationen auswählen, ob die Regeln der referentiellen Integrität eingehalten werden sollen. Wenn Sie beim Aktualisieren oder Löschen von Daten in einer der beiden Tabellen gegen diese Regeln verstoßen, zeigt Access eine Meldung an und lässt diese Änderung nicht zu. Regelverstöße wären zum Beispiel:

- Das Hinzufügen von Datensätzen in einer Detailtabelle, für die kein Primärdatensatz vorhanden ist.

- Änderungen von Werten in einer Mastertabelle, die verwaiste Datensätze in einer Detailtabelle zur Folge hätten.

Fehler-verminderung

- Das Löschen von Datensätzen in einer Mastertabelle, wenn übereinstimmende verknüpfte Datensätze vorhanden sind.

Die Option *Mit referentieller Integrität* dient der Datensicherheit und der Fehlerverminderung bei der Eingabe von Daten und der Aktualisierung von Datenbanken. Sie können diese Option nur unter folgenden Voraussetzungen auswählen:

- Das Feld der Mastertabelle hat einen Primärindex oder zumindest einen eindeutigen Index.

- Das Detailfeld weist denselben Datentyp auf.

- Beide Tabellen sind in derselben Access-Datenbank gespeichert.

8.2.3 Datenbank-Entwurf in einer älteren Version von Access

In diesem Abschnitt wird erläutert, wie Sie eine neue Datenbank in einer älteren Version von Access erstellen. Der Ablauf ist ähnlich wie bei Access 2007:

- Starten Sie Access.

Datenbank erstellen

- Falls der Aufgabenbereich NEUE DATEI nicht geöffnet ist, öffnen Sie ihn über das MENÜ DATEI • NEU.

▶ Klicken Sie im Bereich Neu des Aufgabenbereichs auf Leere Datenbank.

▶ Wählen Sie Verzeichnis und Datei aus, z. B. *C:\Temp\firma*. Die
Endung *.mdb* wird von Access angehängt. Anschließend betätigen Sie
den Button Erstellen.

▶ Es erscheint die neue Datenbank im Datenbankfenster.

Eine Tabelle können Sie wie folgt erstellen:

Tabelle erstellen

▶ Ausgangspunkt: Die Datenbank wird im Datenbankfenster angezeigt.

▶ Bei den Objekten ist standardmäßig Tabelle ausgewählt.

▶ Führen Sie einen Doppelklick aus auf Erstellt eine Tabelle in der
Entwurfsansicht.

▶ Tragen Sie Feldnamen und Felddatentypen ein, bzw. wählen Sie sie
aus.

▶ Zur Erstellung eines Primärschlüssels wählen Sie das betreffende Feld
aus, und klicken Sie auf das Symbol Primärschlüssel.

Primärschlüssel

▶ Schließen Sie die Entwurfsansicht, und geben Sie beim Speichern den
Tabellennamen ein.

▶ Gegebenenfalls erstellen Sie weitere Tabellen.

Zu guter Letzt die Erstellung einer Beziehung:

Beziehung
erstellen

▶ Ausgangspunkt: Die Datenbank wird im Datenbankfenster angezeigt.

▶ Öffnen Sie das Beziehungsfenster über das Menü Extras • Beziehungen.

▶ Im Dialogfeld Tabelle anzeigen wählen Sie alle Tabellen aus,
anschließend betätigen Sie den Button Hinzufügen und den Button
Schliessen.

▶ Mit gedrückter Maustaste ziehen Sie vom Feld in der ersten Tabelle
zum Feld in der zweiten Tabelle, es erscheint das Dialogfeld Beziehungen bearbeiten.

Beziehung
erstellen

▶ Im Dialogfeld kreuzen Sie bei *Mit referentieller Integrität* an, und
betätigen Sie anschließend den Button Erstellen.

▶ Die Beziehung erscheint im Beziehungsfenster.

Hinweis: Auch mit Access 2007 können Sie Datenbanken für ältere Versionen von Access, mit der Endung *.mdb*, erstellen.

8.2.4   Übungen

Erzeugen Sie aus den beiden Modellen *Projektverwaltung* und *Mietwagen* des Abschnitts 8.1 jeweils eine eigene relationale Datenbank in Access. Erstellen Sie Tabellen, Indizes und Relationen. Tragen Sie einige geeignete Beispieldaten ein. Dabei ist darauf zu achten, dass zuerst Daten auf der Master-Seite einer Beziehung eingetragen werden müssen, bevor Daten auf der Detail-Seite einer Beziehung eingetragen werden können.

8.3   Datenbankzugriff mit Visual C#

8.3.1   Beispieldatenbank

firma.mdb   In diesem und den folgenden Abschnitten wird mit der Access-Datenbank *firma.mdb* gearbeitet. Diese Beispiel-Datenbank können Sie direkt vom beiliegenden Datenträger kopieren. Sie kann sowohl unter Access 2007 als auch unter älteren Versionen genutzt werden. Sie beinhaltet die Tabelle personen zur Aufnahme von Personendaten. Die Tabelle personen hat die Struktur wie in Abbildung 8.9 dargestellt.

Feldname	Felddatentyp
name	Text
vorname	Text
personalnummer	Zahl
gehalt	Zahl
geburtstag	Datum/Uhrzeit

Abbildung 8.9   Entwurf der Tabelle »Personen«

Primärindex   Auf dem Feld personalnummer ist der Primärschlüssel definiert. Es kann also keine zwei Datensätze mit der gleichen Personalnummer geben.

Es gibt bereits drei Datensätze mit den Inhalten, die in Abbildung 8.10 zu sehen sind.

name ▾	vorname ▾	personalnummer ▾	gehalt ▾	geburtstag ▾	Neues F
Mertens	Julia	2297	3621,5	30.12.1959	
Maier	Hans	6714	3500	15.03.1962	
Schmitz	Peter	81343	3750	12.04.1958	
*		0	0		

Abbildung 8.10   Inhalt der Tabelle »Personen«

8.3.2 Ablauf eines Zugriffs

Der Zugriff auf eine Datenbank mit Visual C# besteht aus folgenden Schritten:

▶ Verbindung aufnehmen zur Datenbank

▶ Absetzen eines SQL-Befehls an die Datenbank

▶ Auswerten des SQL-Befehls

▶ Verbindung zur Datenbank schließen

Diese Schritte werden nachfolgend zunächst erläutert und anschließend zusammenhängend in einem Visual C#-Programm durchgeführt.

8.3.3 Verbindung

Die Verbindung zu einer Access-Datenbank wird mithilfe eines Objekts der Klasse `OleDbConnection` aus dem Namespace `OleDb` aufgenommen. Ähnliche Klassen gibt es für die Verbindung zu anderen Datenbank-Typen bzw. zu Datenbank-Servern. `OleDbConnection`

Wichtigste Eigenschaft der Klasse `OleDbConnection` ist `Connection-String`. Hier werden mehrere Eigenschaften für die Art der Verbindung vereinigt. Für Access sind dies: `ConnectionString`

▶ der Datenbank-Provider: `Microsoft.Jet.OLEDB.4.0`

▶ die Datenquelle (`Data Source`): hier *C:\Temp\firma.mdb*

Die Methoden `Open()` und `Close()` der Klasse `OleDbConnection` dienen zum Öffnen und Schließen der Verbindung. Eine offene Verbindung sollte so schnell wie möglich wieder geschlossen werden. `Open(), Close()`

Hinweis: Falls Sie auf einem PC mit dem Betriebssystem Vista in der 64-Bit-Version entwickeln, dann können Probleme bei der Aufnahme der Verbindung zu einer Access-Datenbank auftreten. Was hierbei Abhilfe schafft, erfahren Sie in Abschnitt A.7. `Vista`

8.3.4 SQL-Befehl

Die Abkürzung SQL steht für *Structured Query Language*. SQL ist eine *strukturierte Abfragesprache*, also eine Sprache, mit deren Hilfe Datenbank-Abfragen ausgeführt werden können. Es gibt grundsätzlich zwei Typen von Abfragen: `SQL`

select
- ► Auswahlabfragen zur Sichtung von Daten mit dem SQL-Befehl `select`
- ► Aktionsabfragen zur Veränderung von Daten mit den SQL-Befehlen `update`, `delete`, `insert`

Im weiteren Verlauf werden Grundlagen der Sprache SQL vermittelt, sodass einige typische Arbeiten mit Datenbanken durchgeführt werden können.

8.3.5 OleDb

OleDb
Der Namensraum `OleDb` muss mithilfe der Anweisung `using System.Data.OleDb` in jedem Projekt eingebunden werden, in dem Sie auf eine Access-Datenbank zugreifen möchten.

OleDbCommand
SQL-Befehle werden zu einer Access-Datenbank mithilfe eines Objekts der Klasse `OleDbCommand` aus dem Namespace `OleDb` gesendet. Die beiden wichtigsten Eigenschaften dieser Klasse sind:

- ► `Connection`: Angabe der Verbindung, über die der SQL-Befehl gesendet wird
- ► `CommandText`: der Text des SQL-Befehls

Für die beiden verschiedenen Abfragetypen bietet die Klasse `OleDbCommand` die beiden folgenden Methoden:

ExecuteReader()
- ► `ExecuteReader()` dient zum Senden einer Auswahlabfrage und zum Empfangen des Abfrage-Ergebnisses.
- ► `ExecuteNonQuery()` dient zum Senden einer Aktionsabfrage und zum Empfangen einer Zahl. Dies ist die Anzahl der Datensätze, die von der Aktion betroffen waren.

OleDbReader
Das Ergebnis einer Auswahlabfrage wird in einem Objekt der Klasse `OleDbReader` aus dem Namespace `OleDb` gespeichert. In diesem Reader stehen alle Datensätze des Ergebnisses mit den Werten der angeforderten Felder.

8.3.6 Auswahlabfrage

Alle Daten sehen
Als Beispiel für eine Auswahlabfrage nehmen wir den einfachsten Fall. Sie möchten alle Datensätze einer Tabelle mit allen Feldern sehen, siehe Abbildung 8.11.

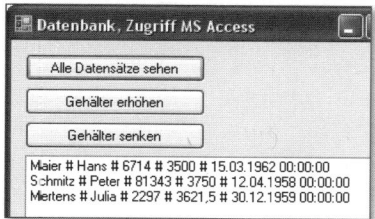

Abbildung 8.11   Alle Datensätze sehen

Das Programm (im Projekt *DBZugriffAccess*):

```
private void cmdAlleSehen_Click(...)
{
    OleDbConnection con = new OleDbConnection();
    OleDbCommand cmd = new OleDbCommand();
    OleDbDataReader reader;

    con.ConnectionString =
        "Provider=Microsoft.Jet.OLEDB.4.0;" +
        "Data Source=C:\\Temp\\firma.mdb";

    cmd.Connection = con;
    cmd.CommandText = "select * from personen";

    try
    {
        con.Open();

        reader = cmd.ExecuteReader();
        lstTab.Items.Clear();
        while (reader.Read())
        {
            lstTab.Items.Add(
                reader["name"] + " # " +
                reader["vorname"] + " # " +
                reader["personalnummer"] + " # " +
                reader["gehalt"] + " # " +
                reader["geburtstag"]);
        }

        reader.Close();
        con.Close();
    }
```

```
    catch(Exception ex)
    {
        MessageBox.Show(ex.Message);
    }
}
```

Listing 8.1 Projekt »DBZugriffAccess«, Auswahlabfrage

Zur Erläuterung:

Connection ► Es werden die beiden Objekte der Klassen `OleDbConnection` und `OleDbCommand` erzeugt.

► Es wird ein Verweis auf ein Objekt der Klasse `OleDbReader` erzeugt. Ein Verweis auf das Objekt selbst wird später von der Methode `ExecuteReader()` der Klasse `OleDbCommand` geliefert.

► Die Eigenschaft `ConnectionString` wird mit den Informationen für den Provider und die Datenquelle gefüllt.

► Es wird festgelegt, auf welcher Verbindung der SQL-Befehl gesendet wird.

SQL-Befehl ► Der SQL-Befehl `select * from personen` besteht aus den folgenden Elementen:

  ► `select ... from ...` : wähle Felder... von Tabelle ...

  ► `*`: eine Liste der gewünschten Felder im Abfrage-Ergebnis, `*` bedeutet alle Felder

  ► `personen`: Name der Tabelle, aus der ausgewählt wird

try-catch ► Da es beim Zugriff auf eine Datenbank erfahrungsgemäß zahlreiche Fehlerquellen gibt, sollte er in einem `try-catch`-Block ablaufen. Ähnlich wie beim Zugriff auf eine Datei kann es vorkommen, dass die Datenbank gar nicht am genannten Ort existiert. Auch Fehler bei der SQL-Syntax werden an Visual C# weitergemeldet. Die verschiedenen möglichen Fehlermeldungen helfen bei der Fehlerfindung.

Open() ► Mit Aufruf der Methode `Open()` wird die Verbindung geöffnet.

► Das Kommando wird mit der Methode `ExecuteReader()` gesendet. Es kommt ein Abfrage-Ergebnis von der Klasse `OleDbReader` zurück, dieses wird über den Verweis `reader` erreichbar gemacht.

► Da Sie nicht wissen, wie viele Datensätze das Abfrage-Ergebnis enthält, eignet sich zur Ausgabe ein Listenfeld. Dieses wird zuvor geleert.

Read() ► Die Methode `Read()` des Reader-Objekts liefert einen Datensatz und setzt einen sogenannten Datensatzzeiger auf den nächsten Datensatz.

Falls kein weiterer Datensatz mehr da ist, also der Datensatzzeiger am Ende des Readers steht, wird `false` geliefert. Dies steuert die `while`-Schleife.

▶ Innerhalb eines Datensatzes können die Werte der einzelnen Felder entweder über die Feldnummer oder den Feldnamen angesprochen werden. Hier wird die zweite, anschaulichere Möglichkeit verwendet. Es werden die Werte aller Felder ausgegeben, zur Verdeutlichung getrennt mit dem Zeichen #.

▶ Zu guter Letzt müssen noch der Reader und die Verbindung wieder geschlossen werden, jeweils mit `Close()`.   Close()

Hinweis: Falls Sie auf eine Access 2007-Datenbank mit der Endung *.accdb* zugreifen, sieht der *ConnectionString* wie folgt aus:

```
con.ConnectionString =
    "Provider=Microsoft.ACE.OLEDB.12.0;" &
    "Data Source=C:\\Temp\\firma.accdb;"
```

8.3.7 Aktionsabfrage

Als Beispiel für eine Aktionsabfrage soll dienen: Alle Gehälter sollen um   Alle Daten ändern
5 % erhöht bzw. gesenkt werden, sodass die Liste anschließend z. B. wie in Abbildung 8.12 aussieht.

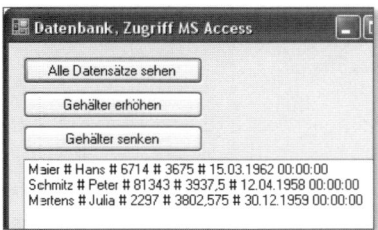

Abbildung 8.12   Nach Erhöhung um 5 %

Das Programm (ebenfalls im Projekt *DBZugriffAccess*):

```
private void cmdErhöhen_Click(...)
{
    OleDbConnection con = new OleDbConnection();
    OleDbCommand cmd = new OleDbCommand();
    int anzahl;
    string op;

    con.ConnectionString =
```

```
                  "Provider=Microsoft.Jet.OLEDB.4.0;" +
                  "Data Source=C:\\Temp\\firma.mdb";

      cmd.Connection = con;

      if (ReferenceEquals(sender, cmdErhöhen))
          op = "*";
      else
          op = "/";
      cmd.CommandText = "update personen set" +
          " gehalt = gehalt " + op + " 1.05";

      try
      {
          con.Open();

          anzahl = cmd.ExecuteNonQuery();
          MessageBox.Show(
              "Datensätze geändert: " + anzahl);
          con.Close();
      }
      catch(Exception ex)
      {
          MessageBox.Show(ex.Message);
      }
  }
```

Listing 8.2   Projekt »DBZugriffAccess«, Aktionsabfrage

Zur Erläuterung:

▶ Der Ablauf ist ähnlich wie bei einer Auswahlabfrage. Es wird allerdings kein Reader benötigt, da es bei Aktionsabfragen kein Abfrage-Ergebnis gibt, das ausgelesen werden könnte.

update ▶ Der SQL-Befehl für den Button GEHÄLTER ERHÖHEN lautet: update personen set gehalt = gehalt * 1.05. Er setzt sich zusammen aus:

  ▶ update ... set ... (aktualisiere Tabelle ... setze Werte ...)

  ▶ personen (Name der Tabelle, in der aktualisiert wird)

  ▶ gehalt = gehalt * 1.05 (eine oder mehrere Zuweisungen mit neuen Werten für ein oder mehrere Felder)

Execute- ▶ Das Kommando wird mit der Methode ExecuteNonQuery() gesendet.
NonQuery()   Rückgabewert ist die Anzahl der Datensätze, die von der Aktionsabfrage betroffen waren. Diese werden angezeigt, siehe Abbildung 8.13.

▶ Die Gehälter werden erhöht bzw. gesenkt. Mithilfe der Methode `ReferenceEquals()` wird festgestellt, welcher der beiden Buttons betätigt wurde.

ReferenceEquals()

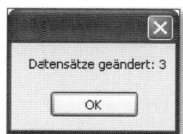

Abbildung 8.13 Anzahl der geänderten Datensätze

8.4 SQL-Befehle

In diesem Abschnitt werden die wichtigsten SQL-Befehle anhand von einigen typischen Beispielen mit ihren Auswirkungen erläutert, siehe auch Projekt *DBSqlBefehle*.

8.4.1 Auswahl mit select

Die Anweisung `select` dient zur Auswahl von Datensätzen, damit diese angezeigt werden können. Sie wird mithilfe von `ExecuteReader()` ausgeführt. Ein erstes Beispiel wurde mit `select * from personen` bereits gezeigt. Weitere Beispiele sind:

```
select name, vorname from personen
```

Es werden nur die Werte der Felder `name` und `vorname` für alle Datensätze angefordert. Das Abfrage-Ergebnis ist kleiner, die Werte der anderen Felder sind nicht in ihm enthalten und können auch nicht in der Schleife ausgegeben werden, siehe Abbildung 8.14.

select

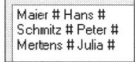

Abbildung 8.14 Nur die Felder »name« und »vorname«

Beispiel:

```
select * from personen where gehalt > 3600
```

Innerhalb der `where`-Klausel können Bedingungen angegeben werden, ähnlich wie bei einer `if`-Verzweigung. Das Ergebnis beinhaltet nur die Datensätze, die der Bedingung genügen – in diesem Fall die Datensätze, bei deren der Wert im Feld `gehalt` größer als 3600 ist, siehe Abbildung 8.15.

where

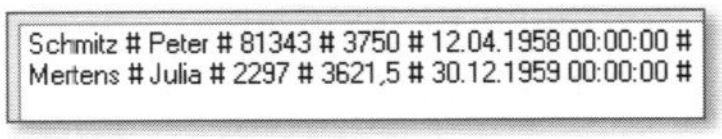

```
Schmitz # Peter # 81343 # 3750 # 12.04.1958 00:00:00 #
Mertens # Julia # 2297 # 3621,5 # 30.12.1959 00:00:00 #
```

Abbildung 8.15 Nur falls »gehalt« größer als 3.600 ist

Beispiel:

```
select * from personen where name = 'Schmitz'
```

Hochkommata Wird mit dem Wert einer Zeichenkette oder eines Datums verglichen, so muss dieser Wert in einfache Hochkommata gesetzt werden (nicht zu verwechseln mit dem doppelten Hochkomma für Zeichenketten in C# oder dem schrägen Akzent!). Das Ergebnis sehen Sie in Abbildung 8.16.

```
Schmitz # Peter # 81343 # 3750 # 12.04.1958 00:00:00 #
```

Abbildung 8.16 Nur falls »name« gleich Schmitz ist

Operatoren

Vergleichs-operatoren Bei einer Bedingung können Sie Vergleichsoperatoren verwenden, siehe Tabelle 8.11.

Operator	Erläuterung
=	gleich
<>	ungleich
>	größer als
>=	größer als oder gleich
<	kleiner als
<=	kleiner als oder gleich

Tabelle 8.11 SQL, Vergleichsoperatoren

not, and, or Über logische Operatoren können mehrere Bedingungen miteinander verbunden werden, siehe Tabelle 8.12.

Operator	Erläuterung
not	Der Wahrheitswert einer Bedingung wird umgekehrt.
and	Beide Bedingungen müssen zutreffen.
or	Nur eine der Bedingungen muss zutreffen.

Tabelle 8.12 SQL, logische Operatoren

Mit diesen Operatoren können Sie z. B. die folgende Abfrage formulieren:

```
select * from personen
  where gehalt >= 3600 and gehalt <= 3650
```

Das Ergebnis beinhaltet nur die Datensätze, bei denen der Wert im Feld gehalt zwischen 3.600 und 3.650 liegt, einschließlich der Ober- und Untergrenze, siehe Abbildung 8.17.

```
Mertens # Julia # 2297 # 3621,5 # 30.12.1959 00:00:00 #
```

Abbildung 8.17   Nur falls »gehalt« zwischen 3.600 und 3.650 liegt

Operator like

Der Operator like wird speziell für die Suche nach Zeichenketten mithilfe von Platzhaltern verwendet. Der Platzhalter % (Prozentzeichen) steht in Access für eine beliebige Anzahl von unbekannten Zeichen. Der Platzhalter _ (Unterstrich) steht in Access für genau ein unbekanntes Zeichen.

like

Beispiel:

```
select * from personen where name like 'M%'
```

Das Ergebnis beinhaltet nur die Datensätze, bei denen der Wert im Feld name mit »M« beginnt, siehe Abbildung 8.18. Danach dürfen beliebig viele unbekannte Zeichen folgen.

```
Maier # Hans # 6714 # 3500 # 15.03.1962 00:00:00 #
Mertens # Julia # 2297 # 3621,5 # 30.12.1959 00:00:00 #
```

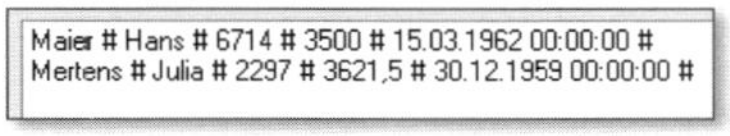

Abbildung 8.18   Nur falls »name« mit »M« beginnt

Beispiel:

```
select * from personen where name like '%i%'
```

Das Ergebnis beinhaltet nur die Datensätze, die im Wert des Felds name den Buchstaben »i« enthalten, siehe Abbildung 8.19. Davor und danach dürfen beliebig viele unbekannte Zeichen folgen.

Viele unbekannte Zeichen

```
Maier # Hans # 6714 # 3500 # 15.03.1962 00:00:00 #
Schmitz # Peter # 81343 # 3750 # 12.04.1958 00:00:00 #
```

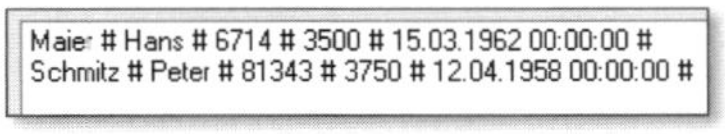

Abbildung 8.19   Nur falls »name« den Buchstaben »i« enthält

Beispiel:

```
select * from personen where name like 'M__er'
```

Das Ergebnis beinhaltet nur die Datensätze, deren erster Buchstabe ein
»M« ist und bei denen der vierte Buchstabe ein »e« und der fünfte ein »r«
ist. Es werden also alle Personen gefunden, die z. B. Maier, Meier, Mayer
oder Meyer heißen, siehe Abbildung 8.20.

```
Maier # Hans # 6714 # 3500 # 15.03.1962 00:00:00 #
```

Abbildung 8.20 Nur falls »name« mit »M« beginnt und mit »er« endet

Sortierung

Die Reihenfolge der Datensätze im Abfrage-Ergebnis können Sie mit
order by beeinflussen. Sie geben einen oder mehrere Sortierschlüssel an.
Die Sortierung ist normalerweise aufsteigend. Falls Sie eine absteigende
Sortierung wünschen, müssen Sie den Zusatz desc verwenden.

Beispiel:

```
select name, gehalt from personen order by gehalt desc
```

Die Datensätze sind fallend nach Gehalt sortiert. Es werden nur die
Werte der Felder name und gehalt angezeigt, siehe Abbildung 8.21.

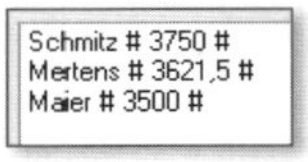

```
Schmitz # 3750 #
Mertens # 3621,5 #
Maier # 3500 #
```

Abbildung 8.21 Sortiert nach »gehalt«, fallend

Beispiel:

```
select * from personen order by name, vorname
```

Die Datensätze sind nach dem Feld name aufsteigend sortiert. Bei gleichem Inhalt in diesem Feld sind sie nach dem Feld vorname aufsteigend
sortiert, also wäre z. B. »Schmitz, Joachim« vor »Schmitz, Peter« einsor-
tiert.

Suche, Auswahl mit Parametern

Sucht der Benutzer nach einem bestimmten Datensatz, so kann der eingegebene Suchbegriff in die SQL-Anweisung eingebaut werden:

```
cmd.CommandText =
  "select * from personen where name like '" +
  txtEingabe.Text + "'"
```

Die gesamte C#-Anweisung, einschließlich des SQL-Befehls, ist hier dargestellt. Es werden alle Datensätze angezeigt, die den Wert im Feld name haben, den der Benutzer im Textfeld txtEingabe eingetragen hat.

Benutzereingabe

Beachten Sie, dass sich die Zeichenkette, die den SQL-Befehl enthält, aus mehreren Teilen zusammensetzt. Keinesfalls dürfen Sie die einfachen Hochkommata vor und nach der Zeichenkette vergessen.

Noch einen Schritt weiter gehen Sie mit dieser Anweisung:

```
cmd.CommandText =
  "select * from personen where name like '%" +
  txtEingabe.Text + "%'"
```

Es werden alle Datensätze angezeigt, die einen Wert im Feld name haben, in dem die Zeichenkette vorkommt, die der Benutzer im Textfeld txtEingabe eingetragen hat.

Innerhalb des C#-Programms ist es sinnvoll, sich zumindest während der Entwicklung den zusammengesetzten Befehl anzeigen zu lassen. Erfahrungsgemäß werden gerade beim Einfügen von Suchparametern häufig Fehler gemacht. Die nächste Anweisung sollte also lauten: MessageBox.Show(cmd.CommandText). Diese können Sie später wieder auskommentieren.

Kontrollausgabe

8.4.2   Ändern mit update

Die Anweisung update dient zur Änderung von einem oder mehreren Feldinhalten in einem oder mehreren Datensätzen. Sie wird mithilfe von ExecuteNonQuery() ausgeführt und ähnelt in ihrem Aufbau der Anweisung select. Die Auswahlkriterien sollten sorgfältig gewählt werden, da sonst eventuell nicht nur die gewünschten Datensätze verändert werden.

Execute-
NonQuery()

```
update personen set gehalt = 3800
```

Diese Anweisung würde bei allen Datensätzen der Tabelle personen den Wert für das Feld gehalt auf den Wert 3800 setzen. Dies wäre sicherlich nicht realistisch.

```
update personen set gehalt = 3800
  where personalnummer = 2297
```

Diese Anweisung setzt nur bei einem Datensatz den Wert für das Feld `gehalt` neu. Es empfiehlt sich, in einer solchen Situation die Auswahl über das Feld zu treffen, auf dem ein eindeutiger Index steht, also hier über das Feld `personalnummer`.

8.4.3 Löschen mit delete

Die Anweisung `delete` dient zum Löschen von einem oder mehreren Datensätzen. Sie wird ebenfalls mithilfe von `ExecuteNonQuery()` ausgeführt. In ihrem Aufbau ähnelt sie ebenfalls der Anweisung `select`. Die Auswahlkriterien sollten sorgfältig gewählt werden, da sonst eventuell nicht nur die gewünschten Datensätze gelöscht werden.

```
delete from personen
```

Diese Anweisung werden Sie vermutlich nie einsetzen: Sie löscht alle (!) Datensätze der Tabelle `personen`.

```
delete from personen where personalnummer = 2297
```

Einen Datensatz löschen

Diese Anweisung löscht genau einen Datensatz, da die Auswahl über das Feld gemacht wurde, auf dem ein eindeutiger Index steht, das Feld `personalnummer`.

8.4.4 Einfügen mit insert

Die Anweisung `insert` wird zum Einfügen neuer Datensätze genutzt. Auch sie wird mithilfe von `ExecuteNonQuery()` ausgeführt.

```
insert into personen
    (name, vorname, personalnummer, gehalt, geburtstag)
    values('Müller', 'Gerd', 4711, 2900, '12.08.1976')
```

insert ... values

Damit wird ein neuer Datensatz eingefügt. Die Feldnamen in Klammern geben die Anzahl und Reihenfolge der Werte vor, die nach `values` in Klammern stehen. Es sind wieder die einfachen Hochkommata bei Zeichenketten und Datumsangaben zu beachten.

8.4.5 Typische Fehler in SQL

Fehler

Vor allem beim Einfügen und beim Ändern treten häufig Fehler auf. Die Fehler werden zu C# durchgeleitet und aufgrund der Ausnahmebehandlung ausgegeben. Typische Fehler sind:

Wert doppelt

▶ Eintragen eines bereits vorkommenden Wertes in ein Feld, auf dem ein eindeutiger Index steht.

▶ Eintragen eines Wertes mit dem falschen Datentyp oder eines Wertes, **Wert falsch**
der für den betreffenden Datentyp ungültig ist.

▶ Eintragen eines leeren Wertes in ein Feld, das in der Datenbank so **Wert leer**
definiert ist, dass kein leerer Wert eingetragen werden darf.

Einige Beispiele für Fehler:

```
upcate personen set name = Mohr
    where personalnummer = 6714
```

Der Wert für das Feld `name` wurde nicht in einfache Anführungsstriche gesetzt, siehe Abbildung 8.22.

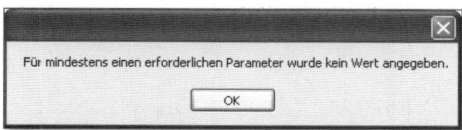

Abbildung 8.22 Fehlende Anführungsstriche

```
update personen set geburtstag = '18.07.'
    where personalnummer = 6714
```

Der Wert für das Feld `geburtstag` ist kein gültiges Datum, siehe Abbildung 8.23.

Abbildung 8.23 Ungültiges Datum

```
insert into personen
    (name, vorname, personalnummer, gehalt, geburtstag)
    values('Müller', 'Gerd', 6714, 2900, '12.08.1976')
```

Der Wert für das eindeutige Feld `personalnummer` kommt bereits vor, siehe Abbildung 8.24.

DBSqlBefehle

Die von Ihnen vorgenommenen Änderungen an der Tabelle konnten nicht vorgenommen werden, da der Index, Primärschlüssel oder die Beziehung mehrfach vorkommende Werte enthalten würde. Ändern Sie die Daten in den Feldern, die gleiche Daten enthalten, entfernen Sie den Index, oder definieren Sie den Index neu, damit doppelte Einträge möglich sind, und versuchen Sie es erneut.

OK

Abbildung 8.24 Doppelter Wert

8.5   Ein Verwaltungsprogramm

In diesem Abschnitt wird ein einfaches Programm (Projekt *DBVerwaltung*) zur Verwaltung einer Tabelle vorgestellt. Das Programm ermöglicht die grundlegenden Aktionen wie ALLE SEHEN, NAME SUCHEN, EINFÜGEN, ÄNDERN und LÖSCHEN, siehe Abbildung 8.25.

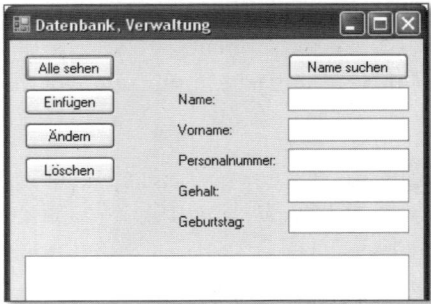

Abbildung 8.25   Benutzeroberfläche des Verwaltungsprogramms

8.5.1   Initialisierung

Zunächst werden einige klassenweit gültige Variablen vereinbart. Außerdem werden beim Laden des Formulars einige allgemeine Einstellungen vorgenommen, die in den verschiedenen Ereignismethoden benötigt werden.

```
using System;
using System.Collections;
using System.Data.OleDb;
using System.Windows.Forms;

namespace DBVerwaltung
{
    public partial class Form1 : Form
    {
        public Form1()
        {
            InitializeComponent();
        }

        OleDbConnection con = new OleDbConnection();
        OleDbCommand cmd = new OleDbCommand();
        OleDbDataReader reader;
        ArrayList pnummer = new ArrayList();
```

```
private void Form1_Load(...)
{
    con.ConnectionString =
        "Provider=Microsoft.Jet.OLEDB.4.0;" +
        "Data Source=C:\\Temp\\firma.mdb";
    cmd.Connection = con;
}
....
```

Listing 8.3 Projekt »DBVerwaltung«, Initialisierung

Zur Erläuterung:

▶ Es werden die Namensräume System.Collections für Objekte der Klasse ArrayList und System.Data.OleDb für die Zugriffe auf die Access-Datenbank eingebunden.

▶ Die Objekte für die Verbindung sowie den SQL-Befehl und der Verweis für den Reader werden deklariert.

▶ Außerdem wird ein Objekt der Datenstruktur ArrayList deklariert, siehe Abschnitt 4.5.   ArrayList

▶ Die Daten für die Verbindung (Provider, Datenquelle) werden bereitgestellt.

▶ Der SQL-Befehl wird mit der Verbindung verknüpft.

8.5.2 Alle Datensätze sehen

Betätigt der Benutzer den Button ALLE SEHEN, werden alle Datensätze angezeigt, siehe Abbildung 8.26. Anschließend könnte er z. B. einen der angezeigten Datensätze markieren, um ihn zu verändern oder zu löschen.

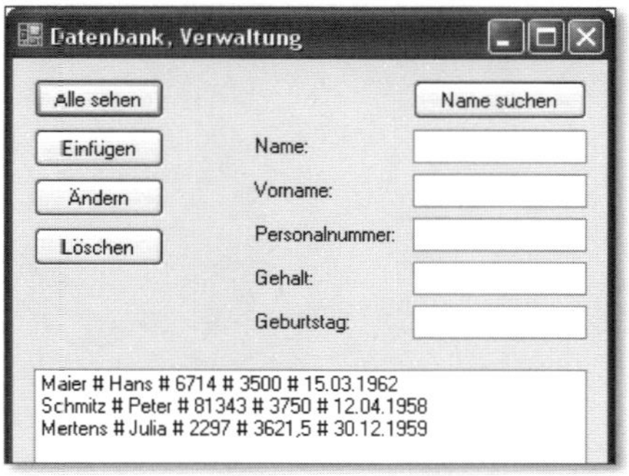

Abbildung 8.26 Alle Datensätze sehen

Die Ereignismethode ruft nur die allgemeine Methode `AlleSehen()` auf. Diese wird von mehreren Ereignismethoden aufgerufen. In der Methode `AlleSehen()` wird u. a. die allgemeine Methode `Ausgabe()` aufgerufen. Diese wird ebenfalls von verschiedenen Stellen des Programms aufgerufen.

```
private void cmdAlleSehen_Click(...)
{
    AlleSehen();
}

private void AlleSehen()
{
    try
    {
        con.Open();
        cmd.CommandText = "select * from personen";
        Ausgabe();
    }
    catch(Exception ex)
    {
        MessageBox.Show(ex.Message);
    }
    con.Close();

    txtName.Text = "";
    txtVorname.Text = "";
    txtPersonalnummer.Text = "";
    txtGehalt.Text = "";
    txtGeburtstag.Text = "";
}

private void Ausgabe()
{
    DateTime geburtstag;

    reader = cmd.ExecuteReader();
    lstTab.Items.Clear();
    pnummer.Clear();

    while (reader.Read())
    {
        geburtstag = Convert.ToDateTime(
            reader["geburtstag"]);

        lstTab.Items.Add(reader["name"] + " # " +
            reader["vorname"] + " # " +
            reader["personalnummer"] + " # " +
```

```
        reader["gehalt"] + " # " +
        geburtstag.ToShortDateString());
    pnummer.Add(reader["personalnummer"]);
  }
  reader.Close();
}
```

Listing 8.4 Projekt »DBVerwaltung«, Alle Datensätze sehen

Zur Erläuterung:

▶ In der Methode `AlleSehen()` wird zunächst die Verbindung geöffnet.

▶ Der SQL-Befehl wird formuliert und gesendet.

▶ Anschließend wird die Methode `Ausgabe()` aufgerufen.

▶ Die Verbindung wird wieder geschlossen.

▶ Die Inhalte der fünf Textfelder werden gelöscht. Dies erzeugt einen   **Benutzerführung**
Startzustand für alle weiteren, möglichen Aktionen und hilft bei einer
besseren Benutzerführung.

▶ In der Methode `Ausgabe()` wird der SQL-Befehl ausgeführt. Das
Ergebnis wird im Reader gespeichert.

▶ Das Objekt der Klasse `ArrayList` wird mithilfe der Methode `Clear()`   **Clear()**
geleert.

▶ Die einzelnen Datensätze werden im Listenfeld ausgegeben.

▶ Der Inhalt des Tabellenfelds `geburtstag` wird in ein Objekt der Struktur `DateTime` konvertiert. Die Methode `ToShortDateString()` sorgt
für die Ausgabe als Datum ohne Uhrzeit.

▶ Parallel dazu wird die *ArrayList* `pnummer` mit den Personalnummern   **Add()**
mithilfe der Methode `Add()` gefüllt. Das Objekt beinhaltet anschließend die Personalnummern unter dem gleichen Index wie die betreffenden Datensätze im Listenfeld. Dies wird zur Auswahl und Anzeige
eines einzelnen Datensatzes in den fünf Textfeldern benötigt. Zum
Ändern oder Löschen eines Datensatzes muss zuvor ein Datensatz
ausgewählt werden.

▶ Der Reader wird wieder geschlossen.

8.5.3 Datensatz einfügen

Falls der Benutzer den Button EINFÜGEN betätigt, wird ein Datensatz ein-   **insert**
gefügt, der sich aus den Daten in den fünf Textfeldern zusammensetzt.
Diese müssen zuvor vom Benutzer gefüllt werden, siehe Abbildung 8.27.

Abbildung 8.27 Ein neuer Datensatz

Die Ereignismethode hat den folgenden Code:

```
private void cmdEinfügen_Click(...)
{
    int anzahl;

    try
    {
        con.Open();
        cmd.CommandText =
            "insert into personen " +
            "(name, vorname, personalnummer, " +
            "gehalt, geburtstag) values ('" +
            txtName.Text + "', '" +
            txtVorname.Text + "', " +
            txtPersonalnummer.Text + ", " +
            txtGehalt.Text.Replace(',','.') +
            ", '" + txtGeburtstag.Text + "')";
        MessageBox.Show(cmd.CommandText);

        anzahl = cmd.ExecuteNonQuery();
        if (anzahl > 0)
            MessageBox.Show(
                "Ein Datensatz eingefügt");
    }
    catch(Exception ex)
    {
        MessageBox.Show(ex.Message);
        MessageBox.Show("Bitte mindestens " +
            "einen Namen, eine eindeutige " +
            "Personalnummer und ein gültiges " +
            "Geburtsdatum eintragen");
    }

    con.Close();
```

```
    AlleSehen();
}
```

Listing 8.5 Projekt »DBVerwaltung«, Datensatz einfügen

Zur Erläuterung:

▶ Die Verbindung wird geöffnet.

▶ Der SQL-Befehl zum Einfügen wird mit den Inhalten der fünf Textfelder zusammengesetzt. Zur Kontrolle können Sie sich den Befehl mithilfe der Methode `MessageBox.Show()` ansehen, siehe Abbildung 8.28. Bei den Feldern für Zeichenketten und Datumsangaben müssen Sie auf die einfachen Hochkommata achten.

Abbildung 8.28 Kontrolle des insert-Befehls

▶ Falls die eingetragene Personalnummer bereits in einem anderen Datensatz vorkommt, tritt ein Fehler auf und es erscheint eine entsprechende Fehlermeldung, siehe Abbildung 8.24.

Doppelte Personalnummer

▶ Das Gehalt wird in dem zugehörigen Textfeld mit einem Komma als Dezimaltrennzeichen eingetragen. Zur Speicherung in der Datenbank wird dieses Komma mithilfe der Methode `Replace()` in einen Punkt umgewandelt.

Dezimaltrennzeichen

▶ Der SQL-Befehl wird gesendet. Im Erfolgsfall wird ausgegeben, dass ein Datensatz eingefügt werden konnte.

▶ Die Verbindung wird wieder geschlossen.

▶ Alle Datensätze, einschließlich des neu eingefügten Datensatzes, werden im Listenfeld neu angezeigt.

8.5.4 Datensatz ändern

Die Daten eines bestimmten Datensatzes werden in den Textfeldern angezeigt, wenn der Benutzer vorher den betreffenden Eintrag im Listenfeld ausgewählt hat. Er kann nun die Daten des Datensatzes ändern. Betätigt er anschließend den Button ÄNDERN, so wird der Datensatz mit den angezeigten Daten aktualisiert.

Zuerst Auswahl

Die Ereignismethode, die für die Anzeige eines Datensatzes in den Textfeldern sorgt, hat folgenden Code:

```
private void lstTab_SelectedIndexChanged(...)
{
    DateTime geburtstag;

    try
    {
        con.Open();
        cmd.CommandText = "select * from personen" +
            " where personalnummer = " +
            pnummer[lstTab.SelectedIndex];

        reader = cmd.ExecuteReader();
        reader.Read();

        txtName.Text = "" + reader["name"];
        txtVorname.Text = "" + reader["vorname"];
        txtPersonalnummer.Text =
            "" + reader["personalnummer"];
        txtGehalt.Text = "" + reader["gehalt"];

        geburtstag = Convert.ToDateTime(
            reader["geburtstag"]);
        txtGeburtstag.Text =
            geburtstag.ToShortDateString();

        reader.Close();
    }
    catch(Exception ex)
    {
        MessageBox.Show(ex.Message);
    }

    con.Close();
}
```

Listing 8.6 Projekt »DBVerwaltung«, Datensatz anzeigen

Zur Erläuterung:

▶ Sobald der Benutzer einen Datensatz in der Liste markiert, wird diese Methode aufgerufen.

▶ Es wird ein SQL-Befehl zusammengesetzt, in dem der betreffende Datensatz ausgewählt wird. Dazu wird der zugehörige Eintrag (mit der Personalnummer) in der ArrayList pnummer benutzt.

▶ Markiert der Benutzer den dritten Datensatz von oben, so steht die Eigenschaft `SelectedIndex` des Listenfelds auf dem Wert 2. Es wird dann das Element 2 aus der ArrayList `pnummer` ermittelt. Dies ist die Personalnummer des markierten Datensatzes, denn das Listenfeld und die ArrayList wurden parallel gefüllt.

▶ Der SQL-Befehl wird gesendet. Das Ergebnis der Abfrage besteht nur aus einem Datensatz, aufgrund der Eindeutigkeit des Felds `personal-nummer`. Daher muss keine Schleife durchlaufen werden.

▶ Es wird ein Datensatz mithilfe der Methode `Read()` aus dem Reader geholt. Sein Inhalt wird in den fünf Textfeldern dargestellt.

▶ Der Inhalt des Tabellenfelds `geburtstag` wird umgewandelt und als Datum ohne Uhrzeit dargestellt.

Die Ereignismethode zum Ändern des ausgewählten (und gegebenenfalls veränderten) Datensatzes sieht wie folgt aus:

update

```
private void cmdÄndern_Click(...)
{
    int anzahl;

    try
    {
        con.Open();
        cmd.CommandText =
            "update personen set " +
            "name = '" + txtName.Text + "', " +
            "vorname = '" + txtVorname.Text +
            "', personalnummer = " +
            txtPersonalnummer.Text + ", " +
            "gehalt = " +
            txtGehalt.Text.Replace(',','.') +
            ", geburtstag = '" +
            txtGeburtstag.Text +
            "' where personalnummer = " +
            pnummer[lstTab.SelectedIndex];
        MessageBox.Show(cmd.CommandText);

        anzahl = cmd.ExecuteNonQuery();
        if (anzahl > 0)
            MessageBox.Show("Datensatz geändert");
    }
    catch(Exception ex)
    {
        MessageBox.Show(ex.Message);
```

```
        MessageBox.Show("Bitte einen Datensatz " +
            "auswählen und mindestens einen Namen," +
            " eine eindeutige Personalnummer und" +
            " ein gültiges Geburtsdatum eintragen");
    }

    con.Close();
    AlleSehen();
}
```

Listing 8.7 Projekt »DBVerwaltung«, Datensatz ändern

Zur Erläuterung:

▶ Die Verbindung wird geöffnet.

Ändern ▶ Der SQL-Befehl zum Ändern wird mit den Inhalten der fünf Textfelder zusammengesetzt. Zur Kontrolle können Sie sich den Befehl wiederum mithilfe der Methode `MessageBox.Show()` ansehen, siehe Abbildung 8.29. Er bezieht sich nur auf den markierten Datensatz, da die zugehörige Personalnummer in der `where`-Klausel angegeben wurde.

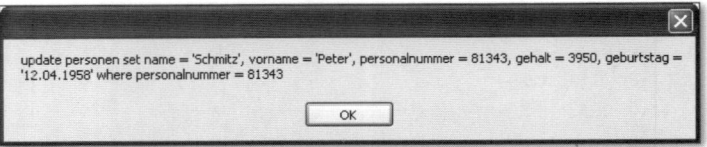

update personen set name = 'Schmitz', vorname = 'Peter', personalnummer = 81343, gehalt = 3950, geburtstag = '12.04.1958' where personalnummer = 81343

OK

Abbildung 8.29 Kontrolle des update-Befehls

Besonderheiten ▶ Bei dem SQL-Befehl ist wie beim Einfügen auf Folgendes zu achten:

  ▶ einfache Hochkommata bei Zeichenketten und Datumsangaben

  ▶ gültige Zahlen- und Datumsangaben

  ▶ die Umwandlung des Kommas bei Feldern, die Zahlen mit Nachkommastellen beinhalten

▶ Der SQL-Befehl wird gesendet. Im Erfolgsfall wird ausgegeben, dass ein Datensatz geändert werden konnte.

▶ Die Verbindung wird wieder geschlossen.

▶ Alle Datensätze, einschließlich des soeben geänderten Datensatzes, werden im Listenfeld neu angezeigt.

8.5.5 Datensatz löschen

Der Benutzer kann den Datensatz löschen, den er zuvor im Listenfeld ausgewählt hat. Dessen Daten werden zusätzlich in den fünf Textfeldern angezeigt.

Die Ereignismethode zum Löschen des ausgewählten Datensatzes hat folgenden Code:

delete

```
private void cmdLöschen_Click(...)
{
    int anzahl;
    if (txtPersonalnummer.Text == "")
    {
        MessageBox.Show(
            "Bitte einen Datensatz auswählen");
        return;
    }

    if (MessageBox.Show("Wollen Sie den " +
            "ausgewählten Datensatz wirklich " +
            "löschen?", "Löschen",
            MessageBoxButtons.YesNo)
            == DialogResult.No)
        return;

    try
    {
        con.Open();
        cmd.CommandText = "delete from personen " +
            "where personalnummer = " +
            pnummer[lstTab.SelectedIndex];
        MessageBox.Show(cmd.CommandText);

        anzahl = cmd.ExecuteNonQuery();
        if (anzahl > 0)
            MessageBox.Show("Datensatz gelöscht");
    }
    catch(Exception ex)
    {
        MessageBox.Show(ex.Message);
    }

    con.Close();
    AlleSehen();
}
```

Listing 8.8 Projekt »DBVerwaltung«, Datensatz löschen

Zur Erläuterung:

▶ Es wird zunächst geprüft, ob der Benutzer einen Datensatz ausgewählt hat.

Löschen ▶ Zur Sicherheit wird der Benutzer noch einmal gefragt, ob er den Datensatz wirklich löschen möchte, siehe Abbildung 8.30. Dies ist die übliche Vorgehensweise, um versehentliches Löschen zu vermeiden.

Abbildung 8.30 Rückfrage vor dem Löschen

▶ Die Verbindung wird geöffnet.

▶ Der SQL-Befehl zum Löschen wird zusammengesetzt, siehe Abbildung 8.31. Er bezieht sich nur auf den markierten Datensatz, da die zugehörige Personalnummer in der where-Klausel angegeben wurde.

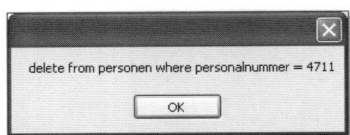

Abbildung 8.31 Kontrolle des delete-Befehls

▶ Der SQL-Befehl wird gesendet. Im Erfolgsfall wird ausgegeben, dass ein Datensatz gelöscht werden konnte.

▶ Die Verbindung wird wieder geschlossen.

▶ Alle noch vorhandenen Datensätze, ohne den soeben gelöschten Datensatz, werden im Listenfeld neu angezeigt.

8.5.6 Datensatz suchen

select Zur Suche nach einem bestimmten Datensatz muss zuvor im Feld *name* ein Suchtext eingegeben werden. Nach Betätigung des Buttons NAME SUCHEN werden alle Datensätze angezeigt, die den Suchtext an einer beliebigen Stelle im Feld *name* enthalten, siehe Abbildung 8.32.

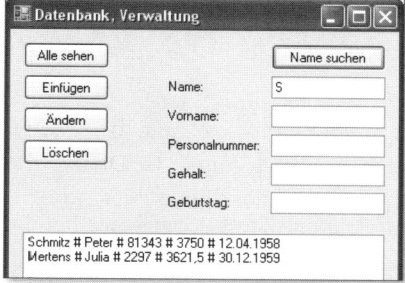

Abbildung 8.32 Suchen mit (Teil-)Name

Anschließend könnte der Benutzer z. B. einen der angezeigten Datensätze markieren, um ihn zu verändern oder zu löschen. Die Ereignismethode sieht wie folgt aus:

```
private void cmdNameSuchen_Click(...)
{
    try
    {
        con.Open();
        cmd.CommandText =
            "select * from personen where" +
            " name like '%" + txtName.Text + "%'";
        MessageBox.Show(cmd.CommandText);
        Ausgabe();
    }
    catch(Exception ex)
    {
        MessageBox.Show(ex.Message);
    }

    con.Close();
}
```

Listing 8.9 Projekt »DBVerwaltung«, Suchen im Feld »name«

Zur Erläuterung:

► Die Verbindung wird geöffnet.

► Der SQL-Befehl zum Suchen wird zusammengesetzt. Er beinhaltet   **Suchen**
den Namen, den der Benutzer im zugehörigen Textfeld eingegeben
hat, in der where-Klausel. Die Prozentzeichen davor und dahinter sorgen dafür, dass alle Datensätze gefunden werden, die den Suchtext an
einer beliebigen Stelle im Feld name enthalten, siehe Abbildung 8.33.

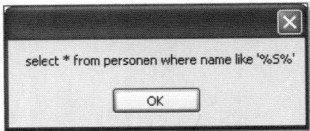

Abbildung 8.33 Kontrolle des Suchbefehls

▶ Es wird die Methode `Ausgabe()` aufgerufen. Diese sorgt – wie bei der Ausgabe aller Datensätze – für das Senden des SQL-Befehls und für das Empfangen und Anzeigen des Abfrage-Ergebnisses.

▶ Die Verbindung wird wieder geschlossen.

8.6 Abfragen über mehrere Tabellen

Es folgt ein Beispiel mit einer Datenbank, die mehrere Tabellen beinhaltet (Projekt *DBMehrereTabellen*). Es werden einige Besonderheiten erläutert, die sich bei Abfragen über mehrere Tabellen ergeben. Das Beispiel basiert auf der Übung *Projektverwaltung*, siehe Abschnitt 8.1.4 bzw. der zugehörigen Lösung. Das Datenbankmodell sehen Sie in Abbildung 8.34.

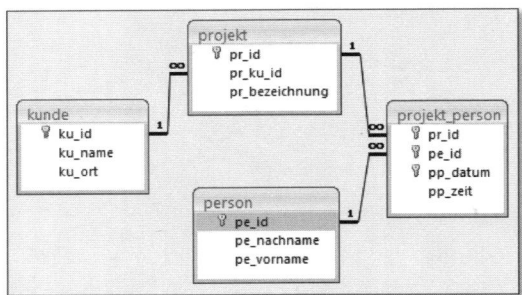

Abbildung 8.34 Datenbankmodell zu »Projektverwaltung«

Zur Erläuterung des Datenbankmodells:

Kunden ▶ Kunden werden mit Namen und Ort angegeben, Primärschlüssel: Kunden-ID.

Projekte ▶ Projekte werden mit Bezeichnung angegeben. Jedes Projekt ist einem Kunden zugeordnet. Primärschlüssel ist die Projekt-ID.

Personen ▶ Personen werden mit Nach- und Vornamen angegeben. Primärschlüssel ist die Personen-ID.

▶ Die Arbeitszeiten der Personen an den Projekten werden mit Datum und Zeit in Stunden angegeben. Primärschlüssel ist die Kombination aus Projekt-ID, Personen-ID und Datum.   Zeiten

Zum besseren Verständnis der Abfrage-Ergebnisse folgen die Inhalte der Tabellen (siehe Abbildungen 8.35–8.38):

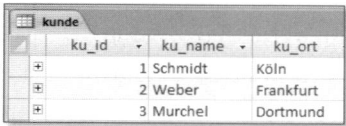

	ku_id	ku_name	ku_ort
⊞	1	Schmidt	Köln
⊞	2	Weber	Frankfurt
⊞	3	Murchel	Dortmund

Abbildung 8.35 Inhalt der Tabelle »kunde«

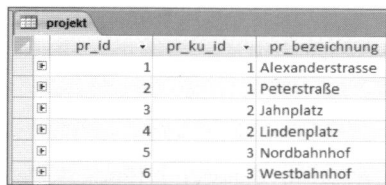

	pr_id	pr_ku_id	pr_bezeichnung
⊞	1	1	Alexanderstrasse
⊞	2	1	Peterstraße
⊞	3	2	Jahnplatz
⊞	4	2	Lindenplatz
⊞	5	3	Nordbahnhof
⊞	6	3	Westbahnhof

Abbildung 8.36 Inhalt der Tabelle »projekt«

	pe_id	pe_nachname	pe_vorname
⊟	1	Mohr	Hans
⊞	2	Berger	Stefan
⊞	3	Suhren	Marion

Abbildung 8.37 Inhalt der Tabelle »person«

pr_id	pe_id	pp_datum	pp_zeit
1	1	01.02.2009	3,5
1	3	01.02.2009	4
4	1	01.02.2009	3
4	2	01.02.2009	6,5
4	2	02.02.2009	7,3
4	3	01.02.2009	4

Abbildung 8.38 Inhalt der Tabelle »projekt_person«

Zunächst die Abfrage *Alle Personen*, Ergebnis siehe Abbildung 8.39:

▶ Es wird für jede Person ein Datensatz ausgegeben.

▶ Personen werden mit Nachnamen und Vornamen, entsprechend sortiert, ausgegeben.

```
select * from person order by pe_nachname, pe_vorname
```

```
Berger # Stefan #
Mohr # Hans #
Suhren # Marion #
```

Abbildung 8.39   Alle Personen

Abfrage *Anzahl der Kunden*, Ergebnis siehe Abbildung 8.40:

count()

▶ Es wird die Anzahl der Kunden mithilfe der SQL-Funktion count() ermittelt.

Anzahl berechnen

▶ Das Ergebnisfeld, das die berechnete Anzahl beinhaltet, bekommt den (frei gewählten) Namen count_ku_id.

```
select count(ku_id) as count_ku_id from kunde
```

Abbildung 8.40   Anzahl der Kunden

Abfrage *Alle Kunden mit allen Projekten*, Ergebnis siehe Abbildung 8.41:

▶ Es wird für jedes Projekt ein Datensatz ausgegeben.

▶ In jedem Datensatz stehen die Daten des Projekts und des betreffenden Kunden.

▶ Die Anzeige ist nach Name, Ort und Bezeichnung sortiert.

```
select * from kunde, projekt
    where ku_id = pr_ku_id
    order by ku_name, ku_ort, pr_bezeichnung
```

Zwei Tabellen

▶ In jedem Datensatz werden Inhalte aus zwei Tabellen angezeigt. Beide Tabellennamen werden hinter from aufgeführt.

▶ Es werden nur Datensätze zusammengestellt, bei denen die Feldinhalte aus der Bedingung nach where übereinstimmen.

```
Murchel # Dortmund # Nordbahnhof #
Murchel # Dortmund # Westbahnhof #
Schmidt # Köln # Alexanderstrasse #
Schmidt # Köln # Peterstraße #
Weber # Frankfurt # Jahnplatz #
Weber # Frankfurt # Lindenplatz #
```

Abbildung 8.41   Alle Kunden mit allen Projekten

Abfrage *Alle Personen mit allen Projektzeiten*, Ergebnis siehe Abbildung 8.42:

▶ Es wird für jede eingetragene Arbeitszeit ein Datensatz ausgegeben.

▶ In jedem Datensatz stehen die Daten der Arbeitszeit, des betreffenden Projekts und des betreffenden Kunden. **Drei Tabellen**

▶ Die Ausgabe ist nach Nachname, Bezeichnung und Datum sortiert.

```
select * from projekt, projekt_person, person
   where projekt.pr_id = projekt_person.pr_id
   and projekt_person.pe_id = person.pe_id
   order by pe_nachname, pr_bezeichnung, pp_datum
```

▶ In jedem Datensatz werden Inhalte aus drei Tabellen angezeigt. Alle drei Tabellennamen werden hinter from aufgeführt.

▶ Es werden nur Datensätze zusammengestellt, bei denen die Feldinhalte aus den beiden Bedingungen nach where übereinstimmen.

▶ Die beiden Feldnamen pr_id und pe_id kommen jeweils in zwei Tabellen vor. Daher muss jeweils der Tabellenname (mit nachfolgendem Punkt) zusätzlich angegeben werden. Ansonsten wären die Feldnamen in der SQL-Anweisung nicht eindeutig.

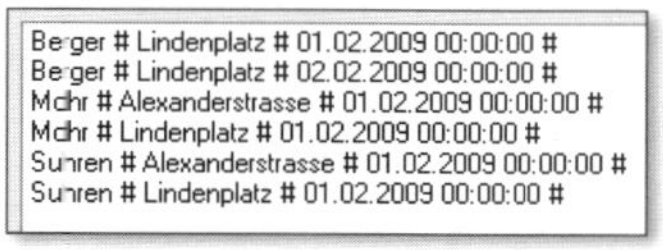

```
Berger # Lindenplatz # 01.02.2009 00:00:00 #
Berger # Lindenplatz # 02.02.2009 00:00:00 #
Mohr # Alexanderstrasse # 01.02.2009 00:00:00 #
Mohr # Lindenplatz # 01.02.2009 00:00:00 #
Sunren # Alexanderstrasse # 01.02.2009 00:00:00 #
Sunren # Lindenplatz # 01.02.2009 00:00:00 #
```

Abbildung 8.42   Alle Personen mit allen Projektzeiten

Abfrage *Alle Personen mit Zeitsumme*, Ergebnis siehe Abbildung 8.43:   **Summe berechnen**

▶ Es wird für jede Person ein Datensatz ausgegeben.

▶ Es werden alle Personen, denen mindestens eine Arbeitszeit zugeordnet ist, ausgegeben.

▶ Es wird die Summe der Arbeitszeiten pro Person mithilfe der SQL-Funktion sum() berechnet.   **sum()**

▶ Die Ausgabe ist nach Nachname sortiert.

```
select pe_nachname, sum(pp_zeit) as sum_pp_zeit
   from person, projekt_person
   where person.pe_id = projekt_person.pe_id
   group by person.pe_id, pe_nachname
   order by pe_nachname
```

▶ Der Anweisungsteil sum ... as bewirkt, dass die SQL-Funktion sum() angewendet wird.

group by
▶ Es werden alle Einträge im Feld `pp_zeit` aufsummiert, nach denen gruppiert wurde. Die Gruppierung wird mithilfe von `group by` durchgeführt.

Gruppieren
▶ Es wird nach den Feldern `pe_id` und `pe_nachname` der Tabelle `person` gruppiert, es werden also alle Arbeitszeiten einer Person summiert. Streng genommen hätte es gereicht, nach `pe_id` zu gruppieren, da dadurch bereits alle Personen voneinander unterschieden werden. Allerdings soll das Feld `pe_nachname` ausgegeben werden, daher muss es ebenfalls Teil der Gruppierungsfunktion sein.

▶ Das Ergebnisfeld, das die berechnete Summe beinhaltet, bekommt den (frei gewählten) Namen `sum_pp_zeit`.

```
Berger # 13,8000001907349 #
Mohr # 6,5 #
Suhren # 8 #
```

Abbildung 8.43 Alle Personen mit Zeitsumme

Abfrage *Alle Projekte mit allen Personenzeiten*, Ergebnis siehe Abbildung 8.44:

▶ Es handelt sich um den gleichen Zusammenhang wie in der Abfrage *Alle Personen mit allen Projektzeiten*.

▶ Die Ausgabe ist nur anders sortiert, nach Bezeichnung, Nachname und Datum.

```
select * from projekt, projekt_person, person
    where projekt.pr_id = projekt_person.pr_id
    and projekt_person.pe_id = person.pe_id
    order by pr_bezeichnung, pe_nachname, pp_datum
```

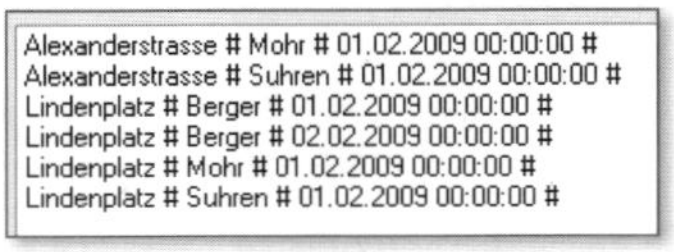

```
Alexanderstrasse # Mohr # 01.02.2009 00:00:00 #
Alexanderstrasse # Suhren # 01.02.2009 00:00:00 #
Lindenplatz # Berger # 01.02.2009 00:00:00 #
Lindenplatz # Berger # 02.02.2009 00:00:00 #
Lindenplatz # Mohr # 01.02.2009 00:00:00 #
Lindenplatz # Suhren # 01.02.2009 00:00:00 #
```

Abbildung 8.44 Alle Projekte mit allen Personenzeiten

Abfrage *Alle Projekte mit Zeitsumme*, Ergebnis siehe Abbildung 8.45:

▶ Es handelt sich um einen ähnlichen Zusammenhang wie in der Abfrage *Alle Personen mit Zeitsumme*.

▶ Es wird nach Projekt statt nach Person gruppiert und entsprechend sortiert.

```
select pr_bezeichnung, sum(pp_zeit) as sum_pp_zeit
   from projekt, projekt_person
   where projekt.pr_id = projekt_person.pr_id
   group by projekt.pr_id, pr_bezeichnung
   order by pr_bezeichnung
```

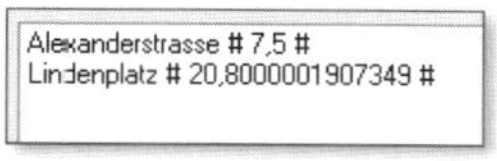

```
Alexanderstrasse # 7,5 #
Lindenplatz # 20,8000001907349 #
```

Abbildung 8.45   Alle Projekte mit Zeitsumme

8.7   Verbindung zu MySQL

Bei MySQL handelt es sich um ein weit verbreitetes SQL-basiertes Datenbanksystem. Es würde den Rahmen dieses Buches sprengen, die Installation des MySQL-Servers und die Erstellung einer Datenbank mit einer Tabelle zu erläutern. Im Folgenden soll daher lediglich gezeigt werden, wie Sie mit Visual C# auf eine vorhandene MySQL-Datenbank zugreifen. Es wird davon ausgegangen, dass der MySQL-Datenbankserver läuft.

MySQL-Server

8.7.1   .NET-Treiber

Eine Schnittstelle zwischen Visual C# und MySQL bietet der Treiber Connector/NET. Er kann auf der Internetseite von MySQL heruntergeladen werden, befindet sich aber auch auf dem beiliegenden Datenträger. Er wird immer wieder aktualisiert, die derzeitige Version (April 2010) ist 6.2.3.

Connector/NET

Die Installation mithilfe der entpackten MSI-Installationsdatei `mysql.data.msi` verläuft in der Regel problemlos. Falls dennoch der (an sich widersprüchliche) Hinweis erscheint, dass das .NET-Framework 2.0 auf dem Rechner installiert sein muss, so können Sie diese alte Version vom beiliegenden Datenträger nachinstallieren. Es haben sich dabei keine Konflikte zum bereits installierten .NET-Framework 4.0 gezeigt.

MSI-Datei

Nach der Installation müssen Sie in dem Projekt, in dem der Treiber genutzt werden soll, einen Verweis auf die Bibliotheken des Treibers einrichten. Hierzu nutzen Sie den Menüpunkt PROJEKT • VERWEIS HINZUFÜGEN. In der Liste auf der Registerkarte .NET findet sich die Komponente `MySQL.Data`.

Verweis
hinzufügen

Der Ablauf eines Zugriffs erfolgt ähnlich wie für Access-Datenbanken. Nachfolgend werden nur die unterschiedlichen Befehlszeilen zum Aufbau der Verbindung erläutert. Das vollständige Beispiel finden Sie im Projekt *DBZugriffMySQL*.

```
using System;
using System.Windows.Forms;
using MySql.Data.MySqlClient;

namespace DBZugriffMySQL
{
    public partial class Form1 : Form
    {
        ....
        private void cmdAlleSehen_Click(...)
        {
            MySqlConnection con = new MySqlConnection();
            MySqlCommand cmd = new MySqlCommand();
            MySqlDataReader reader;
            DateTime geburtstag;

            con.ConnectionString =
                "Data Source=localhost;" +
                "Initial Catalog=firma;UID=root";
        ....
```

Listing 8.10 Projekt »DBZugriffMySQL«, Ausschnitt

Zur Erläuterung:

MySqlClient
▶ Zunächst wird der Namespace MySql.Data.MySqlClient eingebunden.

▶ Die Objekte der Klassen MySqlConnection, MySqlCommand und MySql-DataReader aus dem Namespace MySql.Data.MySqlClient entsprechen den Objekten der Klassen OleDbConnection, OleDbCommand und OleDbReader aus dem Namespace System.Data.OleDb.

ConnectionString
▶ Die Verbindungszeichenkette besteht aus den Elementen:

  ▶ Data Source=localhost für den MySQL-Server

  ▶ Initial Catalog=firma für den Datenbanknamen

  ▶ UID=root für den Benutzernamen

Die restlichen Abläufe können den Programmen mit den anderen Datenbankzugriffen entnommen werden.

Connection-Strings
Hinweis: Unter der Internetadresse *http://www.connectionstrings.com* finden Sie Werte für die Eigenschaft ConnectionString für viele verschiedene Datenbanksysteme.

8.8 Arbeiten mit DataSets

Die Verbindung zwischen einer Anwendung und einer Datenbank kann auch halb-automatisiert, mithilfe der Entwicklungsumgebung über ein sogenanntes *DataSet* aufgenommen werden. Das *DataSet* dient dabei als Puffer zur Zwischenspeicherung der Daten.

Puffer

Der Ablauf bei der Benutzung ergibt sich wie folgt:

▸ Nach Aufnahme einer Verbindung werden die Daten aus der Datenbank in das *DataSet* kopiert. Anschließend wird die Verbindung wieder geschlossen.

▸ Nach Änderung einzelner oder mehrerer Datensätze des *DataSets* können die Daten über eine neue Verbindung in der Datenbank gespeichert werden.

8.8.1 Tabelle in Detailansicht

In einem ersten Beispiel soll auf die Tabelle `personen` der Access-Datenbank *firma.mdb* über einen DataSet zugegriffen werden.

Zur schnellen Erstellung einer einfachen Datenbankanwendung (Projekt *DBDataSet*, siehe Abbildung 8.51):

▸ Erstellen Sie ein neues Windows-Forms-Projekt.

▸ Speichern Sie das gesamte Projekt.

▸ Rufen Sie im Kontextmenü des Projekts den Menüpunkt Hinzufügen • Vorhandenes Element auf. Es erscheint das entsprechende Dialogfeld.

▸ Wählen Sie die Access-Datenbank *firma.mdb* in ihrem Originalverzeichnis aus. Sie wird normalerweise bei diesem Vorgang in das Projektverzeichnis kopiert und es werden dort weitere Kopien angelegt. Hier wollen wir aber immer auf das Original zugreifen. Daher wählen Sie im Aufklappmenü des Buttons Hinzufügen den Menüpunkt Als Link hinzufügen, siehe Abbildung 8.46.

Link hinzufügen

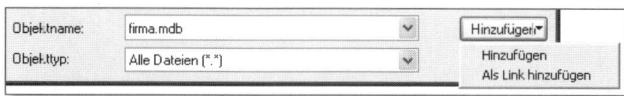

Abbildung 8.46 Datenbank als Link hinzufügen

▸ Nach kurzer Zeit erscheint ein Assistentendialogfeld zum Konfigurieren der Datenquelle.

▶ Es ist eine Liste der Tabellen und Abfragen zu sehen. Markieren Sie die Tabelle personen, siehe Abbildung 8.47.

Abbildung 8.47 Auswahl der Tabelle »personen«

DataSet ▶ Nach dem Fertigstellen sehen Sie nach kurzer Zeit, dass im Projektmappen-Explorer ein Objekt vom Typ *DataSet* hinzugefügt wurde (*firmaDataSet*), siehe Abbildung 8.48.

▶ Wählen Sie nun im Menü DATEN den Menüpunkt DATENQUELLEN ANZEIGEN.

▶ Lassen Sie sich über den Projektmappen-Explorer das Formular der Anwendung anzeigen, falls es momentan nicht sichtbar sein sollte.

▶ Wählen Sie in der Datenquellenanzeige im Aufklappmenü der Tabelle personen die Ansicht DETAILS, siehe Abbildung 8.49.

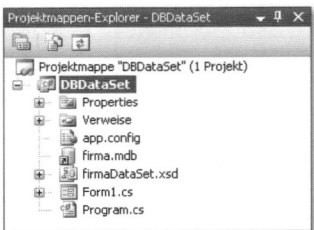

Abbildung 8.48 Objekt vom Typ DataSet

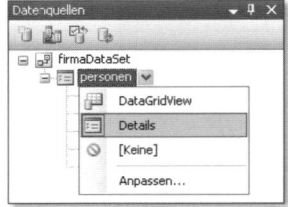

Abbildung 8.49 Ansicht »Details«

▶ Ziehen Sie das Symbol der Tabelle `personen` aus der Datenquellenanzeige in das Formular der Anwendung.

▶ Nach kurzer Zeit erscheinen im bzw. unter dem Formular:

Neue Steuer-
elemente

    ▶ eine Navigations-Symbolleiste

    ▶ einige (im Formular unsichtbare) Komponenten, siehe Abbildung
8.50

    ▶ Ein Satz von Steuerelementen. Das Standardsteuerelement für ein
Tabellenfeld ist eine Textbox, für ein Feld vom Typ Datum wird
automatisch ein Objekt vom Typ DateTimePicker gewählt.

Abbildung 8.50 Komponenten für den DataSet

▶ Dadurch wird eine einfache Ansicht und Aktualisierung der Tabellendaten ermöglicht.

▶ Starten Sie die Anwendung, siehe Abbildung 8.51.

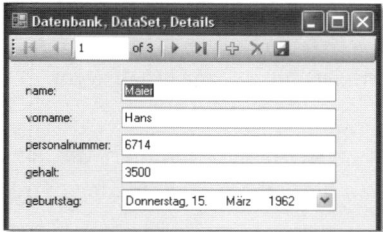

Abbildung 8.51 Anwendung mit DataSet

Sie können nun durch die Datensätze navigieren. Sie können sie ändern.
Sie können die Anwendung wieder beenden. Nach einem erneuten Start
werden Sie feststellen, dass Daten erst nach Betätigung des Symbols SPEI-
CHERN dauerhaft in der Datenbank gespeichert werden. Vorher sind sie
nur temporär im *DataSet* geändert.

Zuerst speichern

Die Navigations-Symbolleiste für das *DataSet* besteht aus den folgenden
Steuerelementen:

Symbolleiste

▶ ADDNEWITEM: zum Bereitstellen eines neuen leeren Datensatzes

▶ COUNTITEM zur Anzeige der Anzahl der Datensätze

- DELETEITEM zum Löschen eines Datensatzes

- MOVEFIRSTITEM geht zum ersten Datensatz.

- MOVELASTITEM geht zum letzten Datensatz.

- MOVENEXTITEM geht zum nächsten Datensatz.

- MOVEPREVIOUSITEM geht zum vorigen Datensatz

- POSITIONITEM zur Positionierung auf einem bestimmten Datensatz und zur Anzeige des betreffenden Datensatzes

- SEPARATOR, SEPARATOR1, SEPARATOR2 zur optischen Trennung der Symbole

- NAVIGATORSAVEITEM zur Speicherung der Inhalte des *DataSets* in der Datenbank

Projekt-Komponenten

Die neuen Komponenten des Projekts:

- *BindingNavigator* (hier: `personenBindingNavigator`): zentrale Komponente zur Navigation, hat Verbindung zur BindingSource-Komponente.

- *BindingSource* (hier: `personenBindingSource`): bildet die Verbindung zwischen den Daten-Steuerelementen (hier: Textboxen und DateTimePicker) und dem *DataSet*.

- *TableAdapter* (hier: `personenTableAdapter`): stellt kurzfristig die Verbindung zwischen dem *DataSet* und der Datenbank her, zum Empfangen der Daten (von Datenbank zu *DataSet*) und zum Aktualisieren der Daten (von *DataSet* zu Datenbank).

- *TableAdapterManager* (hier: `tableAdapterManager`): steuert die Reihenfolge der Aktualisierung der Daten, hier gibt es verschiedene Strategien.

- *DataSet*: (hier: `firmaDataSet`): Puffer zur Zwischenspeicherung der Daten

8.8.2 Schließen ohne Speichern verhindern

Als nützliche Ergänzung der Anwendung *DBDataSet* wird noch eine Ereignismethode hinzugefügt. Diese wird aufgerufen, sobald der Benutzer das Formular schließen möchte. Es gibt bekanntlich mehrere Möglichkeiten, ein Formular zu schließen:

- über den Aufruf der Methode `Close()` des Formulars

- über den Klick auf das Kreuz oben rechts im Systemmenü

- über die Tastenkombination ⌊Alt⌋ + ⌊F4⌋

In allen Fällen tritt das Ereignis `FormClosing` ein. Mit der folgenden Methode haben Sie die Möglichkeit, das Schließen des Formulars zu verhindern, falls eine Änderung durchgeführt wurde, ohne dass danach gespeichert wurde:

FormClosing

```
private void Form1_FormClosing(
    object sender, FormClosingEventArgs e)
{
    if (firmaDataSet.HasChanges())
    {
        if (MessageBox.Show(
            "Beenden, ohne zu speichern?",
            "Daten geändert",
            MessageBoxButtons.YesNo,
            MessageBoxIcon.Question) ==
            DialogResult.No)
                e.Cancel = true;
    }
}
```

Listing 8.11 Projekt »DBDataSet«, FormClosing-Ereignis

Zur Erläuterung:

▶ Die Methode zum Ereignis `FormClosing` bekommt als zweiten Parameter das Objekt e der Klasse `FormClosingEventArgs` geliefert.

▶ Jede Änderung des DataSets wird registriert. Ein DataSet verfügt außerdem über die Methode `HasChanges()`, mit der Sie feststellen können, ob eine Änderung stattgefunden hat.

HasChanges()

▶ Falls dies zutrifft, wird im vorliegenden Programm gefragt, ob man die Anwendung wirklich verlassen möchte, ohne zu speichern, siehe Abbildung 8.52. Falls man mit *Nein* antwortet, dann wird die Eigenschaft `Cancel` des Objekts e auf `true` gesetzt. Dies führt dazu, dass das Schließen des Formulars nicht stattfindet.

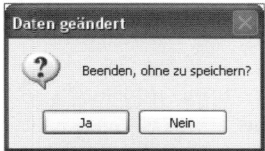

Abbildung 8.52 Rückfrage beim Schließen nach Änderung

8.8.3 Programmcode des DataSets

Mit der obigen Anwendung ist mit wenigen Klicks eine komfortable Schnittstelle zwischen Programm und Datenbank erstellt worden. Intern werden die SQL-Befehle genutzt, die Sie bereits kennengelernt haben.

Fill()　Der *DataSet* wird zu Beginn der Anwendung automatisch über die Methode Fill() des Adapters gefüllt. Der Benutzer kann nun die Inhalte des *DataSets* verändern.

Update()　Die Datenbank selbst wird erst geändert, wenn der Benutzer das Symbol SPEICHERN klickt. Dann wird die Methode Update() des Adapters aufgerufen, dabei werden nur die geänderten Inhalte des *DataSets* schrittweise in die Datenbank zurückgeschrieben.

Über das Schaltersymbol ALLE DATEIEN ANZEIGEN im Projektmappen-Explorer können Sie erreichen, dass alle Dateien der Anwendung angezeigt werden, siehe Abbildung 8.53.

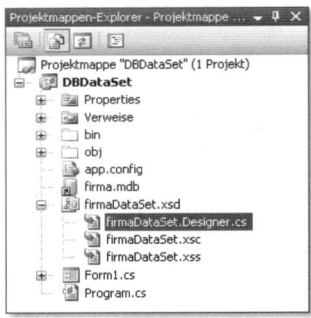

Abbildung 8.53 Alle Dateien anzeigen

In der Datei *firmaDataSetDesigner.cs* können Sie erkennen, dass über 1.600 Zeilen Programmcode automatisiert erstellt wurden. Dort finden Sie u. a.:

▸ den SQL-Befehl zum Löschen von Datensätzen der Datenbank, in der Eigenschaft CommandText des Objekts DeleteCommand des Adapters, ca. Zeile 900

▸ die SQL-Befehle zum Einfügen bzw. Ändern von Datensätzen der Datenbank, in der Eigenschaft CommandText des Objekts InsertCommand bzw. UpdateCommand des Adapters, ca. Zeile 910 bzw. 920

▸ den Aufruf der Methode Fill() des Adapters, ca. Zeile 970

▸ verschiedene Aufrufe der Methode Update() des Adapters, ca. ab Zeile 980

Veränderungen des Programmcodes sind nur zu empfehlen, falls Sie weiter gehende Kenntnisse über *DataSets* haben. Diese können in einem Einsteigerbuch leider nicht geboten werden. Die automatisiert erstellte Anwendung reicht jedoch schon für viele Einsatzzwecke vollkommen aus.

Code ändern

8.8.4 Tabelle in DataGrid-Ansicht

Eine weitere übersichtliche Möglichkeit zur Darstellung und Bearbeitung von Daten aus einer Datenbank stellt das Steuerelement DataGridView dar. Dies wird im Projekt *DBDataSetGrid* gezeigt, siehe Abbildung 8.54.

Erstellen Sie ein neues Projekt. Gehen Sie genau so vor wie in der Anleitung des vorigen Projekts. Wählen Sie jedoch in der Datenquellenanzeige im Aufklappmenü der Tabelle `personen` die Ansicht DATAGRIDVIEW, siehe Abbildung 8.55. Nunmehr können Sie alle Datensätze gleichzeitig sehen, ändern und speichern.

DataGridView

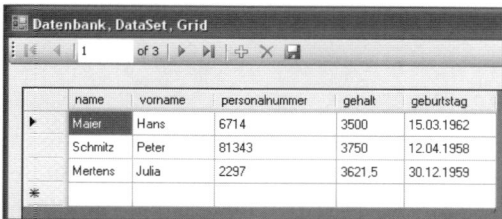

Abbildung 8.54 Verwendung eines DataGridView

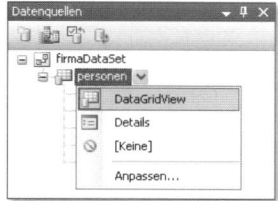

Abbildung 8.55 Tabellenansicht mit DataGridView

8.8.5 Mehrere Tabellen mit Relationen

In diesem Abschnitt wird mithilfe eines *DataSets* eine Anwendung (Projekt *DBDataSetMehrereTabellen*) mit Zugriff auf die Datenbank *projektverwaltung.mdb* erstellt. Diese Datenbank beinhaltet mehrere Tabellen und Relationen. Es soll möglich sein, auf die Datensätze der Tabelle `projekt`, die zugehörigen Datensätze der Tabelle `projekt_person` und dort über eine Auswahlliste auf den zugehörigen Nachnamen aus der Tabelle

Zugriff auf drei Tabellen

person zuzugreifen, also auf Daten aller drei miteinander verbundenen Tabellen, siehe Abbildung 8.56.

Abbildung 8.56   Zugriff auf Inhalte aus drei Tabellen

Die Erstellung:

▶ In einem neuen Projekt fügen Sie ein Element über den Menüpunkt HINZUFÜGEN • VORHANDENES ELEMENT hinzu: einen Link auf die Datei *C:\Temp\projektverwaltung.mdb*. Dabei werden alle Tabellen eingeschlossen. Damit steht ein *DataSet* zur Verfügung, der alle Tabellen und Relationen beinhaltet.

▶ Aus der Datenquellenansicht ziehen Sie die Tabelle projekt in der Detail-Ansicht auf das Formular.

Tabellenauswahl ▶ Aus der Datenquellenansicht ziehen Sie diejenige Tabelle projekt_person in der DataGrid-Ansicht auf das Formular, die in der Hierarchie eine Ebene unterhalb der Tabelle projekt steht, also die in Abbildung 8.57 markierte Tabelle. Damit werden nur die Datensätze der Tabelle projekt_person eingeblendet, die zum jeweiligen Datensatz der Tabelle projekt gehören.

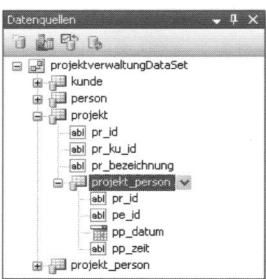

Abbildung 8.57   Tabelle »projekt_person«, auf Tabelle »projekt« bezogen

Konfigura-
tionsmenü ▶ Über den kleinen Pfeil oben rechts am DataGrid können Sie ein Konfigurationsmenü aufklappen, u. a. mit Zugang zu den Dialogfeldern SPALTEN BEARBEITEN (EDIT COLUMNS) und SPALTEN HINZUFÜGEN (ADD COLUMN), siehe Abbildung 8.58.

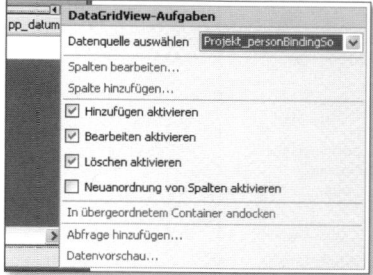

Abbildung 8.58 Konfigurationsmenü des DataGridView

► Im Dialogfeld SPALTEN BEARBEITEN entfernen Sie die beiden Spalten PR_ID und PE_ID. Sie sind für die Ansicht überflüssig bzw. ungünstig zu bedienen.

► Im Dialogfeld SPALTEN HINZUFÜGEN wählen Sie die Spalte PE_ID, den Typ DATAGRIDVIEWCOMBOBOXCOLUMN und den Headertext PE_NACHNAME, siehe Abbildung 8.59. Damit ist eine weitere Spalte im DataGrid zu sehen, noch ohne Datenbindung und als letzte Spalte.

Abbildung 8.59 Hinzufügen einer neuen Spalte

► Im Dialogfeld SPALTEN BEARBEITEN verschieben Sie die neu hinzugefügte Spalte an die erste Stelle. Es werden die folgenden Eigenschaften zur Datenbindung eingestellt, siehe Abbildung 8.60:

Spalteneigenschaften

- ► *DataSource*: über *Weitere Datenquellen* die Tabelle `person`
- ► *DisplayMember*: das Feld `pe_nachname`
- ► *ValueMember*: das Feld `pe_id`

357

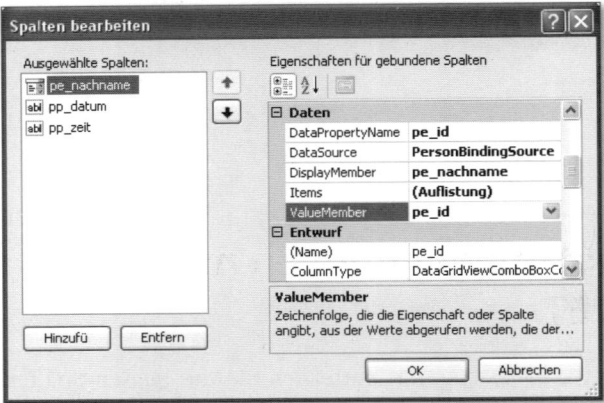

Abbildung 8.60 Eigenschaften der neuen Spalte

DISPLAYMEMBER liefert die sichtbaren Werte (hier den Nachnamen), wenn der Benutzer die Combobox aufklappt. *ValueMember* liefert die unsichtbaren zugehörigen Werte (hier die Personen-ID), über die eine Beziehung zu einer anderen Tabelle hergestellt wird.

Mit diesem Projekt steht Ihnen eine einfache Anwendung mit Zugriff auf Inhalte von drei miteinander verbundenen Tabellen zur Verfügung.

Wenn man es stark vereinfacht ausdrücken möchte: ASP.NET
mit C# ist die Anwendung von C# auf Internetseiten.

9 Internet-Anwendungen mit ASP.NET

Die oben vorgeschlagene Vereinfachung ist natürlich unzulässig, lässt aber erkennen, dass sich vieles von dem, was mithilfe dieses Buchs schon erlernt wurde, auch bei der Erstellung von Internet-Anwendungen nutzen lässt.

Das Thema ASP.NET ist so umfangreich, dass es eigene Bücher füllt. In diesem Kapitel sollen daher nur die wichtigsten Aspekte vermittelt werden:

- ▶ Grundlagen von Internet-Anwendungen
- ▶ Nutzung einer lokalen Entwicklungs- und Testumgebung
- ▶ Aufbau von dynamischen Internet-Anwendungen mit Server- und Client-Elementen
- ▶ Senden und Auswerten von Formulardaten
- ▶ lesender und schreibender Zugriff auf eine Internet-Datenbank

9.1 Grundlagen von Internet-Anwendungen

Eine Internet-Anwendung wird mithilfe eines Browsers (Internet Explorer, Firefox, ...) aufgerufen. Nach Eingabe einer Adresse wird die gewünschte Startseite von einem Webserver angefordert und erscheint im Browser.

Browser

9.1.1   Statische Internet-Anwendungen

HTML Der einfachste Typ einer solchen Anwendung besteht aus statischen Internetseiten, die mithilfe von Hyperlinks miteinander verbunden sind. Statisch bedeutet, dass sich die Inhalte nicht aufgrund von Benutzeraktionen verändern. Diese Seiten werden mithilfe der Markierungssprache *HTML* erstellt.

CSS Zur Formatierung von Internetseiten kommt *CSS* zum Einsatz. CSS steht für *Cascading Style Sheets*. Hierbei handelt es sich um einander ergänzende Formatvorlagen, die dazu dienen, Internetseiten ein einheitliches Aussehen zu geben. Dies ist z.B. bei Unternehmenspräsentationen besonders wichtig. Außerdem können mithilfe von CSS weiter gehende Formatierungen als in HTML durchgeführt werden.

9.1.2   Dynamische Internet-Anwendungen

Dynamische Internet-Anwendungen können sich aufgrund von Aktionen des Benutzers verändern. Hier kommen Programmiersprachen ins Spiel. Man muss dabei zwischen *clientseitiger* Programmierung und *serverseitiger* Programmierung unterscheiden.

Ein Beispiel für clientseitige Programmierung: Wenn der Benutzer die Maus über ein Bild auf einer Internetseite bewegt, dann wird das Bild gegen ein anderes Bild getauscht. Dieser Rollover-Effekt kann z.B. mit der clientseitigen Programmiersprache JavaScript erstellt werden.

JavaScript Clientseitig bedeutet, dass das gesamte Programm, das HTML-Code und JavaScript-Code beinhaltet, beim Aufruf der Seite auf den Rechner des Benutzers geladen wurde. Bewegt er die Maus über das Bild, so ist dies ein Ereignis. Dazu gibt es, ähnlich wie in C#, eine Ereignismethode. Es wird ein JavaScript-Programm aufgerufen, das sich bereits auf seinem Rechner befindet. Für diesen Ablauf ist keine weitere Kommunikation über das Internet mit dem Webserver notwendig.

ASP, Java, PHP, Perl Ein Beispiel für serverseitige Programmierung: Wenn der Benutzer auf der Internetseite einer Suchmaschine einen Suchbegriff eigibt und den Sendebutton betätigt, dann erscheint eine Seite mit Suchergebnissen. Ein solches Programm kann mit serverseitiger Programmierung erstellt werden, z.B. mit C# unter ASP.NET oder mit Java, PHP oder Perl.

Serverseitig bedeutet, dass das gesamte Programm, das HTML-Code und C#-Code beinhaltet, beim Aufruf der Seite zunächst auf dem Server abläuft. Der C#-Code generiert wiederum HTML-Code. Das Ergebnis, das nur noch aus HTML-Code besteht, wird auf den Rechner des Benutzers geladen. Zur Verarbeitung des Suchbegriffs und zur Erzeugung der Seite mit den Suchergebnissen ist diesmal eine weitere Kommunikation über das Internet mit dem Webserver notwendig.

9.1.3 Vorteile von ASP.NET

Reale Internetseiten enthalten häufig sowohl serverseitig verarbeiteten Code als auch HTML-Code, CSS-Code und JavaScript-Code. Sie wären also gezwungen, mehrere Sprachen zu erlernen und ihren Einsatz sinnvoll miteinander zu kombinieren.

Hier bietet die Erstellung von Seiten mithilfe von ASP.NET folgende Vorteile:

- ▶ Es sind nur einfache HTML-Kenntnisse notwendig.
- ▶ Die vorhandenen Kenntnisse von C# (oder einer anderen .NET-Sprache) können genutzt werden. C#
- ▶ CSS-Code und JavaScript-Code werden automatisch generiert. Weder das eine noch das andere muss erlernt werden.
- ▶ Dem Programmierer steht das .NET Framework mit seinen Klassen zur Verfügung, das ihm z. B. den gewohnten Zugriff auf Datenbanken ermöglicht, die auf dem Webserver liegen.

Die erforderlichen einfachen HTML-Kenntnisse lernen Sie in diesem Kapitel ganz nebenbei bei der Erstellung der Programme für ASP.NET.

9.2 Ein lokaler Webserver

Dynamische Internet-Anwendungen, die unter ASP.NET erstellt wurden, laufen nur mithilfe von Webservern, die mit dem .NET-Framework zusammenarbeiten können. Während der Entwicklung einer solchen Anwendung wird zum Testen ein lokaler Webserver benötigt. Sie möchten sicherlich nicht jede Seite, die Sie programmieren, nach jeder Änderung ins Internet hochladen und dann erst testen. Testumgebung

Eine Lösung bietet das Produkt *IIS* von Microsoft. IIS steht für *Internet Information Services* und bezeichnet eine umfangreiche Sammlung von Funktionen zur Veröffentlichung von Dokumenten im Internet über verschiedene Protokolle. Die IIS beinhalten u. a. einen lokalen Webserver.

Development Server Eine Alternative bietet Visual Web Developer 2010 Express: Dieses Programm bietet einen lokalen Entwicklungs-Webserver, den *ASP.NET Development Server*. Dieser wird automatisch beim Start einer Webanwendung aufgerufen. Er wird im vorliegenden Kapitel genutzt.

Sein Basisverzeichnis wird erst später benötigt. Es handelt sich normalerweise um *C:\Programme\Gemeinsame Dateien\Microsoft Shared\DevServer\10.0*. Zunächst müssen Sie Visual Web Developer 2010 Express von der Buch-DVD installieren. Im gesamten Kapitel 9 wird mithilfe dieses Programms in Visual C# entwickelt.

9.2.1 Eine erste Internet-Anwendung

ASP.NET Web-Anwendung Anhand eines ersten statischen Beispiels soll das Erstellen und Ausführen einer Internet-Anwendung erläutert werden. Zunächst rufen Sie im Visual Web Developer wie von Visual C# gewohnt den Menüpunkt DATEI • NEUES PROJEKT auf. Sie wählen das Template *Leere ASP.NET Web-Anwendung* aus der Kategorie WEB aus. In das Feld *Name* geben Sie den Projektnamen ein, hier *WebHalloWelt*.

index.htm Nun muss der Anwendung eine Datei hinzugefügt werden, die später im Browser angezeigt wird. Dazu markieren Sie im Projekt-Explorer das Projekt. Anschließend rufen Sie über das Kontextmenü den Menüpunkt HINZUFÜGEN • NEUES ELEMENT auf und wählen das Template *Textdatei* aus. Diese Textdatei soll den Namen *index.htm* haben.

Nach dem Markieren der Datei *index.htm* im Projekt-Explorer können Sie über das Kontextmenü die noch leere Codeseite aufrufen. Der nachfolgende Code wird eingegeben und gespeichert. Dabei werden Sie feststellen, dass beim Eingeben einige Elemente automatisch erstellt bzw. ergänzt werden.

```
<html>
<head>
    <title>WebHalloWelt</title>
</head>
<body>
    Hallo Welt
</body>
</html>
```

Listing 9.1 Datei index.htm

Dies ist eine rein statische, unveränderliche Internet-Anwendung: nur in HTML, noch ohne C#. Sie hätten sie natürlich auch ohne die Entwicklungsumgebung entwickeln können.

Zum Betrachten des Ergebnisses markieren Sie im Projekt-Explorer die Datei *index.htm* und starten die Anwendung über das Menü DEBUGGEN • DEBUGGING STARTEN (oder die Funktionstaste F5 bzw. über den grünen Pfeil). Dadurch wird der Entwicklungs-Webserver aufgerufen, und es erscheint nach kurzer Zeit Ihr Standard-Browser mit der Ausgabe in Abbildung 9.1.

Ergebnis ansehen

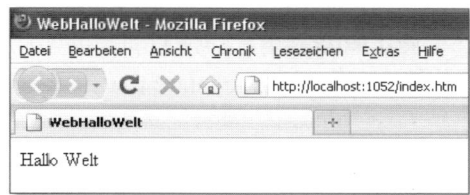

Abbildung 9.1 Ausgabe im Browser

Die Adresse *http://localhost:xxxx/index.htm* in der Adressleiste des Browsers setzt sich zusammen aus:

http://localhost

▶ *http*: dem Namen des Übertragungsprotokolls

▶ *localhost*: dem Namen des lokalen Webservers

▶ *xxxx*: einer vom lokalen Webserver gewählten Portnummer

▶ *index.htm*: dem Namen der Datei mit dem HTML-Code

Falls Sie Änderungen im Code vornehmen und die Datei speichern, reicht es aus, die Browserseite zu aktualisieren, um das neue Ergebnis zu sehen. Die Anwendung muss dazu nicht beendet werden.

Falls Sie die gesamte Anwendung inklusive Webserver beenden wollen, wird dies von der Entwicklungsumgebung aus durchgeführt, über das Menü DEBUGGEN • DEBUGGING BEENDEN (oder über das blaue Quadrat in der Symbolleiste).

Anwendung beenden

HTML-Dateien bestehen aus Text und HTML-Markierungen. Diese Markierungen sind meist Container, d. h., sie bestehen aus einer Start- und einer Endmarkierung:

▶ Im Container `<html>` ... `</html>` steht der gesamte HTML-Code.

html

▶ Zwischen `<head>` und `</head>` stehen der Titel und Informationen über das Dokument.

head

title ▶ Der Container `<title>` ... `</title>` beinhaltet den Titel, der in der Titelleiste des Browsers angezeigt wird.

body ▶ Im Container `<body>` ... `</body>` steht der Code für die Inhalte, die im Browserfenster angezeigt werden.

9.3 Eine erste ASP.NET Anwendung

Der Code der ersten dynamisch generierten ASP.NET-Anwendung erscheint zunächst etwas umfangreich und verwirrend – besonders im Vergleich zum Ausgabe-Ergebnis. Er enthält aber viele wichtige Elemente, die auch in den nachfolgenden Programmen vorkommen werden. Abbildung 9.2 zeigt die Ausgabe.

Abbildung 9.2 Dynamisch generierte Ausgabe

default.aspx Zur Erstellung: Wie im vorigen Abschnitt wird eine neue, leere ASP.NET Web-Anwendung erzeugt, mit dem Namen *WebErstes*. Dem Projekt wird (statt der Datei *index.htm*) eine Textdatei mit dem Namen *default.aspx* hinzugefügt. Dies ist die Standard-Startdatei innerhalb des Verzeichnisses einer ASP.NET-Anwendung. Es folgt der Code dieser Datei:

```
<html>
<head>
    <title>WebErstes</title>
    <%@ page language="C#" %>
    <script runat="server">
    void page_load()
    {
        int x, y, z;
        x = 5;
        y = 12;
        z = x + y;
        ergebnis.InnerText = "Ergebnis: " + z;
    }
    </script>
</head>
```

```
<body>
    <p id="ergebnis" runat="server"></p>
</body>
</html>
```

Listing 9.2 Projekt »WebErstes«, Datei default.aspx

Zur Erläuterung des C#-Blocks:

▶ Der C#-Block beginnt nach dem Dokument-Titel. Mithilfe der soge- @ page
nannten Page-Direktive wird dem lokalen Webserver mitgeteilt, dass
die Sprache C# verwendet werden soll. ASP.NET kann auch mit anderen Sprachen aus dem Visual Studio arbeiten.

▶ Der nächste Container `<script runat="Server">` ... `</script>`
beinhaltet den C#-Code.

▶ `runat="Server"` bewirkt, dass der Code auf dem Server ausgeführt runat
wird. Nur dann kann die Seite erfolgreich generiert werden.

▶ Innerhalb des Blocks mit dem C#-Code befinden Sie sich schon innerhalb einer Klassendefinition. Die vorliegende Klasse ist von der Klasse
`Page` abgeleitet. Jede Internetseite ist ein Objekt dieser Klasse. Es können klassenweit gültige Variablen deklariert und Methoden geschrieben werden, wie wir dies bereits bei C# getan haben.

▶ Die Methode `page_load()` wird immer dann durchlaufen, wenn die page_load()
Seite geladen wird. Sie entspricht der Methode `Form1_Load()` bei einer
Windows-Anwendung, wie wir sie bisher geschrieben haben. In der
Methode werden die Start-Einstellungen für die Seite durchgeführt.

▶ Innerhalb der `page_load`-Methode wird serverseitig eine Berechnung
mithilfe von drei Variablen durchgeführt. Das Ergebnis wird als Eigenschaft des Elements `ergebnis` festgelegt, das erst weiter unten im Body
des Dokuments aufgeführt wird. Es handelt sich um die Eigenschaft
`InnerText`, diese steht für den Inhalt eines HTML-Elements.

Zur Erläuterung des HTML-Containers:

▶ Die Container `html` und `body` sind schon bekannt.

▶ Innerhalb von `body` steht ein p-Container. Damit wird ein eigener id
Absatz gebildet. Über `id="ergebnis"` erhält der Absatz eine eindeutige ID. Diese ID und `runat="Server"` werden benötigt, damit der
Absatz von C# aus mit Inhalt gefüllt und gegebenenfalls formatiert
werden kann.

HTML-Code | Wie bereits am Anfang erwähnt, wird durch ASP.NET HTML-Code generiert und mit dem vorhandenen HTML-Code verbunden. Das Ergebnis ist reiner HTML-Code, der vom Webserver zum Benutzer gesandt wird. Wenn Sie sich den Quelltext beim Benutzer im Browser anschauen (im Internet Explorer über das Menü ANSICHT • QUELLE), sehen Sie nur noch Folgendes:

```
<html>
<head>
    <title>WebErstes</title>
</head>
<body>
    <p id="ergebnis">Ergebnis: 17</p>
</body>
</html>
```

Listing 9.3 Projekt »WebErstes«, Browser, Quellcodeansicht

Die Anwendung kann aus dem Visual Studio heraus wie die anderen Internet-Anwendungen, nach Markierung der Datei *default.aspx*, mithilfe der Taste F5 gestartet werden.

9.3.1 Fehlerhafte Programmierung

Fehlermeldungen | Ein weiterer Vorteil von ASP.NET kommt bei Programmierfehlern zum Tragen. Im Codefenster der Entwicklungsumgebung wird bereits auf Fehler in C# und fehlerhaftes HTML aufmerksam gemacht. Im Browser wird anschließend eine detaillierte Fehlermeldung angezeigt mit Zeilennummer und optischer Hervorhebung. In Abbildung 9.3 sehen Sie das Ergebnis, wenn die Deklaration der drei Variablen nicht vorgenommen wurde.

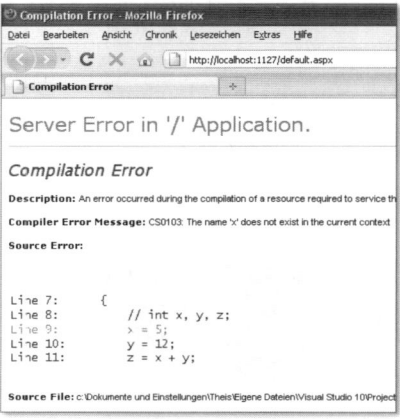

Abbildung 9.3 Fehleranzeige

Da die Zeile mit der Deklaration auskommentiert wurde, ist die Variable x unbekannt. Eine Fehlermeldung wird ausgegeben; Datei und Zeilennummer werden angegeben.

Zeilennummer

9.4   Formatierung von Internetseiten

Mithilfe von HTML und CSS kann eine Internetseite formatiert werden. Hierzu wären allerdings weiter gehende Kenntnisse erforderlich. Mithilfe von Server-Steuerelementen können Sie dagegen einfach die weitreichenden Möglichkeiten von C# zur Formatierung benutzen. Die Formatierung wird mithilfe der .NET-Klassen erzeugt. Als Ergebnis erscheint HTML-Code und CSS-Code im Quelltext des Browsers.

CSS-Code

Es folgt der Code der Seite *default.aspx* in der Web-Anwendung mit dem Namen *WebFormatierung*:

```
<html>
<head>
    <title>WebFormatierung</title>
    <%@ page language="C#" %>
    <script runat="server">
    void page_load()
    {
        int x, y, z;
        x = 5;
        y = 12;
        z = x + y;
        ergebnis.Text = "Ergebnis: " + z ;
        ergebnis.Font.Size = 24;
        ergebnis.Font.Bold = true;
        ergebnis.Font.Underline = true;
    }
    </script>
</head>

<body>
    <asp:Label id="ergebnis" runat="server" />
</body>
</html>
```

Listing 9.4   Projekt »WebFormatierung«, Datei default.aspx

Zur Erläuterung:

▶ Bei dem Element ergebnis im body handelt es sich jetzt um ein serverseitiges Steuerelement, ein einfaches Label.

Formatierung ▶ Dieses Label können Sie auf dem Server formatieren. Es wurden die Formatierungen *Schriftgröße 24*, *Fettschrift* und *Unterstrichen* gewählt, siehe Abbildung 9.4.

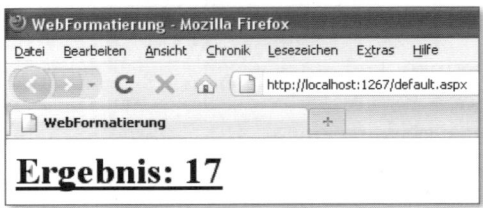

Abbildung 9.4 Formatierung per CSS

Im Quelltext sehen Sie, dass das CSS-Element <span style="..."> ... </style> automatisch generiert wurde, ohne dass CSS-Kenntnisse erforderlich waren:

```
<html>
<head>
    <title>WebFormatierung</title>
</head>
<body>
    <span id="ergebnis" style="font-size:24pt;
    font-weight:bold;text-decoration:underline;">
    Ergebnis: 17</span>
</body>
</html>
```

Listing 9.5 Projekt »WebFormatierung«, Browser, Quellcodeansicht

9.5   Senden und Auswerten von Formulardaten

Für eine Kommunikation mit dem Webserver werden, wie bei einer Suchmaschine, Eingabeformulare mit Eingabe- und Auswahlelementen benötigt.

Kommunikation Im nachfolgenden Programm kann der Benutzer zwei Zahlen eingeben. Diese werden zum Webserver gesendet und dort addiert. Das Ergebnis wird wieder zurück zum Browser des Benutzers gesendet.

Zunächst erscheint das leere Eingabeformular, siehe Abbildung 9.5.

Abbildung 9.5   Formular, vor dem Füllen und Absenden

Nach der Eingabe und dem Absenden erscheint das Ergebnis, wie in Abbildung 9.6.

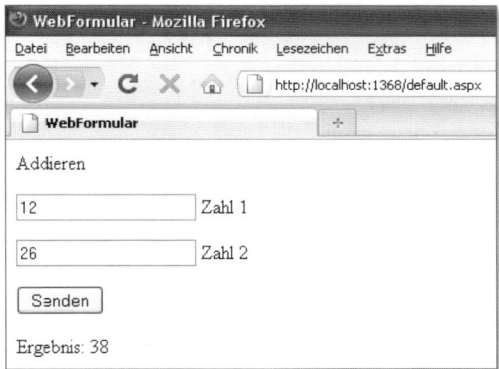

Abbildung 9.6   Formular, nach Empfang des Ergebnisses

Es folgt der Code der Seite *default.aspx* in der Web-Anwendung mit dem Namen *WebFormular*:

```
<html>
<head>
    <title>WebFormular</title>
    <%@ page language="C#" %>
    <script runat="server">
    void page_load()
    {
        double z1, z2, z;
```

```
            if(IsPostBack)
            {
                try
                {
                    z1 = Convert.ToDouble(zahl1.Value);
                }
                catch
                {
                    z1 = 0;
                }

                try
                {
                    z2 = Convert.ToDouble(zahl2.Value);
                }
                catch
                {
                    z2 = 0;
                }

                z = z1 + z2;
                ergebnis.Text = "Ergebnis: " + z;
            }
        }
    </script>
</head>

<body>
    <p>Addieren</p>
    <form id="Form1" runat="server">
        <p><input runat="server" id="zahl1" /> Zahl 1</p>
        <p><input runat="server" id="zahl2" /> Zahl 2</p>
        <p><input id="Submit1" runat="server"
            type="submit" value="Senden" /></p>
    </form>
    <p><asp:Label id="ergebnis" runat="server" /></p>
</body>
</html>
```

Listing 9.6 Projekt »WebFormular«, Datei default.aspx

Zur Erläuterung des C#-Blocks:

IsPostBack ▶ Die Methode page_load() enthält eine Verzweigung. Mithilfe der Eigenschaftsmethode IsPostBack der Klasse Page wird entschieden, ob die Seite zum ersten Mal aufgerufen wird oder ob sie sich selbst aufruft, nachdem der Benutzer sie mit Eingabedaten gesendet hat.

▶ Die Elemente `zahl1` und `zahl2` repräsentieren die beiden Eingabefelder für die beiden Zahlen, die addiert werden sollen. Die Eigenschaftsmethode `Value` liefert die eingegebene Zeichenkette. Sie wird mit der Methode `ToDouble()` in eine `Double`-Zahl verwandelt.

Value

▶ Das Element `ergebnis` ist ein Label, in dem das Ergebnis der Berechnung ausgegeben wird.

Zur Erläuterung des HTML-Containers:

▶ Nach der Überschrift folgt der Container `<form> ... </form>`. Innerhalb eines solchen Containers werden die Formularelemente notiert. Nur die Eingabedaten in diesen Formularelementen werden zum Webserver gesendet.

form

▶ Das Formularelement `<input type="text">` erzeugt ein Textfeld zur Eingabe.

input

▶ Das Formularelement `<input type="submit">` erzeugt einen SENDE-Button. In der Eigenschaft `value` wird die Aufschrift für den SENDE-Button notiert.

submit

Anmerkung: Programmierer mit HTML-Kenntnissen erkennen im generierten HTML-Quellcode noch versteckte Formularelemente (`<input type="hidden" />`) und `div`-Container. Da der Code aber automatisch generiert wird, muss der Programmierer die Inhalte nicht mehr kennen. Es reichen C#-Kenntnisse und elementare HTML-Kenntnisse aus.

9.6   Kontrolle der Benutzer-Eingaben

Eingabeformulare werden vor dem Absenden normalerweise kontrolliert. Vor dem Senden der Daten sollte beispielsweise festgestellt werden,

▶ ob der Benutzer bei allen Pflichtfeldern eine Eingabe gemacht hat,

▶ ob die Eingabe in einem bestimmten Feld den Erfordernissen genügt (hat die E-Mail-Adresse ein @-Zeichen?) und

▶ ob die Eingabe zu anderen Eingaben des Formulars passt.

Die Kontrolle findet auf dem Rechner des Benutzers mithilfe von automatisch generiertem JavaScript statt. Falls diese Validierung nicht erfolg-

Validierung

reich war, werden die Daten nicht über das Internet zum Webserver gesendet und unnötiger Netzverkehr wird vermieden.

Im nachfolgenden Beispiel findet eine einfache Kontrolle statt. Falls der Benutzer eine der beiden Zahlen nicht eingibt, die zur Addition benötigt werden, wird er darauf hingewiesen, siehe Abbildung 9.7.

Abbildung 9.7 Fehlermeldung nach Kontrolle

Es folgt der Code der Seite *default.aspx* in der Web-Anwendung mit dem Namen *WebFormularKontrolle*:

```
<html>
<head>
    <title>WebFormularKontrolle</title>
    <%@ page language="C#" %>
    <script runat="server">
    void page_load()
    {
        double z1, z2, z;

        if(IsPostBack)
        {
            Validate();

            if(IsValid)
            {
                try
                {
                    z1 = Convert.ToDouble(zahl1.Value);
                }
                catch
                {
```

```
                z1 = 0;
            }

            try
            {
                z2 = Convert.ToDouble(zahl2.Value);
            }
            catch
            {
                z2 = 0;
            }

            z = z1 + z2;
            ergebnis.Text = "Ergebnis: " + z;
        }
    }
}
</script>
</head>

<body>
    <p>Addieren</p>
    <form id="Form1" runat="server">

        <p><input runat="server" id="zahl1" /> Zahl 1
        <asp:RequiredFieldValidator
            ID="RequiredFieldValidator1"
            ControlToValidate="zahl1"
            Display="dynamic"
            runat="server">
            Bitte eintragen
        </asp:RequiredFieldValidator></p>

        <p><input runat="server" id="zahl2" /> Zahl 2
        <asp:RequiredFieldValidator
            ID="RequiredFieldValidator2"
            ControlToValidate="zahl2"
            Display="dynamic"
            runat="server">
            Bitte eintragen
        </asp:RequiredFieldValidator></p>

        <p><input id="Submit1" runat="server"
            type="submit" value="Senden" /></p>
    </form>
    <p><asp:Label id="ergebnis" runat="server" /></p>
```

```
</body>
</html>
```

Listing 9.7 Projekt »WebFormularKontrolle«, Datei default.aspx

Zur Erläuterung des C#-Blocks:

▶ Dieser Code sorgt dafür, dass nach dem Betätigen des Sende-Buttons eine Kontrolle stattfindet.

Validate() ▶ Zunächst wird die Methode `Validate()` der Klasse `Page` aufgerufen. Diese weist alle Validierungs-Elemente der Seite (unten im HTML-Container) an, ihre zugeordneten Formularelemente zu kontrollieren.

IsValid ▶ Die Eigenschaftsmethode `IsValid` gibt an, ob eine Validierung erfolgreich war oder nicht. Ein Ergebnis wird nur dann berechnet und ausgegeben, wenn die Validierung erfolgreich war.

Zur Erläuterung des HTML-Containers:

RequiredField-Validator ▶ Unmittelbar hinter einem Eingabefeld wird ein Container mit einem Server-Steuerelement vom Typ `RequiredFieldValidator` notiert. Dieser Validator-Typ kontrolliert, ob in einem Pflichtfeld eine Eingabe gemacht wurde. Es gibt noch eine Reihe weiterer Validatoren-Typen.

ControlToValidate ▶ In der Eigenschaft `ControlToValidate` wird mithilfe des ID-Werts die Zuordnung zu dem Steuerelement durchgeführt, das kontrolliert werden soll.

Display ▶ Die Eigenschaft `Display` entscheidet über die Form der Anzeige einer Fehlermeldung. Der Eigenschaftswert `Dynamic` bedeutet, dass die Fehlermeldung nur im Fehlerfall erscheint

▶ Die Fehlermeldung lautet »Bitte eintragen«.

9.7   Weitere Formularelemente

Formularelemente Im nachfolgenden Programm werden einige weitere typische Formularelemente vorgestellt: eine Auswahlliste, eine Checkbox und zwei Radio-Buttons. Der Benutzer wählt Einträge aus bzw. markiert diese und sendet das Formular zum Webserver. Dort werden die Inhalte des Formulars empfangen und verarbeitet.

Zunächst erscheint das Eingabeformular. Nach dem Ausfüllen bzw. Auswählen und dem Absenden erscheint das Ergebnis wie in Abbildung 9.8.

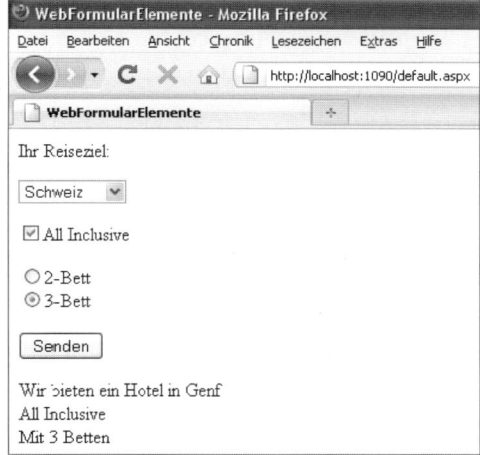

Abbildung 9.8 Formular mit verschiedenen Elementen

Es folgt der Code der Seite *default.aspx* in der Web-Anwendung mit dem
Namen *WebFormularElemente*:

```
<html>
<head>
    <title>WebFormularElemente</title>
    <%@ page language="C#" %>
    <script runat="server">
    void page_load()
    {
        if(IsPostBack)
        {
            ausgabe.Text =
                "Wir bieten ein Hotel in "
                + ziel.Value;

            if(allinc.Checked)
                ausgabe.Text +=
                    "<br />All Inclusive";

            if(bett2.Checked)
                ausgabe.Text +=
                    "<br />Mit 2 Betten";
            else
                ausgabe.Text +=
                    "<br />Mit 3 Betten";
        }
```

```
        }
        </script>
</head>

<body>
        <p>Ihr Reiseziel:</p>
        <form id="Form1" runat="server">
            <p><select id="ziel" runat="server">
                <option value="Barcelona">Spanien</option>
                <option value="Grenoble" selected="selected">
                    Frankreich</option>
                <option value="Genf">Schweiz</option>
                <option value="Graz">Österreich</option>
            </select></p>
            <p><input id="allinc" runat="server"
                type="checkbox" />All Inclusive</p>
            <p><input type="radio" name="bett" id="bett2"
                runat="server" checked="True" />2-Bett<br />
                <input type="radio" name="bett" id="bett3"
                runat="server" />3-Bett</p>
            <p><input id="Submit1" runat="server"
                type="submit" value="Senden" /></p>
            <p><asp:Label id="ausgabe" runat="server" /></p>
        </form>
        </body>
</html>
```

Listing 9.8   Projekt »WebFormularElemente«, Datei default.aspx

Zur Erläuterung des C#-Blocks:

▶ Das Element `ziel` repräsentiert die Auswahlliste. Die Eigenschaftsmethode `Value` liefert den Wert der ausgewählten Option.

▶ Das Element `allinc` steht für die Checkbox. Die Eigenschaftsmethode `Checked` liefert `True` bzw. `False` je nachdem, ob die Checkbox markiert wurde oder nicht.

▶ Die beiden Radio-Buttons haben die IDs `bett2` und `bett3`. Da sie im HTML-Code miteinander gekoppelt sind (siehe dort), kann nur eine der beiden Möglichkeiten gewählt werden.

▶ Das Element `ausgabe` ist ein Label, in dem die Auswahl angezeigt wird.

Zur Erläuterung des HTML-Containers:

▸ Innerhalb des Containers `<form>` ... `</form>` werden die Formularelemente notiert.

form

▸ Der Container `<select>` ... `</select>` kennzeichnet eine Auswahlliste. Die einzelnen Optionen für den Benutzer stehen jeweils im Container `<option>` ... `</option>`. Die zweite Option wird mithilfe von `selected="selected"` zum Standard, falls der Benutzer keine Option auswählt.

select, option

▸ Bei den Optionen muss man zwischen angezeigtem Text und Wert (= `Value`) der Option unterscheiden. Nur der Wert wird gesendet.

▸ Das HTML-Element `<input type="checkbox" ... />` steht für die Checkbox.

checkbox

▸ Die beiden Radio-Buttons werden mithilfe von `<input type="radio" ... />` erzeugt. Da im Attribut `name` der gleiche Wert steht (`bett`), sind die beiden Radio-Buttons miteinander gekoppelt. Der erste Radio-Button wird mithilfe von `checked="True"` zum Standard, falls der Benutzer keinen Radio-Button auswählt.

radio

▸ Hinweis: In HTML müsste es eigentlich heißen `checked="checked"`, dies wird aber von der Entwicklungsumgebung als Fehler gemeldet.

9.8   Ein Kalenderelement

Ein Kalender dient im Folgenden als Beispiel für eines der vielen vorgefertigten Server-Steuerelemente. Dem Benutzer wird der aktuelle Monat angezeigt, der aktuelle Tag und die Wochenendtage sind besonders hervorgehoben. Wählt der Benutzer einen Tag aus, so wird ihm das jeweilige Datum angezeigt. Dies ist nur ein kleiner Ausschnitt aus den umfangreichen Möglichkeiten eines Server-Steuerelements.

Auswahl eines Datums

In diesem Fall ist auch keine Übermittlung zum Webserver notwendig. Alle Eigenschaften des Server-Steuerelements werden bei Aufruf der Seite übermittelt. Das Server-Steuerelement steht zwar in einem Formular, aber dies dient nur dazu, die getroffene Auswahl des Benutzers an JavaScript, also an ein Client-Programm, zu übermitteln. Daher ist es auch nicht notwendig, eine `page_load`-Methode zu erstellen. Die Funktionalität wird nicht zum Zeitpunkt des Ladens der Seite, sondern erst nach der Auswahl eines Tages benötigt.

Ohne page_load()

Zunächst erscheint der Kalender. Nach der Auswahl erscheint das Ergebnis, siehe Abbildung 9.9.

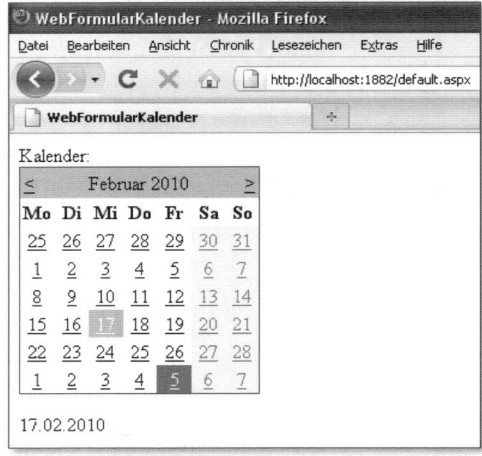

Abbildung 9.9 Kalender-Element

Es folgt der Code der Seite *default.aspx* in der Web-Anwendung mit dem Namen *WebFormularKalender*:

```
<html>
<head>
    <title>WebFormularKalender</title>
    <%@ page language="C#" %>
    <script runat="server">
    void auswahl(object sender, EventArgs e)
    {
        DateTime dt = new DateTime();
        dt = kalender.SelectedDate;
        ausgabe.Text =
            kalender.SelectedDate.
            ToShortDateString();
    }
    </script>
</head>

<body>
    Kalender:
    <form id="Form1" runat="server">
        <asp:Calendar id="kalender" runat="server"
            OnSelectionChanged="auswahl">
            <TodayDayStyle BackColor="Red"
```

```
            ForeColor="Yellow"></TodayDayStyle>
        <WeekendDayStyle BackColor="Yellow"
            ForeColor="Red"></WeekendDayStyle>
    </asp:Calendar>
</form>
<p><asp:Label id="ausgabe" runat="server" /></p>
</body>
</html>
```

Listing 9.9 Projekt »WebFormularKalender«, Datei default.aspx

Zur Erläuterung des C#-Blocks:

▶ Die Methode `auswahl()` wird aufgerufen, sobald der Benutzer die Auswahl gewechselt hat (`OnSelectionChanged`), also einen Tag ausgewählt hat.

▶ Das Element `kalender` vom Typ `Calendar` repräsentiert den Kalender. Die Eigenschaft `SelectedDate` beinhaltet den ausgewählten Tag im Datumsformat. Zur Anzeige wird dieses Datum mit der Methode `ToShortDateString()` in eine Zeichenkette umgewandelt.

Calendar

▶ Das Element `ausgabe` ist ein Label, in dem die Auswahl angezeigt wird.

Zur Erläuterung des HTML-Containers:

▶ Innerhalb des Containers `<form>` ... `</form>` werden die Formularelemente notiert.

▶ Der Container `<asp:Calendar>` ... `</asp:Calendar>` kennzeichnet den Kalender.

▶ Das Element `OnSelectionChanged` sorgt dafür, dass bei einer Auswahl des Benutzers die Funktion `auswahl()` aufgerufen wird.

OnSelection-
Changed

▶ Die Container `TodayDayStyle` und `WeekendDayStyle` dienen zur Formatierung des Kalenders.

9.9   ASP.NET und ADO.NET

Eine Internet-Anwendung kann auch leicht mit einer Datenbank-Anwendung verbunden werden. Im nachfolgenden Programm werden die Inhalte einer Datenbank, die sich auf dem Webserver befindet, in einer Internetseite dargestellt.

Internet-
Datenbank

Der Zugriff auf die Datenbank läuft auf die gleiche Weise ab, wie bereits in Kapitel 8, »Datenbank-Anwendungen mit ADO.NET«, beschrieben. Das Ergebnis der SQL-Abfrage müssen Sie nur noch mit einem geeigneten Server-Steuerelement verbinden.

Kommuni-
kationsweg

Der Kommunikationsweg sieht jetzt wie folgt aus:

- Der Benutzer fordert über seinen Browser die Internetseite beim Webserver durch Eingabe der Adresse an.

- Auf dem Webserver wird eine Abfrage an die Datenbank generiert.

- Die Datenbank bzw. der Datenbank-Server sendet das Abfrage-Ergebnis an den Webserver zurück.

- Auf dem Webserver wird das Abfrage-Ergebnis passend für eine Internetseite formatiert und zum Rechner des Benutzers gesendet.

- Die Datentabelle wird im Browser des Benutzers angezeigt.

Abbildung 9.10 zeigt das Ergebnis.

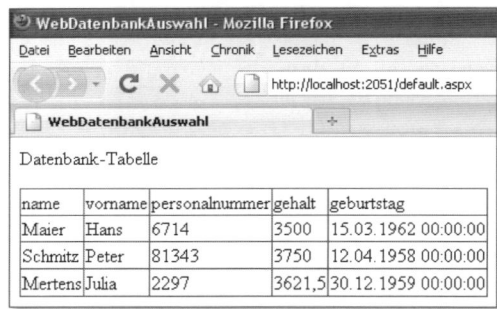

Abbildung 9.10 Zugriff auf Datenbank auf dem Server

Es folgt der Code der Seite *default.aspx* in der Web-Anwendung mit dem Namen *WebDatenbankAuswahl*:

```
<html>
<head>
    <title>WebDatenbankAuswahl</title>

    <%@ page language="C#" %>
    <%@ import namespace="System.Data.OleDb" %>
    <script runat="server">
    void page_load()
    {
        OleDbConnection con = new OleDbConnection();
```

```
OleDbCommand cmd = new OleDbCommand();
OleDbDataReader reader;

con.ConnectionString =
    "Provider=Microsoft.Jet.OLEDB.4.0;" +
    "Data Source=C:\\Temp\\firma.mdb";
cmd.Connection = con;
cmd.CommandText = "select * from personen";

try
{
    con.Open();
    reader = cmd.ExecuteReader();
    grid.DataSource = reader;
    DataBind();
    reader.Close();
}
catch(Exception ex)
{
    ausgabe.Font.Bold = true;
    ausgabe.Text = ex.Message;
}

con.Close();
    }
    </script>
</head>

<body>
    <p>Datenbank-Tabelle</p>
    <asp:DataGrid id="grid" runat="server" />
    <p><asp:Label id="ausgabe" runat="server" /></p>
</body>
</html>
```

Listing 9.10 Projekt »WebDatenbankAuswahl«, Datei default.aspx

Zur Erläuterung der Compiler-Direktiven:

▸ Nach der Page-Direktive folgt die Direktive zum Import des Namensraums System.Data.OleDb. *System.Data.OleDb*

▸ Dadurch werden die Klassen zur Verfügung gestellt, die für den Zugriff auf eine *OleDb*-Datenbank, wie z. B. eine Access-Datenbank, benötigt werden. *OleDb*

Zur Erläuterung des C#-Blocks:

▶ Die Objekte für die Datenbank-Verbindung, den SQL-Befehl und den Reader für das Abfrage-Ergebnis werden so initialisiert und benutzt, wie es bereits in Kapitel 8, »Datenbank-Anwendungen mit ADO.NET«, beschrieben ist.

Verzeichniswahl ▶ Falls die Access-Datei *firma.mdb* später im Internet im gleichen Verzeichnis liegen soll wie die Datei *default.aspx*, dann muss es im `ConnectionString` nur `Data Source=firma.mdb` heißen. Während der Entwicklung müssen Sie dazu die Datei *firma.mdb* im Basisverzeichnis des Entwicklungsserver platzieren. Dies ist normalerweise *C:\Programme\Gemeinsame Dateien\Microsoft Shared\ DevServer\10.0*.

▶ Auch in diesem Programm ist aufgrund der Fehleranfälligkeit des Vorgangs eine Ausnahmebehandlung notwendig.

DataGrid ▶ Das Server-Steuerelement `grid` vom Typ `DataGrid` repräsentiert die Ausgabetabelle.

▶ Der Eigenschaft `DataSource` dieses Elements wird das Abfrageergebnis zugewiesen. Die Methode `DataBind()` sorgt für die Verbindung des Elements mit der Datenquelle.

▶ Das Element `ausgabe` ist ein Label, in dem ein möglicher Fehler angezeigt wird.

Zur Erläuterung des HTML-Containers:

▶ Hier stehen nur noch die Überschrift und zwei Server-Steuerelemente – den Rest übernimmt C#.

9.10 Datenbank im Internet ändern

Als Beispiel einer Datenbank-Änderung im Internet soll im folgenden Beispiel ein Datensatz zu einer Tabelle hinzugefügt werden. Das Hinzufügen mithilfe des SQL-Befehls `insert` wurde in Kapitel 8, »Datenbank-Anwendungen mit ADO.NET«, bereits beschrieben.

In diesem Programm werden die folgenden Aktivitäten miteinander kombiniert:

▶ Senden und Auswerten von Formulardaten

▶ Kontrolle der Benutzereingaben

▶ Ausnahmebehandlung

▶ ASP.NET und ADO.NET (Zugriff auf eine Datenbank)

Im oberen Teil werden zunächst die vorhandenen Tabellendaten angezeigt. Im unteren Teil können Sie die Daten eines neuen Datensatzes eintragen. Nach Eingabe eines Datensatzes ohne Personalnummer und dem
Absenden sieht das Ergebnis aus wie in Abbildung 9.11.

Anzeige und
Eintrag

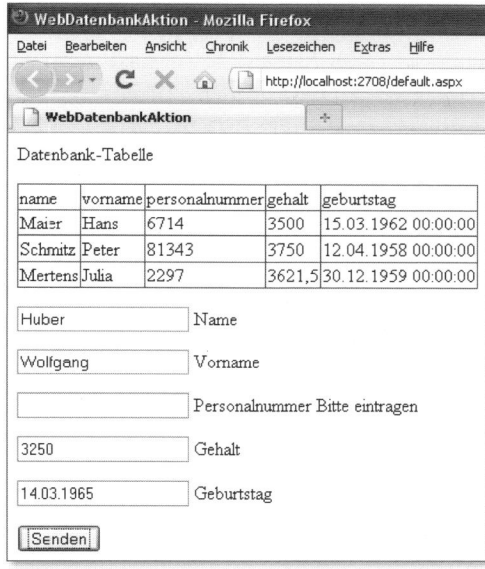

Abbildung 9.11   Datensatz ohne Personalnummer

Nach Eingabe eines Datensatzes mit einer Personalnummer, die bereits
in der Tabelle vorkommt, sieht das Ergebnis aus wie in Abbildung 9.12.

Huber	Name
Wolfgang	Vorname
6714	Personalnummer
3250	Gehalt
14.03.1965	Geburtstag

Senden

Die von Ihnen vorgenommenen Änderungen an der Tabelle konnten nicht vo
vorkommende Werte enthalten würde. Ändern Sie die Daten in den Feldern
damit doppelte Einträge möglich sind, und versuchen Sie es erneut.

Abbildung 9.12   Doppelter Wert

Nach Eingabe eines Datensatzes mit einer Personalnummer, die noch nicht vorkommt, aber mit einem ungültigen Datum, erfolgt ebenfalls eine Fehlermeldung, siehe Abbildung 9.13.

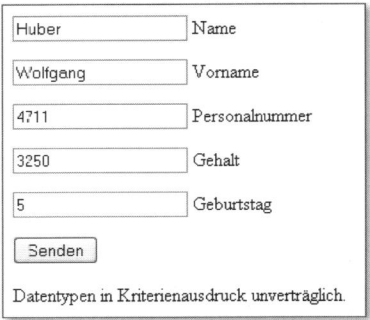

Abbildung 9.13 Ungültiger Wert

Nach Eingabe eines gültigen Datensatzes sieht das Ergebnis aus wie in Abbildung 9.14.

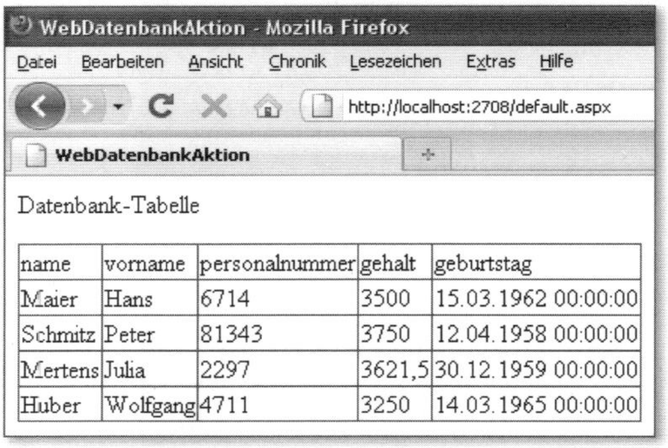

Abbildung 9.14 Gültiger neuer Datensatz wurde eingefügt

Es folgt der Code der Seite *default.aspx* in der Web-Anwendung mit dem Namen *WebDatenbankAktion*:

```
<html>
<head>
    <title>WebDatenbankAktion</title>

    <%@ page language="C#" %>
    <%@ import namespace="System.Data.OleDb" %>
    <script runat="server">
    void page_load()
```

```
{
    OleDbConnection con = new OleDbConnection();
    OleDbCommand cmd = new OleDbCommand();
    OleDbDataReader reader;
    int anzahl;

    con.ConnectionString =
        "Provider=Microsoft.Jet.OLEDB.4.0;" +
        "Data Source=C:\\Temp\\firma.mdb";
    cmd.Connection = con;

    if(IsPostBack)
    {
        Validate();
        if(!IsValid)
            return;

        try
        {
            con.Open();
            cmd.CommandText =
                "insert into personen " +
                "(name, vorname, personalnummer, " +
                "gehalt, geburtstag) " +
                "values ('" +
                txtName.Value + "', '" +
                txtVorname.Value + "', " +
                txtPersonalnummer.Value + ", " +
                txtGehalt.Value.Replace(",", ".") +
                ", '" + txtGeburtstag.Value + "')";

            // ausgabe.Text = cmd.CommandText;

            anzahl = cmd.ExecuteNonQuery();
            if(anzahl > 0)
                ausgabe.Text =
                    "Es wurde ein Datensatz eingefügt";
        }
        catch(Exception ex)
        {
            ausgabe.Text = ex.Message;
        }

        con.Close();
    }
```

```
            cmd.CommandText = "select * from personen";

            try
            {
                con.Open();
                reader = cmd.ExecuteReader();
                grid.DataSource = reader;
                DataBind();
                reader.Close();
            }
            catch(Exception ex)
            {
                ausgabe.Text = ex.Message;
            }
            con.Close();
        }
    </script>
</head>

<body>
    <p>Datenbank-Tabelle</p>
    <asp:DataGrid id="grid" runat="server" />

    <form id="Form1" runat="server">
        <p><input type="text" runat="server"
            id="txtName" /> Name</p>
        <p><input type="text" runat="server"
            id="txtVorname" /> Vorname</p>

        <p><input type="text" runat="server"
            id="txtPersonalnummer" /> Personalnummer
        <asp:RequiredFieldValidator
            ID="RequiredFieldValidator1"
            ControlToValidate="txtPersonalnummer"
            Display="dynamic"
            runat="server">
            Bitte eintragen
        </asp:RequiredFieldValidator></p>

        <p><input type="text" runat="server"
            id="txtGehalt" /> Gehalt</p>
        <p><input type="text" runat="server"
            id="txtGeburtstag" /> Geburtstag</p>
        <p><input id="Submit1" type="submit"
```

```
            runat="server" value="Senden" />
    </form>

    <p><asp:Label id="ausgabe" runat="server" /></p>
</body>
</html>
```

Listing 9.11 Projekt »WebDatenbankAktion«, Datei default.aspx

Zur Erläuterung des C#-Blocks:

▶ Die Objekte für die Datenbank-Verbindung, den SQL-Befehl und den Reader für das Abfrage-Ergebnis werden initialisiert.

▶ Es kommt noch eine Variable zur Speicherung der Anzahl der geänderten Datensätze hinzu.

▶ Der Inhalt der ersten if-Verzweigung wird nur ausgeführt, wenn der Benutzer das Formular senden möchte, und nicht, wenn er die Seite zum ersten Mal aufruft.

▶ Die Benutzereingaben werden kontrolliert. Ergibt die Kontrolle einen Fehler (keine Personalnummer), so wird die Methode verlassen. Es wird der Text »Bitte eintragen« hinter dem Feld personalnummer eingeblendet. Das Formular wird nicht zum Webserver gesendet.　　　**Validate()**

▶ Es beginnt eine Ausnahmebehandlung. Diese ist besonders wegen der vielen möglichen Fehler bei der Benutzereingabe erforderlich.　　　**try/catch**

▶ Der SQL-Befehl zum Einfügen eines Datensatzes wird mithilfe der Inhalte aus den Textfeldern des Formulars zusammengesetzt.

▶ Während der Entwicklung kann es nicht schaden, den Befehl zunächst zur Kontrolle auszugeben, statt ihn zu senden. Falls der SQL-Befehl als richtig erkannt wird, kann diese Anweisung wieder auskommentiert werden.

▶ Der SQL-Befehl zum Einfügen eines Datensatzes wird gesendet. Im Erfolgsfall wird ausgegeben, dass ein Datensatz hinzugefügt wurde.

▶ Innerhalb der Verzweigung mit if(IsPostBack) wird der SQL-Befehl zum Anzeigen aller Datensätze erstellt.　　　**IsPostBack**

▶ Der Inhalt der Datenbanktabelle, einschließlich des neuen Datensatzes, wird mithilfe des Server-Steuerelements vom Typ DataGrid ausgegeben.

▶ In diesem Programm wird die Verbindung eventuell zweimal geöffnet und wieder geschlossen, je nachdem, ob der Benutzer die Seite zum ersten Mal aufruft oder das Formular gesendet hat.

Zur Erläuterung des HTML-Containers:

▶ Hier befindet sich hinter der Überschrift und dem Server-Steuerelement vom Typ `DataGrid` das Eingabeformular.

▶ Das Eingabeformular beinhaltet fünf Textfelder für die Werte der fünf Felder eines neuen Datensatzes.

▶ Nach dem Textfeld `personalnummer` steht ein Server-Steuerelement vom Typ `RequiredFieldValidator`, mit dessen Hilfe kontrolliert wird, ob eine Personalnummer eingetragen wurde.

▶ Das unterste Label dient zur Ausgabe der Erfolgsmeldung oder der Fehlermeldungen bei der Ausnahmebehandlung.

Nach der Bearbeitung dieses Kapitels werden Sie in der Lage sein, Zeichnungen, Grafiken und externe Bilddokumente in Ihrer Windows-Anwendung darzustellen.

10 Zeichnen mit GDI+

Im Folgenden lernen Sie Elemente der Bibliothek GDI+ sowie die Einbettung von Zeichnungselementen in Ihre Windows-Anwendung kennen.

10.1 Grundlagen von GDI+

Die Bibliothek GDI+ umfasst eine Reihe von Klassen, die es ermöglichen, Zeichnungen anzufertigen. Auf vielen Steuerelementen einer Windows-Anwendung kann gezeichnet werden, z. B. auf dem Formular selbst oder auf einer PictureBox.

Sie benötigen den Zugriff auf das Graphics-Objekt des Steuerelements. Eine sehr einfache Zugriffsmöglichkeit bietet die Methode `CreateGraphics()`. Außerdem werden meist ein Stift (`Pen`) oder ein Pinsel (`Brush`) benötigt. `CreateGraphics()`

Beim Zeichnen der grafischen Objekte können Sie z. B. die Dicke des Stifts bestimmen, die Farbe von Stift oder Pinsel sowie Art, Ort und Größe der Objekte. Soll die Zeichnung auch Text enthalten, so können Sie z. B. Schriftart, Schriftgröße, Schriftfarbe und Ort festlegen. Bilder fügen Sie mithilfe des Image-Objekts ein.

10.2 Linie, Rechteck, Polygon und Ellipse zeichnen

Das erste Beispielprogramm (Projekt *ZeichnenGrundformen*) enthält folgende Möglichkeiten:

▸ Zeichnen einer Linie

▸ Zeichnen eines leeren oder gefüllten Rechtecks

▸ Zeichnen eines leeren oder gefüllten Polygons

▸ Zeichnen einer leeren oder gefüllten Ellipse

▸ Ändern der Stiftdicke

▸ Ändern der Stiftfarbe

▸ Löschen der gesamten Zeichnung

Das entstandene *Kunstwerk* könnte damit aussehen wie in Abbildung 10.1.

Abbildung 10.1 Erste geometrische Objekte

10.2.1 Grundeinstellungen

Zunächst müssen Sie einige Grundeinstellungen treffen:

```
using System;
using System.Drawing;
using System.Windows.Forms;

namespace ZeichnenGrundformen
{
    public partial class Form1 : Form
    {
        ....
        Graphics z;
        Pen stift = new Pen(Color.Red, 2);
        SolidBrush pinsel = new SolidBrush(Color.Red);

        private void Form1_Load(...)
        {
```

```
        z = CreateGraphics();

        lstFarbe.Items.Add("Rot");
        lstFarbe.Items.Add("Grün");
        lstFarbe.Items.Add("Blau");
        lstFarbe.SelectedIndex = 0;
    }
....
```

Listing 10.1 Projekt »ZeichnenGrundformen«, Einstellungen

Zur Erläuterung:

▶ Den Namensraum System.Drawing müssen Sie, wie bei Positions-   System.Drawing
oder Größenänderungen von Steuerelementen, einbinden.

▶ Die Methode CreateGraphics() liefert einen Verweis auf das Graphics-Objekt des Formulars. Sie können nun im gesamten Formular
mithilfe der Variablen z auf die Zeichenfläche des Formulars zugreifen.

▶ Diese sehr einfache Methode hat allerdings den Nachteil, dass die
Zeichnung teilweise oder ganz gelöscht wird, sobald z. B. eine andere
Anwendung über dem Formular eingeblendet wird. Eine andere
Methode wird am Ende dieses Abschnitts vorgestellt.

▶ Es wird ein Zeichenstift zum Zeichnen von Linien und nicht-gefüllten   Pen
Objekten in der Farbe Rot und der Dicke 2 festgelegt. Dieser steht nun
im gesamten Formular über das Objekt stift der Klasse Pen zur Verfügung.

▶ Ein einfacher Pinsel zum Füllen von Objekten wird ebenfalls in der   SolidBrush
Farbe Rot festgelegt. Dieser steht nun im gesamten Formular über das
Objekt pinsel der Klasse SolidBrush zur Verfügung.

▶ Ein Listenfeld ermöglicht einen Farbwechsel für Stift und Pinsel. Dieses Listenfeld wird zu Beginn des Programms mit drei Farben gefüllt.

10.2.2 Linie

Zum Zeichnen einer Linie verwenden Sie die Methode DrawLine(). Die   DrawLine()
Ereignis-Methode:

```
private void cmdLinie_Click(...)
{
    z.DrawLine(stift, 100, 40, 100, 60);
}
```

Listing 10.2 Projekt »ZeichnenGrundformen«, Linie

Zur Erläuterung:

▶ Die Methode `DrawLine()` erfordert in jedem Fall einen Zeichenstift.

▶ Anschließend werden die Start- und Endkoordinaten der Linie angegeben, entweder als Einzelkoordinaten (x,y) oder als Objekte der Klasse `Point`.

10.2.3 Rechteck

DrawRectangle(),
FillRectangle()

Die Methoden `DrawRectangle()` und `FillRectangle()` erzeugen ungefüllte bzw. gefüllte Rechtecke. Sind beide Seiten des Rechtecks gleich lang, handelt es sich bekanntlich um ein Quadrat:

```
private void cmdRechteck_Click(...)
{
    if (chkFüllen.Checked)
    {
        z.FillRectangle(pinsel, 10, 10, 180, 180);
        chkFüllen.Checked = false;
    }
    else
        z.DrawRectangle(stift, 10, 10, 180, 180);
}
```

Listing 10.3 Projekt »ZeichnenGrundformen«, Rechteck

Zur Erläuterung:

▶ Der Benutzer kann über das Kontrollkästchen `chkFüllen` festlegen, ob es sich um ein gefülltes oder leeres Rechteck handeln soll.

▶ Das gefüllte Rechteck benötigt einen Pinsel, das leere Rechteck einen Zeichenstift.

Rechteck-
Koordinaten

▶ Anschließend gibt man entweder vier Werte für die x- und y-Koordinate der oberen linken Ecke sowie für die Breite und Höhe des Rechtecks oder ein Objekt der Klasse `Rectangle` an.

▶ Falls der Benutzer das gefüllte Rechteck gewählt hat, wird das Kontrollkästchen für das nächste Objekt wieder zurückgesetzt.

10.2.4 Polygon

DrawPolygon(),
FillPolygon()

Polygone sind Vielecke und bestehen aus einem Linienzug, der nacheinander alle Ecken einschließt. Die Methoden `DrawPolygon()` und `Fill-`

Polygon() erzeugen einen geschlossenen Polygonzug, der ungefüllt bzw. gefüllt ist.

Falls der Benutzer das gefüllte Polygon gewählt hat, wird das Kontrollkästchen für das nächste Objekt wieder zurückgesetzt.

```
private void cmdPolygon_Click(...)
{
    Point[] point_feld =
            {new Point(90, 80),
             new Point(110, 80),
             new Point(100, 120)};

    if (chkFüllen.Checked)
    {
        z.FillPolygon(pinsel, point_feld);
        chkFüllen.Checked = false;
    }
    else
        z.DrawPolygon(stift, point_feld);
}
```

Listing 10.4 Projekt »ZeichnenGrundformen«, Polygon

Zur Erläuterung:

▶ Ebenso wie das Rechteck kann auch das Polygon gefüllt (mithilfe eines Pinsels) oder ungefüllt (mithilfe eines Zeichenstifts) erzeugt werden.

▶ Als zweiter Parameter wird ein Feld von Objekten der Klasse Point benötigt. Die Anzahl der Elemente dieses Felds bestimmt die Anzahl der Ecken des Polygons.　　　　　　　　　　　　　　　　　Point-Objekte

▶ Zwischen zwei Punkten, die in dem Feld aufeinander folgen, wird eine Linie gezogen. Vom letzten Punkt aus wird zuletzt noch eine Linie zum ersten Punkt gezogen.

10.2.5 Ellipse

Die Methoden DrawEllipse() und FillEllipse() erzeugen ungefüllte bzw. gefüllte Ellipsen innerhalb eines umgebenden Rechtecks. Sind beide Seiten des umgebenden Rechtecks gleich lang, so erhält man einen Kreis. Die Ereignis-Methode:　　　　　　　　　　　　DrawEllipse(), FillEllipse()

```
private void cmdEllipse_Click(...)
{
```

```
if (chkFüllen.Checked)
{
    z.FillEllipse(pinsel, 10, 10, 180, 180);
    chkFüllen.Checked = false;
}
else
    z.DrawEllipse(stift, 10, 10, 180, 180);
}
```

Listing 10.5 Projekt »ZeichnenGrundformen«, Ellipse

Zur Erläuterung:

Umgebendes Rechteck

▶ Der Aufbau der Ellipse entspricht dem Aufbau eines Rechtecks, das diese Ellipse umgibt.

10.2.6 Dicke und Farbe ändern, Zeichnung löschen

Hilfsroutinen Einige Hilfsroutinen vervollständigen unser kleines Zeichenprogramm:

```
private void numPenWidth_ValueChanged(...)
{
    stift.Width = (float) numPenWidth.Value;
}

private void lstFarbe_SelectedIndexChanged(...)
{
    Color[] color_feld =
        { Color.Red, Color.Green, Color.Blue };

    stift.Color =
        color_feld[lstFarbe.SelectedIndex];
    pinsel.Color =
        color_feld[lstFarbe.SelectedIndex];
}

private void cmdClear_Click(...)
{
    z.Clear(BackColor);
}
```

Listing 10.6 Projekt »ZeichnenGrundformen«, Ändern, Löschen

Zur Erläuterung:

▶ Die Eigenschaft `Width` bestimmt die Dicke des Zeichenstifts. Das Zahlenauswahlfeld liefert eine Variable vom Typ `decimal`, die mithilfe des Casts (`float`) in eine `float`-Variable für die Stiftdicke umgewandelt wird.

▶ Die Eigenschaft `Color` bestimmt die Farbe des Zeichenstifts und des Pinsels. Der Index des ausgewählten Elements im Listenfeld wird bei einer Änderung unmittelbar übernommen, um das zugehörige Element des Felds `color_feld` zu bestimmen. Das Feld `color_feld` ist ein Feld von Objekten der Struktur `Color`.

Color

▶ Die Methode `Clear()` dient zum Löschen der Zeichenfläche. Eigentlich handelt es sich um ein Auffüllen mit einer Einheitsfarbe. Hier wird die normale Hintergrundfarbe des Formulars zum Auffüllen genommen.

Clear()

10.3 Text schreiben

Texte werden mithilfe eines Pinsels und eines Font-Objekts auf die Zeichenfläche geschrieben. Das Beispielprogramm (Projekt *ZeichnenText*) beinhaltet folgende Möglichkeiten (siehe auch Abbildung 10.2):

▶ Schreiben eines eingegebenen Texts
▶ Ändern der Schriftart
▶ Ändern der Schriftgröße
▶ Ändern der Schriftfarbe
▶ Löschen der gesamten Zeichnung

Abbildung 10.2 Text in Zeichnung

Das gesamte Programm:

```
public partial class Form1 : Form
{
    ....
    Graphics z;
    Font f = new Font("Arial", 16);
    SolidBrush pinsel = new SolidBrush(Color.Red);

    private void Form1_Load(...)
    {
        z = CreateGraphics();

        lstSchriftart.Items.Add("Arial");
        lstSchriftart.Items.Add("Courier New");
        lstSchriftart.Items.Add("Symbol");
        lstSchriftart.SelectedIndex = 0;

        lstFarbe.Items.Add("Rot");
        lstFarbe.Items.Add("Grün");
        lstFarbe.Items.Add("Blau");
        lstFarbe.SelectedIndex = 0;
    }

    private void cmdAnzeigen_Click(...)
    {
        z.DrawString(txtE.Text, f, pinsel, 20, 20);
    }

    private void lstSchriftart_SelectedIndexChanged(...)
    {
        f = new Font(lstSchriftart.Text, f.Size);
    }

    private void numSchriftgröße_ValueChanged(...)
    {
        f = new Font(f.FontFamily,
            (float) numSchriftgröße.Value);
    }

    private void lstFarbe_SelectedIndexChanged(...)
    {
        Color[] color_feld =
            {Color.Red, Color.Green, Color.Blue};
```

```
        pinsel.Color =
            color_feld[lstFarbe.SelectedIndex];
    }

    private void cmdClear_Click(...)
    {
        z.Clear(BackColor);
    }
}
```

Listing 10.7 Projekt »ZeichnenText«

Zur Erläuterung:

▸ Die Zeichenfläche und ein Pinsel zum Schreiben von Text auf die Zeichenfläche werden klassenweit gültig bereitgestellt.

▸ Das Schriftformat für den Text wird im Objekt f der Klasse Font zur
Verfügung gestellt.   **Font**

▸ Zu Beginn des Programms werden die beiden Listen für Schriftart und
Farbe gefüllt.

▸ Die Methode DrawString() dient zum Schreiben des Texts. Sie benötigt den Text, ein Schriftformat, einen Pinsel und einen Ort zum
Schreiben.   **DrawString()**

▸ Bei einem Wechsel der Auswahl im ersten Listenfeld wird eine neue
Schriftart eingestellt.

▸ Bei einem Wechsel der Zahl im Zahlenauswahlfeld wird eine neue
Schriftgröße eingestellt. Es findet eine Umwandlung von decimal zu
float statt.

▸ Ein Wechsel der Farbe im zweiten Listenfeld führt zu einer Änderung
der Schriftfarbe.

10.4 Bilder darstellen

Zum Darstellen eines Bilds auf einer Zeichenfläche benötigen Sie die
Klasse Image. Die statische Methode FromFile() dieser Klasse lädt ein
Bild aus einer Datei und stellt es zur Darstellung bereit. Die Bildeigen-
schaften stehen ebenfalls zur Verfügung. Die Zeichenmethode Draw-
Image() zeichnet das Bild schließlich auf die Zeichenfläche.   **Image**

OpenFileDialog Im nachfolgenden Programm wird mithilfe des Standard-Dialogfelds OpenFileDialog eine Bilddatei ausgewählt. Diese wird geladen und das Bild wird dargestellt, siehe Abbildung 10.3.

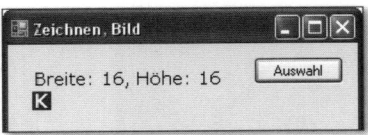

Abbildung 10.3 Bild aus Datei »kursiv.gif«

Der Programmcode für das Projekt *ZeichnenBild* lautet:

```
private void cmdAuswahl_Click(...)
{
    Graphics z = CreateGraphics();
    Font df = new Font("Verdana", 11);
    SolidBrush pinsel = new SolidBrush(Color.Black);

    OpenFileDialog ofd = new OpenFileDialog();
    Image bild;

    z.Clear(BackColor);

    ofd.InitialDirectory = "C:\\Temp";
    ofd.Title = "Bitte eine Bilddatei wählen";
    ofd.Filter =
        "Bild-Dateien (*.jpg; *.gif)|*.jpg; *.gif";

    if (ofd.ShowDialog() == DialogResult.OK)
    {
        bild = Image.FromFile(ofd.FileName);
        z.DrawImage(bild, 20, 40);
        z.DrawString("Breite: " + bild.Width +
            ", Höhe: " + bild.Height,
            df, pinsel, 20, 20);
    }
    else
        MessageBox.Show("Keine Bilddatei ausgewählt");
}
```

Listing 10.8 Projekt »ZeichnenBild«

Zur Erläuterung:

▶ Da es sich nur um eine einzelne Ereignismethode handelt, werden diesmal alle Variablen und Objekte nur lokal deklariert.

▶ Die Zeichenfläche wird wieder über die Variable z bereitgestellt.

▶ Die Schriftart und der Pinsel werden zur Ausgabe von Eigenschaften des geladenen Bildes benötigt.

▶ Mithilfe eines Standard-Dialogfelds werden die Bilddateien mit den Endungen *.jpg* und *.gif* im Ordner *C:\Temp* aufgelistet.

▶ Der Benutzer sucht eine Bilddatei in diesem oder einem anderen Verzeichnis aus. Der Name dieser Datei steht in der Eigenschaft FileName des Dialogfelds.

▶ Die statische Methode FromFile() der Klasse Image lädt das Bild und liefert einen Verweis, über den auf das Bild zugegriffen werden kann.   FromFile()

▶ Die Methode DrawImage() stellt das Bild dar. Eine der zahlreichen Überladungen dieser Methode benötigt die x- und y-Koordinate, an der sich die obere linke Ecke des Bilds befinden soll.   DrawImage()

▶ Bricht der Benutzer die Bildauswahl ab, so wird dies in einer Meldung ausgegeben.

10.5   Dauerhaft zeichnen

Die bisher vorgestellte Methode hat den Nachteil, dass die Zeichnung teilweise oder ganz gelöscht wird, sobald z. B. eine andere Anwendung über dem Formular eingeblendet wird.

Eine andere Methode arbeitet mit dem Paint-Ereignis des Formulars. Dieses Ereignis wird jedes Mal aufgerufen, wenn das Formular auf dem Bildschirm neu gezeichnet werden muss.   Paint-Ereignis

Im nachfolgenden Programm (Projekt *ZeichnenDauerhaft*) werden einige Elemente der vorgestellten Programme auf diese Weise gezeichnet, siehe Abbildung 10.4.

Abbildung 10.4   Drei dauerhafte Zeichnungselemente

Der zugehörige Code:

```
private void Form1_Paint(
    object sender, PaintEventArgs e)
{
    Graphics z;
    Pen stift = new Pen(Color.Red, 2);
    Font f = new Font("Arial", 16);
    SolidBrush pinsel = new SolidBrush(Color.Red);
    Image bild;
    string filename;

    /* Holt Grafik-Objekt zum Zeichnen */
    z = e.Graphics;

    /* Rechteck, Text */
    z.DrawRectangle(stift, 20, 20, 30, 60);
    z.DrawString("Hallo", f, pinsel, 70, 20);

    /* Bild */
    filename = "C:\\Temp\\kursiv.gif";
    if (File.Exists(filename))
    {
        bild = Image.FromFile(filename);
        z.DrawImage(bild, 70, 70);
    }
    else
        MessageBox.Show("Datei nicht vorhanden");
}
```

Listing 10.9 Projekt »ZeichnenDauerhaft«

Zur Erläuterung:

▶ Es wird die Klasse File benötigt, daher müssen Sie in diesem Projekt der Namensraum System.IO einbinden.

PaintEventArgs ▶ Das Objekt e der Klasse PaintEventArgs liefert Daten für das Paint-Ereignis.

▶ Eine der Eigenschaftsmethoden des Objekts e ist Graphics. Sie liefert das Grafik-Objekt zum Zeichnen.

▶ Mithilfe dieses Objekts werden nacheinander ein Rechteck, ein Text und ein Bild aus einer Datei auf dem Formular gezeichnet.

Als weiterführende Übungsaufgaben werden in diesem Kapitel zwei lauffähige Beispielprojekte vorgeführt. Haben Sie den geschilderten Aufbau verstanden, können Sie später eigene Verbesserungen oder Erweiterungen einbringen.

11 Beispielprojekte

Bei den beiden Beispielprojekten handelt es sich zum einen um das bekannte Tetris-Spiel und zum anderen um einen Vokabeltrainer.

11.1 Spielprogramm Tetris

Im Folgenden wird das bekannte Spielprogramm Tetris in einer vereinfachten, nachvollziehbaren Version für Visual C# realisiert und erläutert. Das Programm beinhaltet:

- ein zweidimensionales Feld
- einen Timer
- einen Zufallsgenerator
- die Erzeugung und Löschung von Steuerelementen zur Laufzeit
- die Zuordnung von Ereignismethoden zu Steuerelementen, die erst zur Laufzeit erzeugt werden

Abbildung 11.1 zeigt die Benutzeroberfläche des Programms.

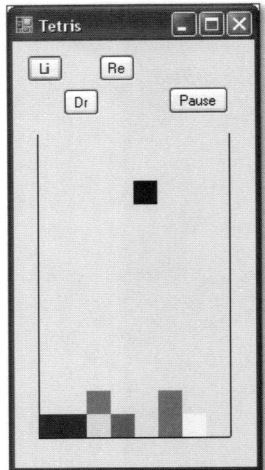

Abbildung 11.1 Tetris

11.1.1 Spielablauf

Panel fällt
herunter

Nach Programmstart fällt ein Steuerelement vom Typ `Panel` in einer von acht möglichen Farben so weit herunter, bis es auf den Rand des Spielfelds oder auf ein anderes Panel trifft. Es kann mithilfe der drei Buttons LINKS (LI), RECHTS (RE) und DROP (DR) bewegt werden. DROP bewirkt ein sofortiges Absenken des Panels auf die unterste mögliche Position.

Nächstes Level

Falls sich drei gleichfarbige Panels untereinander oder nebeneinander befinden, so verschwinden sie. Panels, die sich eventuell darüber befinden, rutschen nach. Anschließend wird die Fallgeschwindigkeit der Panels erhöht, das heißt, die Schwierigkeitsstufe wird gesteigert, man gelangt zum nächsten Level.

Ende

Sobald ein Panel nur noch in der obersten Zeile platziert werden kann, ist das Spiel zu Ende. Ziel des Spiels ist es, so viele Panels wie möglich zu platzieren. Mit dem Button PAUSE kann das Spiel unterbrochen werden, eine erneute Betätigung des Buttons lässt das Spiel weiterlaufen.

11.1.2 Programmbeschreibung

Hilfsfeld

Der Kasten, in dem sich die fallenden Panels befinden, ist 8 Spalten breit und 13 Zeilen hoch. Als Hilfskonstruktion steht das zweidimensionale Feld F mit 10 Spalten und 15 Zeilen zur Verfügung, in dem jedes existierende Panel mit seiner laufenden Nummer vermerkt ist.

Ze / Sp	0	1	2	3	4	5	6	7	8	9
1	-2	-1	-1	-1	-1	-1	-1	-1	-1	-2
2	-2	-1	-1	-1	-1	-1	-1	-1	-1	-2
3	-2	-1	-1	-1	-1	-1	-1	-1	-1	-2
4	-2	-1	-1	-1	-1	-1	-1	-1	-1	-2
5	-2	-1	-1	-1	-1	-1	-1	-1	-1	-2
6	-2	-1	-1	-1	-1	-1	-1	-1	-1	-2
7	-2	-1	-1	-1	-1	-1	-1	-1	-1	-2
8	-2	-1	-1	-1	-1	-1	-1	-1	-1	-2
9	-2	-1	-1	-1	-1	-1	-1	-1	-1	-2
10	-2	-1	-1	-1	-1	-1	-1	-1	-1	-2
11	-2	-1	-1	-1	11	-1	-1	-1	-1	-2
12	-2	-1	-1	-1	3	8	9	-1	-1	-2
13	-2	-1	0	10	2	4	5	-1	-1	-2
14	-2	-2	-2	-2	-2	-2	-2	-2	-2	-2

Tabelle 11.1 Spielfeld

Im Beispiel in Tabelle 11.1 wird der Inhalt des Felds F nach den Panels 0 bis 11, also nach zwölf gefallenen Panels angezeigt. Die Panels 1, 6 und 7 hatten die gleiche Farbe, standen über- oder nebeneinander und sind deshalb schon verschwunden. Die Randelemente werden zu Spielbeginn mit dem Wert der Konstanten Rand=-2 besetzt. Alle Elemente des Felds F, die kein Panel enthalten, also leer sind, haben den Wert der Konstanten Leer=-1.

11.1.3 Steuerelemente

Es gibt zu Beginn des Programms folgende Steuerelemente:

▸ vier Buttons für LINKS, RECHTS, DROP und PAUSE

▸ drei Panels als Begrenzungslinien des Spielfelds

▸ einen Timer, der das aktuelle Panel automatisch weiter fallen lässt **Timer**
    (Startwert für den Zeitintervall: 500ms)

Im Verlauf des Programms werden weitere Steuerelemente vom Typ Panel hinzugefügt bzw. wieder entfernt.

11.1.4 Initialisierung des Programms

Sie müssen die Namensräume System.Collections (für eine ArrayList) und System.Drawing (für Positionsänderungen von Steuerelementen) einbinden.

Zu Beginn des Programms werden die klassenweit gültigen Variablen und Konstanten vereinbart und die Form1_Load-Methode durchlaufen:

```
public partial class Form1 : Form
{
    ....
    /* Index des aktuellen Panels */
    int PX;

    /* Gesamtes Spielfeld inkl. Randfelder */
    int[,] F = new int[15, 10];

    /* Zeile und Spalte des aktuellen Panels */
    int PZ, PS;

    /* Schwierigkeitsstufe */
    int Stufe;

    /* Eine zunächst leere Liste von Spiel-Panels */
    ArrayList PL = new ArrayList();

    /* Ein Feld von Farben für die Panels */
    Color[] FarbenFeld = {Color.Red,
        Color.Yellow, Color.Green, Color.Blue,
        Color.Cyan, Color.Magenta, Color.Black,
        Color.White};

    /* Konstanten für Status eines Feldpunktes */
    const int Leer = -1;
    const int Rand = -2;

    /* Zufallsgenerator erzeugen und initialisieren */
    Random r = new Random();

    private void Form1_Load(...)
    {
        int Z, S;

        /* Feld besetzen */
        for (Z=1; Z<14; Z++)
```

```
    {
        F[Z, 0] = Rand;
        for (S=1; S<9; S++)
            F[Z, S] = Leer;
        F[Z, 9] = Rand;
    }

    for (S=0; S<10; S++)
        F[14, S] = Rand;

    /* Initialisierung */
    Stufe = 1;
    NächstesPanel();
    }
....
```

Listing 11.1 Projekt »Tetris«, Variablen, Konstanten, Start

Zur Erläuterung der klassenweit gültigen Variablen und Konstanten:

▶ Die laufende Nummer (der Index) des aktuell fallenden Panels wird in der Variablen PX festgehalten.

▶ Das gesamte Spielfeld, das in Abschnitt 11.1.2 schematisch dargestellt wurde, wird im zweidimensionalen Feld F gespeichert.   Hilfsfeld

▶ Die Variablen PZ und PS beinhalten die Zeilen- und Spalten-Position des aktuell fallenden Panels innerhalb des Spielfelds.

▶ Die Variable Stufe kennzeichnet den Schwierigkeitsgrad des Spiels. Jedes Mal, wenn drei Panels, die untereinander oder nebeneinander lagen, gelöscht wurden, wird die Stufe um 1 erhöht. Dies sorgt für ein kürzeres Timer-Intervall, die Panels werden schneller.   Level

▶ PL ist eine ArrayList von Steuerelementen vom Typ Panel. ArrayLists können beliebige Objekte enthalten. Dies können Variablen, Objekte eigener Klassen oder, wie hier, Steuerelemente, also Objekte vorhandener Klassen, sein. Zu Beginn ist die ArrayList leer.   Liste von Panels

▶ Das Feld FarbenFeld enthält insgesamt acht Farben. Die Farben der Panels werden per Zufallsgenerator ermittelt.

▶ Die Konstanten Leer und Rand werden erzeugt. Die Namen der Konstanten sind im Programm leichter lesbar als die Werte –1 bzw. –2.

▶ Für die Farbauswahl wird der Zufallsgenerator bereitgestellt.

Zur Erläuterung der Form1_Load-Methode:

▶ Die Elemente des oben beschriebenen Hilfsfelds F werden mit Leer bzw. Rand besetzt.

▶ Die Schwierigkeitsstufe wird auf 1 gesetzt.

Erstes Panel   ▶ Es wird die Methode NächstesPanel() aufgerufen. Sie ist in diesem Fall für die Erzeugung des ersten fallenden Panels zuständig.

11.1.5   Erzeugen eines neuen Panels

Die Methode NächstesPanel() dient zur Erzeugung eines neuen fallenden Panels. Dies geschieht zu Beginn des Spiels und nachdem ein Panel auf dem unteren Rand des Spielfelds oder auf einem anderen Panel zum Stehen gekommen ist. Der Code lautet:

```
private void NächstesPanel()
{
    int Farbe;
    Panel p = new Panel();

    /* Neues Panel zur ArrayList hinzufügen */
    PL.Add(p);

    /* Eventhandler für Event 'Click' zuweisen */
    p.Click += new EventHandler(PanelClickReaktion);

    /* Neues Panel platzieren */
    p.Location = new Point(100, 80);
    p.Size = new Size(20, 20);

    /* Farbauswahl für neues Panel */
    Farbe = r.Next(0,8);
    p.BackColor = FarbenFeld[Farbe];

    /* Neues Panel zum Formular hinzufügen */
    Controls.Add(p);

    /* Index für späteren Zugriff ermitteln */
    PX = PL.Count - 1;

    /* Index als Info zu Panel hinzufügen */
    p.Tag = PX;
```

```
/* Aktuelle Zeile, Spalte */
PZ = 1;
PS = 5;
}
```

Listing 11.2 Projekt »Tetris«, Methode NächstesPanel

Zur Erläuterung:

- Es wird ein Objekt vom Typ Panel neu erzeugt.

- Damit darauf auch außerhalb der Methode zugegriffen werden kann, wird ein Verweis auf dieses Panel mithilfe der Methode Add() der ArrayList PL hinzugefügt. *Neues Listen-element*

- Zu dem neuen Panel wird mithilfe eines neuen Objekts der Klasse EventHandler ein Eventhandler zum Ereignis *Benutzer klickt auf Panel* hinzugefügt. Dies ist für den Spielablauf nicht notwendig, soll aber zeigen, wie Sie Ereignisse zu dynamisch erzeugten Steuerelementen hinzufügen können. Der Eventhandler verweist auf die Methode PanelClickReaktion(), die im nächsten Abschnitt erläutert wird. *Eventhandler*

- Es werden die Eigenschaften *Ort*, *Größe* und *Farbe* des neuen Panels bestimmt.

- Das Panel wird mithilfe der Methode Add() zu der Collection Controls hinzugefügt. Dies ist eine Liste der Steuerelemente des Formulars. Dadurch wird das Panel sichtbar. *Neues Steuer-element*

- Seine laufende Nummer (der Index) wird mithilfe der Eigenschaft Count ermittelt. Diese Nummer wird für den späteren Zugriff benötigt.

- Die Eigenschaft Tag eines Steuerelements kann zur Speicherung beliebiger, nicht sichtbarer Informationen genutzt werden. In diesem Falle wird der soeben ermittelte Index zum Panel hinzugefügt. Dies ist ebenfalls für den Spielablauf nicht notwendig, wird aber für die Methode zum Ereignis *Benutzer klickt auf Panel* benötigt. *Tag*

- Die Variablen PZ und PS, die die Position des aktuell fallenden Panels im Spielfeld F angeben, werden gesetzt.

11.1.6 Benutzer klickt auf Panel

In der Methode PanelClickReaktion() wird die Reaktion auf das entsprechende Ereignis festgehalten:

```
private void PanelClickReaktion(
    object sender, EventArgs e)
```

```
{
    /* Welches Panel wurde geklickt? */
    Panel p = (Panel) sender;

    /* Eigenschaften des geklickten Panels ändern */
    lblPNr.Text = "P " + p.Tag;
    p.BorderStyle = BorderStyle.FixedSingle;
}
```

Listing 11.3 Projekt »Tetris«, Methode »PanelClickReaktion«

Zur Erläuterung:

▸ Der Kopf der Methode wird wie gewohnt notiert.

▸ Es wird ermittelt, welches Panel geklickt wurde. Das Objekt sender vom allgemeinen Typ object muss umgewandelt werden in ein Objekt vom Typ Panel.

▸ Damit ist es möglich, auf die Eigenschaften des betreffenden Panels lesend bzw. schreibend zuzugreifen. In diesem Falle wird der in der Eigenschaft Tag gespeicherte Index des Panels ausgegeben und die Form des Randes geändert.

11.1.7 Der Zeitgeber

In regelmäßigen Zeitabständen wird das Timer-Ereignis erzeugt und damit die Ereignismethode timT_Tick() aufgerufen. Diese sorgt dafür, dass sich das aktuelle Panel nach unten bewegt, falls dies noch möglich ist:

```
private void timT_Tick(...)
{
    /* Falls es nicht mehr weiter geht */
    if (F[PZ + 1, PS] != Leer)
    {
        /* Oberste Zeile erreicht */
        if (PZ == 1)
        {
            timT.Enabled = false;
            MessageBox.Show("Das war's");
            return;
        }

        F[PZ, PS] = PX;         // Belegen
        AllePrüfen();
```

```
        NächstesPanel();
    }
    else
    {
        /* Falls es noch weiter geht */
        Panel p = (Panel) PL[PX];
        p.Top = p.Top + 20;
        PZ = PZ + 1;
    }
}
```

Listing 11.4 Projekt »Tetris«, Zeitgeber

Zur Erläuterung:

▶ Zunächst wird geprüft, ob sich unterhalb des aktuellen Panels noch ein freies Feld befindet.

▶ Ist dies nicht der Fall, so hat das Panel seine Endposition erreicht.

▶ Befindet sich diese Endposition in der obersten Zeile, so ist das Spiel zu Ende. Der Timer wird deaktiviert, anderenfalls würden weitere Panels erzeugt. Es erscheint eine Meldung, und die Methode wird unmittelbar beendet. Will der Spieler erneut beginnen, so muss er das Programm beenden und neu starten.

Endposition

▶ Befindet sich die Endposition nicht in der obersten Zeile, so wird die Panelnummer im Feld F mit der aktuellen Zeile und Spalte vermerkt. Dies dient zur Kennzeichnung eines belegten Feldelements.

▶ Die Methode AllePrüfen() wird aufgerufen (siehe unten), um festzustellen, ob es drei gleichfarbige Panels über- oder nebeneinander gibt. Anschließend wird das nächste Panel erzeugt.

Prüfen

▶ Befindet sich unterhalb des Panels noch ein freies Feld, so kann das Panel weiter fallen. Seine Koordinaten und die aktuelle Zeilennummer werden verändert.

Weiter fallen

11.1.8 Panels löschen

Die Methode AllePrüfen() ist eine rekursive Methode, mit deren Hilfe festgestellt wird, ob es drei gleichfarbige Panels nebeneinander oder übereinander gibt. Ist dies der Fall, werden diese Panels entfernt und die darüberliegenden Panels rutschen nach.

Rekursive Methode

Möglicherweise befinden sich nun wieder drei gleichfarbige Panels nebeneinander oder übereinander, es muss also wiederum geprüft werden. Dies geschieht so lange, bis keine drei gleichfarbigen Panels nebeneinander oder übereinander gefunden werden.

Die Methode `AllePrüfen()` bedient sich intern der beiden Methoden `NebenPrüfen()` und `ÜberPrüfen()`:

```
private void AllePrüfen()
{
    int Z, S;
    bool Neben, Über;
    Neben = false;
    Über = false;

    /* Drei gleiche Panels nebeneinander ? */
    for(Z=13; Z>0; Z--)
    {
        for(S=1; S<7; S++)
        {
            Neben = NebenPrüfen(Z, S);
            if (Neben) break;
        }
        if (Neben) break;
    }

    /* Drei gleiche Panels übereinander ? */
    for(Z=13; Z>2; Z--)
    {
        for(S=1; S<9; S++)
        {
            Über = ÜberPrüfen(Z, S);
            if (Über) break;
        }
        if (Über) break;
    }

    if (Neben || Über)
    {
        /* Schneller */
        Stufe = Stufe + 1;
        timT.Interval = 5000 / (Stufe + 9);

        /* Eventuell kann jetzt noch eine Reihe
           entfernt werden */
        AllePrüfen();
    }
}
```

```
/* Falls 3 Felder nebeneinander besetzt */
private bool NebenPrüfen(int Z, int S)
{
    int ZX, SX;
    bool ergebnis = false;

    if (F[Z, S] != Leer &&
            F[Z, S + 1] != Leer &&
            F[Z, S + 2] != Leer)
    {
        Panel p = (Panel) PL[F[Z, S]];
        Panel p1 = (Panel) PL[F[Z, S + 1]];
        Panel p2 = (Panel) PL[F[Z, S + 2]];

        /* Falls drei Farben gleich */
        if (p.BackColor == p1.BackColor &&
                p.BackColor == p2.BackColor)
        {

            for(SX=S; SX<S+3; SX++)
            {
                /* PL aus dem Formular löschen */
                Control c = (Control) PL[F[Z, SX]];
                Controls.Remove(c);
                /* Feld leeren */
                F[Z, SX] = Leer;

                /* Panels oberhalb des entladenen
                   Panels absenken */
                ZX = Z - 1;
                while (F[ZX, SX] != Leer)
                {
                    Panel px =
                        (Panel) PL[F[ZX, SX]];
                    px.Top = px.Top + 20;

                    /* Feld neu besetzen */
                    F[ZX + 1, SX] = F[ZX, SX];
                    F[ZX, SX] = Leer;
                    ZX = ZX - 1;
                }

            }
            ergebnis = true;
        }
    }
```

```
        return ergebnis;
}

/* Falls drei Felder übereinander besetzt */
private bool ÜberPrüfen(int Z, int S)
{
    int ZX;
    bool ergebnis = false;

    if (F[Z, S] != Leer && F[Z - 1, S] != Leer &&
            F[Z - 2, S] != Leer)
    {
        Panel p = (Panel) PL[F[Z, S]];
        Panel p1 = (Panel) PL[F[Z - 1, S]];
        Panel p2 = (Panel) PL[F[Z - 2, S]];

        /* Falls drei Farben gleich */
        if (p.BackColor == p1.BackColor &&
                p.BackColor == p2.BackColor)
        {

            /* 3 Panels entladen */
            for (ZX=Z; ZX>Z-3; ZX--)
            {
                /* PL aus dem Formular löschen */
                Control c = (Control) PL[F[ZX, S]];
                Controls.Remove(c);
                /* Feld leeren */
                F[ZX, S] = Leer;
            }
            ergebnis = true;
        }
    }
    return ergebnis;
}
```

Listing 11.5 Projekt »Tetris«, Panels löschen

Zur Erläuterung:

▶ Die Variablen Neben und Über kennzeichnen die Tatsache, dass drei gleichfarbige Panels neben- oder übereinander gefunden wurden. Sie werden zunächst auf false gesetzt.

Nebeneinander ▶ Zunächst wird geprüft, ob sich drei gleichfarbige Panels nebeneinander befinden. Dies geschieht, indem für jedes einzelne Feldelement in der Methode NebenPrüfen() geprüft wird, ob es selbst und seine beiden rechten Nachbarn mit einem Panel belegt sind, und ob diese Panels gleichfarbig sind. Die Prüfung beginnt beim Panel unten links und setzt sich bis zum drittletzten Panel der gleichen Zeile fort. Anschließend werden die Panels in der Zeile darüber geprüft usw.

▶ Sobald eine Reihe gleichfarbiger Panels gefunden wurde, werden alle drei Panels mithilfe der Methode `Remove()` aus der Collection der Steuerelemente des Formulars gelöscht, d. h., sie verschwinden aus dem Formular. Ihre Position im Feld `F` wird mit –1 (= `Leer`) besetzt. Nun müssen noch alle Panels, die sich eventuell oberhalb der drei Panels befinden, um eine Position abgesenkt werden. Die Variable `Neben` wird auf `true` gesetzt. Die doppelte Schleife wird sofort verlassen.

Panels löschen

▶ Analog wird nun in der Methode `ÜberPrüfen()` geprüft, ob sich drei gleichfarbige Panels übereinander befinden. Ist dies der Fall, so werden sie aus der Collection der Steuerelemente des Formulars gelöscht. Ihre Positionen im Feld `F` werden mit –1 besetzt. Über den drei Panels können sich keine weiteren Panels befinden, die entfernt werden müssten.

Übereinander

▶ Falls durch eine der beiden Prüfungen eine Reihe gefunden und entfernt wurde, so wird die Schwierigkeitsstufe erhöht und das Timer-Intervall verkürzt. Nun muss geprüft werden, ob sich durch das Nachrutschen von Panels wiederum ein Bild mit drei gleichfarbigen Panels über- oder nebeneinander ergeben hat. Die Methode `AllePrüfen()` ruft sich also so lange selbst auf (rekursive Methode), bis keine Reihe mehr gefunden wird.

Rekursiv

11.1.9   Panels seitlich bewegen

Mithilfe der beiden Ereignismethoden `cmdLinks_Click()` und `cmdRechts_Click()` werden die Panels nach links bzw. rechts bewegt, falls dies möglich ist:

```
private void cmdLinks_Click(...)
{
    if (F[PZ, PS - 1] == Leer)
    {
        Panel p = (Panel) PL[PX];
        p.Left = p.Left - 20;
        PS = PS - 1;
    }
}
```

```
private void cmdRechts_Click(...)
{
    if (F[PZ, PS + 1] == Leer)
    {
        Panel p = (Panel) PL[PX];
        p.Left = p.Left + 20;
        PS = PS + 1;
    }
}
```

Listing 11.6 Projekt »Tetris«, Panels seitlich bewegen

Zur Erläuterung:

Seitlich ▸ Es wird geprüft, ob sich links bzw. rechts vom aktuellen Panel ein freies Feldelement befindet. Ist dies der Fall, so wird das Panel nach links bzw. rechts verlegt und die aktuelle Spaltennummer verändert.

11.1.10 Panels nach unten bewegen

Die Ereignismethode cmdUnten_Click() dient zur wiederholten Bewegung der Panels nach unten, falls dies möglich ist. Diese Bewegung wird so lange durchgeführt, bis das Panel auf die Spielfeldbegrenzung oder auf ein anderes Panel stößt. Der Code lautet:

```
private void cmdUnten_Click(...)
{
    while (F[PZ + 1, PS] == Leer)
    {
        Panel p = (Panel) PL[PX];
        p.Top = p.Top + 20;
        PZ = PZ + 1;
    }
    F[PZ, PS] = PX;          // Belegen
    AllePrüfen();
    NächstesPanel();
}
```

Listing 11.7 Projekt »Tetris«, Panels nach unten bewegen

Zur Erläuterung:

Nach unten ▸ Es wird geprüft, ob sich unter dem aktuellen Panel ein freies Feldelement befindet. Ist dies der Fall, so wird das Panel nach unten verlegt und die aktuelle Zeilennummer verändert. Dies geschieht so lange, bis das Panel auf ein Hindernis stößt.

▶ Anschließend wird das betreffende Feldelement belegt. Es wird geprüft, ob nun eine neue Reihe von drei gleichfarbigen Panels existiert und das nächste Panel wird erzeugt.

11.1.11 Pause

Abhängig vom aktuellen Zustand wird durch Betätigen des Buttons PAUSE in den Zustand *Pause* geschaltet oder wieder zurück: Spiel anhalten

```
private void cmdPause_Click(...)
{
    timT.Enabled = !timT.Enabled;
}
```

Listing 11.8 Projekt »Tetris«, Pause

Zur Erläuterung:

▶ Der Zustand des Timers wechselt zwischen Enabled = true und Enab-
  ed = false.

11.2 Lernprogramm Vokabeln

In diesem Abschnitt wird ein kleines, erweiterungsfähiges Vokabel-Lernprogramm (Projekt Vokabeln) vorgestellt. Es beinhaltet:

▶ eine Datenbank als Basis
▶ ein Hauptmenü
▶ die Nutzung einer ArrayList
▶ einen Zufallsgenerator
▶ eine Benutzerführung, abhängig vom Programmzustand
▶ Lesen einer Textdatei

11.2.1 Benutzung des Programms

Nach dem Start erscheint die Benutzeroberfläche, siehe Abbildung 11.2.

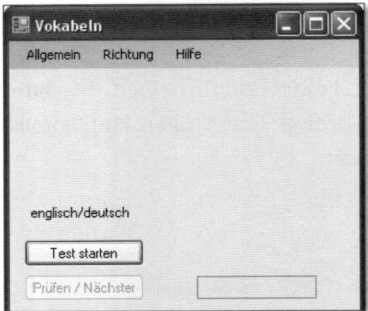

Abbildung 11.2 Projekt »Vokabeln«, Benutzeroberfläche

Hauptmenü Das Hauptmenü besteht aus:

▶ Menü ALLGEMEIN, dieses Menü wiederum besteht aus

  ▶ Menüpunkt TEST BEENDEN: vorzeitiger Testabbruch

  ▶ Menüpunkt PROGRAMM BEENDEN

▶ Menü RICHTUNG: zur Auswahl und Anzeige der Richtung für Frage und Antwort

  ▶ Menüpunkt DEUTSCH – ENGLISCH

  ▶ Menüpunkt ENGLISCH – DEUTSCH (dies ist die Voreinstellung)

  ▶ Menüpunkt DEUTSCH – FRANZÖSISCH

  ▶ Menüpunkt FRANZÖSISCH – DEUTSCH

▶ Menü HILFE

  ▶ Menüpunkt ANLEITUNG: eine kurze Benutzer-Anleitung

Der Benutzer kann entweder die Richtung für Frage und Antwort wählen oder sofort einen Vokabeltest in der Voreinstellung ENGLISCH – DEUTSCH starten.

Start Nach der Betätigung des Buttons TEST STARTEN erscheint die erste Vokabel, der Button wird deaktiviert, und der Button PRÜFEN/NÄCHSTER wird aktiviert, wie in Abbildung 11.3 zu sehen.

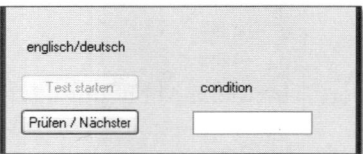

Abbildung 11.3 Test läuft, eine Vokabel erscheint

Nachdem der Benutzer eine Übersetzung eingegeben und den Button betätigt hat, wird seine Eingabe geprüft, und es erscheint ein Kommentar:

▶ Falls er die richtige Übersetzung eingegeben hat, wird diese Vokabel aus den Listen entfernt. Er wird in diesem Test nicht mehr danach gefragt. **Richtig**

▶ Falls er nicht die richtige Übersetzung eingegeben hat, wird mit dem Kommentar die korrekte Übersetzung angezeigt, sodass der Benutzer sie erlernen kann, siehe Abbildung 11.4. **Falsch**

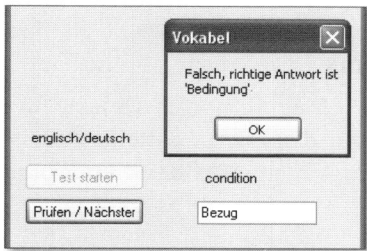

Abbildung 11.4 Falsche Antwort

Anschließend erscheint die nächste Vokabel. Diese wird aus der Liste der noch vorhandenen Vokabeln ausgewählt. Enthalten die Listen keine Vokabeln mehr, weil alle Vokabeln einmal richtig übersetzt wurden, ist der Test beendet. Der Button TEST STARTEN wird wieder aktiviert und der Button PRÜFEN/NÄCHSTER wird deaktiviert. **Nächste Vokabel**

Der Benutzer kann eine andere Richtung wählen und wiederum einen Test beginnen.

11.2.2 Erweiterung des Programms

Dieses Programm kann als Basis für ein größeres Projekt dienen. Es gibt viele Möglichkeiten zur Erweiterung des Programms:

▶ Der Benutzer soll die Möglichkeit zur Eingabe weiterer Vokabeln haben.

▶ Der Entwickler fügt weitere Sprachen und Richtungen für Frage und Antwort hinzu.

▶ Der Benutzer kann die Test-Auswahl auf eine bestimmte Anzahl an Vokabeln begrenzen.

▶ Der Entwickler kann die Vokabeln in Kategorien unterteilen.

▶ Der Benutzer kann Tests nur noch mit Fragen aus einer (oder mehreren) Kategorien machen.

▶ Es kann zu einer Frage mehrere richtige Antworten geben.

▶ Der Entwickler kann das Programm als ASP.NET-Anwendung internetfähig machen.

▶ Der Entwickler fügt eine Zeitsteuerung per Timer hinzu. Der Benutzer hat dann nur noch eine bestimmte Zeitspanne für seine Antwort.

Viele andere Erweiterungen sind denkbar.

11.2.3 Initialisierung des Programms

Es müssen die Namensräume System.Collections (für Objekte der Klasse ArrayList), System.Data.OleDb (für den Zugriff auf eine Access-Datenbank) und System.IO (für den Zugriff auf eine Textdatei) eingebunden werden.

Zu Beginn werden die klassenweit gültigen Variablen vereinbart und die Form1_Load-Methode durchlaufen:

```
public partial class Form1 : Form
{
    ....
    /* Liste der Fragen */
    ArrayList frage = new ArrayList();

    /* Liste der Antworten */
    ArrayList antwort = new ArrayList();

    /* Zufallszahl für ein Element der beiden Listen */
    int zufallszahl;

    /* Richtung der Vokabel-Abfrage */
    int richtung;

    /* Erzeugen und initialisieren
       des Zufallsgenerators */
    Random r = new Random();

    private void Form1_Load(...)
    {
        /* Startrichtung Englisch - Deutsch */
        richtung = 2;
```

```
    }
....
```

Listing 11.9 Projekt »Vokabeln«, Initialisierung

Zur Erläuterung:

▶ Die beiden Listen `frage` und `antwort` beinhalten im weiteren Verlauf des Programms die Fragen und zugehörigen Antworten je nach gewählter Testrichtung. Die Zusammengehörigkeit von Frage und Antwort ergibt sich daraus, dass die beiden zusammengehörigen Elemente der beiden Listen mit dem gleichen Index angesprochen werden.   Zwei Listen

▶ Der jeweils aktuelle Index wird im weiteren Verlauf des Programms per Zufallsgenerator bestimmt und in der Variablen `zufallszahl` gespeichert.   Zufallsgenerator

▶ Die Richtung für Frage und Antwort kann der Benutzer über das Benutzermenü auswählen.

▶ Für die Auswahl der Frage wird der Zufallsgenerator bereitgestellt.

▶ Falls der Benutzer keine andere Richtung für Frage und Antwort auswählt, wird mit der Richtung Englisch – Deutsch begonnen.

11.2.4 Ein Test beginnt

Nachdem der Benutzer den Button START betätigt hat, beginnt der Test. Der Code der zugehörigen Ereignismethode lautet:

```
private void cmdStart_Click(...)
{
    OleDbConnection con = new OleDbConnection();
    OleDbCommand cmd = new OleDbCommand();
    OleDbDataReader reader;

    con.ConnectionString =
        "Provider=Microsoft.Jet.OLEDB.4.0;" +
        "Data Source=C:\\Temp\\lernen.mdb";

    cmd.Connection = con;
    cmd.CommandText = "select * from vokabel";

    frage.Clear();
    antwort.Clear();
```

```
    try
    {
        con.Open();
        reader = cmd.ExecuteReader();

        /* Speicherung in den Listen gemäß
           der ausgewählten Richtung */
        while (reader.Read())
        {
            if (richtung == 1 || richtung == 3)
                frage.Add(reader["deutsch"]);
            else if (richtung == 2)
                frage.Add(reader["englisch"]);
            else
                frage.Add(reader["französisch"]);

            if (richtung == 2 || richtung == 4)
                antwort.Add(reader["deutsch"]);
            else if (richtung == 1)
                antwort.Add(reader["englisch"]);
            else
                antwort.Add(reader["französisch"]);
        }

        reader.Close();
        con.Close();

        /* Buttons und Menü (de)aktivieren */
        cmdStart.Enabled = false;
        cmdPrüfen.Enabled = true;
        mnuRichtung.Enabled = false;
        txtAntwort.Enabled = true;

        /* Erste Vokabel erscheint */
        Nächste_Vokabel();
    }

    catch(Exception ex)
    {
        MessageBox.Show(ex.Message);
    }
}
```

Listing 11.10 Projekt »Vokabeln«, Testbeginn

Zur Erläuterung:

▶ Eine Verbindung zur Access-Datenbank *C:\Temp\lernen.mdb* wird geöffnet.

Datenbank

▶ Es wird eine Auswahlabfrage gesendet, die alle Datensätze der Tabelle vokabel anfordert.

▶ Die zurückgegebenen Datensätze werden einem OleDbReader übergeben. Beim Auslesen des Readers werden die beiden Listen frage und antwort mithilfe der Methode Add() mit den Inhalten der jeweiligen Felder gefüllt, abhängig von der jeweils eingestellten Richtung für Frage und Antwort.

OleDbReader

▶ Der Button TEST STARTEN und das Menü für die Richtung werden deaktiviert, damit sie nicht versehentlich während eines Tests bedient werden können.

Button deaktivieren

▶ Der Button PRÜFEN/NÄCHSTER und das Eingabetextfeld werden aktiviert, damit der Benutzer seine Antwort eingeben und prüfen lassen kann.

▶ Die Methode Nächste_Vokabel() dient zum Aufruf einer zufällig ausgewählten Vokabel aus der Liste frage.

Nächste Vokabel

11.2.5 Zwei Hilfsmethoden

Die beiden Hilfsmethoden Nächste_Vokabel() und Test_Init() werden von verschiedenen Stellen des Programms aufgerufen:

```
private void Nächste_Vokabel()
{
    /* Falls keine Vokabel mehr in der Liste: Ende */
    if (frage.Count < 1)
    {
        MessageBox.Show(
            "Gratuliere! Alles geschafft");
        Test_Init();
    }

    /* Falls noch Vokabeln in der Liste: Nächste */
    else
    {
        zufallszahl = r.Next(0, frage.Count);
        lblFrage.Text = "" + frage[zufallszahl];
        txtAntwort.Text = "";
    }
}
```

```
private void Test_Init()
{
    /* Buttons und Menü (de)aktivieren */
    cmdStart.Enabled = true;
    cmdPrüfen.Enabled = false;
    mnuRichtung.Enabled = true;
    txtAntwort.Enabled = false;

    /* Felder leeren */
    lblFrage.Text = "";
    txtAntwort.Text = "";
}
```

Listing 11.11 Projekt »Vokabeln«, Hilfsmethoden

Zur Erläuterung der Methode Nächste_Vokabel():

▶ Bei einer richtigen Antwort werden Frage und Antwort aus der jeweiligen Liste gelöscht. Daher sind die Listen nach einiger Zeit leer. Mithilfe der Eigenschaft Count wird dies geprüft.

Test bestanden ▶ Sind die Listen leer, so erscheint eine Erfolgsmeldung über den
bestandenen Test. Der Startzustand der Benutzeroberfläche wird wie-
derhergestellt.

▶ Sind die Listen noch nicht leer, wird eine Zufallszahl ermittelt. Der
zugehörige Begriff wird eingeblendet, und das Eingabefeld wird
gelöscht.

Zur Erläuterung der Methode Test_Init():

▶ Die Methode dient zum Wiederherstellen des Startzustands der
Benutzeroberfläche.

Buttons ▶ Der Button TEST STARTEN und das Menü für die Richtung werden akti-
(de)aktivieren viert, damit ein Test gestartet bzw. eine neue Richtung gewählt werden kann.

▶ Der Button PRÜFEN/NÄCHSTER und das Eingabetextfeld werden deaktiviert, damit sie nicht versehentlich außerhalb eines Tests bedient
werden können.

▶ Die alten Einträge werden aus den beiden Feldern für Frage und Antwort gelöscht.

11.2.6 Die Antwort prüfen

Nachdem der Benutzer den Button PRÜFEN/NÄCHSTER betätigt hat, wird die eingegebene Antwort überprüft. Der Code der zugehörigen Ereignismethode lautet wie folgt:

```
private void cmdPrüfen_Click(...)
{
    /* Falls richtig beantwortet:
       Vokabel aus Liste nehmen */
    if (txtAntwort.Text == (string) antwort[zufallszahl])
    {
        MessageBox.Show("Richtig", "Vokabel");
        frage.RemoveAt(zufallszahl);
        antwort.RemoveAt(zufallszahl);
    }

    /* Falls falsch beantwortet:
       richtige Antwort nennen */
    else
        MessageBox.Show("Falsch, richtige Antwort" +
            " ist\n'" + antwort[zufallszahl] +
            "'", "Vokabel");

    /* Nächste Vokabel erscheint */
    Nächste_Vokabel();
}
```

Listing 11.12 Projekt »Vokabeln«, Eingabe prüfen

Zur Erläuterung:

▶ Steht im Text-Eingabefeld dasselbe wie in dem Element der Liste antwort, das zum Element der Liste frage gehört, so war die Antwort korrekt.

Richtige Antwort

▶ Für den erfolgreichen Vergleich ist eine Konvertierung notwendig. In der ArrayList steht der Verweis auf ein Objekt aus dem Datenbankreader. Dieser Verweis muss in einen Verweis auf eine Zeichenkette umgewandelt werden.

▶ Bei einer richtigen Antwort erfolgt eine Erfolgsmeldung. Frage und Antwort werden mithilfe der Methode RemoveAt() aus ihren jeweiligen Listen gelöscht, sodass die Listen irgendwann leer sind.

Elemente löschen

Falsche Antwort
- Bei einer falschen Antwort erfolgt eine Meldung, die auch die richtige Übersetzung beinhaltet. Frage und Antwort werden nicht gelöscht. Auf diese Weise kann die gleiche Frage später erneut gestellt werden.
- Es wird die nächste Frage gestellt, und die beschriebene Methode beginnt von vorn.

11.2.7 Das Benutzermenü

In insgesamt sieben kurzen Ereignismethoden und mithilfe einer Hilfsmethode wird die Bedienung des Benutzermenüs realisiert:

```
private void mnuEndeTest_Click(...)
{
    /* Abbruch mit Rückfrage */
    if (MessageBox.Show(
            "Test wirklich abbrechen?",
            "Vokabel",
            MessageBoxButtons.YesNo) ==
            DialogResult.Yes)
        Test_Init();
}

private void mnuEndeProgramm_Click(...)
{
    /* Beenden mit Rückfrage */
    if (MessageBox.Show(
            "Programm wirklich beenden?",
            "Vokabel",
            MessageBoxButtons.YesNo) ==
            DialogResult.Yes)
        Close();
}

private void mnuDE_Click(...)
{
    /* Richtung wird geändert */
    richtung = 1;
    Check_False();
    mnuDE.Checked = true;
    lblRichtung.Text = "deutsch/englisch";
}

private void mnuED_Click(...)
{
```

```
    richtung = 2;
    Check_False();
    mnuED.Checked = true;
    lblRichtung.Text = "englisch/deutsch";
}

private void mnuDF_Click(...)
{
    richtung = 3;
    Check_False();
    mnuDF.Checked = true;
    lblRichtung.Text = "deutsch/französisch";
}

private void mnuFD_Click(...)
{
    richtung = 4;
    Check_False();
    mnuFD.Checked = true;
    lblRichtung.Text = "französisch/deutsch";
}

private void Check_False()
{
    mnuDE.Checked = false;
    mnuED.Checked = false;
    mnuDF.Checked = false;
    mnuFD.Checked = false;
}

private void mnuAnleitung_Click(...)
{
    FileStream fs;
    StreamReader sr;
    string dateiname = "hilfe.txt";
    string ausgabe;

    if (!File.Exists(dateiname))
    {
        MessageBox.Show("Die Datei " +
            dateiname + " existiert nicht");
        return;
    }

    fs = new FileStream(dateiname, FileMode.Open);
```

```
        sr = new StreamReader(fs);

        ausgabe = "";
        while (sr.Peek() != -1)
            ausgabe += sr.ReadLine() + "\n";
        sr.Close();

        MessageBox.Show(ausgabe);
    }
```

Listing 11.13 Projekt »Vokabeln«, Benutzermenü

Zur Erläuterung:

Beenden
► Im Hauptmenü ALLGEMEIN besteht die Möglichkeit, einen Test abzubrechen bzw. das Programm zu beenden. Zur Sicherheit wird in beiden Fällen noch einmal eine Rückfrage gestellt, damit kein Test versehentlich abgebrochen wird.

Sprachen wählen
► Im Hauptmenü RICHTUNG können insgesamt vier Ereignismethoden zur Auswahl der Richtung von Frage und Antwort aufgerufen werden.

  ► Es wird jeweils die klassenweit gültige Variable richtung auf einen neuen Wert gesetzt. Beim nächsten Start eines Tests werden dann die entsprechenden Inhalte aus der Datenbank in den beiden Listen frage und antwort gespeichert.

  ► Anschließend wird dafür gesorgt, dass nur die soeben ausgewählte Richtung im Benutzermenü mit einem Häkchen versehen ist.

Anleitung
► Im Hauptmenü HILFE wird über den Menüpunkt ANLEITUNG eine kleine Benutzeranleitung eingeblendet. Dabei wird der Text der Anleitung aus einer Datei gelesen. Die Existenz der Datei wird zuvor geprüft.

Anhang

A Installation und technische Hinweise

Die Inhalte des Datenträgers zum Buch, die Installation der Visual C# 2010 Express Edition, das Arbeiten mit Vorlagen und die Erstellung eines Installationsprogramms zur Weitergabe eigener Programme runden die Inhalte dieses Buchs ab.

A.1 Inhalt des Datenträgers zu diesem Buch

Auf dem Datenträger sind enthalten:

- ▶ Verzeichnis *datenbank*: Beispiel-Datenbank für zwei verschiedene Versionen von Microsoft Access
- ▶ Verzeichnis *projekte*: Visual C#-Projekte zu den Beispiel- und Übungsaufgaben
- ▶ Verzeichnis *software/microsoft*: alle Visual Studio Express-Editionen, inkl. Visual C# 2010 Express und Visual Web Developer 2010 Express
- ▶ Verzeichnis *software/mysql*: Ein Verbinder zu MySQL-Datenbanken (und das .NET-Framework 2.0)

Im Downloadangebot des Onlinebooks finden Sie ebenfalls alle Beispieldateien.

A.2 Installation der Visual C# 2010 Express Edition

Auf dem Datenträger zu diesem Buch befindet sich im Verzeichnis */software/microsoft/vcsexpress* die Installationsdatei *setup.exe*. `Setup-Datei`

Nach dem Aufruf der Installationsdatei werden Sie durch die Installation geleitet. Als wichtigste Komponenten werden das Microsoft .NET Framework 4 und die Microsoft Visual C# 2010 Express Edition installiert.

Anschließend steht Ihnen die Visual C# 2010 Express Edition im Startmenü zum Lernen, Testen und Programmieren zur Verfügung. Die

Visual Web Developer 2010 Express Edition finden Sie im Verzeichnis *software/microsoft/vwdexpress*.

A.3 Arbeiten mit einer Formularvorlage

In diesem Abschnitt wird ein weiteres nützliches Feature der Entwicklungsumgebung von Visual C# beschrieben. Es wird häufig vorkommen, dass Sie neue Formulare mithilfe eines bereits vorhandenen Formulars aufbauen wollen. Zu diesem Zweck müssen Sie zunächst das ursprüngliche Formular als Vorlage speichern.

Vorlage exportieren Gehen Sie hierzu über den Menüpunkt DATEI • VORLAGE EXPORTIEREN. Anschließend hilft ein Assistent bei den nächsten Schritten. Im ersten Dialogfeld wird der Vorlagentyp ausgewählt, in diesem Fall der Typ *Symbolvorlage*.

Im zweiten Dialogfeld wird das Element ausgewählt, das als Vorlage exportiert werden soll, hier müssen Sie das Formular (*Form1.cs*) ankreuzen.

Im nächsten Dialogfeld sollen die Verweise angekreuzt werden, die beim Export der Vorlage mit eingeschlossen werden sollen. In diesem Fall ist das nicht nötig, es wird also nichts angekreuzt.

Im letzten Dialogfeld werden die Vorlagenoptionen ausgewählt, u. a. der Name der Vorlage. Es wird der Name des aktuellen Projekts vorgeschlagen, den Sie zur einfacheren späteren Zuordnung beibehalten sollten.

Die Vorlage wird in einer komprimierten Datei abgelegt.

Formular löschen Möchten Sie später ein Projekt auf Basis des vorhandenen Formulars aufbauen, so erstellen Sie zunächst ein neues, leeres Projekt. Anschließend entfernen Sie das Standardformular (*Form1.cs*), indem Sie es im Projektmappen-Explorer mit der rechten Maustaste auswählen und im anschließenden Kontextmenü löschen.

Importieren Nun fügen Sie über den Menüpunkt PROJEKT • NEUES ELEMENT HINZUFÜGEN die Vorlage ein. Wählen Sie die soeben erstellte Vorlage aus. Der Name der Vorlage (unten) wurde automatisch um eine Ziffer verlängert. Falls Sie dies nicht möchten, können Sie den Namen ändern.

Nach dem Hinzufügen des neuen Elements werden Sie gefragt, ob Sie dieser Vorlage vertrauen, da es sich ja auch um eine Online-Vorlage aus einer unbekannten Quelle handeln könnte. Nach der Zustimmung steht das Formular inklusive des Codes zur Erweiterung bzw. Veränderung zur Verfügung.

Das neu eingefügte Formular sollten Sie nun zum Startformular des Projekts machen. Dazu müssen Sie die Datei *Program.cs* des Projekts editieren. In der Methode `Main()` ersetzen Sie beim Aufruf der Methode `Application.Run()` den Namen der Formularklasse (bisher z.B. `Form1`) durch den Namen der Klasse des neu eingefügten Formulars.

Startformular

A.4   Arbeiten mit einer Projektvorlage

Falls Sie nicht nur ein einzelnes Formular, sondern ein ganzes Projekt, das eventuell aus mehreren Formularen besteht, als Vorlage speichern möchten, so ist dies auf ähnliche Art und Weise möglich.

Gehen Sie wiederum über den Menüpunkt DATEI • VORLAGE EXPORTIEREN. Im ersten Dialogfeld wählen Sie diesmal als Vorlagentyp *Projektvorlage* aus. Die Vorlage wird in einer komprimierten Datei abgelegt.

Speichern

Möchten Sie später ein Projekt auf Basis des vorhandenen Projekts aufbauen, so gehen Sie zunächst wie gewohnt über den Menüpunkt DATEI • NEU • PROJEKT. Die soeben erstellte Vorlage erscheint in diesem Dialogfeld in der Liste der Projekttypen. Der Name des Projekts entspricht dem Namen der Vorlage, um eine Ziffer verlängert. Sie können den Namen natürlich passend ändern.

Benutzen

A.5   Weitergabe eigener Windows-Programme

Nach dem Kompilieren eines Visual C#-Programms in eine *.exe*-Datei erhalten Sie ein eigenständiges Programm, das Sie unabhängig von Visual C# ausführen können.

Dies gilt aber nur für den eigenen Rechner und nicht für einen Rechner, auf dem z.B. kein .NET Framework installiert ist. Es muss also dafür gesorgt werden, dass die notwendige Umgebung auf dem Zielrechner existiert.

ClickOnce
Die einfachste Lösung für dieses Problem ist eine *ClickOnce*-Verteilung. Dabei werden alle benötigten Dateien zusammengestellt und ein vollständiges und einfach zu bedienendes Installationsprogramm erzeugt.

Dieses Installationsprogramm wird dann auf dem Zielrechner ausgeführt. Je nach Art des Installationsprogramms wird die neue Windows-Anwendung im Windows-Startmenü eingetragen. Dem Benutzer wird es dann auch ermöglicht, die neue Windows-Anwendung bei Bedarf wieder über die Systemsteuerung zu deinstallieren.

A.5.1 Erstellung des Installationsprogramms

Die einzelnen Schritte der Erstellung:

▶ Sie öffnen das Projekt innerhalb von Visual C#, das weitergegeben werden soll, z. B. *MeinErstes*.

Veröffentlichen
▶ Sie rufen das Dialogfeld mit den Projekt-Eigenschaften über den Menüpunkt PROJEKT • MEINERSTES-EIGENSCHAFTEN auf. Dort wechseln Sie auf das Register VERÖFFENTLICHEN.

Installations-
verzeichnis
▶ Für dieses Beispiel soll ein Installationsverzeichnis mit den notwendigen Dateien erstellt werden. Daher öffnen Sie neben dem Feld *Veröffentlichungsort* das Dialogfeld und wählen ein vorhandenes oder neues Verzeichnis aus, z. B. *C:\Temp\MeinErstes*.

Startmenü
▶ Unter INSTALLATIONSMODUS UND EINSTELLUNGEN wählen Sie *Offline*. Damit ist es später möglich, die Anwendung über das Startmenü aufzurufen.

▶ Im Dialogfeld ANWENDUNGSDATEIEN ist die *.exe*-Datei zu sehen.

▶ Im Dialogfeld ERFORDERLICHE KOMPONENTEN sind die Komponenten (z. B. das .NET Framework oder ein Windows Installer) bereits angekreuzt, die für diese Anwendung benötigt werden.

▶ Die Nummer der Veröffentlichungsversion wird normalerweise automatisch mit jeder Veröffentlichung des gleichen Programms erhöht.

▶ Der Button JETZT VERÖFFENTLICHEN erstellt das Installationsprogramm im Installationsverzeichnis. Dieses kann dann (inklusive Unterverzeichnisse) auf ein geeignetes Transportmedium übertragen werden.

A.5.2 Ablauf einer Installation

Das Programm *setup.exe* wird vom Transportmedium gestartet. Auch hier gilt: Vor Aufruf sollten Sie alle Anwendungen schließen, die nicht unbedingt geöffnet sein müssen, um den Zugriff auf alle Dateien zu erleichtern. Die *.exe*-Datei läuft selbsttätig und erstellt einen Eintrag im Windows-Startmenü.

Setup-Datei

A.6 Konfigurationsdaten

Konfigurationsdaten und andere Einstellungsdaten einer Anwendung können Sie in einer XML-Datei dauerhaft speichern. Die Anwendung kann auf diese Daten zugreifen und sie benutzen. Der Vorteil: Die Daten können verändert werden, ohne die Anwendung erneut übersetzen zu müssen.

Anwendung konfigurieren

Ein Beispiel: Nehmen wir an, Ihre Anwendung benutzt eine Datenbank. Den Speicherort der Datenbank wollen Sie auf jedem Rechner, auf dem Ihre Anwendung eingesetzt wird, individuell einstellen, siehe auch Projekt *Konfigurationsdaten*.

Zunächst müssen Sie dem Projekt die XML-Datei hinzufügen:

XML-Datei

▶ Markieren Sie im Projektmappen-Explorer das Projekt.

▶ Klicken Sie die rechte Maustaste, und wählen Sie HINZUFÜGEN • NEUES ELEMENT.

▶ Wählen Sie die Vorlage ANWENDUNGSKONFIGURATIONSDATEI aus.

▶ Behalten Sie den vorgeschlagenen Namen *App.config* unbedingt bei.

▶ Betätigen Sie den Button HINZUFÜGEN.

Es erscheint die Datei mit dem festgelegten Namen *App.config*. Sie sollten Sie z. B. wie folgt verändern:

App.config

```
<?xml version="1.0" encoding="utf-8" ?>
<configuration>
  <appSettings>
    <add key="DBVerzeichnis" value="C:\Temp"/>
  </appSettings>
</configuration>
```

Listing A.1 Konfigurationsdatei App.config

appSettings Es gibt in der Datei nun den Abschnitt für die Konfigurationsdaten mit dem festgelegten Namen appSettings. Darin wird dem Schlüssel DBVerzeichnis der Wert C:\Temp zugeordnet. Der Name (key) des Schlüssels kann frei gewählt werden, der Wert (value) des Schlüssels entspricht in unserem Beispiel dem gewünschten Verzeichnisnamen. Sie könnten der XML-Datei weitere Konfigurationsdaten hinzufügen, indem Sie weitere Zeilen erzeugen mit:

```
<add key=... value=...
```

**System.
Configuration** Nun soll innerhalb einer Anwendung der Zugriff auf die Konfigurationsdaten ermöglicht werden. Dem Projekt müssen Sie dazu einen Verweis auf den Namespace System.Configuration hinzufügen:

▶ Markieren Sie im Projektmappen-Explorer den Eintrag VERWEISE des Projekts.

▶ Klicken Sie die rechte Maustaste, und wählen Sie VERWEIS HINZUFÜGEN.

▶ WählenSie Registerkarte .NET aus.

▶ Wählen Sie den Listeneintrag SYSTEM.CONFIGURATION aus.

▶ Betätigen Sie den Button OK.

▶ Nun erscheint der neue Verweis in der Liste der Verweise.

Im Projekt müssen Sie (neben dem Namespace System.Data.OleDb für die Verbindung zur Access-Datenbank) zwei weitere Namespaces mithilfe der using-Anweisung einbinden:

```
using System.Configuration;
using System.Collections.Specialized;
```

Der Zugriff auf die Konfigurationsdaten sieht dann z. B. wie folgt aus:

```
private void cmdAnzeigen_Click(
    object sender, EventArgs e)
{
    /* Konfigurationsdatei lesen */
    NameValueCollection appset =
        ConfigurationManager.AppSettings;

    /* Verbindung einrichten */
    OleDbConnection con = new OleDbConnection();
    con.ConnectionString =
        "Provider=Microsoft.Jet.OLEDB.4.0;Data Source=" +
```

```
appset["DBVerzeichnis"] + "\\firma.mdb";
....
```

Listing A.2 Nutzung von Konfigurationsdaten (Ausschnitt)

Es wird der Verweis `appset` erzeugt. Dies ist ein Verweis auf ein Objekt der Klasse `NameValueCollection` aus dem Namespace `System.Collections.Specialized`. In einem solchen Objekt können Sie eine Collection von Schlüssel-Wert-Paaren speichern.   *NameValue-Collection*

Dem Verweis `appset` wird der Wert der statischen Eigenschaft `AppSettings` der Klasse `ConfigurationManager` aus dem Namespace `System.Configuration` zugewiesen. Dadurch werden alle Schlüssel-Wert-Paare aus dem Bereich `appSettings` der Konfigurationsdatei *App.config* zugreifbar.   *Configuration-Manager*

Beim Herstellen der Verbindung zur Datenbank wird das Element `DBVerzeichnis` aus der Collection gelesen. Angehängt wird der Dateiname *firma.mdb* und schon haben Sie Zugriff auf die Datenbankdatei. Falls die Datenbankdatei in einem anderen Verzeichnis stehen soll, müssen Sie nur noch den Inhalt der XML-Datei *App.config* ändern und nicht die gesamte Anwendung.

A.7   Datenbankzugriff unter Vista 64-Bit-Version

Unter der 64-Bit-Version von Vista gibt es verschiedene Probleme, u. a. mit dem geeigneten Jet OleDb-Datenbankprovider, der zum Zugriff auf eine Access-Datenbank benötigt wird. Microsoft bietet dazu eine Abhilfe an, zu finden über den Punkt 1.44 des folgenden Dokuments: *Microsoft-Dokument*

http://msdn.microsoft.com/en-gb/vstudio/aa718685.aspx

Zusammengefasst steht dort, dass Sie Ihr Projekt als 32-Bit-Anwendung übersetzen müssen. Dazu gibt es in der Vollversion von Visual C# 2010 eine Umstellmöglichkeit in den Eigenschaften des jeweiligen Projekts. Die Express-Version hat diese komfortable Möglichkeit nicht.   *32-bit-Anwendung*

Stattdessen müssen Sie für jedes Projekt, das den Jet OleDb-Datenbankprovider benötigt,

▶ im Projektverzeichnis die Datei mit der Endung *.csproj* mit einem Texteditor öffnen,

▶ in der ersten `<PropertyGroup>`-Sektion eine Zeile mit dem Text `<PlatformTarget>x86</PlatformTarget>` einfügen und

▶ die Datei mit Speichern schließen.

Anschließend wird das jeweilige Projekt beim nächsten Kompilieren als 32-Bit-Anwendung erstellt. Es kann nun auf den geeigneten Jet OleDb-Datenbankprovider zugreifen. Eine ausführliche Beschreibung findet sich unter der oben angegebenen Internet-Adresse.

B   Lösungen der Übungsaufgaben

B.1   Lösung der Übungsaufgabe aus Kapitel 1

B.1.1   Lösung ÜName

```
using System;
using System.Drawing;
using System.Windows.Forms;

namespace ÜName
{
    public partial class Form1 : Form
    {
        public Form1()
        {
            InitializeComponent();
        }

        private void cmdMyName_Click(
            object sender, EventArgs e)
        {
            lblMyName.Text = "Claus Clever";
        }

        private void cmdEnde_Click(
            object sender, EventArgs e)
        {
            Close();
        }
    }
}
```

B.2 Lösungen der Übungsaufgaben aus Kapitel 2

B.2.1 Lösung ÜDatentypen

```
private void cmdAnzeigen_Click(...)
{
    string nachname, vorname,
        strasse, plz, ort;
    int alter;
    double gehalt;

    nachname = "Clever";
    vorname = "Claus";
    strasse = "Bergstraße 34";
    plz = "09445";
    ort = "Brunnstadt";
    alter = 32;
    gehalt = 2852.55;

    lblA.Text = "Adresse: " + "\n" + vorname +
        " " + nachname + "\n" + strasse +
        "\n" + plz + " " + ort + "\n" +
        "\n" + "Alter: " + alter +
        "\n" + "Gehalt: " + gehalt;
}
```

B.2.2 Lösung ÜGültigkeitsbereich

```
public partial class Form1 : Form
{
    ...
    double x = 0.0;

    private void cmdAnzeigen1_Click(...)
    {
        double y = 0.0;
        y = y + 0.1;
        x = x + 0.1;
        lblA.Text = "x: " + x + "\n" + "y: " + y;
    }

    private void cmdAnzeigen2_Click(...)
    {
        double z = 0.0;
        z = z + 0.1;
```

```
            x = x + 0.1;
            lblA.Text = "x: " + x + "\n" + "z: " + z;
        }
    }
```

B.2.3 Lösung ÜRechenoperatoren

```
private void cmdAnzeigen1_Click(...)
{
    double x;
    x = 3 * -2.5 + 4 * 2;
    lblA.Text = "Ergebnis: " + x;
}


private void cmdAnzeigen2_Click(...)
{
    double x;
    x = 3 * (-2.5 + 4) * 2;
    lblA.Text = "Ergebnis: " + x;
}
```

B.2.4 Lösung ÜVergleichsoperatoren

```
private void cmdAnzeigen1_Click(...)
{
    bool p;
    p = 12 - 3 >= 4 * 2.5;
    lblA.Text = "Ergebnis: " + p;
}


private void cmdAnzeigen2_Click(...)
{
    bool p;
    p = "Maier" != "Mayer";
    lblA.Text = "Ergebnis: " + p;
}
```

B.2.5 Lösung ÜLogischeOperatoren

```
private void cmdAnzeigen1_Click(...)
{
    bool p;
    p = 4 > 3 && -4 > -3;
    lblA.Text = "Ergebnis: " + p;
}
```

```
private void cmdAnzeigen2_Click(...)
{
    bool p;
    p = 4 > 3 || -4 > -3;
    lblA.Text = "Ergebnis: " + p;
}
```

B.2.6 Lösung ÜOperatoren

1:false, 2:true, 3:true, 4:true, 5:true, 6:false, 7:true, 8:false

B.2.7 Lösung ÜPanelZeitgeber

```
private void cmdStart_Click(...)
{
    tim1.Enabled = true;
}

private void tim1_Tick(...)
{
    pan1.Location = new Point(
        pan1.Location.X - 5, pan1.Location.Y - 5);
    pan2.Location = new Point(
        pan2.Location.X + 5, pan2.Location.Y - 5);
    pan3.Location = new Point(
        pan3.Location.X - 5, pan3.Location.Y + 5);
    pan4.Location = new Point(
        pan4.Location.X + 5, pan4.Location.Y + 5);
}
```

B.2.8 Lösung ÜKran

Bezeichnungen:

▶ f: Fundament

▶ s: senkrechtes Hauptelement

▶ a: waagrechter Ausleger

▶ h: senkrechter Haken am Ausleger

```
private void cmdHakenAus_Click(...)
{
    h.Height = h.Height + 10;
}
```

```
private void cmdHakenEin_Click(...)
{
    h.Height = h.Height - 10;
}


private void cmdAuslegerAus_Click(...)
{
    a.Width = a.Width + 10;
    a.Location = new Point(
        a.Location.X - 10, a.Location.Y);
    h.Location = new Point(
        h.Location.X - 10, h.Location.Y);
}


private void cmdAuslegerEin_Click(...)
{
    a.Width = a.Width - 10;
    a.Location = new Point(
        a.Location.X + 10, a.Location.Y);
    h.Location = new Point(
        h.Location.X + 10, h.Location.Y);
}


private void cmdKranRechts_Click(...)
{
    f.Location = new Point(
        f.Location.X + 10, f.Location.Y);
    s.Location = new Point(
        s.Location.X + 10, s.Location.Y);
    a.Location = new Point(
        a.Location.X + 10, a.Location.Y);
    h.Location = new Point(
        h.Location.X + 10, h.Location.Y);
}


private void cmdKranLinks_Click(...)
{
    f.Location = new Point(
        f.Location.X - 10, f.Location.Y);
    s.Location = new Point(
        s.Location.X - 10, s.Location.Y);
    a.Location = new Point(
        a.Location.X - 10, a.Location.Y);
    h.Location = new Point(
```

```
                h.Location.X - 10, h.Location.Y);
}


private void cmdKranAus_Click(...)
{
    s.Height = s.Height + 10;
    s.Location = new Point(
        s.Location.X, s.Location.Y - 10);
    a.Location = new Point(
        a.Location.X, a.Location.Y - 10);
    h.Location = new Point(
        h.Location.X, h.Location.Y - 10);
}


private void cmdKranEin_Click(...)
{
    s.Height = s.Height - 10;
    s.Location = new Point(
        s.Location.X, s.Location.Y + 10);
    a.Location = new Point(
        a.Location.X, a.Location.Y + 10);
    h.Location = new Point(
        h.Location.X, h.Location.Y + 10);
}
```

B.2.9   Lösung ÜSteuerbetrag

```
private void cmdBerechnen_Click(...)
{
    double gehalt, steuersatz, steuerbetrag;
    gehalt = Convert.ToDouble(txtGehalt.Text);

    if (gehalt <= 12000)
        steuersatz = 12;
    else if (gehalt <= 20000)
        steuersatz = 15;
    else if (gehalt <= 30000)
        steuersatz = 20;
    else
        steuersatz = 25;

    steuerbetrag = gehalt * steuersatz / 100;
    lblSteuerbetrag.Text =
        "Steuerbetrag: " + steuerbetrag;
}
```

B.2.10 Lösung ÜKranVerzweigung

Bezeichnungen:

▶ f: Fundament

▶ s: senkrechtes Hauptelement

▶ a: waagrechter Ausleger

▶ h: senkrechter Haken am Ausleger

```
private void cmdHakenAus_Click(...)
{
    if (h.Location.Y + h.Height + 5 < f.Location.Y)
        h.Height = h.Height + 10;
}


private void cmdHakenEin_Click(...)
{
    if (h.Height > 15)
        h.Height = h.Height - 10;
}


private void cmdAuslegerAus_Click(...)
{
    if (a.Location.X > 15)
    {
        a.Width = a.Width + 10;
        a.Location = new Point(
            a.Location.X - 10, a.Location.Y);
        h.Location = new Point(
            h.Location.X - 10, h.Location.Y);
    }
}


private void cmdAuslegerEin_Click(...)
{
    if (a.Width > 25)
    {
        a.Width = a.Width - 10;
        a.Location = new Point(
            a.Location.X + 10, a.Location.Y);
        h.Location = new Point(
            h.Location.X + 10, h.Location.Y);
    }
}
```

```
private void cmdKranRechts_Click(...)
{
    if (f.Location.X < 215)
    {
        f.Location = new Point(
            f.Location.X + 10, f.Location.Y);
        s.Location = new Point(
            s.Location.X + 10, s.Location.Y);
        a.Location = new Point(
            a.Location.X + 10, a.Location.Y);
        h.Location = new Point(
            h.Location.X + 10, h.Location.Y);
    }
}

private void cmdKranLinks_Click(...)
{
    if (f.Location.X > 15 && a.Location.X > 15)
    {
        f.Location = new Point(
            f.Location.X - 10, f.Location.Y);
        s.Location = new Point(
            s.Location.X - 10, s.Location.Y);
        a.Location = new Point(
            a.Location.X - 10, a.Location.Y);
        h.Location = new Point(
            h.Location.X - 10, h.Location.Y);
    }
}

private void cmdKranAus_Click(...)
{
    if (s.Location.Y > 15)
    {
        s.Height = s.Height + 10;
        s.Location = new Point(
            s.Location.X, s.Location.Y - 10);
        a.Location = new Point(
            a.Location.X, a.Location.Y - 10);
        h.Location = new Point(
            h.Location.X, h.Location.Y - 10);
    }
}
```

```
private void cmdKranEin_Click(...)
{
    if (h.Location.Y + h.Height + 5 < f.Location.Y)
    {
        s.Height = s.Height - 10;
        s.Location = new Point(
            s.Location.X, s.Location.Y + 10);
        a.Location = new Point(
            a.Location.X, a.Location.Y + 10);
        h.Location = new Point(
            h.Location.X, h.Location.Y + 10);
    }
}
```

B.2.11 Lösung ÜKranOptionen

Bezeichnungen:

▶ f: Fundament

▶ s: senkrechtes Hauptelement

▶ a: waagrechter Ausleger

▶ h: senkrechter Haken am Ausleger

```
private void cmdStart_Click(...)
{
    tim1.Enabled = true;
}


private void cmdStop_Click(...)
{
    tim1.Enabled = false;
}


private void tim1_Tick(...)
{
    if (optHakenAus.Checked)
        if (h.Location.Y + h.Height + 5 <
                f.Location.Y)
            h.Height = h.Height + 10;
        else
            tim1.Enabled = false;
```

```
    else if (optHakenEin.Checked)
        if (h.Height > 15)
            h.Height = h.Height - 10;
        else
            tim1.Enabled = false;

    else if (optAuslegerAus.Checked)
        if (a.Location.X > 15)
        {
            a.Width = a.Width + 10;
            a.Location = new Point(
                a.Location.X - 10, a.Location.Y);
            h.Location = new Point(
                h.Location.X - 10, h.Location.Y);
        }
        else
            tim1.Enabled = false;

    else if (optAuslegerEin.Checked)
        if (a.Width > 25)
        {
            a.Width = a.Width - 10;
            a.Location = new Point(
                a.Location.X + 10, a.Location.Y);
            h.Location = new Point(
                h.Location.X + 10, h.Location.Y);
        }
        else
            tim1.Enabled = false;

    else if (optKranRechts.Checked)
        if (f.Location.X < 215)
        {
            f.Location = new Point(
                f.Location.X + 10, f.Location.Y);
            s.Location = new Point(
                s.Location.X + 10, s.Location.Y);
            a.Location = new Point(
                a.Location.X + 10, a.Location.Y);
            h.Location = new Point(
                h.Location.X + 10, h.Location.Y);
        }
        else
            tim1.Enabled = false;
```

```csharp
    else if (optKranLinks.Checked)
        if (f.Location.X > 15 && a.Location.X > 15)
        {
            f.Location = new Point(
                f.Location.X - 10, f.Location.Y);
            s.Location = new Point(
                s.Location.X - 10, s.Location.Y);
            a.Location = new Point(
                a.Location.X - 10, a.Location.Y);
            h.Location = new Point(
                h.Location.X - 10, h.Location.Y);
        }
        else
            tim1.Enabled = false;

    else if (optKranAus.Checked)
        if (s.Location.Y > 15)
        {
            s.Height = s.Height + 10;
            s.Location = new Point(
                s.Location.X, s.Location.Y - 10);
            a.Location = new Point(
                a.Location.X, a.Location.Y - 10);
            h.Location = new Point(
                h.Location.X, h.Location.Y - 10);
        }
        else
            tim1.Enabled = false;

    else if (optKranEin.Checked)
        if (h.Location.Y + h.Height + 5 <
                f.Location.Y)
        {
            s.Height = s.Height - 10;
            s.Location = new Point(
                s.Location.X, s.Location.Y + 10);
            a.Location = new Point(
                a.Location.X, a.Location.Y + 10);
            h.Location = new Point(
                h.Location.X, h.Location.Y + 10);
        }
        else
            tim1.Enabled = false;
}
```

B.2.12 Lösung ÜForSchleife, Teil 1

```
private void cmdSchleife1_Click(...)
{
    double d;
    lblA.Text = "";

    for (d = 35; d >= 20; d = d - 2.5)
        lblA.Text += d + "\n";
}
```

B.2.13 Lösung ÜForSchleife, Teil 2

```
private void cmdSchleife2_Click(...)
{
    int count = 0;
    double d, summe = 0.0, mw;
    lblA.Text = "";

    for (d = 35; d >= 20; d = d - 2.5)
    {
        lblA.Text += d + "\n";
        count = count + 1;
        summe = summe + d;
    }

    mw = summe / count;
    lblA.Text += "Summe: " + summe + "\n";
    lblA.Text += "Mittelwert: " + mw;
}
```

B.2.14 Lösung ÜHalbierung

```
private void cmdAnzeigen_Click(...)
{
    double d = Convert.ToDouble(txtEingabe.Text);

    while (d >= 0.001)
    {
        d = d / 2;
        lblA.Text += d + "\n";
    }
}
```

B.2.15 Lösung ÜZahlenraten

```
public partial class Form1 : Form
{
    ...
    Random r = new Random();
    int zahl = -1;

    private void cmdErzeugen_Click(...)
    {
        zahl = r.Next(1, 101);
    }

    private void cmdPrüfen_Click(...)
    {
        int eingabe;

        if (zahl == -1)
            lblA.Text = "Zuerst eine Zahl erzeugen';
        else
        {
            eingabe = Convert.ToInt32(txtEingabe.Text);

            if (eingabe > zahl)
                lblA.Text = "Die Zahl " + eingabe -
                    " ist zu groß";
            else if (eingabe < zahl)
                lblA.Text = "Die Zahl " + eingabe -
                    " ist zu klein";
            else
                lblA.Text = eingabe +
                    " ist die richtige Zahl";
        }
    }
}
```

B.2.16 Lösung ÜSteuertabelle

```
private void cmdAnzeigen_Click(...)
{
    double gehalt, steuersatz, steuerbetrag, netto;

    for (gehalt = 5000; gehalt <= 35000;
            gehalt = gehalt + 3000)
    {
        if (gehalt <= 12000)
```

```
            steuersatz = 12;
        else if (gehalt <= 20000)
            steuersatz = 15;
        else if (gehalt <= 30000)
            steuersatz = 20;
        else
            steuersatz = 25;

        steuerbetrag = gehalt * steuersatz / 100;
        netto = gehalt - steuerbetrag;

        lblA.Text += gehalt + " €, " +
            steuersatz + " %, " +
            steuerbetrag + " €, " +
            netto + " €" + "\n";
    }
}
```

B.2.17 Lösung ÜListenfeld

```
private void Form1_Load(...)
{
    lstLinks.Items.Add("Malta");
    lstLinks.Items.Add("Zypern");
    lstLinks.Items.Add("Slowenien");
    lstLinks.Items.Add("Estland");
    lstLinks.Items.Add("Rumänien");

    lstRechts.Items.Add("Belgien");
    lstRechts.Items.Add("Spanien");
    lstRechts.Items.Add("Italien");
    lstRechts.Items.Add("Portugal");
    lstRechts.Items.Add("Dänemark");
}

private void cmdRechts_Click(...)
{
    int i;

    for (i = 0; i < lstLinks.SelectedItems.Count; i++)
        lstRechts.Items.Add(
            lstLinks.SelectedItems[i]);

    for (i = lstLinks.SelectedItems.Count - 1;
            i>=0; i--)
```

```
        lstLinks.Items.RemoveAt(
            lstLinks.SelectedIndices[i]);
}


private void cmdLinks_Click(...)
{
    int i;

    for (i = 0; i < lstRechts.SelectedItems.Count; i++)
        lstLinks.Items.Add(
            lstRechts.SelectedItems[i]);
    for (i = lstRechts.SelectedItems.Count - 1;
            i>=0; i--)
        lstRechts.Items.RemoveAt(
            lstRechts.SelectedIndices[i]);
}
```

B.3   Lösungen der Übungsaufgaben aus Kapitel 4

B.3.1   Lösung ÜEnabled

```
private void Form1_Load(...)
{
    lstLand.Items.Add("Liechtenstein");
    lstLand.Items.Add("Malta");
    lstLand.Items.Add("Andorra");
    lstLand.Items.Add("San Marino");
    lstLand.Items.Add("Monaco");
}


private void lstLand_SelectedIndexChanged(...)
{
    if (lstLand.SelectedItems.Count > 0)
        cmdLöschen.Enabled = true;
    else
        cmdLöschen.Enabled = false;
}


private void cmdLöschen_Click(...)
{
    lstLand.Items.RemoveAt(
        lstLand.SelectedIndex);
}
```

B.3.2 Lösung ÜDatenfeldEindimensional

```
public partial class Form1 : Form
{
    ....
    Random r = new Random();

    private void cmdMinima_Click(...)
    {
        int[] a = new int[10];
        int MinWert, i;

        /* Feld füllen */
        lstZahl.Items.Clear();
        for(i=0; i<a.Length; i++)
        {
            a[i] = r.Next(20, 31);
            lstZahl.Items.Add(a[i]);
        }

        MinWert = a[0];
        for(i=0; i<a.Length; i++)
            if (a[i] < MinWert)
                MinWert = a[i];

        lblA.Text = "Minimum: " + MinWert +
            ", an Position:" + "\n";
        for(i=0; i<a.Length; i++)
            if (a[i] == MinWert)
                lblA.Text += i + "\n";
    }
}
```

B.3.3 Lösung ÜDatenfeldMehrdimensional

```
public partial class Form1 : Form
{
    ....
    Random r = new Random();

    private void cmdAnzeigen_Click(...)
    {
        int [,,] c = new int[6, 3, 4];
        int i, j, k, MinWert;
```

```
lblFeld.Text = "";
for(i=0; i<=c.GetUpperBound(0); i++)
{
    for(j=0; j<=c.GetUpperBound(1); j++)
    {
        lblFeld.Text += "( ";
        for(k=0; k<=c.GetUpperBound(2); k++)
        {
            c[i,j,k] = r.Next(20, 31);
            lblFeld.Text += c[i,j,k] + " ";
        }
        lblFeld.Text += ") ";
    }
    lblFeld.Text += "\n";
}

MinWert = c[0,0,0];
for(i=0; i<=c.GetUpperBound(0); i++)
    for(j=0; j<=c.GetUpperBound(1); j++)
        for(k=0; k<=c.GetUpperBound(2); k++)
            if (c[i,j,k] < MinWert)
                MinWert = c[i,j,k];

lblA.Text = "Minimum: " + MinWert +
    ", an Position:" + "\n";
for(i=0; i<=c.GetUpperBound(0); i++)
    for(j=0; j<=c.GetUpperBound(1); j++)
        for(k=0; k<=c.GetUpperBound(2); k++)
            if (c[i,j,k] == MinWert)
                lblA.Text += "Zeile " + i +
                    ", Gruppe " + j +
                    ", Element " + k + "\n";
    }
}
```

B.3.4   Lösung ÜMethoden, Teil 1

```
private void cmdMittelwert1_Click(...)
{
    double[] a = { 3, 9.3, -7.2 };
    lblA.Text = "Ergebnis: " + mittelwert(a);
}


private void cmdMittelwert2_Click(...)
{
    double[] b = { -5, 6.2, 8.5, -5, 9 };
```

```
    lblB.Text = "Ergebnis: " + mittelwert(b);
}


private double mittelwert(double[] x)
{
    int i;
    double wert = 0;

    for (i = 0; i < x.Length; i++)
        wert += x[i];
    wert /= x.Length;
    return wert;
}
```

B.3.5 Lösung ÜMethoden, Teil 2

```
private void cmdFelder_Click(...)
{
    int i;
    double[] a = { 3, 9.3, -7.2 };
    double[] b = { -5, 6.2, 8.5, -5, 9 };
    double[] c;

    vereinigen(a, b, out c);
    lblA.Text = "";
    for (i = 0; i < c.Length; i++)
        lblA.Text += c[i] + " ";

    vereinigen(b, a, out c);
    lblB.Text = "";
    for (i = 0; i < c.Length; i++)
        lblB.Text += c[i] + " ";
}


private void vereinigen(double[] x,
    double[] y, out double[] z)
{
    int i;
    z = new double[x.Length + y.Length];

    for (i = 0; i < x.Length; i++)
        z[i] = x[i];
    for (i = 0; i < y.Length; i++)
        z[i + x.Length] = y[i];
}
```

B.4 Lösungen der Übungsaufgaben aus Kapitel 8

B.4.1 Lösung zur Übung Projektverwaltung

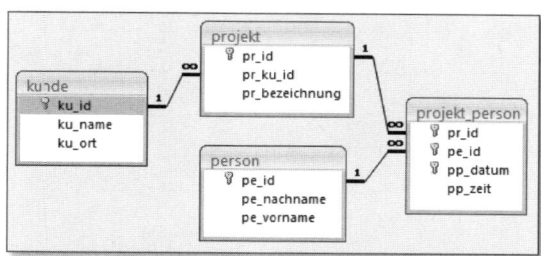

Abbildung B.1 Tabellen und Beziehungen in projektverwaltung.mdb

Primärschlüssel der Tabelle `projekt_person` ist die Kombination aus Projekt-ID, Personen-ID und Datum. Damit ist gewährleistet, dass ein Mitarbeiter nur *einmal* Stunden, die er an einem bestimmten Tag für ein bestimmtes Projekt geleistet hat, einträgt. Ein solcher Primärschlüssel wird erzeugt, indem Sie im Tabellenentwurf alle betreffenden Zeilen markieren und das Symbol PRIMÄRSCHLÜSSEL anklicken.

Primärschlüssel

B.4.2 Lösung zur Übung Mietwagen

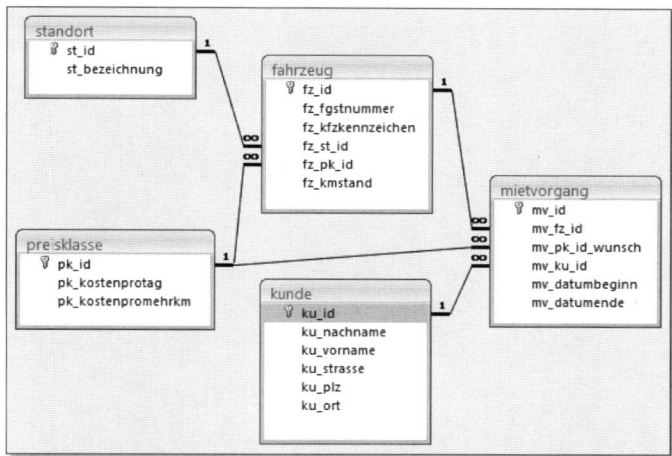

Abbildung B.2 Tabellen und Beziehungen in mietwagen.mdb

Index

booksonline

Die Bibliothek für Ihr IT-Know-how.

1. Suchen

2. Kaufen

3. Online lesen

Kostenlos testen!

www.galileo-press.de/booksonline

✓ Jederzeit online verfügbar
✓ Schnell nachschlagen, schnell fündig werden
✓ Einfach lesen im Browser
✓ Eigene Bibliothek zusammenstellen
✓ Buch plus Online-Ausgabe zum Vorzugspreis

Galileo Press

Das Lehr- und Nachschlagewerk

Für Einsteiger, Umsteiger und Profis

Zum aktuellen Standard C99

Jürgen Wolf

C von A bis Z

Das umfassende Handbuch

Dieses Buch bietet Programmiereinsteigern und Studenten einen umfassenden Einstieg in C. Auch für fortgeschrittene C-Programmierer ist das Buch eine ausgezeichnete Fundgrube. Die Website zum Buch (www.pronix.de) bietet ein Forum und jede Menge zusätzliches Know-how.

1190 S., 3. Auflage, mit CD und Referenzkarte, 39,90 Euro, 67,90 CHF
ISBN 978-3-8362-1411-7

>> www.galileocomputing.de/2132

Auf CD-ROM: Übungssoftware
SQL-Teacher

Inkl. SQL Syntax von MySQL, Access,
SQL Server, Oracle, PostgreSQL, DB2
und Firebird

Inkl. Referenzkarte mit SQL-Syntax

Marcus Throll, Oliver Bartosch

Einstieg in SQL

Verstehen, einsetzen, nachschlagen

Eine übersichtliche Strukturierung, zahlreiche Praxisbeispiele und die
Übungssoftware auf CD machen dieses Buch zum perfekten Lehrwerk
für Universität und beruflichen Einsatz. Alle wichtigen Themen von der
Anlage der Datenbank über Abfragen bis zur Arbeit mit
Rechteverwaltung und Automatisierung werden behandelt.

317 S., 3. Auflage 2010, mit CD und Referenzkarte, 24,90 Euro, 42,90 CHF
ISBN 978-3-8362-1442-1

>> www.galileocomputing.de/2162

Galileo Computing

www.galileodesign.de

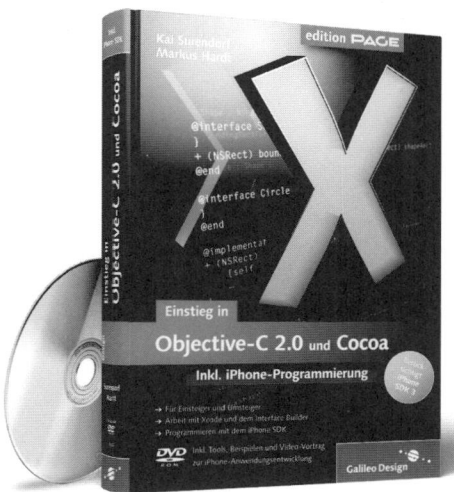

Programmieren für das
iPhone SDK 3.0

Arbeit mit Xcode und
dem Interface Builder

Für Einsteiger und
Umsteiger

Kai Surendorf, Markus Hardt

Einstieg in Objective-C 2.0 und Cocoa

inkl. iPhone-Programmierung mit dem SDK 3.0

Lernen Sie praxisnah, wie man eigene Anwendungen für
den Mac und das iPhone programmiert. Das Buch bietet
einen zuverlässigen und übersichtlichen Einstieg in die
Entwicklung. Leicht nachvollziehbare Beispiele helfen
Ihnen bei Ihren ersten Schritten.

516 S., 2009, mit DVD, 29,90 Euro, 49,90 CHF
ISBN 978-3-8362-1310-3

>> www.galileodesign.de/1948

Galileo Design

Einführung, Praxis, Referenz

Sprachgrundlagen, Objekt-
orientierung, Modularisierung

Migration, Debugging,
Interoperabilität mit C, GUIs,

Netzwerkkommunikation u.v.m.

Johannes Ernesti, Peter Kaiser

Python 3

Das umfassende Handbuch

Dieses Buch vermittelt umfassende Python-Kenntnisse. Es versetzt
Sie in die Lage, Python professionell einzusetzen. Es bietet neben einer
Einführung in die Sprache eine Sprachreferenz, die Beschreibung der
Standardbibliothek und ausführliche Informationen zu professionellen
Themen.

788 S., 2. Auflage 2009, mit CD, 39,90 Euro, 67,90 CHF
ISBN 978-3-8362-1412-4

>> www.galileocomputing.de/2124

EDV-Grundlagen, Programmierung, Mediengestaltung

Praxisorientiertes Lehr- und Nachschlagewerk

Für Fachinformatiker der Bereiche Anwendungsentwicklung und Systemintegration

Sascha Kersken

IT-Handbuch für Fachinformatiker

Der Ausbildungsbegleiter
4., aktualisierte und erweiterte Auflage

Das Buch vermittelt alle Grundlagen der Informationstechnik wie sie Fachinformatiker in Ihrer Ausbildung benötigen: Computerhardware, Betriebssysteme, Netzwerktechnik, -protokolle und -anwendungen sowie Grundlagen der Programmierung werden ebenso wie das Thema Datenbanken und Multimedia berücksichtigt.

1121 S., 4. Auflage 2009, 34,90 Euro, 59,90 CHF
ISBN 978-3-8362-1420-9

>> www.galileocomputing.de/2138